Türkei

Städte und Regionen

Frank Schweizer

Stephan W. E. Blum   Rüstem Aslan

Türkei

Städte und Regionen

© KOMET Verlag GmbH, Köln

www.komet-verlag.de

© der Karten: Ingenieurbüro für Kartographie J. Zwick, Gießen

Text: Frank Schweizer, Stephan W. E. Blum, Rüstem Aslan

Bildredaktion: Hans-Joachim Schneider, Köln

Lektorat und Herstellung: Hans-Joachim Schneider, Köln

Gesamtherstellung: KOMET Verlag GmbH, Köln

ISBN 978-3-86941-045-6

INHALT

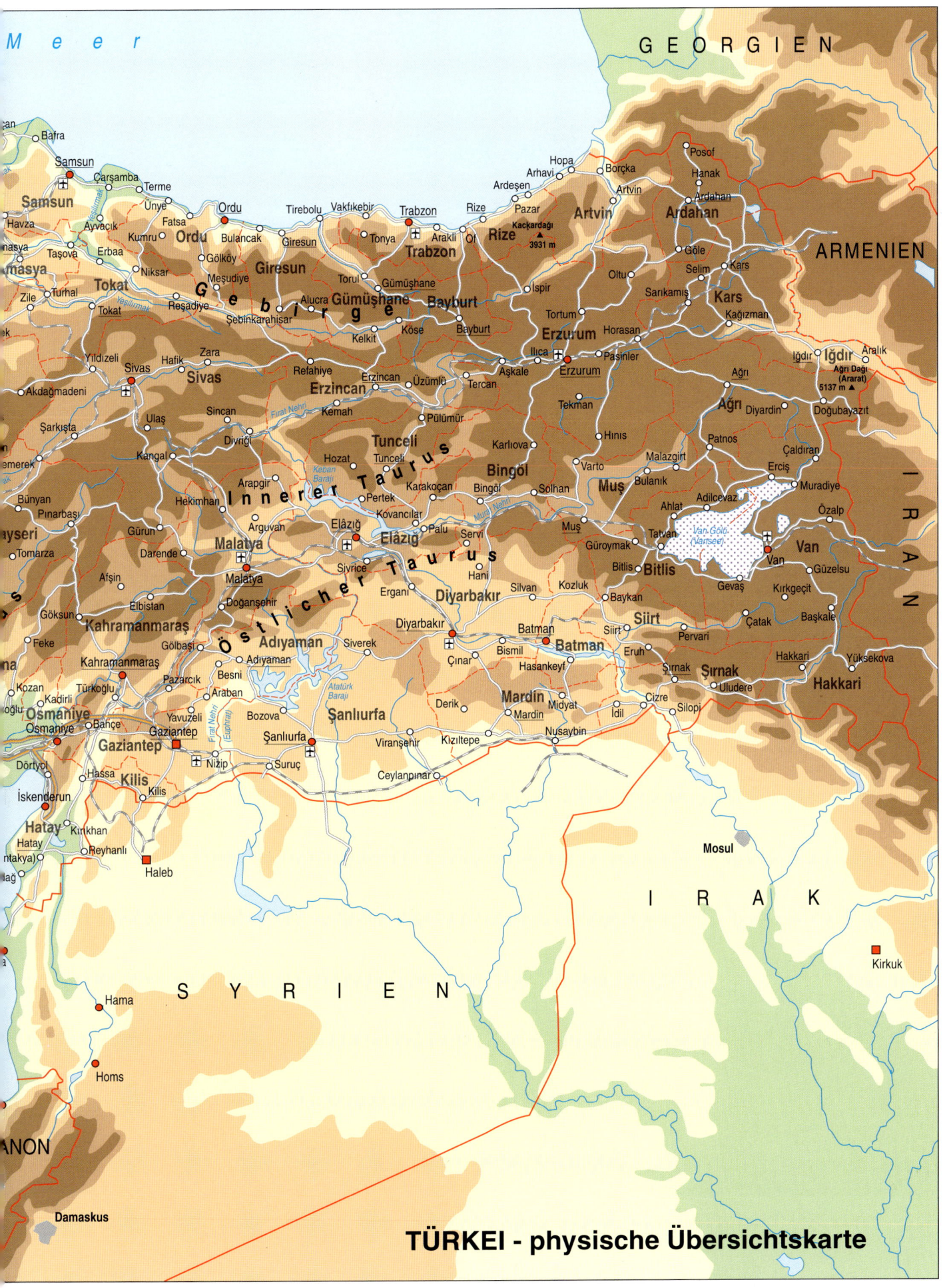

TÜRKEI - physische Übersichtskarte

DIE TÜRKEI –

KULTURLANDSCHAFT ZWISCHEN ANTIKE UND MODERNE

„Land des Sonnenaufgangs" – dies ist die wörtliche Übersetzung von Anatolien, das bis heute als Brücke zwischen Orient und Okzident gilt.

Die Türkei war und ist die Brücke zwischen Orient und Okzident – zwei Kontinente, die lediglich durch zwei Meerengen, die Dardanellen und den Bosporus, voneinander getrennt sind. Dieser Teil der Erde war schon immer Kreuzungspunkt großer Zivilisationsströme und bildete einen Schmelztiegel der Kulturen. Die vielfältigen religiösen, sprachlichen und kulturellen Einflüsse bescherten dem Land und seinen Bewohnern bereits sehr früh einen bemerkenswert hohen kulturellen Stand, der sich durch viele historische Epochen hindurch in einem unermesslichen ideellen und materiellen Reichtum manifestierte.

Aufgrund der geopolitischen Lage war das Gebiet der heutigen Türkei zu allen Zeiten eine der strategisch wichtigsten Regionen der Welt – ein Umstand, der sich auch in der Gegenwart nicht geändert hat, denn aus europäischer Sicht gilt die Türkei nach wie vor als „Tor zum Orient".

Dank moderner Fortbewegungsmöglichkeiten können die Entfernungen zwischen Ländern immer bequemer und schneller zurückgelegt werden. Damit liegt der einst so ferne Orient, als dessen Sinnbild die Türkei gilt, gewissermaßen vor unserer Haustür und wartet darauf, in all seiner Vielfalt entdeckt zu werden.

Land der Kontraste – während in den Großstädten der Türkei das hektische Leben pulsiert, ist die Zeit auf dem Lande scheinbar stehen geblieben.

GEOGRAFIE UND GEOLOGIE

Das Staatsgebiet der Republik Türkei (Türkiye Cumhuriyeti, amtlich abgekürzt T.C.) umfasst nach offiziellen Angaben eine Fläche von 783 562 Quadratkilometern. 97 Prozent des Gebiets befinden sich auf asiatischem bzw. anatolischem Boden und nur drei Prozent liegen nördlich der Dardanellen und des Bosporus in Europa. „Anatolien" wird seit der Antike auch als Kleinasien (Asia Minor) bezeichnet, kann von seiner eigentlichen Wortbedeutung her jedoch mit „Land des Sonnenaufgangs" oder „Morgenland" übersetzt werden. Der europäische Teil der Türkei wiederum entspricht dem östlichen Thrakien, eine Bezeichnung, die ebenfalls seit der Antike Bestand hat.

Die Türkei umfasst das festländische Gebiet zwischen Schwarzem Meer, Marmarameer, Ägäischem Meer und östlichem Mittelmeer mit einer Ausdehnung von ungefähr 700 Kilometern in Nord-Süd-Richtung und 1600 Kilometern in Ost-West-Richtung. Geografisch liegt das Land zwischen dem 36. und 42. nördlichen Breitengrad und dem 26. und 45. östlichen Längengrad. Die beiden Ägäisinseln Bozcaada (ehem. Tenedos) und Gökçeada (Imbros) befinden sich ein wenig westlich davon.

Fast drei Viertel der Landesgrenzen sind natürlicher Art: 5972 Kilometer verlaufen entlang der Meere (Inseln nicht mit eingeschlossen), und von den 2750 Kilometern langen, durch das Landesinnere verlaufenden Grenzen wird ein erheblicher Teil von Gebirgskämmen gebildet. Die Zeitverschiebung zwischen

Osten und Westen beträgt 76 Minuten. Begrenzt wird die Landmasse von langen, flachen Sandstränden entlang der Küsten des Schwarzen Meers (Karadeniz) und des Mittelmeers – dem türkischen Verständnis nach das Weiße Meer (Akdeniz). Besonders die Küste des Marmarameers, die Ägäisküste und die türkische Südwestküste sind stark zerklüftet und werden von unzähligen kleinen Buchten gesäumt. Dem Festland sind 151 kleinere Inseln vorgelagert, wobei viele nicht größer als ein bis zwei Quadratkilometer sind. Knapp zwei Drittel des Landes liegen höher als 1000 Meter, die durchschnittliche Landeshöhe beträgt 1130 Meter.

Thrakien und die Marmararegion, die mittlere Ägäisregion und die Beckenebenen Inneranatoliens weisen ein gemäßigteres Relief als die übrigen Landesteile auf. Das Flächenrelief zeigt dort nur geringe Höhendifferenzen von bis zu 150 Metern. Diese Regionen verfügen über ein sehr fruchtbares Schwemmland. Eine der vom agrarischen Standpunkt aus ertragreichsten Regionen ist Inneranatolien mit seinen lehmigen Böden – insbesondere seit es in diesem von Natur aus abflusslosen Gebiet vielerorts künstliche Bewässerung gibt.

Die bezaubernden, oftmals kleinen Sandstrände und das türkisgrüne Meer ziehen jährlich mehr Touristen an, doch auch Einheimische treffen sich gerne am Wochenende am Wasser.

Wie an einer Perlenkette aufge-
reiht warten die Strandliegen vor
der Urlaubssaison auf den großen
Ansturm.

Die geologischen Gegebenheiten des Landes ermöglichen darüber hinaus den Abbau von etwa 60 verschiedenen Bodenschätzen. Über 60 Prozent der Weltvorkommen an Bor liegen in der Türkei, wovon jährlich etwa zwei Millionen Tonnen in den Lagerstätten von Bursa-Kestelek, Balıkesir-Bigadiç, Kütahya-Emet und Eskişehir-Kırka abgebaut werden. Rund 35 Prozent des Welthandels mit Bor werden von der Türkei beherrscht. Andere teils abbauwürdige Mineralien sind Perlit, Bimsstein, Feldspat, Bentonit, Barit, Magnesium, Natriumsulfat, Steinsalz, Gips, Trona, Strontiumsalze, Sepiolith (Meerschaum), Marmor und Natursteine, Quarz und Quarzit, Zölestin und Bauxit.

Die Relikte von Ephesos bezeugen den hohen Wert, den Marmor schon in der Antike besaß. Und auch noch heute ist der Naturstein ein wichtiges Exportgut der Türkei.

Für den Export spielen hauptsächlich Marmor und Natursteine, Bor bzw. Borprodukte, Chrom, Magnesium, Feldspat, Gips bzw. Gipsprodukte und Bims eine Rolle, dagegen werden Erdöl, Erdgas und Eisenerz größtenteils importiert. Insbesondere für die Eisen- und Stahlindustrie ist die Steinkohle – hauptsächlich die von Zonguldak – von großer Bedeutung. Es sind etwa 50 Steinkohleflöze bekannt, wobei die flözreichste Gegend die bei Kozlu ist. Zudem existieren in weiteren Teilen des Landes noch Braunkohlevorkommen, wovon sich die wichtigeren in den Becken von Kahramanmaraş-Elbistan, Muğla-Yatağan, Manisa-Soma, Kütahya-Tunçbilek-Seyitömer, Ankara-Beypazarı und Sivas-Kangal befinden. Die Reserven betragen schätzungsweise etwa 1,2 Milliarden Tonnen, von denen sich gut 70 Prozent zur Verkokung eignen. Zudem werden jährlich zwischen 2,5 und 3 Millionen Tonnen Steinkohle abgebaut. Die Reserven liegen bei schätzungsweise gut 8 Milliarden Tonnen.

Im Bereich der Gewinnung von Chromerz und des Exports von Chrom ist die Türkei mit seinen etwa 26 Millionen Tonnen Reserven eines der führenden Länder. Allerdings änderte sich die Abbaumenge in der Vergangenheit häufig aufgrund der großen Preisschwankungen. Sie kann jedoch im Durchschnitt mit 500 000 Tonnen beziffert werden.

Um Konya-Seydişehir, Antalya-Akseki, Mersin-Silifke-Taşucu und Zonguldak-Kokaksu konzentriert sich der Abbau von Bauxit, dem Rohstoff zur Aluminiumgewinnung. Die Kupfererzlagerstätten, meist Pyritlager, die zum Abbau geeignet sind, liegen bei Küre nördlich von Kastamonu und bei Murgul östlich von Rize sowie entlang des äußeren Osttaurus. Hier ist etwa die Lagerstätte von Ergani Maden zu nennen. Jährlich werden ungefähr 350 000 Tonnen Erz mit einem Kupfergehalt von ca. 70 000 Tonnen abgebaut.

Marmorabbau in der Nähe von Diyarbakır im Osten der Türkei

FOTO RECHTS:

Starke tektonische Bewegungen sind in Anatolien verantwortlich für die zahlreichen geologischen Verwerfungen. Bei dem im Vordergrund zu sehenden Vulkankrater Meke Gölü entstand bei einem zweiten Ausbruch in der Mitte des ursprünglichen Kraters ein weiterer Vulkankegel.

GEBIRGE UND KLIMA

Der nordwestliche Teil der Türkei wird von einer ausgedehnten Ebene mit schroffen Anhöhen beherrscht. Die höchste Erhebung dort ist der Uludağ mit einer Höhe von 2543 Metern, der in der Antike als bithynischer Olymp bekannt war und an dessen Fuß heute die Provinzhauptstadt Bursa liegt. Der restliche Teil des Landes besteht aus einer Ansammlung vieler Plateaus, deren flächenmäßig größtes das rings von Bergen umgebene Zentralplateau ist, das von 1500 Metern Höhe im Osten zu weniger als 1000 Metern im Westen abfällt. Im Westen bildet eine Gebirgskette die Trennlinie zwischen der Ägäisregion und dem Zentralplateau. Diese Form der Einfassung von Hochländern durch Randgebirge beschreibt das Grundmuster des alpidischen Faltengebirgsgürtels, in dem die Türkei liegt.

Den höchsten Punkt des Landes bildet der Schichtvulkan Ararat (Büyük Ağrı Dağı) in Ostanatolien mit 5165 Metern. Laut Bibel soll hier Noahs Arche nach der Sintflut gestrandet sein. Zuletzt eruptierte der Vulkan im Juli 1840.

Im Norden der Türkei verläuft das Pontische Gebirge, dessen höchster Punkt der Kaçkar Dağı (3932 Meter) ist, gefolgt vom Ilgaz Dağı (2587 Meter) und Köroğlu Dağı (2400 Meter). Das Gebirge erstreckt sich etwa über eine Länge von 1100 Kilometern, ist bis zu 200 Kilometer breit und trennt das inneranatolische Plateau von einem sehr schmalen Küstenstreifen entlang des Schwarzen Meeres.

Im Süden verläuft die Gebirgslinie des Taurus, die sich bis in die fruchtbaren, landwirtschaftlich genutzten Ebenen erstreckt.

Die vorherrschenden topografischen Bedingungen mit den zahlreichen Gebirgen, Hochebenen und Tälern haben einen großen Einfluss auf das jeweilige regionale Klima. Die Faltengebirge, die

ganz Anatolien umgrenzen und sich teilweise bereits in Küstennähe mehr als 3000 Meter auftürmen, bewirken, dass innerhalb Anatoliens das Klima von Region zu Region deutlich schwankt und der Temperaturausgleich durch das Meer starker Einschränkung unterworfen ist. Durch das Abregnen der Wolken an den Gebirgen herrscht in Zentral- und Ostanatolien ein semiarides Klima, d. h. die mögliche Verdunstung ist in mehr als sechs Monaten des Jahres höher als der Niederschlag.

Naturgemäß hat die Topografie auch deutliche Auswirkungen auf die Entwicklung der Infrastruktur. Unter Berücksichtigung dieser Faktoren lässt sich die Türkei in sieben naturräumliche Regionen einteilen, die ein ganz unterschiedliches Klima, verschiedenartige Fauna, Flora und landwirtschaftliche Nutzung aufweisen. Im Einzelnen handelt es sich dabei um die Marmararegion und Thrakien, die Ägäis, die Mittelmeerküste und Taurus, Inneranatolien, die Schwarzmeerküste und das Nordanatolische Randgebirge, das Ostanatolisches Bergland sowie Südostanatolien.

Aufgrund der Lage im Faltengebirgsgürtel mit seiner relativ jungen Tektonik und den Längsbrüchen an den Grundgebirgen, die sich gegeneinander schieben, ist die Türkei ein stark erdbebengefährdetes Gebiet. Bis heute kommt es immer wieder zu erheblichen Katastrophen; seit 1939 haben bereits acht große Erdbeben das Land erschüttert. So wurden alleine in dem knapp 100 Kilometer von İstanbul

Fortdauernde tektonische Aktivitäten führen immer wieder zu teils katastrophalen Erdbeben wie etwa 1999 in Gölcük.

entfernt liegenden Ort Gölcük bei der Erdbebenkatastrophe im August 1999 ein großer Teil der Gebäude völlig zerstört und mehrere Tausend Menschen unter den Trümmern begraben. Ähnlich erschreckende Bilder waren auch in İzmit und anderswo zu sehen.

FOTO LINKS:

Zeltstadt des Roten Halbmondes in İzmit nach einem Erdbeben. Dem Roten Halbmond wurde 1929 der gleiche Status wie dem Roten Kreuz im Sinne der Genfer Konvention zuerkannt.

Vergnügungspark in Gölcük nach der Katastrophe vom 17. August 1999

QUELLEN, FLÜSSE UND GEWÄSSER

Der Südwesten der Türkei ist stark zerklüftet mit relativ kleinen Schwemmlandebenen, deren Siedlungen vor dem Bau der Küstenstraße im Wesentlichen auf die Schifffahrt entlang der Küste angewiesen waren. Vor allem in West-, Zentral- und Ostanatolien gibt es über tausend Thermalquellen, die inzwischen auch in zunehmendem Maße touristisch vermarktet werden. Der Grund für die große Zahl ist die aktive Tektonik zusammen mit der karstigen Struktur dieser Gebiete. In den Karstgebieten haben sich naturgemäß zahlreiche Höhlen und unterirdische Gewässersysteme gebildet, von denen die meisten noch unerforscht sind.

Zahlreiche Flüsse bilden in der Türkei ein weit verzweigtes Gewässernetz, das insbesondere im Bereich der Energiegewinnung zunehmende wirtschaftliche Bedeutung erlangt. Für diese Nutzungsart ist das starke Gefälle vieler Flüsse von großem Vorteil. Mehrere Staudammprojekte werden zurzeit umgesetzt und sollen zukünftig einerseits neue Bewässerungssysteme gewährleisten, andererseits – und vor allem – der Stromerzeugung dienen.

Aufgrund der geologischen Beschaffenheiten – der Anordnung von Gebirgsstöcken und Gebirgsketten mit Becken und Senkungsfeldern – ist es für die meisten Flusstäler der Türkei kennzeichnend, dass die Wassermassen beim Lauf von Becken zu Becken zum Teil tiefe Schluchten bilden. Der mit einer Länge von etwa 1355 Kilometern längste Fluss ist der Kızılırmak (der antike Halys), der ins Schwarze Meer fließt und ebenso wie der Yeşilırmak (519 Kilometer) das Pontische Gebirge durchbricht. Beide Flüsse

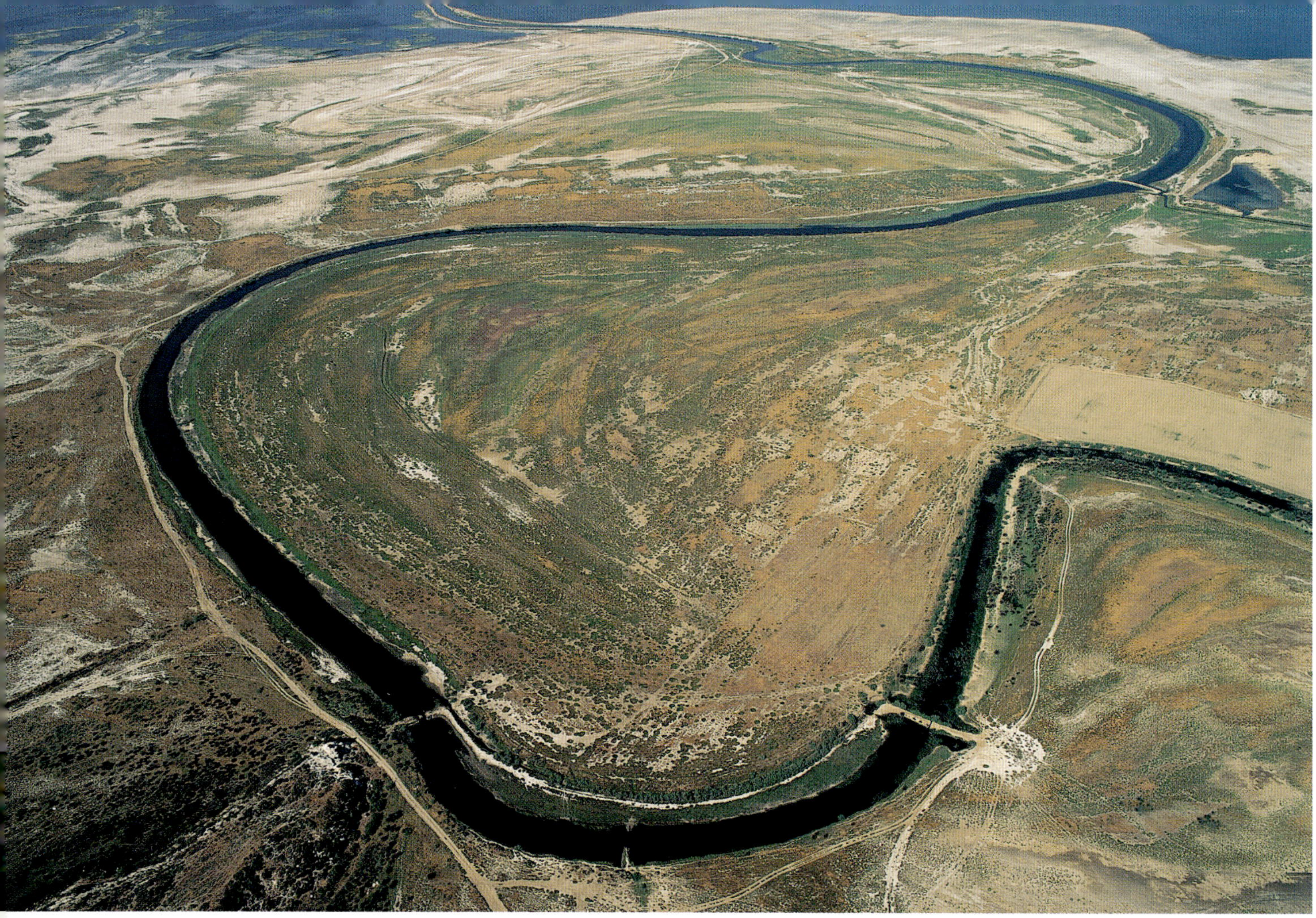

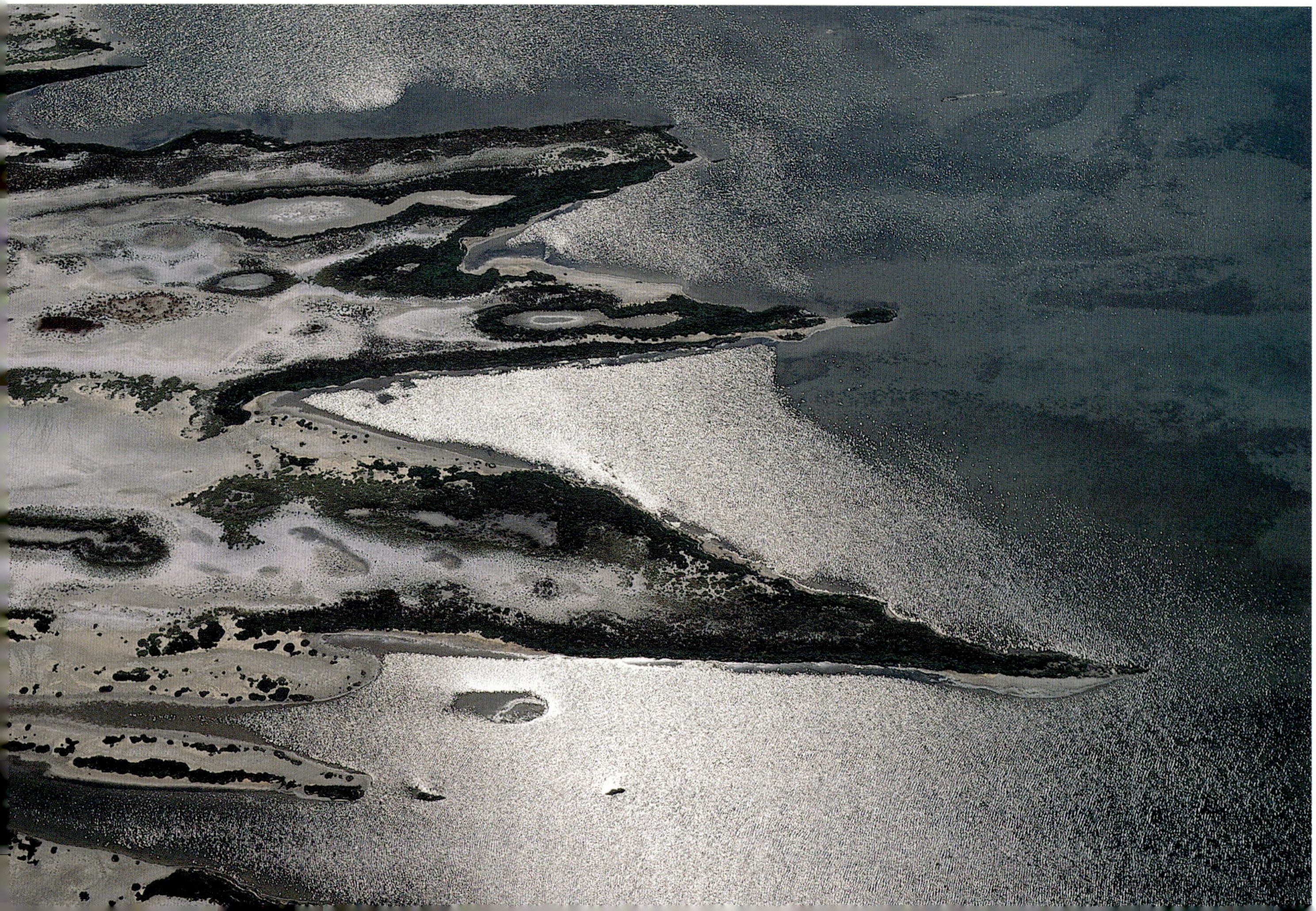

führen eine große Menge an Bodensätzen mit sich und bilden an den Mündungen bei Bafra und Samsun fruchtbare Schwemmlanddelten.

Weitere größere Flüsse, die ins Schwarze Meer münden, sind der Sakarya, Filyos Çayı, Bartın Çayı und der Çoruh. Die – nicht zuletzt aus biblischen Berichten – wohl bekanntesten Flüsse, Euphrat (Firat) und Tigris (Dicle), entspringen den Hochländern Ostanatoliens und vereinigen sich zum Schatt al Arab, kurz bevor dieser dann in den Persischen Golf mündet.

Ins Marmarameer fließen die Flüsse Susurluk und Gönen. Die Flüsse Gediz, Büyük Menderes, Küçük Menderes und Meriç ergießen sich in das Ägäische Meer, Dalaman Çayı, Aksu, Göksu, Seyhan, Ceyhan und Asi ins Mittelmeer.

Die meisten der größeren Flüsse fließen zu schnell, um für die Schifffahrt genutzt werden zu können. Während im Winter der Wasserstand der meisten nur relativ gering ist, führen die Flüsse im Frühjahr, wenn es in den Bergen zur Schneeschmelze kommt, teilweise gewaltige Mengen Wasser mit sich. Das Schwarze Meer ist durch Bosporus und Marmarameer mit der Ägäis verbunden, und so bilden die drei Anatolien umgebenden Meere – das Schwarze Meer, das Marmarameer sowie das Mittelmeer mit der Ägäis – zusammen ein verbindendes Element. Diese Situation ermöglichte es schon früh, dass Anatolien weitreichende Beziehungen zu anderen Ländern unterhalten konnte, da seit jeher Wasserwege für den Handel und die Verbindung in andere Länder und Regionen von großer Bedeutung sind.

Die Küstenlinie entlang des Schwarzen Meeres besteht größtenteils aus Steilküste. Der Meeresgrund fällt vom Ufer her schnell bis auf ungefähr 1500 Meter ab; am tiefsten Punkt misst er 2244 Meter. Aufgrund der größeren Menge an Süßwasserzuflüssen und der verhältnismäßig geringen Verdunstung ist der Salzgehalt mit 1,8 Prozent vergleichsweise gering, an den großen Flussmündungen entsprechend noch geringer. Der Salzgehalt des Marmarameeres beträgt im Vergleich hierzu 2,6 Prozent. Hier trägt die Oberflächenströmung salzarmes Wasser aus dem Schwarzen Meer in Richtung Ägäis, wohingegen eine tiefere Strömung in entgegengesetzter Richtung salzhaltigeres Wasser transportiert. Das Mittelmeer wiederum hat einen Salzgehalt zwischen 3,6 und 3,9 Prozent.

LINKE SEITE:
Der 550 Kilometer lange Büyük Menderes, der Große Mäander, windet sich in vielen Bögen (Foto oben) und mündet nahe der antiken Stadt Milet in die Ägäis (Foto unten).

Der Gediz bildet an seiner breiten Mündung in die Ägäis bizarr anmutende Formen.

RECHTE SEITE:
Quellen am Randbereich des Tuz Gölü – eines abflusslosen Salzsees – führen dem See Mineralien aus tiefer gelegenen Schichten zu.

Am Rand des Tuz Gölü existiert eine eigentümliche Vegetation von blühenden Halophyten, die den Vögeln – u.a. Flamingos – zugleich Nahrung und Zuflucht bieten.

Etwa 9200 Quadratkilometer der Landesfläche werden von Seen eingenommen, wovon die Mehrzahl in Ostanatolien liegt, wie z. B. Erçek, Çıldır und Hazar. Die Seen dienen – da sie häufig seicht und salzig sind – kaum als Trinkwasserreservoir. In 1646 Metern Höhe liegt der Vansee, der größte natürliche See der Türkei. Er misst an seiner tiefsten Stelle 451 Meter und ist mit seinen 3713 Quadratkilometern Fläche fast sieben Mal so groß wie der Bodensee. In Inneranatolien befindet sich der extrem salzhaltige Tuz Gölü, der mit 1500 Quadratkilometern der zweitgrößte See der Türkei ist, jedoch nur eine Tiefe von zwei bis drei Metern aufweist und mit 34 Prozent Salzgehalt einer der salzigsten Seen weltweit ist. Er hat keinen Abfluss und wird durch Niederschläge (etwa 250 Millimeter im Jahr) und Quellen gespeist. Durch die natürliche Verdunstung entsteht in den Sommermonaten eine kristalline Salzschicht, die je nach Lichteinfall eine unterschiedliche Färbung zeigt. Mit dem aus dem Tuz Gölü gewonnenen Salz kann nahezu der gesamte Salzbedarf der Türkei gedeckt werden, wodurch ihm eine hohe wirtschaftliche Bedeutung zukommt. Ebenfalls in Zentralanatolien liegen der Akşehir-See (353 Quadratkilometer) und der Eber-See (126 Quadratkilometer).

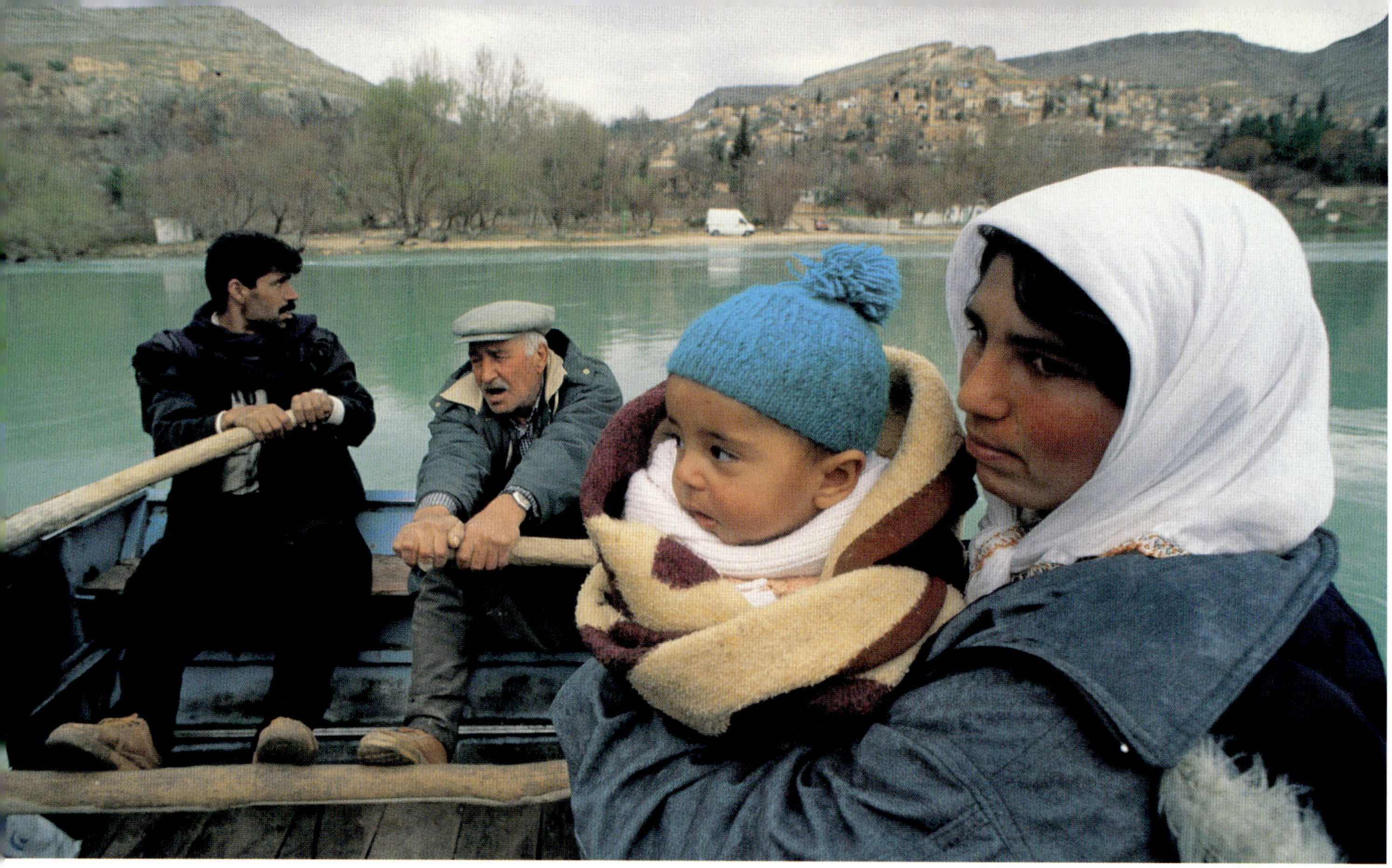

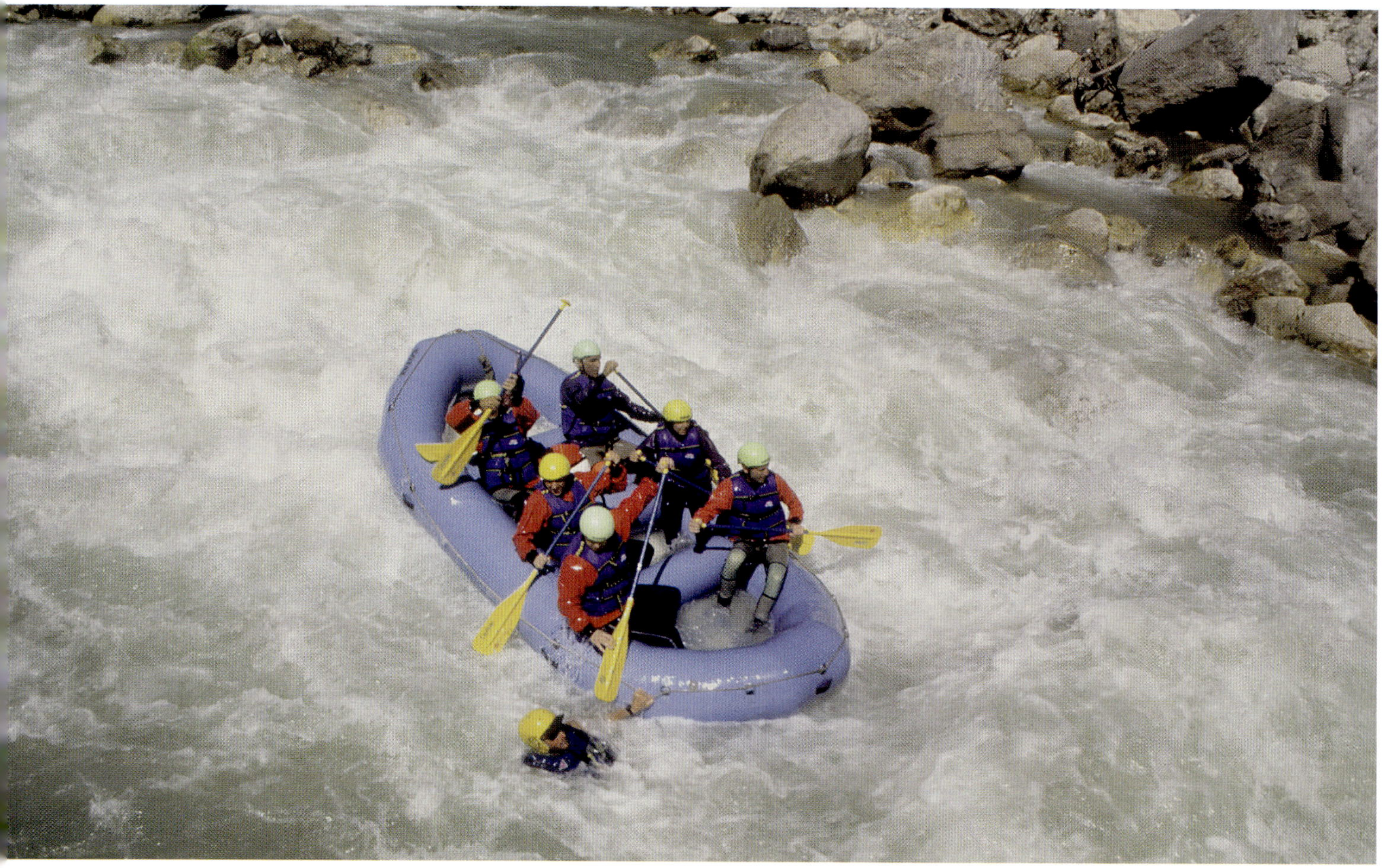

Fruchtbare Ebenen, die von zum Teil schneebedeckten Bergen gerahmt werden, prägen das Bild von Denizli im Westen der Türkei.

DAS KLIMA

Die Türkei liegt in etwa auf den gleichen Breitengraden wie Süditalien oder Portugal. Dieser Umstand lässt subtropisches Klima für den überwiegenden Teil des Landes vermuten. Tatsächlich trifft dies jedoch nur auf die schmalen Küstenstreifen zu. Aufgrund der topografischen Gegebenheiten – insbesondere der parallel zu den Küsten verlaufenden Bergketten – findet man in den verschiedenen Regionen der Türkei ganz unterschiedliche klimatische Bedingungen und Klimazonen vor.

In den Küstenregionen des Mittelmeers, der Ägäis und des Marmarameers herrscht ein mediterranes Klima, das den Bewohnern heiße, trockene Sommer und angenehm warme Winter mit reichlich Niederschlag beschert. Die Schwarzmeerregion verfügt über ein noch milderes, aber deutlich niederschlagsreicheres Klima, während Inneranatolien vom Steppenklima mit sehr heißen, trockenen Sommern und kalten, schneereichen Wintern geprägt ist. Ostanatolien zeichnet sich durch eher kühle Sommer und sehr kalte, schneereiche Winter aus, wohingegen in Südostanatolien die Sommer heiß und trocken sind und die Winter gemäßigt kalt.

Läge das Land nicht innerhalb eines Gebirgsgürtels, herrschte in der Türkei eine Trockenheit vor, wie wir sie zum Beispiel in der Ukraine vorfinden. Doch die Wolken, die durch den Nordostpassat oder mediterranen bzw. atlantischen Tiefdruck herangeführt werden, sammeln sich an den Randgebirgen, regnen dort ab und bescheren den entsprechenden Regionen entsprechende Niederschlagsmengen.

FLORA UND FAUNA

Dank der kontrastreichen geografischen und klimatischen Bedingungen verfügt die Türkei über eine große Artenvielfalt im Bereich der Flora und Fauna. Wie in so vielen anderen Teilen der Welt ist diese Artenvielfalt jedoch auch in der Türkei durch massive Eingriffe seitens des Menschen gefährdet. Eines der negativen Beispiele für den Umgang mit der Natur ist die unbedachte Rodung großer Waldbestände in einigen Landesteilen.

In Thrakien prägen Weideflächen und Getreidefelder und im nördlichen Bereich um Kırklareli größere Waldgebiete die Landschaft, die sich bis zum Belgrader Wald bei İstanbul erstrecken. Um das Marmarameer und den Bosporus wiederum findet man Obstbäume – rund um Bursa beispielsweise Pfirsichbäume –, daneben aber auch Weinanbaugebiete. Ansonsten ähnelt die Vegetation der von Thrakien.

Die Schwarzmeerregion ist insgesamt sehr waldig, wobei die tiefer gelegenen Gebiete hauptsächlich mit Laubwald und die höher gelegenen mit Nadelwald bewachsen sind. In der Küstengegend werden Haselnüsse, Getreide, Obst, Tabak und besonders Tee angebaut. In der Ägäisregion wachsen Aleppokiefern und Steineichen sowie niedriges Buschwerk, in den Ebenen um den Menderes und den Gediz werden Getreide, Tabak, Oliven, Baumwolle, Wein und Feigen angebaut. Die Mittelmeerregion wiederum wird von ausgedehnten Plantagen mit Zitrusfrüchten, Datteln, Baumwolle, Bananen und Zuckerrohr bestimmt.

Die tieferen Lagen der Schwarzmeerregion sind von dichten Laubwäldern bedeckt, während mit zunehmender Höhe Nadelwald vorherrscht.

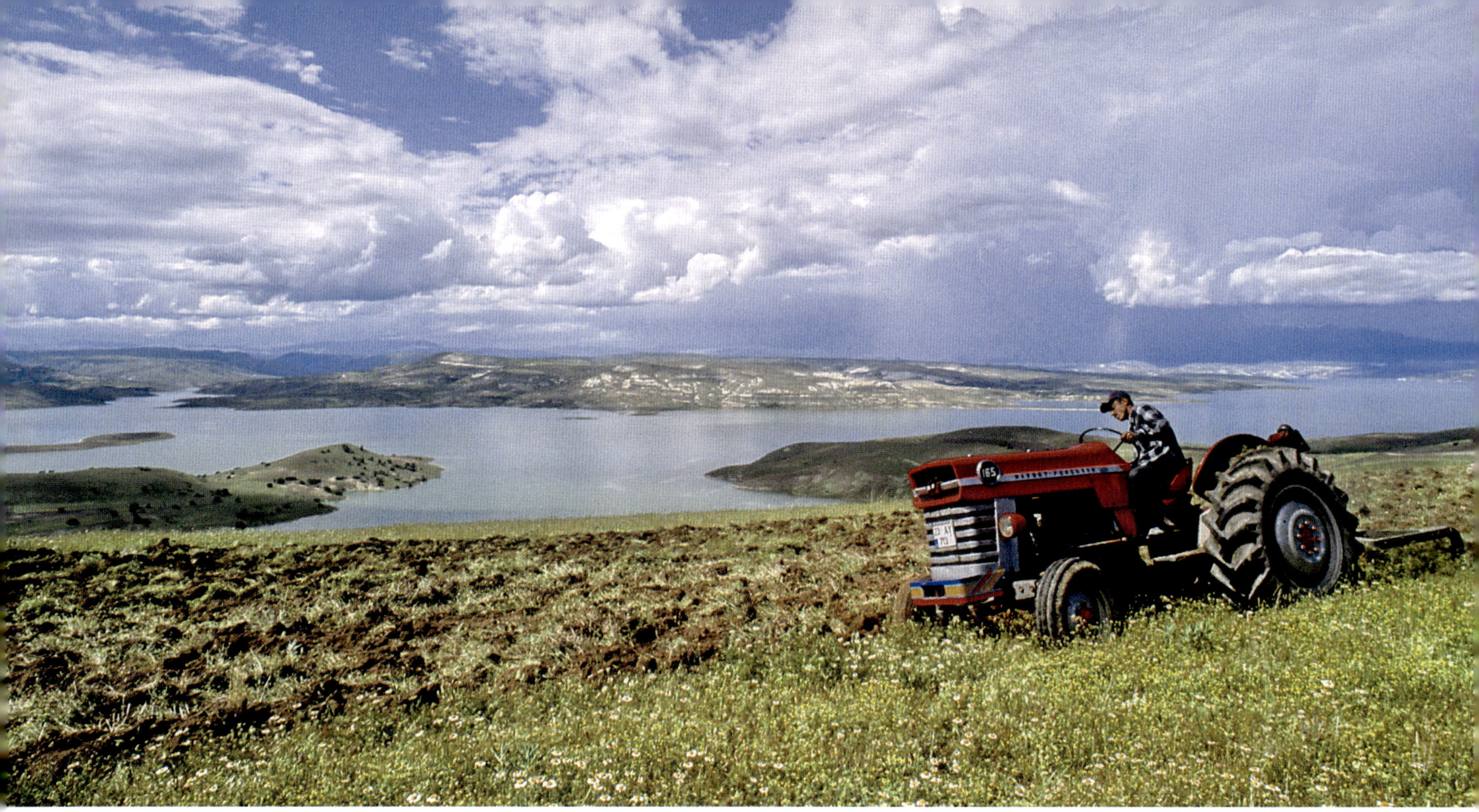

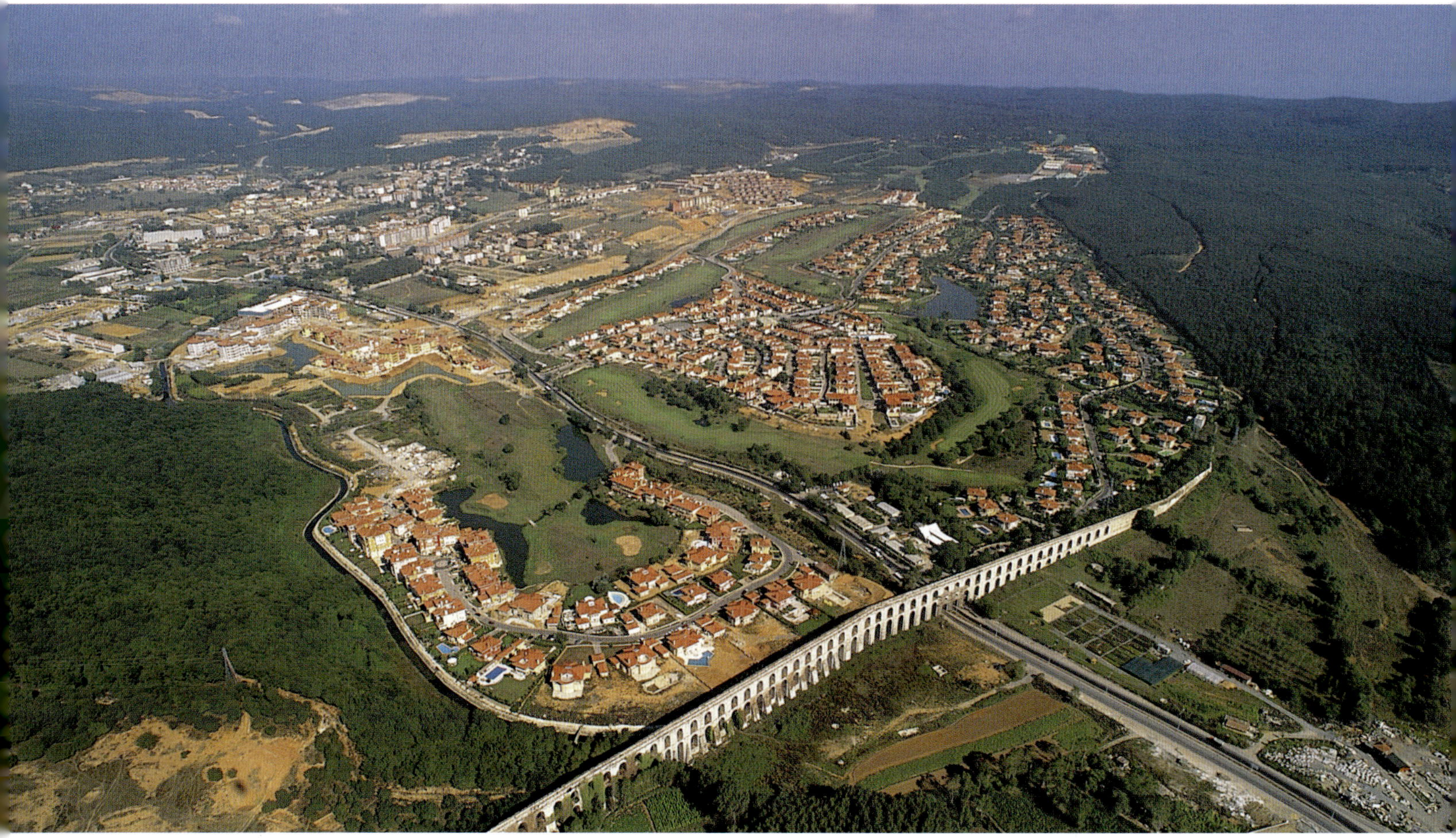

Inneranatolien war einst eine dicht bewaldete Region. Im Zuge extensiver Holznutzung, um den Bedarf an Bau- und Brennmaterial zu decken, sind hier inzwischen jedoch nur noch zehn Prozent der Fläche mit Wäldern bedeckt. Noch karger zeigt sich das ostanatolische Hochland, wo sich nur noch kleinere Waldbestände erhalten haben. Zum Teil findet man dort, wo einst immergrüne Wälder standen, heute nicht einmal mehr Macchia, sondern nur noch winter- und frühlingsgrüne Gräser, Kräuter und Zwiebelgewächse. In diesen Bereichen ist die Bodendecke meist weitgehend weggespült, so dass eine Rückkehr zum früheren Zustand nicht mehr möglich erscheint.

Und dennoch: Trotz zunehmender Umweltzerstörung – insbesondere in den Bereichen der Ballungszentren wie in İstanbul und anderen rasant wachsenden Großstädten – existiert in der Türkei nach wie vor eine große Artenvielfalt. Einer der Gründe ist in der dünnen Besiedlung weiter Landteile zu finden. Eine weitere Ursache ist die meist noch sehr traditionelle Arbeitsweise, gerade in der Landwirtschaft, wo der Einsatz von schweren Maschinen und „moderne" Anbaumethoden noch nicht überall verbreitet sind. Insbesondere Naturräume wie die südanatolischen Gebirge erweisen sich als besonders arten-

LINKE SEITE:
Auch wenn der Einsatz schwerer Landmaschinen in der Türkei bislang die Ausnahme ist: Weite Naturlandschaften sind aufgrund der zunehmenden Urbanisierung wie hier vor İstanbul bedroht.

FOTO UNTEN:
Die zunehmende Rodung von Wäldern, der Klimawandel und wachsende Wasserbedarf sind ernst zu nehmende Probleme im Hinblick auf die Wasserversorgung der Menschen und Bewirtschaftung von Agrarflächen.

RECHTE SEITE:
Der Schafhaltung kommt besonders im ostanatolischen Bergland große Bedeutung zu, da dort nur etwa zehn Prozent der Fläche für den Ackerbau nutzbar sind (Fotos oben und unten).

Während das typische Lasttier der Karawanen das Kamel war, spielen diese Tiere heute in der Viehhaltung nur noch eine untergeordnete Rolle. Der häufigste Einsatzort für die Höckertiere ist dort, wohin Touristen per Reisebus zu Besichtigungen gebracht werden, wie etwa nach Üçhisar.

reich: Hier finden sich unter anderem mehrere Wildformen kultivierter Pflanzen und Hunderte von Kräutern, die auch für medizinische Zwecke genutzt werden.

Die Fauna ist der des Balkans und Westeuropas relativ ähnlich. In abgelegenen Gebieten gibt es noch Tiere, die ursprünglich auch in Europa beheimatet waren, sich heute jedoch weitestgehend zurückgezogen haben. Hierzu zählen Wölfe, Luchse, Schakale oder Bären. Vereinzelt treten auch noch Leoparden auf. Typische Haustiere im ländlichen Bereich sind Esel, Schafe, Ziegen, Rinder, Pferde, zum Teil gibt es Wasserbüffel und Kamele. Im Ostanatolischen Bergland leben noch zahlreiche Adler und Geier. In Regionen, die viele Seen aufweisen, sind wiederum Kormorane, Flamingos und Pelikane, in den Sommermonaten auch Störche beheimatet.

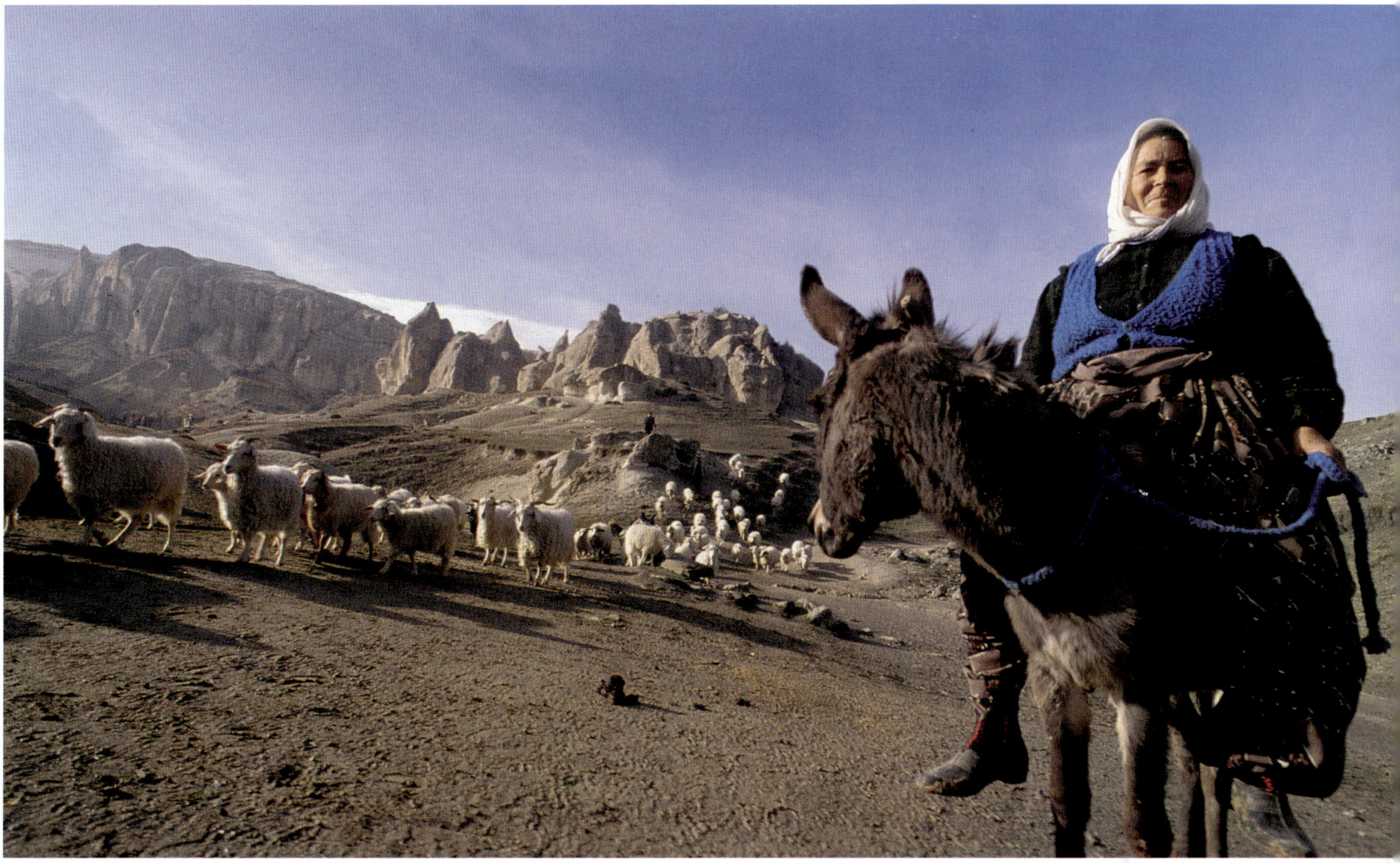

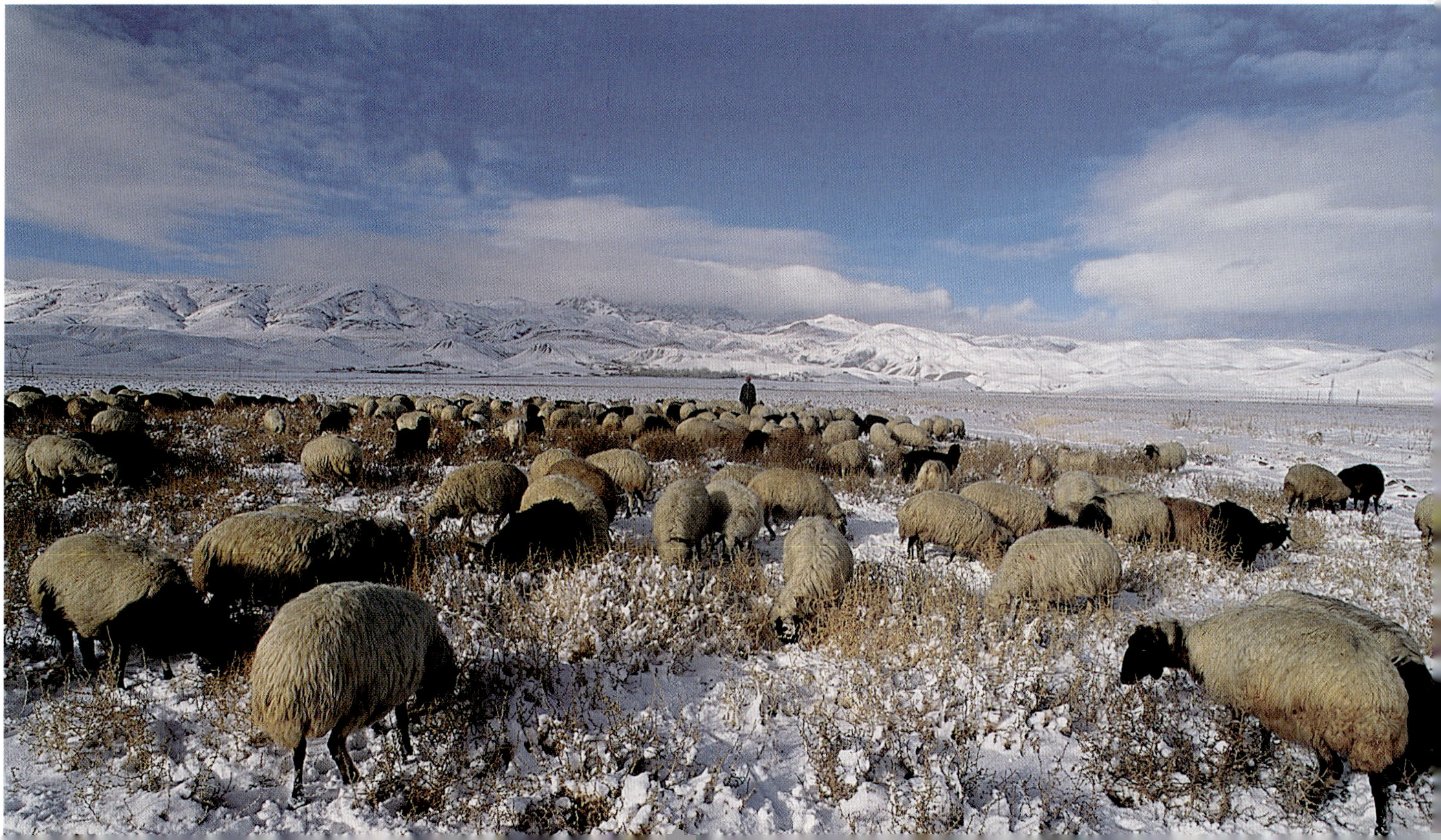

NATIONALE SYMBOLE

Besonders an nationalen Feiertagen, aber auch bei anderen Anlässen wird an öffentlichen Gebäuden das Symbol der Republik – die Türk Bayrağı – angebracht, wie hier am Gebäude der Stadtverwaltung von İzmir anlässlich der Feierlichkeiten zum 9. September. Daneben spielt die Darstellung des Staatsgründers eine große Rolle.

Das einen Staat international repräsentierende Symbol ist die Nationalflagge. Dementsprechend viel Sorgfalt legt die Türkei auf die Einhaltung festgelegter Gestaltungsrichtlinien. Für die türkische Flagge gilt seit 1936 das Flaggengesetz, in dem sämtliche Maßverhältnisse, Formen, Abmessungen, Farben und Stoffe aufwändig geregelt sind. Auch die Nutzung in öffentlichen Einrichtungen, bei Flaggenparaden etc. ist dort geregelt, und die Einhaltung dieser Regelung unterliegt einer strengen Kontrolle. An nationalen und religiösen Feiertagen wird die Flagge bei Sonnenaufgang gehisst und bei Sonnen-

untergang eingeholt, zudem ist sie, sollten mehrere Fahnen in Verwendung sein, stets rechts der übrigen anzubringen. Am 10. November, dem Todestag des Staatsgründers Mustafa Kemal Paşa (Atatürk), wird die Flagge auf Halbmast gesetzt. Die „Türk Bayrağı" bestand ursprünglich aus einem Halbmond auf blauem Grund, der 1793 unter Sultan Selim III. gegen einen roten Grund ausgetauscht wurde; 1844 kam neben dem Mond ein Stern als weiteres Symbol hinzu.

Außer der Flagge existiert noch die Standarte des türkischen Präsidenten (Cumhurbaşkanlığı Forsu), die den Präsidenten repräsentiert. Sie ist identisch mit der Flagge, besitzt aber zusätzlich noch im linken oberen Eck 16 kleine gelbe Sterne, die um eine Sonne angeordnet sind. Gemäß offiziellen Angaben symbolisieren die Sterne die 16 türkischen Staaten der Geschichte, die Sonne stellt die Republik Türkei dar. Die Standarte bleibt, dort wo ihre Anbringung vorgeschrieben ist, Tag und Nacht gehisst, so etwa am Wohnsitz des Präsidenten, für die Dauer eines Aufenthaltes am entsprechenden Aufenthaltsort, links hinter dem Schreibtisch des Präsidenten und am Fahrzeug an der linken vorderen Seite.

Als türkische Nationalhymne wurde am 12. März 1921 der Unabhängigkeitsmarsch (İstiklal Marşı) bestimmt, nachdem zu diesem Zweck ein Wettbewerb stattfand. Der Dichter Mehmet Âkif Ersoy, der als Vorreiter volkstümlicher Gedichte des 20. Jahrhunderts gilt, schrieb den Text der Hymne, von der nur die ersten zwei Strophen gesungen werden. Bei einem weiteren Wettbewerb zur Vertonung fiel die Wahl auf die Musik von Ali Rıfat Çağatay, doch wurde sie 1930 von Osman Zeki Üngör, dem damaligen Chefdirigenten des Präsidialorchesters in Ankara, neu arrangiert zu einer Version, die bis heute ihre Gültigkeit besitzt.

Auch an türkischen Moscheen ist die Nationalflagge – zuweilen an exponierter Stelle wie hier an der Sabanci-Moschee in Adana – zu finden.

In Çatalhöyük fanden sich Reste von Wandmalereien: Dargestellt sind überdimensionale Raubvögel, die auf kopflose Menschenleiber herabstürzen, was Rückschlüsse auf den Totenkult zulässt. Einige Räume in Çatalhöyük sind heute rekonstruiert.

GESCHICHTE DER TÜRKEI

Die gesamte Geschichte Anatoliens in einem Kapitel abzuhandeln, erscheint eigentlich unmöglich, und doch kann man in einem Buch über die Türkei nicht gänzlich auf eine historische Abhandlung verzichten. Ohne Anspruch auf Vollständigkeit sollen deshalb im Folgenden jene wesentlichen historischen Prozesse erläutert werden, die für die Entwicklung des Landes wesentlich waren.

STEINZEIT

Die ältesten menschlichen Relikte auf anatolischem Boden stammen bereits aus dem Paläolithikum (Altsteinzeit), das von ca. 600 000 bis 8000 v. Chr. reicht. An verschiedenen Fundorten wurden Schaber, Bohrer, Kratzer und Pfeilspitzen der Altsteinzeit gefunden, meist in natürlichen Höhlen, die als vorübergehende Behausungen genutzt wurden.

Mit dem Ende der Eiszeit wandelte sich die Lebensgrundlage, die zuvor auf Jagen und Sammeln aufbaute, von Grund auf. Der Mensch begann allmählich, die Natur nach seinen Bedürfnissen zu formen, zu kultivieren und Nahrung zu produzieren sowie Siedlungen zu errichten. Einer der sensationellsten archäologischen Funde der letzten Zeit zeugt von dieser Übergangszeit. Es handelt sich um Göbekli Tepe, eine ca. 12 000 Jahre alte Tempelanlage im äußersten Südosten der Türkei nahe der syrischen Grenze. Noch bevor die einstigen Bewohner der Region eigene Behausungen bauten, errichteten sie diese gewaltige Kultstätte, die dann – bemerkenswerterweise im Zuge der Sesshaftwerdung – um 7500 v. Chr. verwaiste. Eine weitere bedeutende archäologische Stätte befindet sich bei Konya in Zentralanatolien. Dort ist der Siedlungshügel Çatalhöyük einer bereits fortgeschrittenen neolithischen Kultur zu finden. Plastische weibliche Figuren bezeugen die Verehrung von Gottheiten in Gestalt der Fruchtbarkeitsgöttin oder Muttergöttin. Es scheint bereits klar definierte Vorstellungen von Besitz und Eigentum gegeben zu haben, was gebrannte Tonsiegel mit geometrischen Mustern zeigen. Im Chalkolithikum, der Kupfer-Steinzeit, ca. 5500 bis 3000 v. Chr., beginnt zwar keine völlig neue Epoche, doch lässt sich neben der vermehrten Verwendung von Kupfer auch feststellen, dass die Menschen begannen, ihre Siedlungen zu befestigen und danach strebten, ihre Besitztümer auszudehnen sowie Herrschaft über andere auszuüben.

BRONZEZEIT

Anfang des 3. Jahrtausends v. Chr. begann in Anatolien die frühe Bronzezeit. Zahlreiche Werkzeuge und Waffen, aber auch Schmuck und Gefäße wurden nun aus dem neuen Material Bronze hergestellt. Neue Handwerkszweige entstanden und die Lebensgrundlage der Gesellschaft blieb nicht länger auf Ackerbau und Viehzucht beschränkt. Es war die Zeit, in der der Handel an Bedeutung gewann und sich ein zunehmender Abbau von Rohstoffen abzeichnete – auch um dem wachsenden Bedarf an Metallprodukten gerecht zu werden. Auffallend ist ebenfalls, dass in dieser Zeit die Siedlungen immer stärker befestigt wurden, teilweise mit massiven Verteidigungsanlagen, wie man sie z. B. im westanatolischen Troia sieht. Wie weit das Kunsthandwerk in dieser Zeit fortgeschritten war, zeigen unter anderem die so genannten Schatzfunde aus Troia, vor allem aus Troia II (ca. 2550 bis ca. 2250 v. Chr.) mit Objekten aus Gold, Silber und Elektron, aber auch z. B. aus Obsidian und Lapislazuli, oder die zahlreichen Funde aus Alacahöyük.

Nur über einen steilen Trampelpfad erreichbar ist das Felsrelief von Karabel bei İzmir, das den hethitischen König Tarkasnawa von Mirā in hethitischer Bildtradition zeigt. Bereits Herodot beschrieb dieses Relief, jedoch schrieb er es irrtümlich dem ägyptischen Pharao Sesostris III. zu.

Die Bronzezeit war eine Epoche außerordentlicher technologischer Neuerungen sowie weitreichender wirtschaftlicher und kultureller Kontakte. Mit dem frühen 2. Jahrtausend v. Chr., dem Beginn der mittleren Bronzezeit, gab es eine entscheidende Veränderung in Anatolien, das nun aus kleinen Stadtstaaten bestand, insbesondere im Handels- und Wirtschaftsystem. Assyrische Kaufleute errichteten Kolonien, die je nach ihrer Größe „Karum" bzw. „Wabartum" genannt wurden.

In diesen Kolonien, deren Zentrum Karum Kaniš (Kültepe) war, wurden die kaufmännischen Geschäfte abgewickelt. Die wichtigsten Handelsgüter waren Gold, Silber und Kupfer, und aus Mesopotamien wurden Luxusgüter wie Kleider, Stoffe, Parfums sowie das für die Bronzeherstellung wichtige Zinn importiert. In dieser Zeit begann auch die Verwendung von Schriftzeichen, die zunächst zur Aufzeichnung kleinster Details des Wirtschaftslebens genutzt wurden.

DIE HETHITER

Zu Beginn des 2. Jahrtausends v. Chr. lassen sich aufgrund der vorhanden Schriftquellen auch Völker und Staaten benennen, aufgrund derer auch die Epochen benannt und eingeteilt werden können. Das 2. Jahrtausend v. Chr. war die Zeit, in der das Volk der Hethiter, dessen Frühzeit noch immer im Dunkeln liegt, in Zentralanatolien in Erscheinung trat. Lange Zeit, bis ins 19. Jahrhundert hinein, wurden die Ruinen und beeindruckenden Felsreliefs von der europäischen Forschung weitgehend ignoriert, und erst seit dem beginnenden 20. Jahrhundert wächst das Interesse an dieser Kultur.

Es scheint sicher zu sein, dass die Hethiter nach Anatolien eingewandert sind und schon vor der Gründung assyrischer Handelskolonien dort ansässig waren. Sie erlangten schon bald über die anderen kleinen Fürstentümer Souveränität und gründeten einen neuen Staat.

Das Hethiterreich war in Länder und tributpflichtige Vasallenstaaten gegliedert. An dessen Spitze stand der Großkönig, zugleich oberster Feldherr, Richter und Priester, dessen Amt gewöhnlich an einen seiner Söhne weitervererbt wurde. Zentraler Aspekt der Rechtsprechung war Schadensersatz und Buße, wodurch sie sich vom altorientalischen Kulturkreis abhob.

Die Nekropolen befanden sich außerhalb der Siedlungen, wobei die Toten zum Teil in großen Tongefäßen oder in aus großen Platten errichteten Steinkistengräbern bestattet wurden, aber auch die Kremation (Verbrennung des Toten) war geläufig. Im 17. Jahrhundert v. Chr. scheint das Reich in Stadtstaaten zerfallen zu sein. Labarna II., der den Namen Hattusili I. annahm, machte die Stadt Hattuša zur Königsresidenz und kämpfte zunächst gegen zahlreiche Kleinkönige, betrieb Eroberungen in Zentralanatolien und expandierte bis nach Nordsyrien. Nach einer von Unruhen geprägten Zeit mit zahlreichen Königsmorden und blutigen Auseinandersetzungen innerhalb des hethitischen Königshauses schrumpfte das Reich wieder bis auf die zentralanatolischen Gebiete zusammen. Etwa 1500 v. Chr. wurde erstmals eine Versammlung der höchsten Adligen als unabhängige Gerichtsinstanz eingesetzt.

Im so genannten Mittleren Reich prägten Verluste der außenpolitischen Vormachtstellung den Staat. Regelmäßig zur Erntezeit fielen die Kaskäer in das Hethiterreich ein, plünderten Heiligtümer, verwüsteten Städte, vertrieben, verschleppten und ermordeten unzählige Bewohner. Erst unter Suppiluliuma I. konnte das Hethiterreich im 14. Jahrhundert v. Chr. erneut zur Blüte kommen und zur Großmacht aufsteigen.

1274 v. Chr. kam es in der Geschichte Anatoliens zum wohl bedeutendsten Ereignis vorchristlicher Zeit – der Schlacht von Qadeš. Die Armeen Muwatallis II. und diejenige des Pharaos Ramses II. trafen hier zum ersten Mal aufeinander, während beide Völker zuvor lange Zeit weitgehend friedlich nebeneinander gelebt hatten. Mit einer nie zuvor da gewesenen Anzahl von Soldaten wurde die Schlacht geführt. Beide Seiten mussten hohe Verluste hinnehmen. Am Ende kam das umkämpfte Gebiet unter hethitischen Einfluss, konnte von Ramses II. jedoch in einem späteren Feldzug ohne nennenswerten Widerstand der Hethiter wieder zurückerobert werden. Letztendlich führte diese schwere Schlacht zur Niederschrift des ältesten uns bekannten Friedensvertrags der Welt, der in babylonischer Sprache abgefasst ist und in dem sich beide Kriegsparteien auf Brüderlichkeit und Frieden verständigen.

Im 13. Jahrhundert v. Chr. wurde Hattuša nicht nur Hauptstadt im politischen Sinne, sondern avancierte auch zum kulturellen Zentrum des Landes, zur Residenz der „tausend Götter des Hatti-Landes". Der Herrscher bemühte sich mit Rechtsanweisungen und Instruktionen um Ordnung im innerpolitischen Bereich, um Bestandsaufnahmen in den Tempeln sowie um die Neuordnung der Kulte. Die königliche Akropolis auf Büyükkale in Boğazkale wurde von ihm im großen Stil ausgebaut. Auch die berühmten Felsheiligtümer von Yazılıkaya gehen auf ihn zurück.

Eingangstor in die antike Stadt Hattuša. Im 17. Jahrhundert v. Chr. wurde sie zur Hauptstadt des Hethiterreichs.

Gegen Ende des 13. Jahrhunderts v. Chr. führten unterschiedliche Faktoren zu einer Schwächung des hethitischen Staates. In dieser Zeit gab es im gesamten Ostmittelmeerraum schwere Unruhen: Insbesondere die küstennahen Länder hatten unter dem Ansturm der so genannten Seevölker zu leiden. In Anatolien fanden Bevölkerungsverschiebungen statt, und die Bewohner kehrten mehr und mehr zu einer bäuerlichen, zum Teil nomadischen Lebensweise zurück.

Mit dem Zerfall des Hethiterreichs, der Zerstörung Troias und anderer bedeutender Städte lässt sich das Ende der Bronzezeit markieren.

DAS KÖNIGREICH URARTU

Nach dem Untergang des Hethiterreichs zu Beginn des 1. Jahrtausends v. Chr. bildete sich im Osten Anatoliens ein neues Königreich, das der assyrischen Expansion als erbitterter Gegner erfolgreich Widerstand leistete. Von seinen Gegnern im Süden wurde dieses Reich als „Urartu" (=Berggebiet) bezeichnet, die Bewohner selbst nannten es „Biainili", die Israeliten wiederum bezeichneten es als „Land Ararat". Der Name Urartu ist durch falsche Vokalisation später auch im Berg Ararat des alten Testaments enthalten.

Sarduri I., einer der ersten Herrscher, machte Tuşpa (Van) im 9. Jahrhundert v. Chr. zum Zentrum seines Reichs, das die Länder um den Van-See, den Sevan-See sowie den Urmia-See umfasste. Wäh-

Berg Ararat in Ostanatolien

rend einer Schwächeperiode Assyriens stieg Urartu vom Ende des 9. bis Ende des 7. Jahrhunderts v. Chr. zu einer Großmacht unter seinen Herrschern Menua, Argišti I. und Sarduri III. auf und expandierte bis weit in den Süden. Trotz der andauernden Rivalität zu den Assyrern war der Lebensstil stark von assyrischen Elementen geprägt.

Mezraa Teleilat – auf dem höchsten Punkt des Hügels finden sich Palast- und Tempelanlagen aus dem 7. Jahrhundert v. Chr., die wiederum über jahrtausendealten Siedlungsschichten errichtet wurden. Die Bauten deuten darauf hin, dass sich hier ein Fürstentum herausbilden konnte.

Die Urartäer hatten maßgeblichen Einfluss auf die Entwicklung der Architektur und Technik des Nahen Ostens, besaßen zudem eine berühmte Pferdezucht und waren erstklassige Metallhandwerker. Figürlich verzierte Kessel aus Metall waren insbesondere bei den Griechen beliebt und gelangten sogar bis nach Frankreich.

Von Norden kommend, bildeten die Kimmerer eine große Bedrohung, so dass sich König Rusa I., der auf dem Hügelrücken Toprakkale eine neue Königsburg und einen großen Tempel errichtete, 714. v. Chr. das Leben nahm. Der Untergang von Urartu wurde schließlich im 6. Jahrhundert durch die Skythen und Meder besiegelt.

Archäologische Fundstücke bezeugen, dass die Urartäer hervorragende Metallhandwerker waren.

DAS PHRYGISCHE KÖNIGREICH

FOLGENDE DOPPELSEITE:

Ausgrabungen in Ephesos, das 560 v. Chr. vom lydischen König Kroisos erobert wurde.

Etwa zur Zeit des Bestehens des Urartu-Reichs siedelte sich in Zentralanatolien der Volksstamm der Phryger an. Homer erwähnt in der „Ilias" die Phryger als Verbündete der Troianer; heute wird angenommen, dass die ersten phrygischen Siedler tatsächlich während der großen Umwälzungen durch die Seevölker aus Thrakien nach Anatolien eingewandert sind und sich wohl zunächst am Marmarameer niederließen. Herodots Berichten zufolge kamen die Phryger aus Makkedonien.

Von König Midas, dem bedeutendsten König der Phryger, kennen wir sowohl eine mythische als auch eine historische Seite. So taucht er in verschiedenen Legenden griechischer und römischer Autoren auf, wobei die mythische Darstellung kein schmeichelhaftes Bild von ihm zeichnet: Er soll dem betrunkenen Silenus – dem Erzieher und Begleiter Dionysos' – zu Hilfe gekommen sein, woraufhin ihm Dionysos dankte und ihm einen Wunsch gewährte. Midas wünschte sich, es solle alles zu Gold werden, was er berührte. Als dieser Wunsch in Erfüllung ging, zeigte sich bald die Torheit, da sich auch die Nahrungsmittel in Gold verwandelten. Auf die Bitte hin, ihm zu helfen, riet ihm Dionysos, ein Bad in der Quelle des Flusses Paktolus zu nehmen, wodurch er von seiner zweifelhaften Fähigkeit befreit wurde. Seitdem ist der Fluss der goldreichste Fluss Kleinasiens. Folgt man griechischen und römischen Quellen, so regierte der „historische Midas" ungefähr zwischen 736 und 696 v. Chr.

Über die frühen Phryger ist äußerst wenig bekannt; zunächst scheinen sie ihre Siedlungen auf ehemaligen Städten der Hethiter gebaut zu haben. Zu Beginn des 8. Jahrhunderts v. Chr. errichteten sie dann ihre Hauptstadt in Gordion. König Midas verteidigte die Ost- und Westgrenzen des Phrygischen Reichs, konnte jedoch gegen Ende des 8. Jahrhunderts v. Chr. den Kimmerern aus dem Kaukasus nicht standhalten.

Nach Midas' Tod und der Eroberung der befestigten Haupstadt Gordion existierten vermutlich phrygische Fürstentümer im 7. und 6. Jahrhundert v. Chr. Typisch für die phrygischen Monumentalgrabbauten sind die großen Grabhügel (Tumuli) und Grabkammern, die in den Fels gehauen waren. Die phrygische Kunst entwickelte einen eigenen Stil, der sich in der Gestaltung von Kesseln, Fibeln, Schalen, Becken, Krügen etc. ausdrückt. Sie zeugen aber auch von einem regen Handel, der insbesondere über Urartu stattfand.

DAS LYDISCHE KÖNIGREICH

Die historische Landschaft Lydien – gegenüber den Inseln Lesbos, Chios und Samos gelegen – erstreckte sich um das heutige İzmir bis ungefähr nach Alaşehir. Die frühesten geschichtlichen Erwähnungen gehören noch in den Bereich des Sagenhaften; erst ab dem 7. Jahrhundert v. Chr. wird die Geschichte Lydiens historisch fassbar.

Erste politische Bedeutung erlangte das Lyderreich unter Gyges aus der Mermnaden-Dynastie: Er kämpfte u. a. gegen die Kimmerer und unterhielt diplomatische Beziehungen zu Assurbanipal von Assyrien und zu Psammetich von Ägypten. Nachdem das Phrygerreich untergegangen war, dehnten die

Amphitheater von Assos. Die antike Stadt an der Südwestküste der Troas erlebte in der Regierungszeit der lydischen Könige ihre Blütezeit.

Lyder ihren Machtbereich bis zum Halys (Kızılırmak) nach Osten hin aus und unterwarfen die griechischen Städte entlang der Westküste. Eine der dauerhaftesten Bedrohungen ging von den Kimmerern aus, die Mitte des 7. Jahrhunderts v. Chr. Sardes eroberten, wobei Gyges zu Tode kam.

Unter der Herrschaft des Alyattes Anfang des 6. Jahrhunderts v. Chr. erreichte das Reich seine Blütezeit und entwickelte sich, nachdem die Lyder die Herrschaft über Ephesos und Milet erlangten, zum wohlhabendsten Staat der gesamten Region. Alyattes' Nachfolger Kroisos, dessen Name noch im heutigen Sprachgebrauch – meist in der Form „Krösus" – geläufig ist, beging einen verhängnisvollen Fehler, indem er gegen das Perserreich zog. Er wurde bei Pteria in Kappadokien vernichtend geschlagen und 546 v. Chr. bei der Eroberung von Sardes durch Kyros gefangen genommen. Damit endete die Selbständigkeit Lydiens, das mit seiner Niederlage zur Satrapie Persiens wurde.

DIE HELLENISTISCHE ZEIT

Nachdem die Perser über das Lyderreich gesiegt hatten, geriet nahezu ganz Anatolien unter ihre Herrschaft. In der Folgezeit erhoben sich – aufgehetzt durch Milos – die griechischen Städte gegen die Perser. Im beginnenden 5. Jahrhundert v. Chr. kam es zu ersten Kampfhandlungen, die – nach anfänglichen Erfolgen der Hellenen – schließlich in der totalen Vernichtung von Milet im Jahre 494 v. Chr. mündeten und die Oberhoheit der Perser über die Griechen mit sich brachten.

Nach mehrfachen Versuchen der Perser, auch das griechische Mutterland zu erobern, wurde der Delisch-Attische Seebund als Verteidigungsbündnis gegründet, dem zwar alle – auch die kleinasiatischen Städte – beitraten, der jedoch im Peleponnesischen Krieg unterging.

337 v. Chr. beauftragte der Korinthische Bund den Makedonenkönig Philipp II., einen Rachefeldzug gegen die Perser zu führen. Dieser wurde jedoch kurz darauf – noch vor Vollendung seines Plans – ermordet. Sein Sohn Alexander III., später „der Große" genannt, setzte dieses Werk mit aller Entschiedenheit fort. Lediglich Milet konnte sich ihm lange zur Wehr setzten, doch auch diese Stadt fiel letztendlich. Damit war das Ziel – die Eroberung der gesamten Westküste – erreicht und der Persienfeldzug aus makedonisch-griechischer Sicht erfolgreich beendet.

Alexander der Große beschloss dennoch, seine Kampagne entlang der Küste Lykiens und Pamphyliens fortzusetzen, und schlug in der alten phrygischen Königsstadt Gordion sein Winterquartier auf, jener Ort, an dem er der Legende nach den Gordischen Knoten mit seinem Schwert durchschlug. Im darauffolgenden Jahr zog Alexander weiter nach Kilikien und besiegte bei Issos ein Perserheer, bevor er Kleinasien für immer verließ.

Nach Alexanders Tod kamen unruhige Zeiten auf die Griechenstädte Kleinasiens zu und das Reich wurde unter den griechischen Generälen aufgeteilt. Später riefen die isolierten Fürsten von Bithynien und Pontus ein Heer von Kelten – die uns in der Bibel als Galater begegnen – ins Land. Das unter Attalos I. zu einer führenden Militärmacht aufgestiegene Pergamon konnte die in Kleinasien einfallenden und plündernden Keltenstämme besiegen, doch diese „Galater" bildeten noch ein Jahrhundert lang einen unberechenbaren Unruheherd.

DIE RÖMISCHE ZEIT

Als König Philipp V. von Makedonien 215 v. Chr. auf die Seite Hannibals gegen Rom trat, befand sich Italien bereits vollständig unter römischer Herrschaft, und im westlichen Mittelmeer kämpften Rom und Karthago seit 218 v. Chr. im Zweiten Punischen Krieg um die Vormachtstellung. Demgegenüber verbündete sich der Ätolische Bund in Griechenland als Feind Makedoniens mit Rom. Die Verbindung zwischen den Ätoliern und Attalos I. von Pergamon wurden so weit gefestigt, dass auch Attalos I. im Ersten Makedonischen Krieg Roms Verbündeter wurde. Beendet wurde dieser Krieg durch den Friedensschluss von Phoinike 205 v. Chr., doch nur wenige Jahre später sollte bereits der Zweite Makedonische Krieg aufgrund der Hegemonialansprüche König Philipps V. folgen. Die griechischen Stadtstaaten Pergamon, Rhodos und Athen sandten ein Hilfegesuch an Rom, woraufhin zwei römische Legionen 200 v. Chr. in Epeiros landeten und den Krieg eröffneten. Außer Sparta schlossen sich alle griechischen Poleis dem Vorgehen gegen die Makedonen an.

Eumenes II. wurde als Sohn des Attalos I. Teilhaber des errungenen Sieges und trat konsequent für die römische Außenpolitik im Nahen Osten ein. Als dann Antiochos III. 190 v. Chr. von römischen Truppen am Sipylos in der Schlacht bei Magnesia geschlagen wurde, gingen die seleukidischen Besitzungen Kleinasiens in den Besitz des Königs Eumenes II. von Pergamon über, womit auch der Höhepunkt der pergamenischen Macht erreicht war. Seine Nachfolger sollten weniger politisches

Pergamon, einst geistiges Zentrum der Welt, besaß eine Bibliothek, die der von Alexandria kaum nachstand. Berühmt sind weiterhin das steile Theater sowie der Pergamonaltar, der sich heute in Berlin befindet.

Geschick zeigen, und so wurde im Jahre 129 v. Chr. das Pergamonreich zur römischen Provinz Asia, die jedoch den Provinzadministratoren hauptsächlich zur persönlichen Bereicherung diente.

Im Laufe dieser Zeit entwickelten sich wachsende antirömische Bewegungen, die letztendlich zum Aufstand des pontischen Königs Mithridates VI. Eupator führte, dem sich auch Pergamon anschloss, um an seiner Seite gegen die Römer zu kämpfen. Im Jahre 88. v. Chr. erließ er von Ephesos aus den erbarmungslosen Blutbefehl, sämtliche Römer und Italiker in der Provinz Asia zu ermorden, und so verloren 80 000 Menschen ihr Leben. Nach den drei so genannten Mithridatischen Kriegen erstreckte sich das Römische Reich bis nach Armenien. 60 v. Chr. kehrte Gaius Iulius Cäsar aus Spanien zurück und bildete kurz darauf zusammen mit Pompeius und Marcus Licinius Crassus das erste Triumvirat. Während sich Cäsar später bei Kleopatra aufhielt, kehrte Pharnakes II. mit der Absicht zurück nach Kleinasien, das Reich seines Vaters wieder in Besitz zu nehmen. Cäsar besiegte ihn 47 v. Chr. und berichtete daraufhin nach Hause jene berühmt gewordenen Worte: „veni, vidi, vici."

LINKE UND RECHTE SEITE:
Ephesos. Von dieser bedeutenden antiken Stadt aus gab Mithridates VI. den Befehl, alle in der Provinz Asia lebenden Römer und Italiker zu ermorden.

Nachdem Octavian – der spätere Kaiser Augustus – über die vereinigten Verbände des Marcus Antonius und der ägyptischen Königin Kleopatra in der Seeschlacht von Aktium 31 v. Chr. gesiegt hatte, endete ein langwieriger Bürgerkrieg. Für Kleinasien begann, als Octavian Alleinherrscher wurde, eine über 200 Jahre während Friedenszeit – die Pax Romana – und eine Zeit der Blüte, wovon die zahlreichen imposanten Hinterlassenschaften noch heute zeugen. Die Siedlungstätigkeit verlagerte sich allgemein mehr und mehr von den Akropolishügeln ins leichter zugängliche Flachland. Die Städte wuchsen stetig und neue wurden errichtet.

Erst das 3. Jahrhundert n. Chr. sollte dem Römerreich wieder unruhigere Zeiten bringen. Gegen Ende des 3. Jahrhunderts n. Chr. versuchte Diokletian den Zerfall der östlichen Reichshälfte zu verhindern, indem er die Verwaltung des Reichs in ein westliches und ein östliches Gebiet teilte. Nach mehreren Bürgerkriegen ging aus den Wirren um die Nachfolge Diokletians der spätere Kaiser Konstantin als Herrscher über das Reich hervor, der 330 n. Chr. seine Hauptstadt nach Byzanz am Bosporus verlagerte, das er fortan „Nova Roma" – das Neue Rom – nannte. In dieser Zeit gewann das Christen-

tum einen immer größeren Einfluss, da Kaiser Konstantin fast nur Christen in hohe Ämter hob. In Phrygien und Galatien predigten und missionierten Johannes, Paulus, Barnabas, Petrus und Philippus. Einer seiner Nachfolger, Theodosius I., erhob das Christentum 391 n. Chr. zur Staatsreligion und vollzog die Reichsteilung in ein Weströmisches und ein Oströmisches Reich, wobei das Weströmische Reich fünfzig Jahre später in den Stürmen der Völkerwanderung unterging, das Oströmische bzw. Byzantinische Reich – hingegen noch tausend Jahre bestehen blieb.

Römische Gewandstatuen im archäologischen Museum von Gaziantep

DIE BYZANTINISCHE ZEIT

Die „Byzantiner" selbst nannten sich Römer bzw. Rhomäer. Ihre innen- und kirchenpolitische Geschichte war in starkem Maße von der griechischen Kultur, dem römischen Staatsaufbau sowie dem christlichen Glauben geprägt. Auch unter den byzantinischen Kaisern war die Bedrohung von außen stets gegenwärtig, zudem gab es im Inneren heftige, religiös begründete Auseinandersetzungen: Konstantin eröffnete schon 225 n. Chr. das erste ökumenische Kirchenkonzil in Nikaia, wo Athanasios von Alexandreia seine Auffassung von der Gottgleichheit Christi als orthodoxes Dogma durchsetzte und sich damit gegen die Lehre des Presbyters Arius von der Gottähnlichkeit wandte.

Unter Kaiser Justinian I. erlebte das Byzantinische Reich im 6. Jahrhundert einen Höhepunkt. Der Kaiser belebte den alten Reichsgedanken wieder und stellte Illyrien, Italien, Sizilien, Sardinien und Korsika sowie Nordafrika und Südspanien unter Herrschaft eines römischen Kaisers. Es bestanden eine Handelsverbindung zu den südrussischen Steppenvölkern und ein Seidenhandel mit China. Schließlich gelang es, das Geheimnis um die Seidenproduktion zu durchschauen und einige Seidenraupen unbemerkt nach Konstantinopel zu bringen. Die Seidenproduktion wurde als Staatsmonopol daraufhin zu einer der wichtigsten Einnahmequellen des byzantinischen Staates.

FOLGENDE SEITE:
Antikes Tor in Alarahan – eine der zahlreichen Karawansereien entlang der Seidenstraße, die den florierenden Handel mit China ermöglichte.

FOTO UNTEN:
Der Schmuggel einiger Seidenraupen aus China begründete einen enormen wirtschaftlichen Aufschwung des Byzantinischen Reichs.

Der Kaiser ließ den Codex Juris Civilis, die erste und für Jahrhunderte letzte Rechtssammlung seit dem Zwölftafelgesetz, zusammenstellen. Unter den Nachfolgern Justinians II. kamen wieder schwierige Zeiten auf das Reich zu, und von der einstigen Blütezeit war bald nichts mehr zu spüren. Dies änderte sich mit Kaiser Herakleios, der das sowohl wirtschaftlich als auch militärisch völlig zerrüttete Reich übernahm. Nach dem Vorbild von Karthago und Ravenna wurden Militärbezirke gebildet und Soldzahlungen für die Soldaten zugunsten von vererbbaren Stratiotengüter – dem Kleingrundbesitz der Soldaten – reduziert.

Nach verschiedenen Offensiven erhielt Byzanz die besetzten Gebiete Armenien, Römisch-Mesopotamien, Syrien, Palästina und Ägypten zurück, doch hatte die neu gewonnene Größe des Reichs nicht lange Bestand. 622 fand die Flucht des Propheten Muhammads von Mekka nach Medina statt, in deren Folge er viele Araberstämme vereinigte. Nach seinem Tod 632 begannen die ersten Eroberungen der Araber in nichtarabischen Gebieten, und die zwei Jahrhunderte nach Herakleios' Tod im Jahre 641 waren schließlich von Auseinandersetzungen zwischen Byzantinern und Arabern im Osten sowie den Bulgaren im Balkan geprägt.

Gleichzeitig tobte in Konstantinopel der Bilderstreit, der sich am zweiten Gebot entzündete und insbesondere unter Leon III. im 8. Jahrhundert zu einer beispiellosen Zerstörung früher figürlicher Kunstwerke durch die so genannten Ikonoklasten (Ikonenzerstörer) führte. Eine ungeheure Menge spätantiker und frühchristlicher Kunstwerke ist in dieser Zeit aus religiösem Eifer unwiederbringlich vernichtet worden.

Unter Kaiser Basileios II. erreichte das mittelbyzantinische Reich Ende des 10./Anfang des 11. Jahrhunderts seinen Höhepunkt. Nach 17 Jahren Krieg stand das Reich mächtiger da als jemals zuvor. Seine Ausdehnung reichte von den Gebirgen Armeniens bis an die Adria und vom Euphrat bis an die Donau; Süditalien, Kreta und Zypern gehörten ebenso dazu wie ein Teil der Halbinsel Krim.

Nach dem Tod Basileios' II. im Jahre 1025 fiel das Land erneut in eine Krise, die auf der Verschwendungssucht der folgenden Herrscher gründete, sowie auf der Tatsache, dass Bauern- und Soldatengüter in den Besitz der Aristokratie kamen und das Heer sowie die Steuerkraft

Omeriye Moschee in Zypern. Die Mittelmeerinsel fiel im Rahmen ausgedehnter Gebietserweiterungen unter Kaiser Basileios II. an das Byzantinische Reich.

FOTO RECHTS:

Die Festungsanlage Rumeli Hısarı auf der europäischen Seite des Bosporus in İstanbul. Die Festung wurde von Mehmed II. im Zuge der Vorbereitungen zur Eroberung Konstantinopels erbaut. Am 29. Mai 1453 wurde die Stadt eingenommen, womit zugleich das Ende des Oströmischen Reichs besiegelt wurde.

stark geschwächt wurden. Drei Jahre nach der Thronbesteigung Kaiser Romanos' IV. erlitt sein Heer im Jahre 1071 bei Malazgirt unweit des Van-Sees eine Niederlage gegen Truppen des seldschukischen Sultans Alp Arslan. Unter dessen Neffen Süleyman ibn Kutulmuş konnte die Eroberung des restlichen Zentralanatoliens vollendet werden. Süleyman gründete daraufhin das rum-seldschukische Sultanat von Konya.

In der Folgezeit kam es zwar noch zu einem kurzen Wiedererstarken des Byzantinischen Reiches, doch im Jahre 1176 erlitt das Heer eine vernichtende Niederlage im Kampf gegen das mächtige Sultanat Konya, woraufhin die Seldschuken ihren Machtbereich auf die benachbarten muslimischen Reiche in Kleinasien und Richtung Mittelmeerküste hin ausdehnten. Die Spätbyzantinische Zeit spielt für die Geschichte Kleinasiens nur eine untergeordnete Rolle, da sich die wichtigen Begebenheiten vor allem in Griechenland abspielten. Um 1300 begann die türkische Eroberung der Teile Kleinasiens, die noch im Reich verblieben waren.

Mehrmals versuchten die Herrscher wieder eine politische und wirtschaftliche Renaissance des byzantinischen Griechentums herbeizuführen, jedoch weitestgehend erfolglos. Am 7. April 1453 begann die Belagerung von Konstantinopel durch die Türken, und am 29. Mai erfolgte der siegreiche Sturmangriff. Der Osmanensultan Mehmed Fatih zog im Triumph zur Hagia Sophia, um Allah zu danken – das Oströmische Reich war erloschen.

DIE SELDSCHUKEN

Die Seldschuken gehörten im 7. Jahrhundert zu den Oghusenstämmen, die an der Grenze Afghanistans lebten. Sie benannten sich nach ihrem legendären Führer Selçük; als eigentlicher Reichsgründer gilt jedoch sein Nachfolger Tuğril Beg, der in Bagdad zum „Sultan der östlichen und westlichen Welt" gekrönt wurde.

In den Fels gemeißelte Ornamente zeugen vielerorts von der frühen Ausbreitung des Christentums in der Türkei.

Der Seldschukensultan Alp Arslan (1029–1072) führte das Seldschukenreich zusammen, weitete es nach Osten hin aus und setzte seine Angriffe auf das östliche Anatolien fort. Bei den Vorstößen gegen Ägypten nahmen die Seldschuken 1070 auch Jerusalem ein – ein Ereignis, das zum ersten Kreuzzug der katholischen Kirche führte. Alp Arslan eroberte nahezu das ganze griechisch-byzantinische Anatolien, wodurch dieses einer zunehmenden turkmenischen Besiedlung geöffnet wurde. Doch nach seinem Tod im Jahre 1072 geriet das Reich in eine Krise: Süleyman ibn Kutulmuş eroberte 1077 die byzantinische Stadt Nicaia (İznik), gründete das Sultanat Rum und erklärte die Unabhängigkeit vom Großseldschukischen Reich. In der Folgezeit wandte sich Süleyman weiter in Richtung Osten, eroberte Antiocheia und zog schließlich nach Syrien, wo er jedoch besiegt wurde und 1086 starb.

Das Jahr 1097 war ein weiteres Krisenjahr in der Geschichte des Seldschukenreichs: In der Schlacht von Dorylaeum (Eskişehir) mussten die Seldschuken eine schwere Niederlage hinnehmen: Ihre Besitzungen fielen in die Hände der Kreuzfahrer, die weiter nach Antiochia zogen. Im Jahre 1104 konnte Kılıç Arslan dann die Kreuzfahrer bei Ereğli besiegen.

Für eine gewisse Stabilität und Erholung sorgten die langen Regierungszeiten Rukneddin Mesud I. und dessen Sohnes İzzeddin Kılıç Arslan II. Doch nach dem Rücktritt İzzeddin Kılıç Arslans II. im Jahre 1188 begann eine Zeit voller Unruhen, verursacht durch Nachfolgerkämpfe seiner Söhne, aus denen am Ende der jüngste Sohn Gijaseddin Keyhüsrev I. siegreich hervorging. Er – und später wiederum seine Söhne – führten das Seldschukenreich in ein goldenes Zeitalter. Um den überregionalen Handel zu beleben, veranlasste er, dass entlang der Handelsrouten – im Abstand von Tagesmärschen – Herbergen für die Karawanen errichtet wurden. Noch heute findet man zahlreiche Ruinen dieser sogenannten Karawansereien entlang der Karawanenstraße von Samsun über Tokat, Sivas und Kayseri nach Konya und von dort aus in Richtung Alanya, Antalya, Denizli und Kütahya. In der Landwirtschaft stand der durch den Sultan geförderte Ackerbau an erster Stelle, daneben gab es aber auch Garten-, Obst- und Weinbau. An Rohstoffen wurde Silber, Kupfer, Eisen und Alaun abgebaut.

Staatsreligion war der sunnitische Islam, und der Sultan ebenso wie seine Würdenträger stifteten zahlreiche Moscheen und Medresen, aus denen nicht nur die Theologen hervorgingen, sondern auch die Beamten.

In der ersten Hälfte des 13. Jahrhunderts erreichten die Rumseldschuken dann den Höhepunkt ihrer Macht, die aber schon bald außenpolitische Schwächen zeigte. Als Heere des Mongolenherrschers Dschingis Khan um 1220 Iran eroberten, wurden Turkmenen und andere Völkerschaften nach Westen gedrängt, wodurch sich in Ostanatolien Unruhen breit machten.

Um 1240 kam es zu Rebellionen in Ostanatolien durch die Turkmenen, die durch den Wanderprediger Baba Ischak belebt wurden. Diesen Volksaufstand schlug der Sultan mit aller Härte nieder. Die geschwächte seldschukische Armee konnte der mongolischen Macht jedoch langfristig keine Gegenwehr mehr bieten und wurde 1243 bei Kösedağ geschlagen und das Sultanat Rum daraufhin zu einem tributpflichtigen Vasallenstaat der Mongolen.

Das Seldschukenreich zerfiel letztendlich in zahlreiche unabhängige Kleinfürstentümer oder Beylıks; eines der turkmenischen Fürstentümer war das osmanische Emirat, das sich im Folgenden zu einer Großmacht entwickelte.

Die romantisch vor der Küste gelegene Inselburg Kızkalesi wurde 1104 errichtet und war im Mittelalter eine der berüchtigtesten Korsarenburgen der ganzen Mittelmeerküste.

DIE OSMANEN

Ebenso wie die Seldschuken waren auch die Osmanen ein Oghusenstamm, der jedoch während der Vorherrschaft der Seldschuken keine nennenswerte Rolle gespielt hatte. Der Oghusenführer Ertuğrul erhielt als Dank für seine Unterstützung der Seldschuken im Kampf gegen die Mongolen die Region um Söğüt nordwestlich von Eskişehir. Namensgeber der Dynastie war Osman, ein Sohn von Ertuğrul, der sich besonders als Krieger hervortat und durch weitere Eroberungen seinen Einflussbereich vergrößerte. Zunächst drang er nach Westen vor und konnte mit dem Rückgang der mongolischen Macht sein Fürstentum auch nach Osten hin ausdehnen. Nach dem Zerfall der seldschukischen Schutzmacht nahm Osman selbst den Beinamen Sultan an und ging so als erster osmanischer Herrscher Sultan Osman I. in die Geschichte ein.

Erst im Laufe der Zeit konnten Osman und seine Nachfahren ihre Macht durch geschickte Innenpolitik und außenpolitische Diplomatie, aber auch durch kriegerisches Talent ausbauen. Er baute ein hierarchisch geordnetes Berufsheer auf, mit dem er seinen Herrschaftsbereich rasch ausdehnte. Ein weiterer Grund für den Erfolg – insbesondere bei der Eingliederung neu eroberter Gebiete – war wohl auch die für diese Zeit moderne Verwaltung mit ihren Prinzipien von Toleranz und Gerechtigkeit.

Unter seinem Sohn Orhan konnten im 14. Jahrhundert erstmals türkische Truppen in europäisches Gebiet jenseits der Dardanellen eindringen. Orhan prägte die erste osmanische Münze und initiierte einen neuen Typ von Baukomplex, der für die weitere soziokulturelle Entwicklung von Bedeutung sein sollte. Den Kern des Komplexes bildete die Moschee, um die die Medrese, ein Krankenhaus, ein Armenhaus und eine Bibliothek angeordnet waren. Jahrhundertelang war diese Einheit Zentrum des Kultur- und Soziallebens im Reich.

Unter Orhan wurden 1329 auch die ersten Janitscharen rekrutiert, die als Leibwache des Sultans und besonders gut ausgebildete Truppe der Infanterie zu einer Stütze der Macht wurden. Rekrutiert wurden Söhne aus christlichen Familien, die in den unterworfenen Ländern lebten. Die Kinder wurden in islamischer Lehre erzogen und erhielten eine freie Ausbildung, nach der sie weiterhin kaserniert blieben und einer strengen Zucht unterlagen, bei besonderer Befähigung aber auch später höchste Staatsämter bekleiden konnten.

Murad I., der als ungestümer Krieger galt, prägte den osmanischen Staat. Sein Ziel war es, insbesondere die europäischen Herrschaftsgebiete auszudehnen. In dieser Hinsicht kamen ihm die zahlreichen Krisenherde in Zentraleuropa zugute. Und tatsächlich gelang es ihm, während seiner Regierungszeit die Fläche des Reichs um ein Fünffaches zu erweitern. Murad I. führte 1389 seine Truppen in der berühmt gewordenen Schlacht auf dem Amselfeld an: Zwar konnte er die serbischen Kriegsgegner besiegen, wurde selbst jedoch tödlich verwundet.

Murads Nachfolge trat dessen Sohn Sultan Yıldırım Beyazıt I. an. Er schloss mit dem serbischen König Stephan Frieden und heiratete dessen Schwester. Damit war Serbien bis zur Neugründung 1877 eine Provinz des Osmanischen Reichs. 1395 besiegte er ein letztes Kreuzfahrerheer unter König Sigismund von Ungarn, unterlag jedoch sieben Jahre später dem Mongolenherrscher Timur Lenk und geriet in Gefangenschaft. Ganz Anatolien wurde von Timur Lenks Heeren, die Hunderttausende zählten, niedergetrampelt. Dörfer und Städte wurden verwüstet, Menschen gemartert und Zehntausende getötet.

Ein Neuanfang gelang erst wieder Sultan Mehmed I. Anfang des 15. Jahrhunderts. Am 29. Mai 1453 machte Mehmed II. Byzanz zu seiner Hauptstadt; damit hatte der osmanische Staat den Aufstieg zur Großmacht vollzogen und das Ende der byzantinischen Geschichte war nun endgültig besiegelt. Nach dieser Eroberung nahm er den Beinamen Fatih („Eroberer") an und versuchte auch Italien zu annektieren. Er unterwarf die Krim und gliederte ganz Anatolien in das Reichsgebiet ein. Um eine mögliche Spaltung des Reichs durch Rivalitäten unter Brüdern vorzubeugen, erhob er den Brudermord zum

Die achteckige Konak Camii in İzmir ist an ihrer Außenseite mit Fliesen geschmückt. Sie stammt aus dem beginnenden 19. Jahrhundert, in dem der osmanische Stil sich ins Stereotype wandelte.

İstanbul – die Stadt der drei Namen ist schon lange heimliche Hauptstadt der Türkei. Als Byzanz und Konstantinopel war sie häufig umkämpft und erlebte eine wechselvolle Geschichte.

Staatsgesetz: In der Folgezeit ließ demnach jeder Sultan, der den Thron bestieg, als erste Amtshandlung seine Brüder beseitigen.

Seine größte Ausdehnung erreichte das Reich unter Süleyman dem Prächtigen im 16. Jahrhundert: Die Osmanen gewannen bald die Vorherrschaft im östlichen Mittelmeerraum und weiteten ihre Macht bis ins nördliche Afrika aus. Gemeinsam mit Karl V. war Süleyman wohl der mächtigste Regent des 16. Jahrhunderts. Nach seinem Tod kam es für das Land zum historischen Wendepunkt, denn seine Nachfolger waren meist schwache Herrscher, die zum Zerfall des Osmanenreichs beitrugen. Es kam zu drastischen Einbußen im Orienthandel und die wirtschaftliche Not brachte viele dazu, sich Banden anzuschließen.

Unter der Herrschaft von Sultan Mehmed IV. wurde 1683 Wien belagert, doch blieb dieser Versuch ohne Erfolg, zumal die Osmanen nicht mit der taktischen und waffentechnischen Überlegenheit der

Habsburger gerechnet hatten. Im September des gleichen Jahres kam es dann zur vernichtenden Niederlage am Kahlenberg, die der Beginn einer Reihe von Misserfolgen war und zu großen territorialen Verlusten führte. Im Laufe der folgenden Jahrzehnte nahm Europa immer mehr Einfluss auf das Osmanische Reich.

Insgesamt war das 18. Jahrhundert im Wesentlichen von türkisch-russischen Kriegen bestimmt. Der inneren Schwäche und dem Druck von außen mit ständig wechselnden Bündnispartnern und Interessen versuchten die osmanischen Herrscher seit Beginn des 19. Jahrhunderts durch Verwaltungsreformen, Reformen im Rechtswesen, der Schulbildung und vor allem im militärischen Bereich entgegenzuwirken. Trotz all dieser Bestrebungen ließ sich der Untergang des Osmanischen Reichs nicht mehr aufhalten. Es wurden nationale Minderheiten deportiert und Autonomiebestrebungen der Armenier mit noch nie da gewesener Härte unterbunden. Am 30. Oktober 1918 ergab sich die osmanische Staatsführung den Siegermächten.

DIE WURZELN DER REPUBLIK TÜRKEI

Die Türkei als Nationalstaat ist – verglichen mit anderen Staaten – noch relativ jung. Zuvor existierte ein Großreich, das zwar ein türkisches „Kernvolk" besaß, sich jedoch als reines Herrschaftsgebilde verstand. Das 19. Jahrhundert bedeutete für das Osmanische Reich vor allem Kriegsniederlagen und den Verlust riesiger Ländereien. Während es zu seinen Glanzzeiten noch fast bis Wien reichte, die Gebiete um das Schwarze Meer mit einschloss, sich vom Persischen Golf bis Jemen erstreckte und die gesamte Nordküste Afrikas Teil des Ganzen war, wurde es in seiner Form als europäische Macht nach den napoleonischen Kriegen angefochten.

1912/1913 war mit den Balkankriegen die Existenz des Reichs auf europäischer Seite jenseits İstanbuls beendet, was insofern schmerzliche Verluste bedeutete, als der Blick schon jahrhundertelang auf Europa gerichtet war. Im Ersten Weltkrieg konnten die Osmanen, abgesehen von der Abwehrschlacht an den Dardanellen im Jahre 1915, keinen einzigen Sieg verbuchen. Dieser eine Sieg jedoch machte den Offizier Mustafa Kemal Paşa für die Türken zum Helden des Ersten Weltkriegs.

Am 30. Oktober 1918 sah sich die osmanische Staatsführung gezwungen, sich zu ergeben. Die Türkei sollte daraufhin gemäß dem Willen der Ententemächte auf einen nordanatolischen Staat reduziert und in weitere einzelne Interessegebiete der Alliierten aufgeteilt werden, wobei die Dardanellen und der Zugang zum Schwarzen Meer unter internationale Kontrolle gestellt werden sollten.

An der Südküste der Dardanellen erinnern verschiedene Mahnmale im Gelibolu Yarımadası Tarihi Mili Parkı an die Schlacht und die gefallenen Soldaten im Ersten Weltkrieg.

1919 wurde Mustafa Kemal Paşa nach Samsun entsandt, um die Übergriffe türkischer Bewohner auf griechische Dörfer abzuwehren. Fern der Kontrolle der Besatzermächte sammelten sich hier die nationalen Kräfte, und Kemal begann die zunächst regional ausgerichtete Widerstandsbewegung auszuweiten und Truppen für den Kampf um die Unabhängigkeit des Reichs mit seiner Person an der Spitze zu organisieren. Als die Griechen İzmir und das ägäische Hinterland annektierten, war dies für ihn Anlass, einzugreifen. Noch im Juni 1919 berief er ein Repräsentativkomitee nach Sivas ein, stellte kurz darauf sein militärisches Amt zur Verfügung und ließ sich zum Präsidenten des Kongresses von Sivas wählen, der als Opposition zur bestehenden Regierung fungierte. Im Januar wurde der Sitz des Komitees nach Ankara, dem Zentrum des nicht besetzten Territoriums, verlegt.

1920 besetzten die Alliierten İstanbul, schlossen das Parlament und inhaftierten die nationalistischen Abgeordneten. Mustafa Kemal reagierte in Ankara mit Gründung der „Großen Türkischen Nationalversammlung", deren Vorsitz er übernahm. Dieser stand nach wie vor die Regierung des Sultans in İstanbul gegenüber. Doch am 10. August 1920 wurde von einem Bevollmächtigten des Sultans Mehmet VI. Vahideddin der „Vertrag von Sèvres" zwischen den Ententemächten und dem Osmanischen Reich unterzeichnet, was als Teil der „Pariser Vorortverträge" das Ende des Ersten Weltkriegs markierte.

Hierin wurde u. a. die Aufteilung des Osmanischen Reichs festgelegt: Thrakien ging an Griechenland, Smyrna und die Meerengen wurden den Alliierten unterstellt, die Kurden und Armenier sollten jeweils unabhängig werden, die Südküste wurde an Italien gegeben und Frankreich erhielt Südostanatolien. Das Osmanische Reich wurde mit Zentral- und Nordanatolien auf einen Reststaat ohne Souveränität beschränkt.

Die Nationalversammlung in Ankara akzeptierte diesen Vertrag jedoch nicht und machte es sich zum Ziel, diesen wieder aufzuheben. Zunächst begannen die Widerstandskämpfer im Kaukasus eine militärische Offensive gegen die Armenier, die nach ihrer Niederlage die Bedingungen des Vertrags von Sèvres aufgeben mussten. Mit Rückgabe der Provinzen Kars und Ardahan war die Grenzlinie von

Das Mausoleum Anıtkabir
von Atatürk in Ankara

FOTO RECHTS:
Atatürk-Monument in Erzurum.
In Erzurum fand der erste türkische Nationalkongress statt, der eine entscheidende Rolle bei der Republikgründung unter Atatürk spielte.

1878 wieder hergestellt. Der Unabhängigkeitskrieg verlagerte sich nun auch in die anderen Richtungen und wurde mit unerbittlicher Härte geführt.

1921 führte der entscheidende Sieg über die Griechen in der Schlacht am Sakarya bei Ankara dazu, dass sowohl die Franzosen als auch die Italiener auf ihre anatolischen Gebiete verzichteten. Am 26. August 1922 folgte eine neuerliche Offensive, die zum vollständigen Sieg der Türken führte, woraufhin die Griechen aus Kleinasien weichen mussten. Am 10. Oktober 1922 wurde im Waffenstillstand von Mudanya vereinbart, dass die Griechen das östliche Thrakien und die Ententemächte die Meerengen räumen.

Im Herbst des Jahres 1922, nachdem Mustafa Kemal die Abschaffung des Sultanats erklärt hatte und Sultan Vahideddin aus İstanbul geflohen war, begann die Friedenskonferenz von Lausanne, auf der die türkischen Interessen von der Nationalregierung Ankaras vertreten wurden. Am 24. Juli 1923 kam es zur Unterzeichnung des Vertrags, bei dem unter anderem ausgehandelt wurde, dass der türkische Staat in seinen international anerkannten Grenzen uneingeschränkte Souveränität erhielt.

Am 29. Oktober 1923 verkündete dann die Nationalversammlung die Gründung der Türkischen Republik. Kemal, der später den Namen Atatürk (Vater der Türken) erhielt, verlegte den Sitz der Hauptstadt nach Ankara, dem ehemaligen Hauptquartier während des Unabhängigkeitskriegs. In den folgenden Jahren vollzog sich eine Wende weg von islamischen Vorschriften, religiösen

Symbolen und orientalischer Tradition hin zur Adaption europäischer Gesetze und Kleidung sowie der Verbreitung einer nationalistischen Ideologie. Es wurden Institutionen eingeführt, die sich an westlichen Vorbildern orientierten, abendländische Philosophie wurde gelehrt und ein „europäischer Lebensstil" sollte propagiert werden. Alle Blicke richteten sich nach Europa, das als Inbegriff der Moderne gesehen wurde. Noch heute, 70 Jahre nach seinem Tod im Jahre 1938, wird Atatürk als Volksheld verehrt, und sein Porträt sowie Standbilder von ihm sind allgegenwärtig. Es dürfte wohl kaum einen Ort in der Türkei geben, in dem nicht wenigstens eine Straße oder ein Platz nach ihm benannt ist. In den Städten tragen Parks, Stadien, Sport- oder Konzerthallen, Brücken, Wälder und vieles mehr seinen Namen.

GRUNDZÜGE DER REFORMEN ATATÜRKS

Atatürk, der bis zu seinem Tod 1938 die Geschicke des neuen Staates lenkte, begann mit dem bis zum heutigen Tage radikalsten Modernisierungs- und Säkularisierungsprogramm eines islamischen Landes.

Die zur Umgestaltung des Landes bedeutsamsten Schritte galten den religiösen Einrichtungen des Kalifats, dessen Abschaffung die Nationalversammlung 1924 beschloss. Damit verbunden wurden Amtsinhaber, Symbole und Institutionen der islamisch-osmanischen Rechts- und Werteordnung aufgegeben und das Amt des obersten Muftis, des islamischen Rechtsgelehrten, abgeschafft.

Das Bildungssystem erfuhr eine grundlegende Reform: So wurden z. B. die Religionsschulen (Medresen) geschlossen und durch Schulen mit rein weltlicher Erziehung ersetzt. Darüber hinaus wurden die Konvente (Tekke) abgeschafft, wodurch die grundlegenden Maßnahmen zur Trennung von Religion und Staat eingeleitet wurden. Ergänzend kam noch eine Kleiderordnung hinzu, die besagte, dass Geistliche ihre entsprechenden Gewänder nur noch während der religiösen Zeremonien tragen durften, wodurch sie unter anderem in der Öffentlichkeit für die Bevölkerung nicht mehr sofort erkennbar in Erscheinung treten konnten. Dahinter stand das Ziel, den Einfluss der Geistlichen in der Gesellschaft zu mindern.

Von keiner geringeren Bedeutung waren die Reformen des Rechtssystems, für das es bis dahin ohnehin keine landesweit verbindlichen Regelungen gab und das aus religiösem Recht sowie diversen Gewohnheitsrechten bestand und zudem von unterschiedlichen Gruppen und Konfessionen unterschiedlich gehandhabt wurde. Um ein einheitliches Justizwesen zu schaffen, übernahm die Regierung mit einigen Zusätzen und Änderungen das schweizerische Zivilrecht, das italienische Strafrecht und das deutsche Handelsrecht, verbot die Polygamie und erklärte rein religiös geschlossene Ehen für rechtlich unwirksam.

Doch nicht nur die formalen Vorschriften wurden reformiert, auch kulturpolitisch gab es von oben angeordnete Veränderungen. Um Bildungsdifferenzen zu beseitigen und das Nationalbewusstsein der Bevölkerung zu stärken, gab es weitreichende Neuerungen in den Bereichen der Landessprache und der Schrift. Hierbei wurden persische und arabische Elemente, die allgegenwärtig waren, entfernt und – um eine schnellere Alphabetisierung möglichst vieler Menschen zu erreichen – anstelle des arabischen Alphabets das einfachere lateinische eingeführt. 1928 wurde dann ein Gesetz verabschiedet, wel-

Das Cumhuriyet Anıtı (Denkmal der Republik) auf dem Taksim-Platz in İstanbul erinnert an die Gründung der Türkischen Republik im Jahre 1923.

ches das modifizierte lateinische Alphabet offiziell einführte. Auch die Übernahme des Ziffernsystems und der metrischen Maßeinheiten zeugen von einer deutlichen Abkehr der Kemalisten vom islamisch-osmanischen Erbe und der Hinwendung zum europäischen Westen.

Weitere Punkte der Reformen waren die Einführung der europäischen Zeitrechnung – inklusive des Sonntags als freien Tag – und des Gregorianischen Kalenders (1925). Die islamische Gebetsform wur-

Arabische Schriftzeichen wie hier an der Halil Moschee in Urfa (Foto oben) oder an der Rüstem Paşa Moschee in İstanbul (Foto unten) verweisen auf die Schrifttradition vor Atatürks Kulturreform.

de geändert und Türkisch als Gebetssprache eingeführt. Nicht zuletzt erhielten Frauen das aktive und passive Wahlrecht bei Kommunalwahlen (1930) und Parlamentswahlen (1934), es wurde zur Pflicht, neben dem Vornamen einen Familiennamen zu führen (1934) und schließlich das Verbot ausgesprochen, Ehrentitel wie Paşa oder Molla zu führen oder vom Sultan verliehene Orden zu tragen (1934).

Die Grundlage der Türkischen Republik ist bis heute die kemalistische Ideologie, die der – aus Sicht der Kemalisten vorherrschenden – Rückständigkeit und dem fehlenden Nationalbewusstsein der Bevölkerung entgegenwirken sollte. Staat und Gesellschaft sollten hierbei umfassend erneuert werden. 1931 wurden sechs Prinzipien auf dem Parteitag der Republikanischen Volkspartei verabschiedet, die 1937 als offizielle Staatsdoktrin in der Verfassung verankert wurden.

1. Nationalismus (Milliyetçilik). Ziel war es, ein Gemeinschaftsgefühl in der Bevölkerung zu fördern, das der rein religiösen Verbundenheit des Osmanischen Reichs entgegenstand. Religiöse und ethnische Momente sollten dabei ausgeklammert sein. In Artikel 88 der Grundrechte der Türken wird das Wort „Türke" folgendermaßen definiert: „Die Einwohner der Türkei heißen ohne Ansehung der Religion und Rasse ‚Türke' im Sinne der Staatsangehörigkeit." Damit war jeder, der in der Türkei lebte, die türkische Sprache beherrschte, mit der dortigen Kultur aufwuchs und die allgemeinen Ideale vertrat, Türke, wodurch einem etwaigen Separatismus einzelner Ethnien oder Glaubensrichtungen vorgebeugt werden sollte.

Die Republik Türkei versteht sich als laizistischer Staat. Interpretationsmöglichkeiten gibt es viele, doch war das Ziel Atatürks die Trennung von Religion und Politik und die Minimierung der Einflussnahme der Religion auf das öffentliche Leben.

2. Laizismus (Laiklik). Atatürk war der Ansicht, ein moderner Staat könne nur dann regiert werden, wenn alle Verordnungen und Gesetze den (weltlichen) Erfordernissen und Erkenntnissen und den Ansprüchen einer modernen Gesellschaft entsprachen. Daraus resultierte die Einschränkung religiöser Einflüsse in den Bereichen Rechtswesen und Bildung und die Gleichbehandlung von Muslimen und Angehörigen anderer Konfessionen, um so wiederum ein Zusammengehörigkeitsgefühl zu stärken.

3. Republikanismus (Cumhuriyetçilik). Für die Kemalisten bedeutete der Republikanismus so viel wie Souveränität des Volkes, Freiheit und Gleichheit vor dem Gesetz. Dadurch ausgeschlossen werden sollte auch die neuerliche Einfüh-

FOTO RECHTS:
Die Türkei zu einer konkurrenz-
fähigen Wirtschaftsmacht zu
machen – dies war einer der
Hintergründe für Atatürks
Etatismus-Refom.

rung eines Sultanats oder Kalifats. Dieser Republikanismus war beeinflusst durch die Gründung der ersten muslimischen Republik Aserbaidschan im Jahre 1918 und wurde aus diesem Modell weiterentwickelt.

4. Populismus (Halkçılık). Dieses Prinzip sollte einer klassenübergreifenden gesellschaftlichen Kooperation dienen, wobei Atatürk nach der Gründung der Republik konstatierte, dass sich aufgrund mangelnder Industrialisierung noch keine klar voneinander abgrenzenden Klassen gebildet hatten. Die Existenz von sozialen Klassen wurde ohnehin nicht gebilligt, sondern lediglich als Zeichen unterschiedlicher Berufsgruppen deklariert. Das diente wiederum der Rechfertigung eines Einparteiensystems, da in einer klassenlosen Gesellschaft keine unterschiedlichen Interessen zu vertreten sind und eine große Volkspartei die gesamte Nation repräsentiert. Erst nach dem Zweiten Weltkrieg wurde 1946 die Bildung neuer zusätzlicher Parteien erlaubt.

5. Reformismus (Devrimçilik). Für die Kemalisten bedeutete dies eine ständige Entwicklung, Erneuerung und Umgestaltung der Gesellschaft auch nach den großen Reformen unter Berücksichtigung neuerer wissenschaftlicher Erkenntnisse und sich ändernder gesellschaftlicher Erfordernisse. Die Propagierung des Reformismus diente auch dazu, bei der Bevölkerung den Willen zur Fortschrittlichkeit zu festigen.

6. Etatismus (Devletçilik). Etatismus im eigentlichen Sinne bedeutet den Eingriff des Staates in die sozialen, ökonomischen, kulturellen und bildungspolitischen Angelegenheiten. Im Falle der Türkei beinhaltet dies in erster Linie die Organisation der Wirtschaft. So wurde nach der Staatsgründung durch Förderprogramme versucht, die Entwicklung der Privatwirtschaft zu begünstigen, was sich je-

doch als eher problematisch erwies, da die Unternehmer noch ein großes Erfahrungsdefizit hatten und dadurch keine Industrie, sondern lediglich kleinere Handwerksbetriebe entstanden. 1932 wurde eine Wirtschaftspolitik eingeführt, die der Staat lenkte und die vor allem den Industrialisierungsprozess beschleunigen sollte.

Die Protagonisten der kemalistischen Kulturrevolution warfen dem Osmanischen Reich vor, den Weg in den Fortschritt durch Willkürherrschaft des Sultans und einen starren Islam versperrt und die Gesellschaft versklavt zu haben. Dennoch kann heute festgestellt werden, dass es zum einen bereits zahlreiche Innovationen während der osmanischen Herrschaft gab, auf die der neue Staat aufbaute, wie etwa die Gewährung diverser Staatsbürgerrechte, zum anderen die Reformen auch zu einer autoritären, zentralistisch orientierten Politik führten und vor allem im Hinblick auf den kulturellen Bereich nicht den Wünschen eines Großteils der Bevölkerung entsprachen.

DAS POLITISCHE SYSTEM

Die Republik Türkei ist laut Verfassung ein sozialstaatlich-demokratisch konstituierter Rechtsstaat mit einer strikten Gewaltenteilung von Legislative, Exekutive und Judikative. Seit Gründung des Staates im Jahre 1923 erfolgten zahlreiche Änderungen. 1937 kamen zum Prinzip der Gewaltenteilung noch die sechs im vorhergehenden Kapitel genannten Prinzipien Atatürks hinzu.

Eine zweite einschneidende Modifikation wurde durch die Führer des Militärputsches von 1960 veranlasst und gewährte eine erweiterte Rechtsstaatlichkeit und die Sicherung der bürgerlichen Freiheiten, wobei insbesondere die Stärkung der Grundrechte von großer Bedeutung war. Eine wichtige Neuerung war die Konstituierung des Verfassungsgerichts, das nun die Kontrolle über die Gesetzgebung übernahm.

Zwei Jahre nach dem Militärputsch vom 12. September 1980 wurde nach einer Volksabstimmung eine neue Verfassung in Kraft gesetzt, welche die als zu liberal betrachtete Vorgängerverfassung ablöste und eine autoritärere Staatsordnung institutionalisierte. Grundlegende freiheitliche Einschnitte gab es damit in den Bereichen der politischen Meinungsäußerung, der Versammlungsfreiheit und der Organisationsfreiheit. Trotz Übergabe der Macht an Zivilisten kam es zu keinen weiteren ernsthaften Reformen, die diese Einschnitte wieder rückgängig gemacht hätten. Eine letzte Verfassungsänderung fand 1995 statt und basierte auf den Bedingungen der EU für einen Beitritt in die Zollunion im Jahre 1996, was jedoch nur als ein kleiner Beitrag gewertet werden kann.

Das Parlament der Türkei – die „Große Nationalversammlung" – hat seinen Sitz in Ankara. Es umfasst 550 Abgeordnete und bildet als einziger Vertreter des türkischen Volkes die gesetzgebende Gewalt. Alle fünf Jahre finden die ge-

heimen Parlamentswahlen statt, wobei Details des Wahlgesetzes (wie etwa die Einführung der 10-Prozent-Sperrklausel) nahezu vor jeder Wahl geändert werden, wodurch die jeweilige politische Konkurrenz geschwächt werden soll. Die parlamentarischen Sitzungen werden durch ein unparteiliches Präsidium, das auf zwei und drei Jahre gewählt wird, geleitet.

Oberhaupt des Staates ist der Staatspräsident, der einmalig für eine Amtszeit von sieben Jahren vom Parlament gewählt wird. Seine Hauptbefugnisse reichen bis in die Gesetzgebung und den Bereich der vollziehenden Gewalt. Er ernennt den Ministerpräsidenten und die Minister und kann im nicht näher definierten „Bedarfsfall" im Ministerrat tätig werden, den Vorsitz des Ministerpräsidenten

Ankara – die Hauptstadt und der Regierungssitz der Türkischen Republik

übernehmen und den Ministerrat einberufen. Seine Aufgabe ist es zudem, Diplomaten zu entsenden und zu empfangen und völkerrechtliche Verträge zu ratifizieren. Nicht zuletzt ist der Stattspräsident im Namen des Parlaments Oberbefehlshaber der Streitkräfte. Damit hängen Befugnisse zusammen, die in Beziehung mit einem etwaigen Ausnahmezustand stehen. Beschlüsse, die vom Staatspräsidenten unterzeichnet sind, gelten als verbindlich. Außer im Falle von Landesverrat kann gegen sie keine Klage erhoben werden.

Das oberste Organ der vollziehenden Gewalt ist der Ministerrat, der aus dem Ministerpräsidenten und seinen Ministern besteht.

Eine der einflussreichsten Institutionen ist seit jeher das Militär, das bei der türkischen Bevölkerung große Wertschätzung genießt. Innerhalb der NATO stellt die Türkei – nach den USA – die zweitgrößte Armee. Das Militär ist nicht dem Verteidigungsministerium, sondern direkt dem Amt des Ministerpräsidenten untergeordnet, handelt jedoch in der Realität relativ unabhängig von diesem und hat erheblichen Einfluss auf die politischen Institutionen.

Die Rolle des Militärs drückt sich im Nationalen Sicherheitsrat aus: Ihm gehören Kommandeure der Armee und Luftwaffe, der Marine und Gendarmerie sowie der Generalstabschef an. Mitglieder auf der zivilen Seite sind der Ministerpräsident, der Außen-, Innen- und Verteidigungsminister und schließlich der Staatspräsident als Vorsitzender des Rates. Wenngleich der Nationale Sicherheitsrat nur Stellungnahmen und Empfehlungen gibt und keine Entscheidungsbefugnisse hat, so dient er dennoch den Militärs als beratendes Instrument zur Einflussnahme auf die Tagespolitik.

Die Verwaltung der Türkei ist seit ihrer Gründung stark zentralistisch geprägt. Das Land ist in derzeit 81 Provinzen (İl) mit jeweils einem Gouverneur (Vali) gegliedert. Diese Provinzen wiederum sind in 872 Bezirke (İlçe) mit jeweils einem verantwortlichen Bezirksvorsteher (Kaymakam) unterteilt.

Daneben gibt es noch lokale Verwaltungen oder Unterbezirke (Bucak), die aufgrund geringer Einnahmemöglichkeiten finanziell auf die Unterstützungen der Regierung in Ankara angewiesen sind und die bei der aktiven politischen Gestaltung nur eine

Mevlana-Museum in Konya in der gleichnamigen Provinz. Diese ist gemessen an der Quadratmeteranzahl die größte der Türkischen Republik.

untergeordnete Rolle spielen. Die kleinste Verwaltungseinheit bildet die Stadtverwaltung (Belediye), über die jeder Ort mit mehr als 2000 Einwohnern sowie jeder Provinz- und Bezirkshauptort verfügt. Ihr obliegen gemeindespezifische Aufgaben, jedoch ohne Einwohnermeldeamt, Gesundheitsamt, Ordnungsamt, Schul- und Polizeiangelegenheiten, die allesamt in den Zuständigkeitsbereich der Zentralverwaltung fallen. Der Gouverneur ist außerdem die oberste Ordnungs- und Polizeibehörde der Provinz. Politische Entscheidungen, die die Provinz betreffen, werden in der Provinzversammlung (İl Genel Meclisi), die direkt vom Volk gewählt wird, getroffen und bedürfen der Zustimmung des Gouverneurs, der nicht gewählt, sondern von Amts wegen ernannt ist.

Die folgende Aufstellung benennt die 81 türkischen Provinzen samt Quadratkilometeranzahl, wobei sich die Reihenfolge nach der Nummerierung der KFZ-Kennzeichen richtet (Adana=01, Düzce=81). Die angegebene Größe entstammt dem statistischen Jahrbuch der Türkei (Türkiye İstatistik Yıllığı) von 2006.

FOLGENDE DOPPELSEITE: Gesichter des Landes: Mädchen in einem Dorf, Gläubige in der Stadt, Händler

Provinz	Größe (km²)	Provinz	Größe (km²)	Provinz	Größe (km²)
Adana	14 045	Giresun	6832	Samsun	9364
Adıyaman	7606	Gümüşhane	6437	Siirt	5473
Afyon	14 718	Hakkari	7179	Sinop	5817
Ağrı	11 498	Hatay	5831	Sivas	28 567
Amasya	5703	Isparta	8871	Tekirdağ	6342
Ankara	25 401	Mersin	15 512	Tokat	10 073
Antalya	20 790	İstanbul	5315	Trabzon	4664
Artvin	7367	İzmir	12 016	Tunceli	7686
Aydın	7904	Kars	10 139	Şanlıurfa	19 336
Balıkesir	14 472	Kastamonu	13 158	Uşak	5363
Bilecik	4306	Kayseri	17 109	Van	22 983
Bingöl	8253	Kırklareli	6300	Yozgat	14 074
Bitlis	7094	Kırşehir	6530	Zonguldak	3310
Bolu	8323	İzmit	3625	Aksaray	7966
Burdur	7134	Konya	40 814	Bayburt	3739
Bursa	10 886	Kütahya	12 014	Karaman	8869
Çanakkale	9950	Malatya	12 103	Kırıkkale	4570
Çankırı	7491	Manisa	13 229	Batman	4659
Çorum	12 796	Kahramanmaraş	14 457	Şırnak	7152
Denizli	11 804	Mardin	8806	Bartın	2080
Diyarbakır	15 204	Muğla	12 949	Ardahan	4968
Edirne	6098	Muş	8067	Iğdır	3588
Elazığ	9281	Nevşehir	5392	Karabük	4109
Erzincan	11 728	Niğde	7365	Kilis	1428
Erzurum	25 331	Ordu	5952	Yalova	850
Eskişehir	13 902	Rize	3922	Osmaniye	3196
Gaziantep	6845	Sakarya	4880	Düzce	2593

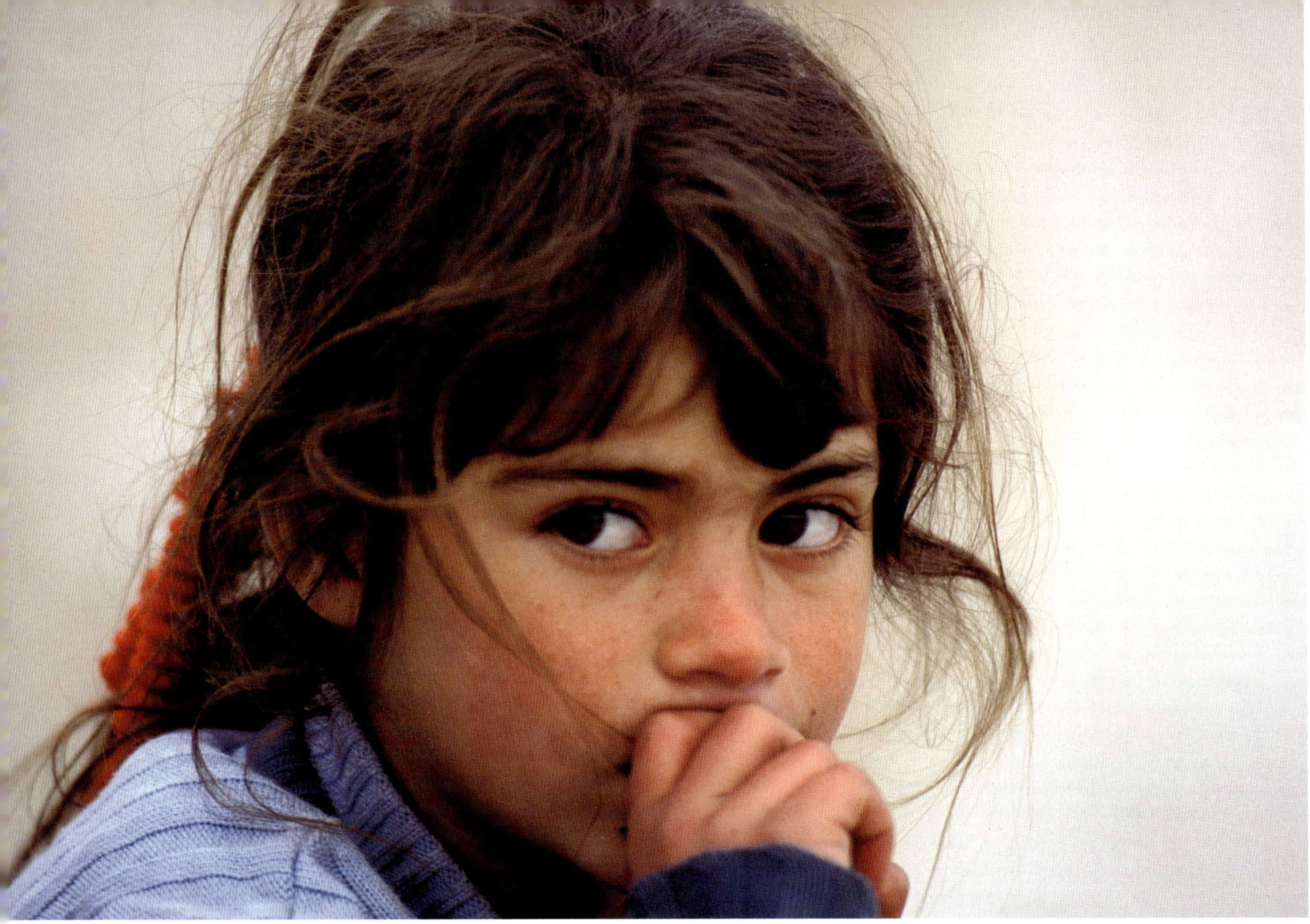

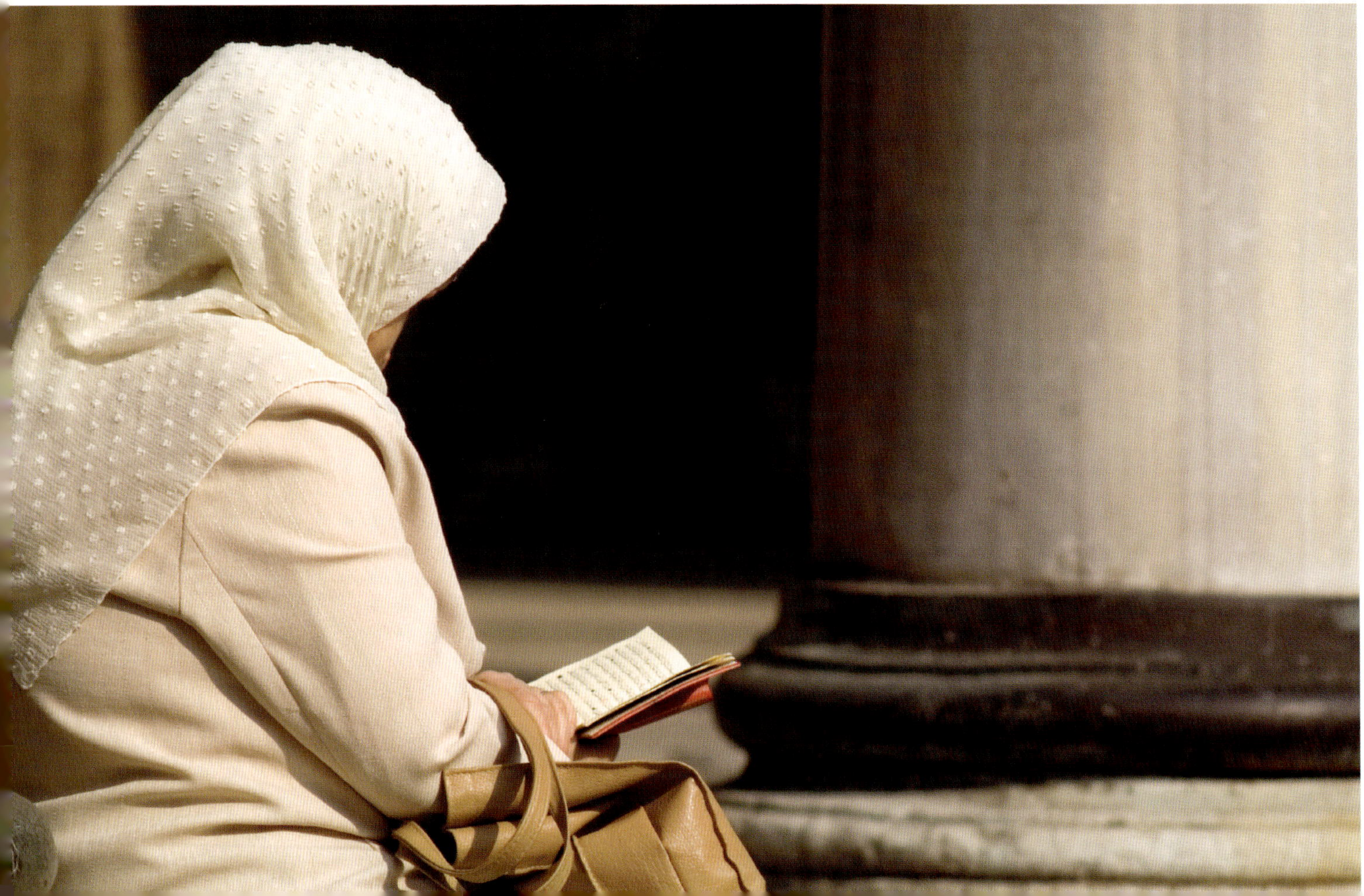

BEVÖLKERUNG

Den Ergebnissen der Volkszählung von 2006 zufolge leben in der Türkei derzeit 72,97 Millionen Einwohner. Somit hat sich die Bevölkerungszahl seit 1927, als noch 13,6 Millionen Menschen gezählt wurden, um mehr als das Fünffache vergrößert. Vor allem seit Ende des Zweiten Weltkriegs begann die Bevölkerungszahl deutlich schneller zu wachsen als noch zuvor. Die Gründe hierfür findet man unter anderem in den sich bessernden Lebensbedingungen, die sich z. B. auf eine moderne medizinische Versorgung stützen oder auf die wirtschaftlichen Hilfsprogramme der Amerikaner in den Jahren nach 1950. In dieser Zeit nahm auch die Verstädterung stark zu.

Inzwischen ist die Wachstumsrate relativ gemäßigt. Während in den Jahren von 1990 bis 2000 der Bevölkerungsanstieg 18,3 Prozent betrug, ist die Rate in den darauffolgenden Jahren auf heute etwa 12 Prozent gesunken. Ein deutlich sichtbares Gefälle bezüglich der Geburtenrate ergibt sich vom ländlich geprägten Osten hin zu westlicheren Regionen; so bringen die Frauen in Ostanatolien und Südostanatolien im Vergleich zu den Frauen in den westtürkischen Ballungsräumen etwa doppelt so viele Kinder zur Welt.

Zum jetzigen Zeitpunkt leben in der Türkei etwa genauso viele Menschen in ländlichen Regionen wie in den großen Städten des Landes. Die mit Abstand bevölkerungsreichste Stadt der Türkei ist İstanbul. Hier lebten 1961 noch 1,3 Millionen Einwohner, inzwischen sind es nach der offiziellen Zählung von 2006 etwa zehn Millionen Menschen. Verschiedene Schätzungen gehen jedoch von bis zu 16 bis 20 Millionen Menschen aus. Diese gewaltige Zahlenspanne ergibt sich aus der Tatsache, dass eine Zählung in der Türkei weitaus schwieriger ist, als man vielleicht meinen möchte.

Mutter mit Kind. Im Gegensatz zu der Situation in Großstädten haben in ostanatolischen Dörfern die Frauen noch immer die traditionelle Mutterrolle inne.

Ein großes Hindernis für den Erhalt genauer Daten bilden unter anderem die kaum erfassbaren „Gecekondu", die Siedlungen aus einfachsten Häusern, die wörtlich über Nacht (Gece) am Stadtrand in riesiger Zahl errichtet werden. Nach altem Gewohnheitsrecht dürfen sie, sobald sie ein provisorisches Dach aufweisen, nicht abgerissen werden. Wie im Gecekondu-Gesetz von 1966 definiert, werden sie ungeachtet von Grundbesitzverhältnissen und Baugenehmigungen gebaut. Bei ihrer Gründung sind zunächst in der Regel keinerlei Infrastruktur oder soziale Einrichtungen vorhanden. Sie werden in der Anfangsphase sehr schnell mit einfachsten Mittel errichtet und weitständig angeordnet, um die anschließende Ansiedlung von Verwandten oder auch Nachziehenden aus dem Heimatdorf (so genannte Hemşehris) zu ermöglichen. Durch den ständigen Zuzug wird die Siedlungsdichte laufend größer und unüberschaubarer. Sobald die Familie ansässig geworden ist, baut sie die Unterkünfte aus und installiert meist noch Wasser- und Stromanschluss sowie Sanitäranlagen. Im Gegensatz zu den typischen Slumsiedlungen Asiens oder Lateinamerikas werden sie jedoch aus Natursteinen, Lehmziegeln oder anderen „echten" Baustoffen gebaut.

Die zweitgrößte Stadt der Türkei ist Ankara, Hauptstadt der Republik, mit gut 3,5 Millionen Einwohnern, gefolgt von İzmir mit geringfügig weniger Bewohnern. Betrachtet man das relative Wachstum der

Städte, so sticht Antalya aus allen deutlich hervor: In den letzten 30 Jahren wuchs die Bevölkerung dort um etwa 42 Prozent.

Ungeachtet dieser bevölkerungsreichen Metropolen zeigt sich – bezogen auf das gesamte Land – seit dem Jahr 2000 ein Rückgang des Bevölkerungswachstums. Einer der Gründe hierfür ist in der Binnenmigration zu suchen. Es lässt sich nämlich feststellen, dass Frauen in den 1980er Jahren in ländlichen Gegenden im Mittel zwischen 5 und 6 Kinder zur Welt brachten, während die Zahl in Kreis- und Provinzstädten damals bei etwa 4 Kindern lag. Inzwischen hat sich die Situation dahingehend gewandelt, dass immer mehr Menschen aus ländlichen Gebieten in die Städte ziehen und sich dort wiederum – bedingt durch andere Lebensumstände und ein anders geartetes Sozialgefüge – die durchschnittliche Kinderzahl von 3,07 im Jahre 1990 auf 2,18 im Jahre 2006 verringert hat. Doch nach wie vor gibt es ein deutliches Ost-West-Gefälle. So ist im Osten Anatoliens noch immer die Geburtenrate deutlich höher als im Westen, was dort zu den für ärmere Gegenden typischen Problemen führt. Die agrarischen Expansionsmöglichkeiten sind stark begrenzt und Arbeitsplätze nur unzureichend vorhanden. Wie in anderen Ländern zeigt sich auch in der Türkei eine Korrelation zwischen Bildungsgrad und Geburtenrate. Hier gilt, dass bei Frauen mit höherem Bildungsstand die Geburtenrate deutlich geringer ist als bei weniger Gebildeten, was mit den besseren Berufschancen und der dementsprechend ausgerichteten Lebensgestaltung einhergeht.

Im Vergleich zu den meisten westlichen Staaten ist die Bevölkerung der Türkei – wie alle schnell wachsenden Bevölkerungen – verhältnismäßig jung. Gut 46 Prozent sind unter 14 Jahre alt (zum Vergleich: in Deutschland sind es 14,1 Prozent), rund 45 Prozent zwischen 15 und 64 Jahre alt und nur knapp 9 Prozent sind älter als 65 Jahre (Deutschland: 19,4 Prozent). Diese unausgeglichene Altersstruktur führt jedoch auch zu wachsenden Problemen in der türkischen Sozial- und Infrastruktur. So übersteigt die Zahl derer, die auf der Suche nach Arbeit auf den Arbeitsmarkt drängen, deutlich die Anzahl jener, die ihn altersbedingt verlassen. Dies macht sich insbesondere im industriell weniger entwickelten Osten in Form einer verstärkten Binnenmigration von Ost nach West bemerkbar, wodurch wiederum in den Städten zunehmende Probleme im Hinblick auf die soziale Integration auftreten. Auffallend ist der Unterschied der Migrationsziele. Die Hauptstadt Ankara sowie İzmir scheinen eher Zuwanderer aus den umliegenden Regionen anzuziehen, während nach İstanbul Menschen aus der gesamten Türkei strömen.

LINKE SEITE:
Luftansicht auf das rasant wachsende Antalya (oben) und den alten Hafen der Stadt (unten). Hier lag das Bevölkerungswachstum in den letzten 30 Jahren bei durchschnittlich 42 Prozent.

FOLGENDE DOPPELSEITE:
Anatolischer Alltag: Kinder auf dem Dorfspielplatz (links oben), Mädchen in der Stadt (links unten), Marktszene (rechts oben), Teppichweberin (rechts unten)

Während die Städte immer schneller wachsen, verfallen oftmals die kleinen Dörfer. Mancherorts besteht die Dorfgemeinschaft nur noch aus rund zehn, meist alten Personen, während die junge Generation ihr Glück in den Städten sucht.

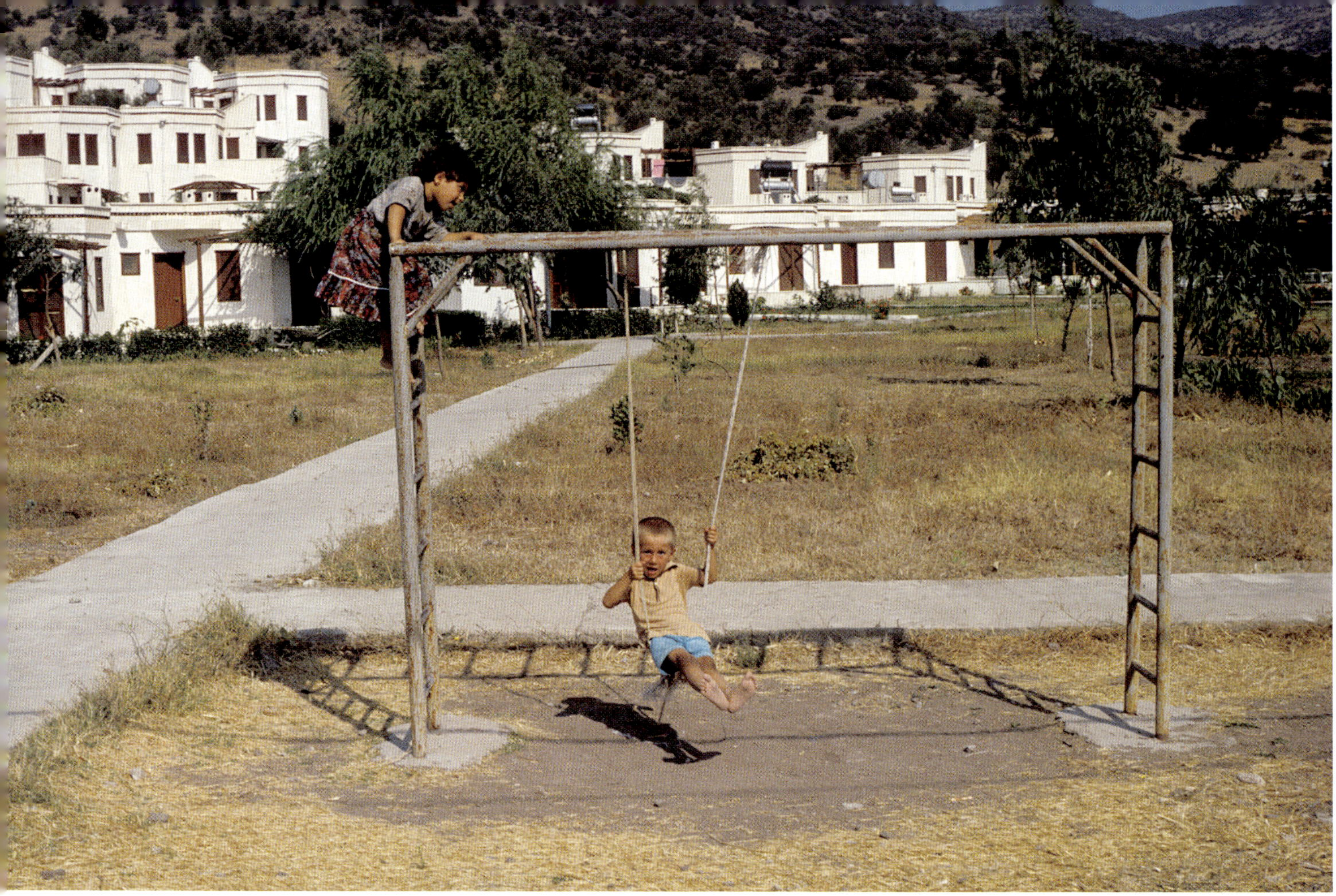

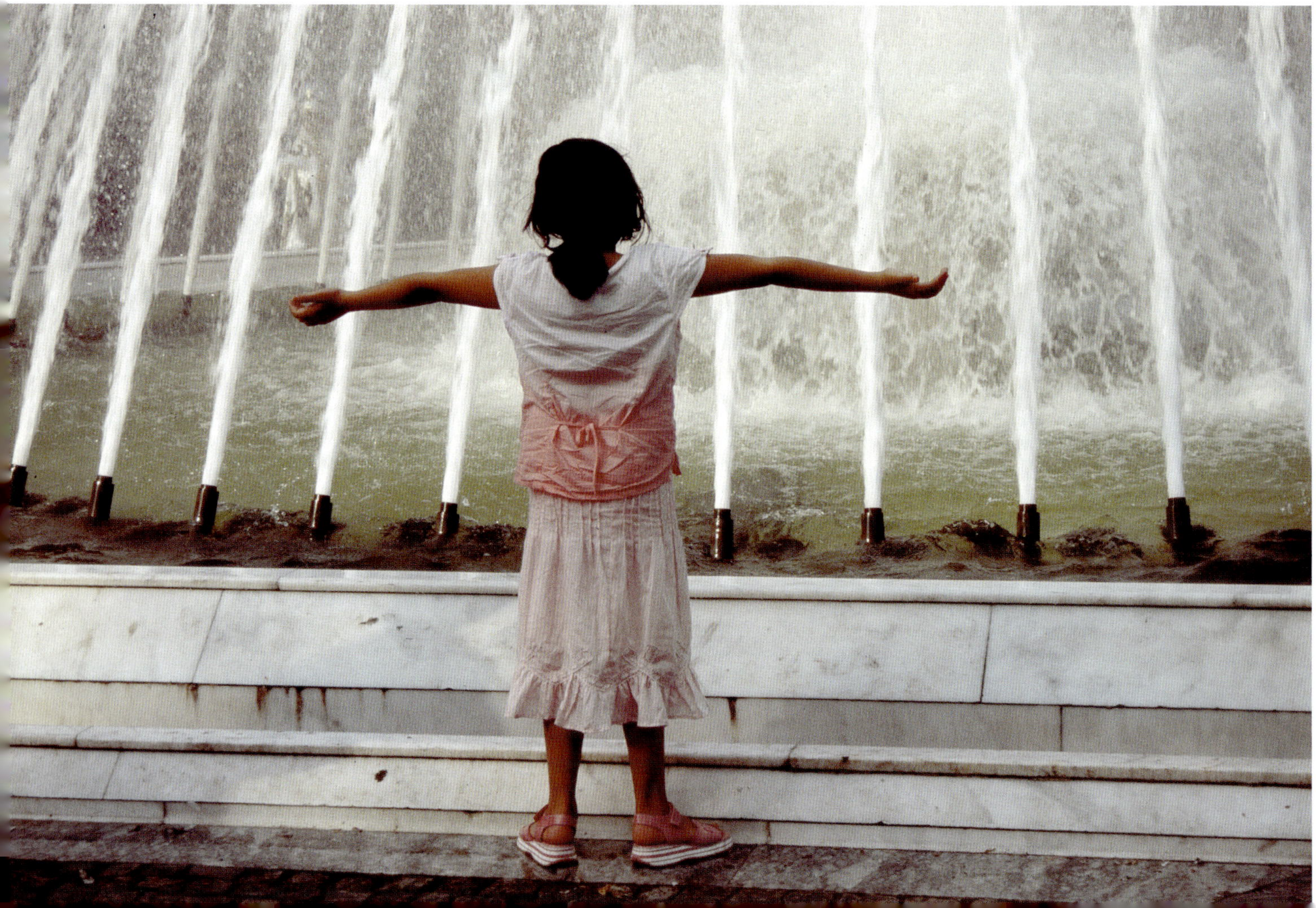

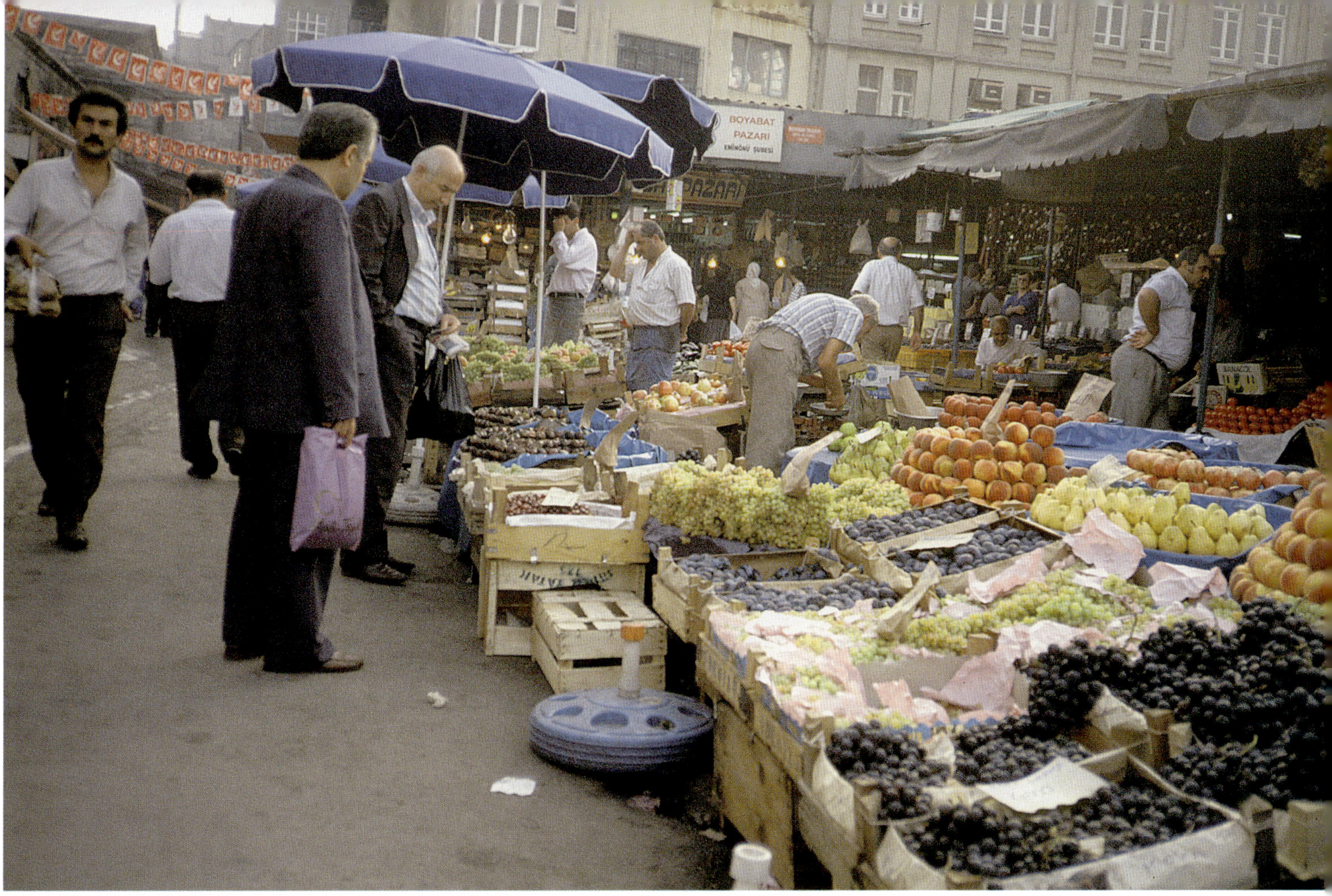
BOYABAT
PAZARI

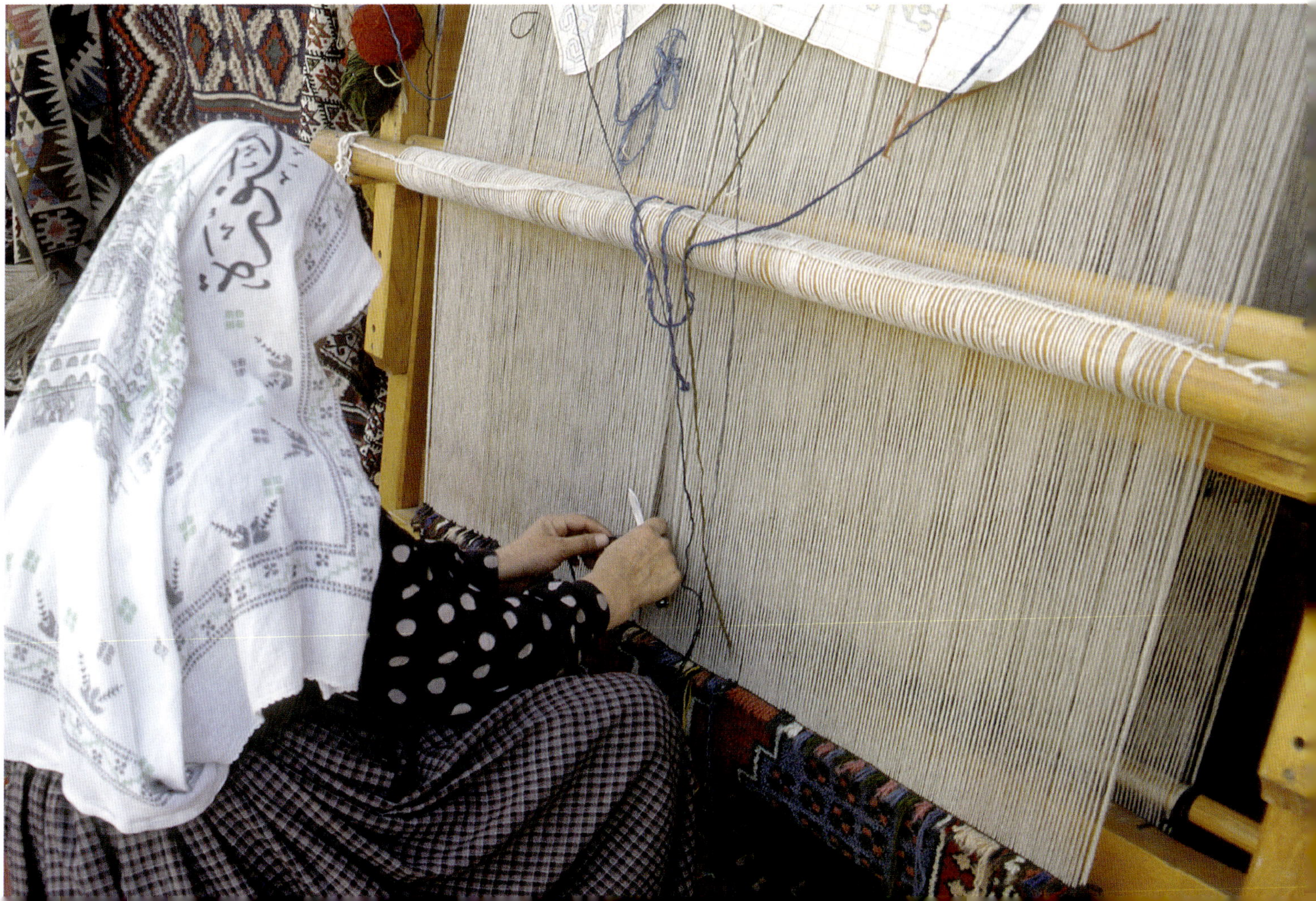

RECHTE SEITE:
Waschtag im Dorf – traditionell gehört dies zu den Aufgaben der Frau

In ländlichen Gegenden bildet der Vater oft noch das unumstrittene Oberhaupt der Familie.

FAMILIENSTRUKTUREN

Bei Betrachtung der Familienstrukturen zeigt sich erwartungsgemäß, dass es die „typisch türkische Familie" trotz aller Vorurteile oder Vorstellungen genauso wenig gibt wie typisch deutsche, typisch englische oder typisch amerikanische Familien. Familien- bzw. Haushaltsgrößen weisen große Unterschiede auf – sowohl im Vergleich einzelner Regionen als auch zwischen städtischen und ländlichen

Bereichen. Innerhalb der Städte wiederum gibt es z. B. Unterschiede zwischen Familien der Gecekondusiedlungen und denen der offiziellen Wohngebiete. Tortz aller Varianten lassen sich tendenziell drei Kategorien unterscheiden, deren Grundzüge aus den ökonomischen und soziokulturellen Gegebenheiten resultieren: ländliche Familien, städtische Familien und Familien aus Gecekondusiedlungen. Innerhalb jeder dieser Kategorien gibt es naturgemäß unzählige differenzierte Formen.

Die Familienstruktur ebenso wie die Lebensgrundlage wird in ländlichen Gebieten insbesondere durch die Landwirtschaft bestimmt. So bildet die jeweilige Familie eine wirtschaftliche Einheit mit gemeinschaftlicher Produktion und einer engen Bindung der einzelnen Mitglieder untereinander. Sie ist meist noch traditionell patriarchalischen Vorstellungen verpflichtet und weist entsprechende Strukturen und Rollenverteilungen auf. Das Oberhaupt der Familie bildet hierbei der Vater, der in Abwesenheit vom ältesten Sohn vertreten wird. Er verwaltet den erwirtschafteten Besitz und ist für den Verkauf der Waren sowie für das Ansehen seiner Familie verantwortlich.

Nach der Feldarbeit, die von Männern und Frauen gleichermaßen verrichtet wird, kümmern sich die Frauen zudem um die Hausarbeit, die Pflege älterer Familienmitglieder sowie um die Erziehung der

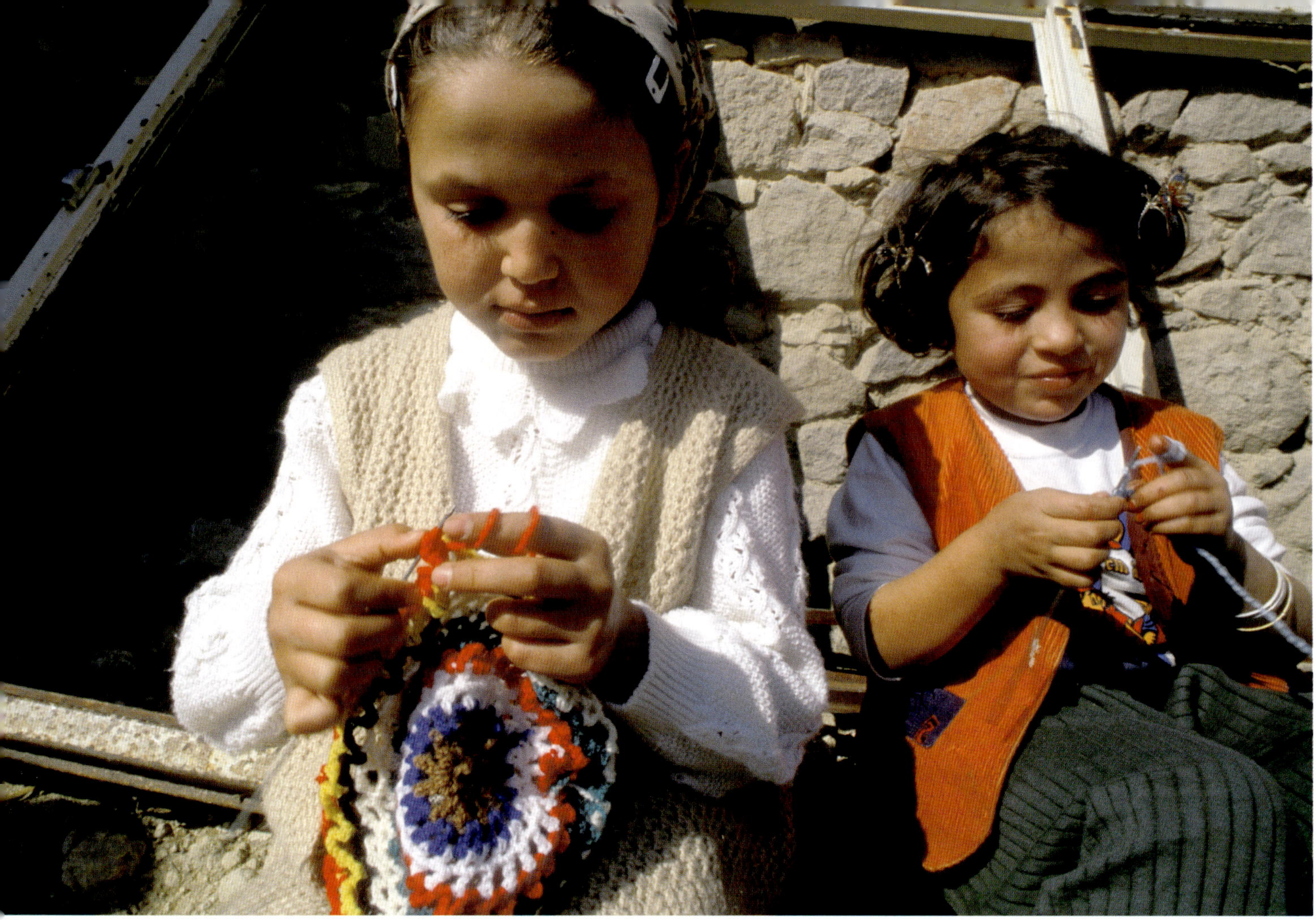

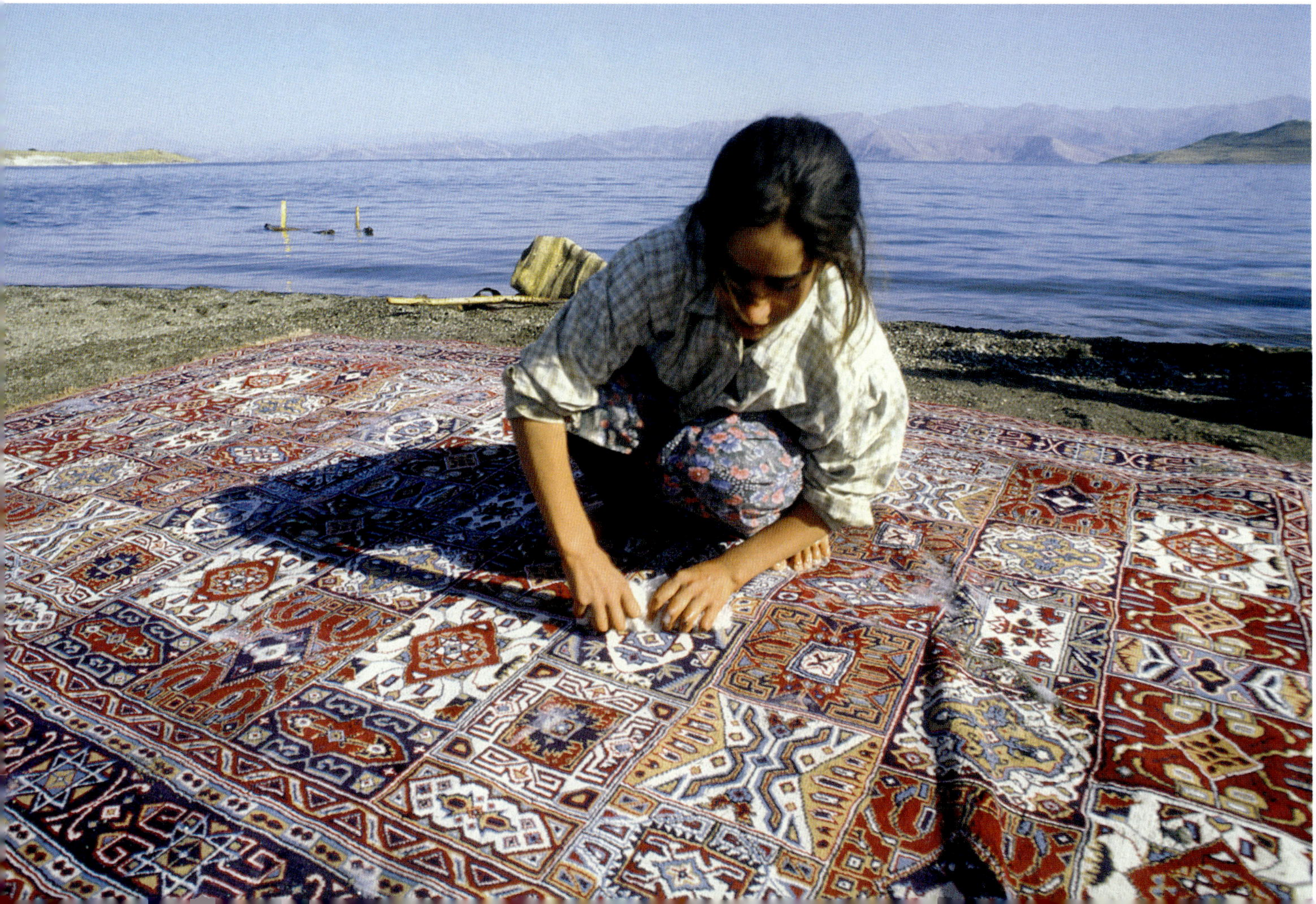

Kinder. Die Mädchen werden durch Erlernen der Haus- und Handarbeiten bereits früh auf ihre spätere Mutterrolle vorbereitet, während die Jungen im Alter von fünf oder sechs Jahren in den Geltungsbereich des Vaters einbezogen werden. Diesen Übergang markiert das Beschneidungszeremoniell (Sünnet).

Den Status eines vollwertigen Mitglieds der Gesellschaft erlangt der Sohn, nachdem er den Militärdienst absolviert hat, woraufhin ihm die weiblichen Familienmitglieder mit Respekt begegnen. Zu diesem Zeitpunkt wird in der Regel auch die Eheschließung von ihm erwartet.

Hirtenjunge.
Die Mitarbeit der Kinder ist im bäuerlichen Alltag nichts Ungewöhnliches.

Die städtische Familie ist weitgehend durch die Rahmenbedingungen der wirtschaftlich-industriell orientierten Gesellschaft beeinflusst. Die Familien leben – von den verwandtschaftlichen Bindungen unabhängiger als die Landbevölkerung – in kleineren Einheiten und sind aufgrund der besseren Versorgungslage weniger auf den Austausch von Waren und gegenseitige Hilfe und Unterstützung angewiesen. Dadurch sind meist die streng patriarchalischen Strukturen stark aufgeweicht, und die strikte Einhaltung der Normen des traditionellen Wertesystems wird nicht mehr bis ins Letzte befolgt.

Der Status der Frauen innerhalb der städtischen Gesellschaft ist deutlich höher als auf dem Land. Und die Möglichkeit einer weiterführenden schulischen bzw. akademischen Ausbildung und der Einstieg in entsprechende Berufe ermöglichen ihnen eine gewisse Unabhängigkeit und Ansehen.

Eine Zwischenform dieser beiden Lebensweisen bilden die Familien der Gecekondusiedlungen. Einerseits sind diese Familien aufgrund der sozialen und ökonomischen Situation stark auf familiäre und zwischenfamiliäre Bindungen angewiesen, andererseits befinden sie sich auf dem Weg zur Eingliederung in das Sozialgefüge der Großstadt. Aus der Perspektive der städtischen Bevölkerung gelten sie nicht selten geringschätzig als kulturlose und ungebildete Bauern, die eine Gefahr der sozialen Ordnung darstellen, während sie sich selbst gegenüber den Bewohnern ihrer Heimatdörfer als Städter betrachten.

Skigebiet Palandöken – über 1200 Kilometer östlich von İstanbul. Selbst im Osten der Türkei, in der sich die traditionellen, durch Agrarwirtschaft geprägten Familienstrukturen noch am deutlichsten zeigen, gibt es Beispiele, wie Urbanisierung neue Strukturen innerhalb der Familien herausbildet.

BEVÖLKERUNGSGRUPPEN

Die Zusammensetzung der Türken ist äußerst heterogen, da seit Jahrhunderten eine Vielzahl ethnischer und religiöser Gruppen in dem Staatsgebiet leben. Laut Verfassung ist das türkische Volk ein „unteilbares Ganzes", so dass den Minderheiten keine eigenständige Bedeutung zukommt. Es definiert sich daher im Wesentlichen durch die gemeinsame Sprache und das Bekenntnis zu türkischen Idealen. Als Minderheiten werden im Vertrag von Lausanne nur die nicht-muslimischen Volksgemeinschaften der Armenier, Bulgaren, Griechen und Juden anerkannt, was Einschränkungen im Alltag oder bei der Religionsausübung jedoch nicht ausschließt. Die übrigen ethnischen Minderheiten beschränken sich jeweils auf wenige zehntausend Menschen, die meist auf islamische Umsiedler des 19. Jahrhunderts (Muhacir) zurückgehen und von denen sich viele selbst gar nicht als Minderheit betrachten und ebenso wenig von anderen als solche wahrgenommen werden.

Die nomadisierenden turksprachigen Gruppen Ostanatoliens werden als Turkmenen bezeichnet. Bis Anfang des 20. Jahrhunderts lebte die Mehrheit der Turkmenen als Nomaden, deren wirtschaftliche Grundlage die Kleinviehhaltung war. Sie sprechen einen Dialekt der südwesttürkischen Sprachgruppe.

Wie die Turkmenen sind auch die Yürüken türkischsprachige Einwohner, die bis vor nicht allzu langer Zeit noch nomadisierend lebten, doch westlicher beheimatet sind. Sie identifizieren sich auch nach der Sesshaftwerdung noch immer als Yürüken und bilden eine in sich relativ geschlossene Einheit, mit eigenem Verständnis und eigener Tradition.

In der Südtürkei, vor allem in der Provinz Hatay, aber auch in Südostanatolien und im östlichen Taurus, lebt die Bevölkerungsgruppe der Araber. Von ihnen wird als Umgangssprache weiterhin arabisch gesprochen, doch sprechen die meisten zusätzlich Türkisch.

Seit dem 15. Jahrhundert, als hunderttausende spanischer Juden vor der Inquisition flohen, ist auch diese Volksgruppe in der Türkei ansässig. Von den insgesamt rund 22 000 im Land lebenden Juden wohnen ungefähr 20 000 in İstanbul. Sie halten sich vom öffentlichen Leben meist äußerst fern.

Die Aleviten sind muslimischen Glaubens, haben jedoch kein einheitliches religiöses Dogma und bauen ihren Glauben auch nicht auf den fünf Säulen des Islam auf. Sie verrichten ihre Gebete nicht in einer Moschee, und Männer und Frauen können an den religiösen Zeremonien gleichberechtigt teilnehmen. Mit 20 Prozent bilden die Aleviten nach den Sunniten die zweitgrößte Religionsgemeinschaft der Türkei, sind jedoch im Präsidium für Religionsangelegenheiten nicht vertreten. Die Forderungen nach staatlicher Anerkennung, alevitischem Religionsunterricht und einer alevitischen Abteilung im Präsidium für Religionsangelegenheiten blieben bisher unerfüllt.

Im Vertrag von Lausanne wurde ein Bevölkerungsaustausch zwischen Griechenland und der Türkei beschlossen. So wurden 1,5 Millionen orthodoxe Christen aus der Türkei ausgewiesen, dafür kamen 356 000 Muslime ins Land. Heute leben etwa 110 000 Christen in der Türkei, die sich in arabische, armenische, griechisch-orthodoxe, syrische, katholische und chaldäische Christen untergliedern. Die Christen dürfen ihren Glauben zwar frei praktizieren, doch ist das Recht, eine Gemeinde zu gründen, stark eingeschränkt. Hinzu kommt, dass nicht-muslimische Kirchen grundsätzlich keinen gesicherten Status haben. In İstanbul leben heute noch etwa 46 000 Armenier, nachdem zwischen 1915 und 1917 bei der Vertreibung der Armenier aus dem Osmanischen Reich unterschiedlichen Schätzungen zufolge bis zu 1,5 Millionen umgekommen sein sollen. Dies und vor allem die Forderung nach Anerkennung dieser Maßnahme als Völkermord durch die Türkei als Rechtsnachfolger des Osmanischen Reichs hat zu einer anhaltenden und noch immer nicht abgeschlossenen Kontroverse zwischen der Europäischen Union und der Republik Türkei geführt.

Als weitere, zahlenmäßig deutlich kleinere Minoritäten sind Aserbaidschaner, Tartaren, Kasachen, Uiguren, Usbeken und Kirgisen ebenso wie Griechen, Yeziden, Georgier, Aramäer oder Roma zu nennen.

KURDEN

Die neben den „eigentlichen" Türken weitaus größte Bevölkerungsgruppe ist die der Kurden. Wie viele Kurden in der Türkei leben, lässt sich nur schwer angeben, da bei Volkszählungen die ethnische Zugehörigkeit nicht mehr berücksichtigt wird. Die letzten Statistiken stammen aus dem Jahr 1965 und weisen etwa 2,2 Millionen kurdisch sprechende Einwohner aus. Gegenwärtige Schätzungen gehen von 14 Millionen Kurden in der Türkei aus, was ungefähr 20 Prozent der Gesamtbevölkerung ausmacht. Die meisten Kurden sind in Südostanatolien in den Provinzen Urfa, Batman und Diyarbakır ansässig.

Die Kurden bilden kein geschlossenes, homogenes Volk im eigentlichen Sinne. Vielmehr sind verschiedene Bevölkerungszweige mit unterschiedlichen Dialekten auszumachen. So wird z.B. in den Provinzen Bingöl, Elazığ und Erzincan teilweise das Zaza gesprochen, das im Grunde sogar eine eigenständige Sprache darstellt. Bis 1991 war der Gebrauch der kurdischen Sprache unter Strafe gestellt, seit 2002 darf zumindest im privaten Bereich in dieser Sprache auch unterrichtet werden. Etwa drei Viertel der Kurden sind sunnitische Muslime, doch herrscht ansonsten eine enorme konfessionelle Vielfalt. Die traditionellen Siedlungsgebiete der Kurden liegen im ostanatolischen Bergland und in Südostanatolien, aufgrund der anhaltenden Binnenmigration leben viele auch in den großen Städten der Türkei.

Bereits vor und insbesondere seit Gründung der Republik Türkei herrschten und herrschen kontroverse Vorstellungen über Kultur, Staat, Nation und auch über die Rolle von Religion. Dies führt zwangsläufig häufig zu Spannungen, insbesondere zwischen Minderheiten und Staat. Die Einführung weiterer Korankurse etwa betrachten einige als notwendig, andere wiederum befürchten darin das Ende des Laizismus.

Ähnlich geht es den christlichen Gruppen; während türkische Nationalisten das griechisch-orthodoxe Patriarchat in İstanbul als „europäisch-christlichen Brückenkopf" betrachten, sehen die Christen ihre Gemeinden, die nur noch wenige Mitglieder zählen können, im Auflösungsprozess begriffen. Sicherlich gibt es unzählige Gründe, die verschieden großen Einfluss auf diese und ähnliche Umstände haben; einer davon ist, dass der Staat eine Gefährdung der muslimisch-nationalen Einheit sieht, je mehr Bevölkerungsteile nicht dem sunnitischen Islam, der Mehrheitskonfession, angehören.

Ebenso gilt die Sprache als grundlegendes Element, das die Zugehörigkeit zur Nation ausdrückt; dementsprechend wird jeder, der neben Türkisch noch eine weitere „Muttersprache" spricht, als der Einheit entgegenwirkend betrachtet. Aus diesem Grunde ist die Sprache weit mehr als nur Kommunikationsmittel – sie reflektiert die Identität des Volkes.

Unter anderem hiermit verbunden ist auch der andauernde und immer wieder blutig eskalierende Konflikt darüber, ob es ein „kurdisches Volk" sowie ein Land „Kurdistan" im Osten Anatoliens gibt. Gemäß dem Selbstverständnis Atatürks basiert das Türkentum primär auf dem Willen des Einzelnen, sich als Teil der Türkischen Nation zu bekennen – und nicht auf seiner ethnischen Herkunft. Aufgrund dieses Verständnisses und der zentralistischen Politik fühlte sich die kurdische Gesellschaft schon früh an den Rand gedrängt, was bereits 1925 zu einem Aufstand führte und in einer militärischen Auseinandersetzung endete, mit dem Ziel, ein kurdisches Volkstum abzuschaffen. Bis

1938 kam es zu mehr als 20 Aufständen, danach schien sich die Angelegenheit für etwa 50 Jahre beruhigt zu haben.

Im Jahre 1978 begann ein neues Kapitel der „kurdischen Frage"; die Kurdische Arbeiterpartei, Partiya Karkeren Kurdistan (PKK), wurde unter anderem mit dem Ziel ins Leben gerufen, eine unabhängige sozialistische Kurdenrepublik mit Hauptstadt Diyarbakır zu gründen. Als Antwort auf die Bereitschaft zur Gewalt bei diesen Bestrebungen gab es von Seiten der türkischen Sicherheitskräfte zahlreiche und flächendeckende Übergriffe mit der Räumung und Zerstörung jener Dörfer, denen die Unterstützung der PKK unterstellt wurde. Mit wachsender Gewaltbereitschaft auf beiden Seiten

Ostanatolisches Bergdorf

verhärteten sich in den letzten 20 Jahren die Fronten immer weiter: Ein wachsender Anteil der kurdischen Bevölkerung im Osten des Landes identifiziert sich mit der PKK und den Kämpfern in den Bergen, während die staatliche Seite die „kurdische Frage" im Wesentlichen auf die Terrorismusbekämpfung reduziert.

Seit 1991 ist der öffentliche Gebrauch der kurdischen Sprache erlaubt, und seit Mitte der 1990er Jahre hat sich die Richtung, die die PKK unter Abdullah Öcalan eingeschlagen hatte, etwas geändert. Von einem eigenständigen Kurdenstaat wurde Abstand genommen und stattdessen die Gewährung einer eigenen kurdischen Identität im privaten und öffentlichen Leben innerhalb des bestehenden Staates gefordert. Inzwischen wohnt etwa die Hälfte aller Kurden außerhalb der ursprünglichen Kurdenregionen, insbesondere in den Großstädten des Landes. Insgesamt leben mehr als 13 Millionen Kurden in der Türkei, ca. acht Millionen im Irak, gut fünf Millionen im Iran und etwa vier Millionen in Syrien. Im Mai 2005 kehrte die PKK zu ihrer Strategie der Anschläge zurück. Dies stieß jedoch innerhalb der Bevölkerung größtenteils auf Ablehnung und führte zu einer Abspaltung eines Teils der PKK. Durch die neuerliche Gewaltbereitschaft wurden vor allem auch die konservativen Kräfte der Politik gestärkt. Im Jahre 2007 kam es zu den seit langem folgenschwersten Zusammenstößen zwischen der türkischen Armee und PKK-Rebellen im Grenzgebiet zum Irak.

RECHTE SEITE UND UNTEN:
Wie aus 1001 Nacht ... Das İshak Paşa Sarayı nahe Doğubayazıt wurde im 17. Jahrhundert von einem kurdischen Gouverneur entworfen. Sein Sohn stellte den rund 7600 Quadratmeter und über 350 Zimmer umfassenden Palast fertig und wurde zu dessen Namengeber. Der heute nur noch als Ruine existierende Bau zeigt verschiedene Stilelemente, darunter die seldschukischen Portale mit Stalaktiten- und Reliefschmuck. Von hier aus konnte der Karawanenweg kontrolliert werden.

FRAUEN, SCHLEIER UND DER HAREM

VORHERIGE DOPPELSEITE:
Während die gänzlich verschleierte Frau nur selten noch zu sehen ist, gibt es in einigen Bevölkerungsgruppen auch bei jungen Frauen wieder vermehrt die Tendenz, Kopftuch zu tragen. Als eines der meistdiskutierten Symbole islamischen Glaubens ist es für die einen Zeichen der Unterdrückung, für die anderen Ausdruck individueller Religiosität.

RECHTE SEITE UND UNTEN:
Die Vielschichtigkeit des Landes zeigt sich auch in der unterschiedlichen Einstellung zur Kleidung und im Selbstverständnis der Frauen. Während die einen das Tragen des Kopftuches als ihre religiöse Pflicht betrachten, zeigen die anderen ein stark westlich geprägtes Modebewusstsein.

Hartnäckig hält sich in den Köpfen westlicher Betrachter die Klischeevorstellung der verschleierten, in einen weiten Mantel gehüllten und unterdrückten Türkin. Berichte in den Medien können dieses Bild offensichtlich auch nicht wesentlich korrigieren, zumal sich die Medien häufig mit Ereignissen auseinandersetzen müssen, die genau diesen Eindruck eher noch zu bestätigen scheinen.

Doch bedenkt man die Vielschichtigkeit dieses Landes, die Unterschiede der Siedlungsstrukturen, der Wirtschaftsweisen, des Bildungstandes und vieles mehr, erscheint es undenkbar, dass sich all dies nicht auch auf die Rolle und Stellung der Frauen – wie natürlich auch auf jedes andere Gesellschaftsmitglied – auswirken müsste. So ist heute der Unterschied zwischen einer Bank- oder Büroangestellten, die im İstanbuler Stadtteil Taksim arbeitet, und einer Frau aus dem ostanatolischen Bergland wohl bei

weitem größer als der zu einer Frau aus Berlin, Paris oder London. Dennoch sind nach wie vor die „Aktionsräume" von Männern und Frauen mehr oder weniger streng voneinander getrennt. Das in jedem noch so kleinen Ort vorhandene Teehaus (Kahve) etwa ist ganz klar den Männern vorbehalten, ebenso wie viele Bereiche des öffentlichen Lebens. Der Machtbereich der Frauen hingegen liegt pri-

mär im Haus, wo sie das Sagen haben und sich auch gegenüber den männlichen Familienmitgliedern durchsetzen.

Kontakte zwischen den Frauen und den männlichen Nichtmitgliedern der Familie werden auf das notwendige Minimum beschränkt; als Mann setzt man sich z. B. grundsätzlich nicht neben eine fremde Frau. Sobald man in die großen Städte oder größeren Touristenorte kommt, stellt man fest, dass diese Auffassungen, wenn nicht gänzlich aufgegeben, so doch deutlich aufgeweicht sind. Zwar sind auch hier die Teehäuser den Männern vorbehalten, doch nehmen insbesondere junge „moderne" Frauen ebenso am öffentlichen Leben teil wie Männer: Sie verkehren in Cafés, Gaststätten und Diskotheken. Per Gesetz besitzt die türkische Frau heute alle wirtschaftlichen, politischen und sozialen Rechte, und dennoch zeigen sich auch hier wieder regionale und gesellschaftsstrukturelle Unterschiede. Die Frauen in den Städten haben zum großen Teil diese Unabhängigkeit tatsächlich erreicht, während dies für die Mehrzahl der Frauen auf dem Lande nicht zutrifft. Dort ist die Abhängigkeit vom Mann noch sehr fest verankert.

In praktisch jedem Ort des Landes gilt das Kahve (Teehaus) als ein Refugium der Männer.

Junge Türkinnen der Großstädte leben oft einen westlich orientierten Stil, während in ländlichen Gegenden die Tradition und körperliche Arbeit das Leben prägen.

Seit den 1990er Jahren findet in Europa die traditionelle Kopfbedeckung der türkischen Frau, das Kopftuch, größere Beachtung als je zuvor – es entbrannte der so genannte „Kopftuchstreit". Dieser hat maßgeblich zu der weit verbreiteten eindimensionalen Vorstellung von Türkinnen in der türkischen Gesellschaft geführt. Eine Kopfbedeckung – ob Hut, Schleier oder Kopftuch – ist oder war in vielen Religionen verbreitet, und die Symbolik erscheint oftmals ganz ähnlich. Der Apostel Paulus z. B. empfahl den Frauen, zumindest beim Gottesdienst ihr Haupt zu bedecken (1. Brief an die Korinther 11,5), was mit seiner Abstammung aus einer jüdisch-orientalischen Kultur zu erklären wäre. Auch der Prophet Muhammad wies die Frauen an, sich in der Öffentlichkeit zu bedecken, wobei er sich an der Gepflogenheit aristokratischer Frauen in Mekka orientierte, bei denen die Verschleierung vor Belästigungen schützen und so die Privatsphäre gewahrt bleiben sollte. Andererseits wurde die Frau gleichsam dadurch auch aus der Öffentlichkeit in den privaten Bereich gedrängt.

Mit der Ausrufung der Republik und der damit verbundenen Trennung von Religion und Staat verbannte Atatürk das Kopftuch rigoros aus allen öffentlichen Gebäuden und Institutionen wie Parlament, Behörden, Schulen und Universitäten mit den Worten: „Unsere Frauen sind empfindsam und von Geist beseelt wie wir auch. […] Lassen wir sie ihre Gesichter der Welt zeigen und lassen wir sie die Welt sorgfältig betrachten." Im Laufe der letzten Jahrzehnte hat sich das Kopftuch mehr und mehr zu einem öffentlich getragenen Symbol ganz unterschiedlicher Absichten, Vorstellungen und Bedeutungen entwickelt, an dem sich die Gemüter – mal reflektiert, mal polemisch unbedacht – erhitzen.

Die labyrinthartige Anlage des Harems innerhalb des Topkapı Serails in İstanbul umfasste ungefähr 300 Räume. Diese standen als einzelne Baugruppen um kleine Innenhöfe und wurden um 1667/1669 nach einem großen Brand errichtet.

Mehr noch als Bazare, verspielte Ornamentik oder der Klang der Saz (Zupfinstrument), Zyrna (ähnlich einer Schalmei), Ney (Rohrflöte) und Davul (große Trommel) beflügelt der Harem die Phantasie der meist männlichen Außenstehenden – und das schon mindestens seit dem 19. Jahrhundert. In dieser Zeit beschäftigte sich die europäische Publizistik auffallend gerne mit dem Harem und der orientalischen Vielweiberei. Auch in der Malerei entstanden vermehrt Gemälde, die den Harem zum Sujet hatten, wie etwa bei Werken von Ingres und Delacroix. Dabei entstanden zwar wunderbare Gemälde, die jedoch durch Unkenntnis teils zu einer Mischung aus Haman, Harem und Bordell verschmolzen und sich in den erotischen Phantasien der Europäer festsetzten.

Doch verbirgt sich hinter diesem Begriff zunächst etwas weit weniger „Anzügliches", als mancher zu glauben bereit ist. Harem, das sind zu allererst die privaten Räume eines jeden, die abgetrennt und für andere nicht jederzeit zugänglich sind. Dazu zählen ebenso Schlaf- wie auch Wohnräume. Im Harem des Palastes wohnte der Paşa mit seinen Frauen, die vor der Öffentlichkeit verborgen wurden. Wie groß ein Harem war, war maßgeblich vom Reichtum des Harembesitzers abhängig, da es das Gesetz so wollte, dass die Frauen auch standesgemäß zu unterhalten sind.

Neben dem Paşa konnten sich am ehesten hohe Verwaltungsbeamte, Wesire oder reiche Geschäftsleute einen Harem mit mehreren Frauen in ihren großen Häusern leisten. Obligatorisch war der Besitz eines Harems für den Sultan, der selbst die Phantasie der einfachen einheimischen Bürger mit „nur" einer Frau anregte.

Das Leben und der Alltag im Harem unterlagen strengen Regeln. In den großen Palästen, wie etwa im Topkapı Sarayı in İstanbul, lebten die vier Hauptfrauen des Sultans, die Sultansmutter (Valide Sultanı) sowie Hunderte von Konkubinen, Eunuchen und Bediensteten. Das Leben im Harem des Hofes war streng hierarchisch organisiert. So waren die Frauen eingeteilt in Dienerinnen, Erzieherinnen und Auszubildende, in Konkubinen und Favoritinnen. Diejenige, die dem Sultan den ersten Sohn gebar, stieg zur Hauptfrau (Kadın) auf. Neben der weiblichen Dienerschaft arbeiteten im Harem ebenso Eunuchen, von denen die weißen dem Sultan dienten und die schwarzen die Frauen beaufsichtigten. Der ranghöchste der Eunuchen, der Kızlar Ağası, hatte im Harem relativ großen Einfluss. Entgegen „delikater" Vorstellungen verlief der Alltag im Harem tatsächlich eher langweilig. Die Frauen waren mit Schönheitspflege, Handarbeiten, Klatsch und Tratsch beschäftigt, und viele der Frauen bekamen den Sultan in Wirklichkeit entweder nur selten oder überhaupt nie zu Gesicht.

Im späten 17. Jahrhundert lebten etwa 2000 Frauen im Harem des Topkapı Serails in völliger Abgeschlossenheit. Darunter waren viele Ausländerinnen, die dem Sultan zum Geschenk gemacht wurden und die von besonderer Schönheit waren. Sie erhielten eine förderliche Erziehung und wurden in Musik und Tanz unterrichtet.

DIE BESIEDLUNG

Die Türkei strebt nach eigenen Angaben landesweit einheitliche Lebensbedingungen an, was insbesondere in einem durch so ungleiche Naturräume gegliederten Territorium ohnehin kaum umsetzbar erscheint. Daher sind die Unterschiede im Hinblick auf die Größe ebenso wie auf Besiedlungsdichte und Struktur zum Teil enorm.

Nach Angaben des Türkischen Statistischen Instituts (Türkiye Istatistik Kurumu) verteilte sich im Jahr 2005 die Bevölkerung auf 3186 Städte (ab 5000 Einwohner) und 36 752 Dörfer, wobei knapp 65 Prozent der Bevölkerung in den Städten leben. Konya, die flächenmäßig größte Provinz der Türkei, besitzt mit 205 Städten und 763 Dörfern nicht nur absolut gesehen die meisten Städte, sondern auch in Relation zur Zahl der Dörfer. Das umgekehrte Verhältnis findet man in der Provinz Sivas in Ostanatolien – der zweitgrößten Provinz des Landes: Hier stehen 46 Städten 1263 Dörfer gegenüber. Lediglich fünf Städte über 5000 Einwohner weist die Provinz Kilis an der syrischen Grenze auf.

Die Bevölkerungsdichte in Städten wie Alanya nimmt seit Jahren mit enormer Geschwindigkeit zu.

Die dichteste Besiedlung findet sich entlang der Küsten und in den Beckenebenen, wohingegen die kompakten Gebirge und die inneranatolischen Steppengebiete im Allgemeinen nur schwach besiedelt sind. Dennoch gibt es auch hier Unterschiede; so ist die Südküste weniger dicht bebaut als etwa die Nord- und Westküste. Ebenso gibt es einige Gegenden des Osttaurus und des Pontischen Gebirges, in denen die Anzahl der Einwohner pro Quadratkilometer deutlich höher liegt als im weiteren Umland.

Am schwächsten besiedelt sind die Tafel- und Berglandschaften Inneranatoliens sowie die ostanatolischen Gebirgslandschaften und der mittlere Taurus. Der äußerste Südosten ist mit durchschnittlich 10 Einwohnern pro Quadratkilometer nur noch extrem schwach besiedelt. Zum Vergleich: Die durchschnittliche Bevölkerungsdichte in Deutschland liegt zurzeit bei 231 Einwohnern pro Quadratkilometer.

Die städtische Bevölkerung wächst seit gut 20 Jahren rapide an. Grund hierfür ist die seit etwa 1950 anhaltende Landflucht in die Städte. Das Gefüge der Städte wurde maßgeblich von der Industrialisie-

FOLGENDE DOPPELSEITE:
Die vorteilhaften Wetterbedingungen in Kappadokien mit seiner eigentümlichen Landschaft machen die Gegend zu einem der beliebtesten Ziele für Ballonfahrer.

Auf dem Heimweg nach dem Dreschen. Im Ostanatolische Bergland sind nach wie vor Esel oder Ochsenkarren die Haupttransportmittel.

RECHTE SEITE:
Immer ausgefallenere Hotels wie hier in Antalya werden eröffnet, um allen Bedürfnissen der Touristen gerecht zu werden. In der Hotelbranche versprechen sich viele Zuwanderer, die in ihrer Heimat keine beruflichen Entfaltungsmöchlichkeiten finden, eine Beschäftigung.

rung und, damit im Zusammenhang stehend, der Erschließung mit Straßen beeinflusst sowie vom Anschluss der Dörfer an das Fernverkehrsnetz. Ursprünglich sollte diese Anbindung dazu dienen, die ländliche Bevölkerung besser versorgen zu können und eine bessere Siedlungsentwicklung zu ermöglichen, doch führte es schnell genau zum Gegenteil: Eine Massenbewegung aus den Dörfern in die Städte setzte ein.

Im Wesentlichen konzentriert sich die Zuwanderung auf die fünf größten Städte İstanbul, Ankara, İzmir, Konya und Bursa. So wächst beispielsweise İstanbul jährlich um schätzungsweise 400 000 Zuwanderer. Der erhoffte Wohlstand der Immigranten tritt jedoch in den seltensten Fällen ein, da die Industrie und das verarbeitende Handwerk – gemessen am Bevölkerungsanstieg – nur in einem vergleichsweise geringen Umfang wachsen. Für den Arbeitsmarkt bedeutender ist der Dienstleistungssektor, in dem rund ein Drittel der Beschäftigten arbeiten.

Insbesondere am Wochenende werden die Strände des Landes auch zum Treffpunkt für Einheimische (Foto links). Immer mehr Menschen in der Türkei finden ihre Beschäftigung im Dienstleistungssektor. Dazu gehört auch die Versorgung mit einem der bekanntesten türkischen Gerichte: Döner Kebap. Wörtlich übersetzt bedeutet diese Spezialität „drehendes Grillfleisch".

Da im ländlichen Lebensraum eine weitaus geringere Bevölkerungsdichte herrscht als in den Ballungszentren, gibt es dort auch keine Wohnungsnot. Häufig besitzen die Dörfer noch ihre althergebrachte Erscheinungsform als geschlossene Einheit. Die Häuser sind an die Naturgegebenheiten angepasst, um Schutz vor den verschiedenen Witterungseinflüssen zu gewährleisten. Traditionell gruppieren sich die Häuser, die aus Naturmaterialien der direkten Umgebung errichtet sind, um einen zentralen Dorfplatz herum und sind nach außen von Gärten und den anschließenden Feldern und Weiden umgeben.

In jenen Gegenden, in denen Viehzucht eine größere Bedeutung hat als der Ackerbau – das ist insbesondere in gebirgigen Regionen der Fall –, trifft man stattdessen auf kleinere Weiler. In osmanischer Zeit und auch noch später existierte die so genannte Yaylawirtschaft, bei der in den Sommermonaten Weideflächen in höheren Lagen genutzt werden. Diese Almen (Yayla) werden heute im Wesentlichen von Hirten besucht. Seit einiger Zeit nehmen sie jedoch auch eine andere Funktion wahr: Sie entwickeln sich mehr und mehr zu Sommerdomizilen der in die Stadt gezogenen Bevölkerung.

Kurdische Frau

Die einfachen Häuser im Osten der Türkei werden traditionell aus Stein mit Lehmputz errichtet.

Ostanatolische Bauern beim Sammeln von Brennmaterial in der kargen, unwirtlichen Landschaft.

DIE WIRTSCHAFT

Die wirtschaftliche Situation innerhalb der Türkei variiert heutzutage in regionaler Hinsicht sehr stark. Im Osten Anatoliens dominiert die nach wie vor primär bäuerliche Wirtschaftsweise einer Bevölkerung, deren Existenzgrundlage aufgrund des Bevölkerungswachstums – verbunden mit der althergebrachten Realteilung – stark gefährdet ist. Die Industrie hingegen sitzt hauptsächlich im Westen der Türkei. Allein in der Marmararegion werden rund 40 Prozent des Bruttoinlandprodukts erwirtschaftet.

Noch im 19. Jahrhundert war das Osmanische Reich von der industriellen Entwicklung des Westens weit entfernt und sah sich trotz zaghafter Versuche nicht in der Lage, mehr als einige Kleinbetriebe aufzubauen. Aus diesem Grund mussten die meisten industriellen Waren importiert werden. Gemäß einer Statistik aus dem Jahre 1915 hatte die Türkei nur 40 300 Industriearbeiter, wovon ein nicht unerheblicher Teil in Provinzen lebte, die nach dem Befreiungskrieg nicht zur Türkei gehören sollten.

Nach der Gründung der Republik ging die Türkei mit dem Vertrag von Lausanne auch wirtschaftliche Verpflichtungen ein, denen sie nachkommen musste. 1923 wurde in İzmir ein Wirtschaftkongress

einberufen, um die Richtung einer neuen wirtschaftlichen Ordnung zu bestimmen. Auf diesem wurde ein Konzept mit folgenden Punkten beschlossen:

1. Formulierung von Gesetzen zur Förderung der nationalen Industrie
2. Gewährung staatlicher Kredite für Investoren
3. Ermöglichung niedriger Transporttarife zur Förderung nationaler Produkte
4. Erweiterung des Humankapitals mittels Aus- und Weiterbildung

Die wachsende Anzahl imposanter Bürohochhäuser in İstanbul zeigt anschaulich: Die große Finanzkrise von 2001 ist überwunden.

Der Aufbau privater Unternehmen sollte durch die Gründung des staatlichen Kreditinstituts İş Bankas und der Gewährung von Krediten unterstützt werden. Da dies alleine keine zufriedenstellende Wirkung erzielte, veranlasste Atatürk ab 1933/1934, die Wirtschaft nach etatistischem Modell zu gestalten. Zunächst sollten, im Gegensatz zum Kommunismus, hauptsächlich private Unternehmen entstehen, und nur dort, wo dies nicht gelingen wollte, sollte der Staat aktiv werden und bei der Industrialisierung eine führende Rolle übernehmen. Doch wie sich zeigte, griff der Staat sowohl finanziell als auch gestaltend mehr und mehr in die Wirtschaftsprozesse ein: Es zeichnete sich eine Dominanz des staatlichen Bereichs ab. Bis Ende der 1930er Jahre entwickelte sich die Wirtschaft so weit, dass die meisten benötigten Güter und Rohstoffe von der einheimischen Industrie hergestellt werden konnte.

Im Januar 1980 wurde auf Druck des IWF zur Bewältigung der Wirtschaftskrise von 1978/79 ein neues Wirtschaftsprogramm verabschiedet, das zu mehr freier Marktwirtschaft und zu einer stärkeren Weltmarktorientierung führen sollte. Die Förderung mittels diverser Anreize galt nun der Exportentwicklung, und die Lenkungsmöglichkeiten des Staates wurden zugunsten der Marktwirtschaft eingeschränkt. Dennoch sind staatliche Unternehmen in fast allen türkischen Wirtschaftszweigen aktiv und haben in manchen Bereichen eine Monopolstellung inne.

Im Gegensatz zu den wenigen Unternehmen, die ein Wachstum verbuchen können – dazu gehören z.B. Bankwesen oder Luftfahrt –, müssen die meisten staatlichen Unternehmen der Bereiche Bergbau, Schwerindustrie, Agrarwirtschaft sowie Eisenbahn große Defizite verbuchen, weil ihnen die marktwirtschaftliche Führung fehlt. Die Deckung der Verluste erfolgt durch öffentliche Mittel, was wiederum in der Vergangenheit auch zu exorbitant hohen, inzwischen gemäßigten Inflationsraten führte.

Bei den Privatunternehmen dominieren die Kleinbetriebe mit bis zu 50 Beschäftigten und die mittelständischen Betriebe mit bis zu 200 Beschäftigten quantitativ das Wirtschaftsleben, wohingegen die Anzahl der Großunternehmen sehr gering ist. Dennoch erwirtschaften die wenigen großen Betriebe den größten Anteil der Wertschöpfung in der verarbeitenden Industrie. Dies liegt vor allem daran, dass in den kleinen und mittleren Betrieben vieles von Hand und damit entsprechend arbeits- und kostenintensiv gefertigt wird. Dadurch fehlt die Konkurrenzfähigkeit auf dem Weltmarkt, so dass die Betriebe überwiegend für den Binnenmarkt produzieren oder als Zulieferer für Großunternehmen agieren.

Nachtzug in İstanbul. Nach wie vor ist der vom Staat geregelte, öffentliche Bahnverkehr ein Defizitgeschäft.

Die Anzahl der Menschen, die arbeitssuchend in die Städte des Landes drängen, überschreitet eindeutig die Anzahl der zur Verfügung stehenden Arbeitsplätze (rechte Seite oben). Vor diesem Hintergrund blüht die „Schattenwirtschaft" in den Großstädten. Obwohl offiziell verboten, wird sie dennoch meist toleriert und gehört zum alltäglichen Straßenbild. Straßenmusikerin auf der İstiklal Caddesi in İstanbul (Foto rechts), und Schuhputzer (rechte Seite unten).

Neben der „offiziellen" Wirtschaft gehören zahlreiche Randbereiche der Erwerbstätigkeit – häufig im Rahmen einer Schattenwirtschaft organisiert – zum Alltagsbild. So verdienen sich viele Arbeitslose als Straßenmusiker, Teeverkäufer, Schuhputzer, Parkplatzwächter, Autowäscher oder im Bereich der Gastronomie mit „Minijobs" ihr Geld. Eigentlich als Schwarzarbeit verboten, werden sie doch von den meisten toleriert und in aller Öffentlichkeit auch genutzt. Doch nicht nur die Schwarzarbeit von Erwachsenen ist allgegenwärtig: Auch Kinderarbeit gehört zur Tagesordnung. So wird Kinderarbeit in der Landwirtschaft als normal und als Teil des traditionellen Familienlebens betrachtet.

In der Stadt ist es vor allem bittere Armut, die die Eltern dazu treibt, ihre Kinder als Zigarettenverkäufer, Verkäufer von Sesamkringeln (Simitçi) oder Wasser, als Schuhputzer oder Lastenträger arbeiten zu lassen. Meist sind die Familien auf das spärliche Einkommen der Kinder angewiesen. Wenngleich das gesetzliche Mindestarbeitsalter bei 15 Jahren liegt, arbeiten nach offiziellen Schätzungen rund 10 Prozent aller Kinder der Altersgruppe 6–14 Jahre.

RECHTS UND UNTEN:

Fischerei spielt nach wie vor eine große Rolle in der türkischen Wirtschaft. Der frische Fisch wird auf Märkten verkauft oder teilweise exportiert.

Nach wie vor spielen Fischerei und Landwirtschaft eine nicht unerhebliche Rolle in der türkischen Wirtschaft: Sie leisten einen wesentlichen Beitrag zum Bruttosozialprodukt. Die Nutzung des Landes ist jedoch durch die naturräumlichen Gegebenheiten regional stark eingeschränkt. Der größte Teil des agrarisch genutzten Landes ist extensives Weideland.

Beim Ackerbau steht an erster Stelle der Anbau von Getreide, wobei Weizen etwa drei Viertel und Gerste ein Viertel der Gesamtproduktion ausmachen. In kleinem Umfang wird, insbesondere in Nordanatolien, auch Mais angebaut. Die Möglichkeiten der Flächennutzung sind bereits heute weitgehend ausgeschöpft und kaum erweiterbar. Die Erträge sind, im Vergleich etwa zu Deutschland, relativ gering, woran auch die Verwendung von Kunstdünger nicht viel ändern konnte. Entscheidend sind die geringen Niederschläge im Binnenland, die reiche Ertragsquoten zunichte machen.

Weizenfeld in Babadağ, Denizli. Getreide nimmt beim Ackerbau in der Türkei die erste Stelle ein.

Andere agrarische Produkte wie Tomaten, Melonen oder Zitrusfrüchte können nur auf dem Binnenmarkt vertrieben werden, da trotz ausgezeichneter Qualität die Transportkosten einer Wirtschaftlichkeit entgegenstünden. Ausgedehnte Olivenhaine, wie man sie von anderen Mittelmeeranrainern kennt, sucht man in weiten Teilen der Türkei vergeblich. Dies ist jedoch weniger klimatisch als vielmehr historisch begründet. Da Olivenbäume viele Jahre benötigen, bis sie die ersten Früchte tragen,

Abgeerntetes Feld

ist der Olivenanbau eine langfristige, auch über Generationen weiterzugebende Investition und setzt demnach eine gewisse Anbautradition voraus. Die Bevölkerung der für diesen Anbau vornehmlich in Frage kommenden Südküste besteht jedoch ursprünglich aus Nomaden, die sich erst im Laufe des 19. Jahrhunderts dort ansiedelten und deren Wirtschaftweise eine Planung in wesentlich kleineren Zeiträumen vorsieht.

FOLGENDE DOPPELSEITE:

Die Türkei ist einer der größten Exporteure im Bereich von Mohn (links oben); geernteter Acker bei Beyburt am Çoruh nahe der Grenze zu Armenien (links unten); Anbau von Zitrusfrüchten (rechts oben). Ein großes Problem bei der Intensivierung der Agrarwirtschaft ist die Bodenbeschaffenheit und der Regenmangel in vielen Regionen der Türkei (rechts unten).

Das reichhaltige landwirtschaftliche Angebot findet auf dem Markt seinen Absatz.

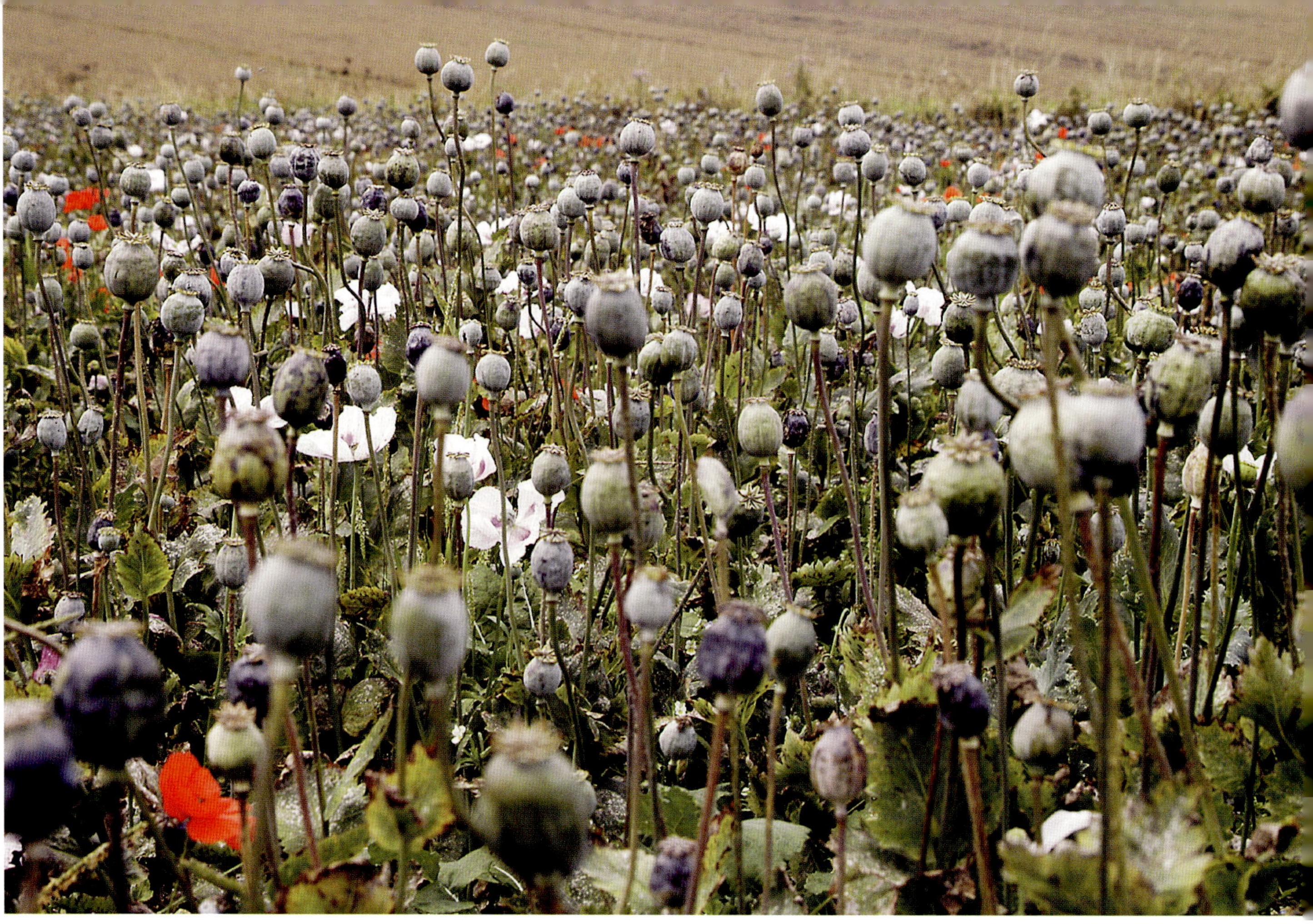

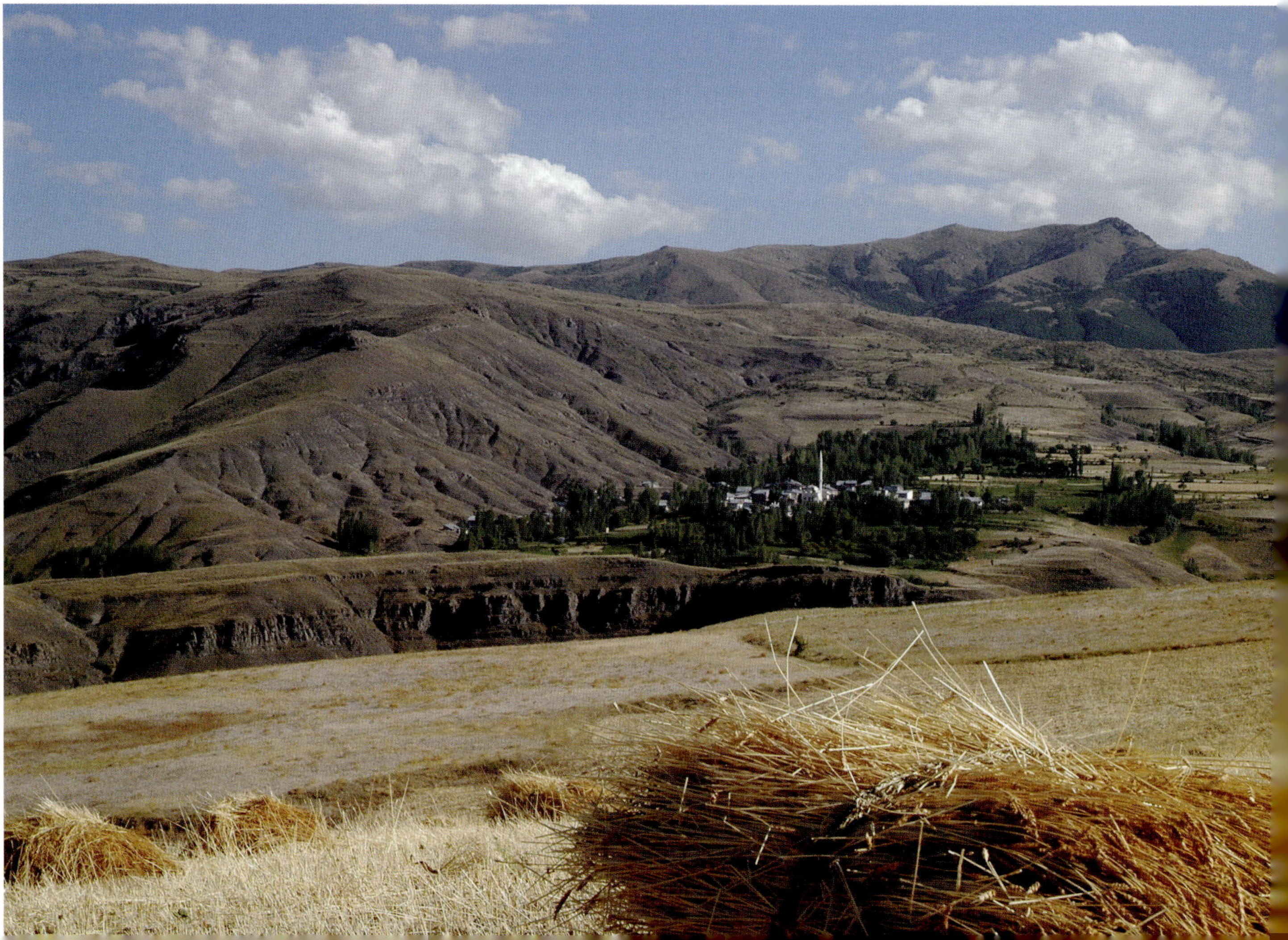

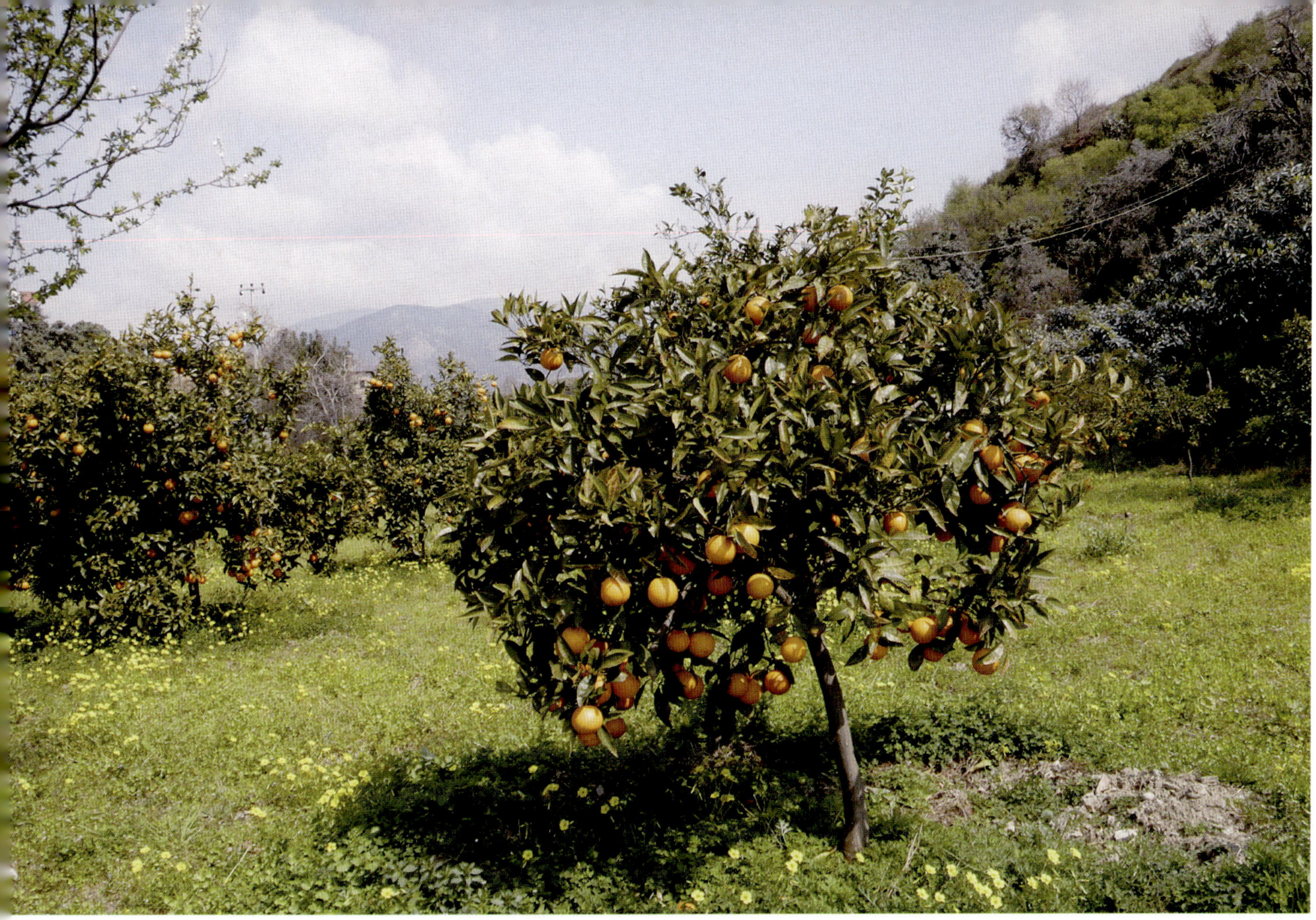

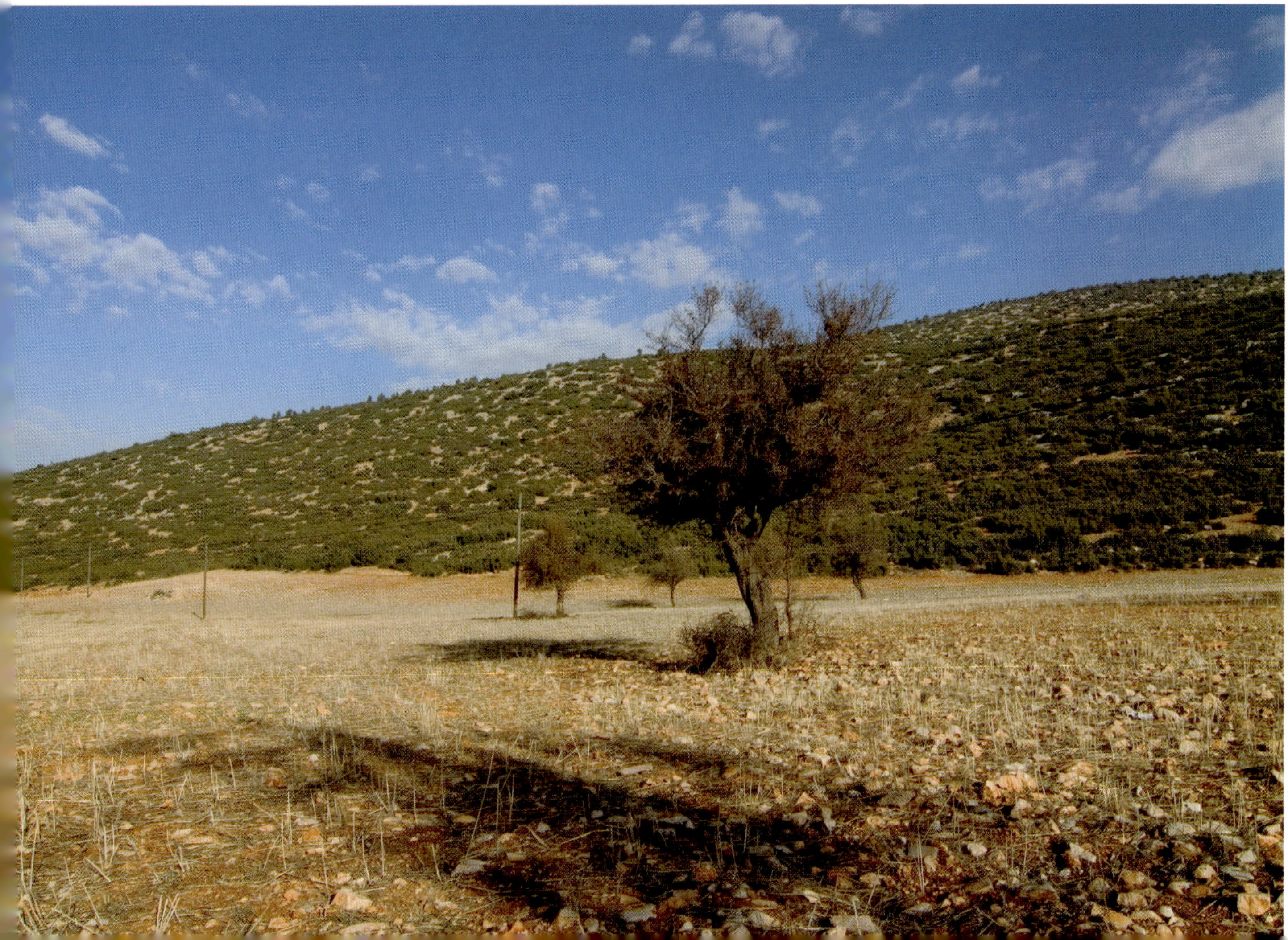

Bei der Stromerzeugung spielen thermische Kraftwerke und die Nutzung fossiler Brennstoffe die Hauptrolle, was sich jedoch im Laufe der nächsten Jahrzehnte ändern könnte. So werden seit Anfang der 1980er Jahre mehrere große Staudammprojekte zur Nutzung von Wasserkraft für die Stromerzeugung verfolgt. Derzeit ist die Kapazität der Wasserkraftwerke etwa halb so hoch wie die der thermischen Anlagen. Die staatliche Wasserverwaltung (Devlet Su İşleri Genel Müdürlüğü) hat die Ausweitung der Kapazität forciert und strebt bis 2020 den Bau von Wasserkraftwerken mit einer Leistung von 30 000 Megawatt an (derzeit etwa 12 500 Megawatt).

Etwa 20 Prozent der landwirtschaftlich nutzbaren Fläche, die im Jahr 2004 mit etwa 26,6 Millionen Hektar zu beziffern war, müssen künstlich bewässert werden, wobei gut 18 Millionen Hektar derzeit landwirtschaftlich genutzt werden.

Mehrere große Staudammprojekte sollen künftig die Wasserkraft zur Stromerzeugung nutzen. Die Überflutung ganzer Landstriche wird teilweise von nationaler und internationaler Seite kritisiert.

Mit dem sehr umstrittenen und weltweit Aufmerksamkeit hervorrufenden Staudammprojekt Güney-doğu Anadolu Projesi (GAP), das die Stauung der Flüsse Euphrat und Tigris mit einem System von insgesamt 22 Stauseen vorsieht, können künftig die Bewässerungsmöglichkeiten noch deutlich ausge-weitet werden. Wenngleich das Hauptaugenmerk auf der Energiegewinnung liegt, sollen in der Pro-vinz Şanlıurfa dadurch weitere 1,7 Millionen Hektar Land bewässert werden.

Inwieweit das Projekt jedoch vollständig umgesetzt werden kann, ist fraglich, da von unterschied-lichen Seiten zahlreiche Bedenken angeführt werden. In sozialer Hinsicht spricht sicherlich die Um-siedlung zehntausender Menschen gegen die Umsetzung des Plans. In ökologischer Hinsicht steht u.a. der Lebensraum von 1500 Pflanzen auf dem Spiel, von denen etwa 230 endemisch sind und dadurch gänzlich verloren gingen. Ebenso werden innerhalb des Gesamtprojekts zahlreiche antike und histo-

Im aufgestauten Euphrat werden in den nächsten Jahren Hunderte von Dörfern und antiken Stätten versinken. Sowohl Menschen-rechtler, Naturschützer als auch Archäologen kritisieren dies heftig.

Tugras – die kalligraphische Gestaltung eines Namenszuges – auf einem goldenen Mosaik. Goldvorräte gibt es auch in der Türkei. Doch das begehrte Edelmetall wird aus logistischen- und Umweltgründen nur in geringem Maße gefördert.

Schon in der Antike war der Marmor Anatoliens begehrt und wurde europaweit exportiert.

rische Stätten und Denkmäler in den Fluten versinken, wie etwa das rechts des Tigris gegründete mittelalterliche Hasankeyf.

Die Türkei ist reich an natürlichen Ressourcen, denen zu unterschiedlichen Zeiten ganz unterschiedliche wirtschaftliche Bedeutung zukam. Kupfer und das Produkt Bronze wurden bereits in vorgeschichtlicher Zeit gewonnen bzw. verhüttet, und der Ursprung der Eisenproduktion dürfte auch in Anatolien zu suchen sein. In römischer Zeit war Anatolien ein wichtiger Lieferant dieser und anderer Rohstoffe, wie etwa Silber, Blei oder diverser Mineralien zur Farbherstellung.

Die Marmorvorkommen z. B. des Baba Dağı waren schon früher europaweit begehrt: Der kostbare Stein wurde bis nach Spanien geliefert. Darüber hinaus entstanden Bildhauerschulen, die die Marmorbildnisse in die Provinzen des Römischen Reichs lieferten. Die jüngere Geschichte zeichnet indes ein anderes Bild. So wurde die Nutzung der Marmorreserven lange Zeit durch Gesetzesvorgaben be-

schränkt. Erst 1985 konnte sie durch gesetzliche Neuordnung wieder deutlich gesteigert werden, um nun die Türkei erneut zu einem der wichtigsten Marmorlieferanten weltweit zu machen.

Ebenso finden sich reiche Goldreserven, insbesondere um Bergama, dem antiken Pergamon, doch können diese einerseits aufgrund mangelnder Studien und geringer Mittel, andererseits aufgrund des umweltpolitischen Widerstandes nicht umfassend ausgeschöpft werden.

Insgesamt betrachtet, werden die reich vorhandenen Bodenschätze nur in sehr begrenztem Maße genutzt, was möglicherweise auch historisch begründet sein mag. Im Wesentlichen jedoch mag es daran liegen, dass seit 1935 die Suche und der Abbau staatlich organisiert sind und ein erhebliches Maß an Bürokratie die Entwicklung hemmt. Eine erfreuliche Ausnahme ist die Zementindustrie, die wegen des seit Jahren anhaltenden Baubooms schnell privatisiert werden konnte und im Stande ist, lukrativ zu agieren.

Seit jeher war das Meer wichtigster Verkehrsweg und bedeutete Einbindung in das überregionale Handelswesen. Waren in der Antike noch kleinere Buchten mit flachen Sandstränden der ideale Anlegeplatz für Schiffe, haben sich die Anforderungen heute aufgrund der Größe und vor allem der Bauweise von Schiffen

grundlegend geändert. Natürliche Hafenbecken, die diesen Ansprüchen genügen, gibt es aufgrund der spezifischen Geologie des Landes nur wenige. Die meisten davon liegen im Westen, wo sich neun gro-ße Golfe gebildet haben, die zwischen 30 und 100 Kilometer weit ins Landesinnere reichen. Hierzu gehören die Golfe Edremit, Çandarlı, İzmir, Kuşadası und Gökova.

Das Marmarameer bietet auf anatolischer Seite die größeren Buchten von Erdek, Gemlik und İzmit. Da-gegen müssen sowohl an der Schwarzmeerküste als auch an der Südküste die größeren Häfen künstlich angelegt und befestigt werden, so z.B. die Hafenanlagen von Trabzon, Samsun und Zonguldak im Nor-den des Landes und im Süden die von Antalya und Mersin – dem zweitgrößten Hafen der Türkei. Doch

UNTEN UND RECHTE SEITE:
Sattes Grün, tiefes Blau und Sandstrände bilden eine Traumlandschaft zwischen Kaş und Kale rund um Göcek.

ohne größeren Aufwand sind die Hafenanlagen nicht dauerhaft zu nutzen, vielmehr droht ihnen durch die reichlich Sediment führenden Flüsse stetig eine Verlandung, ein Problem, das bereits von antiken Häfen bezeugt ist. Damals wurden ganze Städte von der Meeresanbindung abgeschnitten, wie etwa Ephesos, dessen Hafenanlage im 3. Jahrhundert verlandete, oder Priene, das durch die angeschwemmten Sedimente des Mäanders seinen Zugang zum Meer verlor und daraufhin aufgegeben wurde.

Heute zeigen sich die Schwierigkeiten besonders am wichtigsten Exporthafen der Türkei, dem Hafen von İzmir. Bereits Ende des 19. Jahrhunderts tauchten massiv Probleme auf, woraufhin der dafür verantwortliche Fluss Gediz in ein neues Flussbett verlegt wurde.

Häfen von Bodrum (links oben)
und İzmir (rechts oben), an der
Marmaraküste (links unten)
und Ägäisküste (rechts unten).

DIE SPRACHE

Die offizielle Landessprache der Republik Türkei ist Türkisch, das von 90 Prozent der Bevölkerung gesprochen wird. Es entwickelte sich aus dem Osmanischen, das zunächst noch zahlreiche arabische und persische Wörter beinhaltete. Eine wesentliche Zäsur in der Weiterentwicklung der Sprache setzte 1928 Mustafa Kemal, der das lateinische Alphabet anstelle der bis dato bestehenden arabischen Schrift einführte, wobei es zunächst dem Lautsystem mit vier Sonderzeichen angepasst werden musste. 1932 regte er den „Verein zur Erforschung der türkischen Sprache" an, mit dem Ziel, das Türkische zu vereinfachen und von arabischen und persischen Wörtern zu „bereinigen". Später erhielt der Verein den Namen „Türkische Sprachgesellschaft", die 1983 in den „Hohen Rat für Kultur, Sprache und Geschichte" eingegliedert wurde. Daneben kann man rund 70 Sprachen und Dialekte zählen, wie etwa verschiedene kaukasische und kurdische Dialekte, arabisch oder armenisch.

Aus der arabischen Kalligrafie entwickelten sich vor allem in osmanischer Zeit kunstvolle Kalligramme in Tier- oder Menschengestalt.

DAS BILDUNGSWESEN

Eine säkulare Bildung nach europäischem Vorbild war im Osmanischen Reich nicht gegeben bzw. nur der Oberschicht vorbehalten. Erst nach der Republikgründung wurde unter Atatürk ein Volksbildungssystem aufgebaut, das an westlichen Standards ausgerichtet war. Bis 1928 konnten gerade einmal sechs Prozent der Bevölkerung lesen und schreiben.

Das türkische Schulsystem nahm sich mit Gründung der Republik das europäischen Schulwesen zum Vorbild. Seit 1924 herrscht allgemeine Schulpflicht. Die öffentlichen Schulen können unentgeltlich besucht werden.

Der erste bahnbrechende Schritt war die Einführung der „neuen" Schrift. Damit wurden zwar diejenigen, die bisher lesen und schreiben konnten, gewissermaßen kurzfristig auch wieder zu Analphabeten, doch die neue Schrift wurde in Alphabetisierungskampagnen landesweit bekannt gemacht, und alle Personen im Alter zwischen 16 und 40 Jahren mussten die „Nationalschulen" besuchen. Damit konnte die Analphabetenrate deutlich gesenkt werden.

Doch bis heute lassen sich regionale und geschlechtsspezifische Unterschiede in der Alphabetisierungsquote erkennen. Auf 100 lesende und schreibende Männer kommen weniger als 50 alphabetisierte Frauen. Die Gründe hierfür sind vielfältig: Junge Männer können ihren Bildungsvorsprung beim Militärdienst erreichen, wo sie, falls noch nicht geschehen, häufig lesen und schreiben lernen. In ländlichen Regionen wird zumindest bis zu einem gewissen Grade nach wie vor auf eine Schulausbildung der Mädchen weniger Wert gelegt. Zudem haben viele kurdische Frauen die türkische Sprache nie erlernt, womit ihnen von vornherein der Zugang zur öffentlichen Erwachsenenbildung versagt bleibt.

Vor Gründung der Republik war das Schulsystem in einen öffentlichen, einen privaten und einen islamischen Teil gespalten, das durch das 1924 in Kraft ge-

Schulkinder bei der Überquerung eines kleinen Flusses. In den Schulen herrscht Uniformpflicht, wodurch soziale Unterschiede zumindest äußerlich nicht zur Geltung kommen sollen.

tretene „Gesetz zur Vereinheitlichung des Unterrichts" zusammengeführt wurde. Das am europäischen Vorbild orientierte Schulwesen sollte öffentliche Schulen anbieten, die unentgeltlich besucht werden konnten und laizistisch ausgerichtet waren. Ebenso sollten diese Schulen die Gleichberechtigung der Geschlechter gewährleisten. Dieses Bestreben verfolgten bereits vor der Gründung der Republik die so genannten Jungtürken (Jöntürkler) – eine politische Bewegung, die auf liberale Reformen

hinarbeitete. Ein wesentlicher Punkt bei der Bildungsreform war, dass das Schulsystem komplett dem Einfluss islamischer Institutionen entzogen und unter die staatliche Kontrolle der Schulaufsichtsbehörde gestellt wurde. Damit war auch das Ende der Medresen, in welchen die religiösen Richter und die Geistlichen ausgebildet wurden, ebenso wie das Ende der zahlreichen Schulen von Minderheiten besiegelt. Zunächst wurden stattdessen einige İmam-Hatip-Schulen zur religiösen Ausbildung eingerichtet, die unter staatlicher Aufsicht standen und aufgrund mangelnder Mittel schon bald wieder geschlossen werden mussten. Die Lehrpläne folgen auch heute noch dem von Atatürk vorgegebenen Erziehungszielen „Pflege des Nationalbewusstseins" und der „Liebe zur türkischen Heimat und dem republikanischen Vaterland".

Zu Wochenbeginn und am Freitag findet das gemeinsame Singen der Nationalhymne in den Schulen statt, und in Grundschulen werden außerdem von den Kindern Gedichte aufgesagt, in denen die positiven Eigenschaften „des Türken" beschrieben sind. Im ganzen Land herrscht für Schüler die Schuluniformpflicht sowie das Einhalten eines ordentlichen, alles in allem schlichten Erscheinungsbildes. Die Schuluniformen geben die Einteilung der Stufen wieder; so müssen die Grundschüler blaue Uniformen mit weißem Kragen tragen. In den Hochschulen gilt diese Kleiderordnung nicht.

Das Zulassungsverfahren für Hochschulen unterscheidet sich vom deutschen insoweit, als der erfolgreiche Abschluss der Sekundarstufe lediglich eine Aufnahmeprüfung für die Hochschulen ermöglicht. Je nach erreichter Punktzahl wird der Prüfling einer bestimmten Fakultät zugewiesen, die nicht unbedingt seinem Studienwunsch entsprechen muss.

Nachdem die religiöse Erziehung 1924 durch das Gesetz zur „Vereinheitlichung des Unterrichts" unter staatliche Kontrolle gelangte und 1927 vom Lehrplan der Grundschulen gestrichen wurde, wurde 1949 für die 4. und 5. Klasse der Unterricht in „Religion und Ethik" wieder eingeführt und dann im Laufe der folgenden Jahre auf die anderen Klassen ausgeweitet. Der zunächst freiwillige Besuch wurde 1982 obligatorisch, weshalb Kritiker darin einen Widerspruch zum Laizismus sehen.

Die theologische Ausbildung kann an zwei verschiedenen Institutionen erfolgen. Einerseits gibt es an den Universitäten die theologischen Fakultäten (İlahiyat Fakülteleri), andererseits gibt es die als Mittelschulen und Gymnasien geführten Vorbeter- und Predigerschulen (İmam-Hatip-Okulları). In den Sommerferien werden vom Amt für Religiöse Angelegenheiten Korankurse angeboten, die der Kontrolle des Erziehungsministeriums unterstehen.

RELIGIÖSE UND KULTURELLE TRADITIONEN

Ältere Menschen genießen noch immer großen Respekt in der Familie und im öffentlichen Leben.

Das Alltagsleben in der Türkei, insbesondere in ländlichen Teilen, aber durchaus auch in den Städten und Ballungsräumen ist von Religiosität und von der Familie geprägt. Wenngleich die Türkei ein laizistischer Staat ist, Staat und Religion also strikt getrennt sind, gibt es dennoch viele Bräuche oder Verhaltensweisen, nach denen man sich auch in der Öffentlichkeit zu richten hat und die oftmals auf Koranversen basieren. Das hat z. B. Einfluss auf das Verhältnis zwischen Mann und Frau sowie auf die Hochachtung vor Älteren; aber auch die außerordentlich herzliche Gastfreundschaft, die einem Fremden zuteil wird, kann Ausdruck hierfür sein.

Die wichtigste Grundform der Gesellschaft bildet für die meisten Türken die Familie. Auch wenn es heute nur selten noch die patriarchalische Großfamilie gibt, so wird doch bei wichtigen Entscheidungen oder bei bedeutsamen Ereignissen der Rat der Familie eingeholt oder es muss zumindest mit deren Mitsprache gerechnet werden. Als Selbstverständlichkeit gilt es auch, dass ältere Menschen, wenn sie sich nicht mehr selbst versorgen können oder wenn deren Partner verstorben ist, bei einem ihrer Kinder aufgenommen werden. Dies schlägt sich selbstverständlich in der Anzahl der Bewohner von Altenheimen nieder, die äußerst gering ist. Diese Haltung drückt sich bereits in einem Eid der Vorschulkinder aus, in dem sie versichern, dass sie die Älteren ehren und die Kleineren beschützen wollen.

Der Islam als jüngste der drei Weltreligionen und sinngemäß mit „Ergebung in den Willen Gottes" zu übersetzen, wurde von Muhammad, der um 570 in Mekka geboren wurde, gegründet. Als Kaufmann lernte er bei seinen Reisen das Judentum und Christentum kennen und begann nach eigener Aussage im Auftrag des Erzengels Gabriel, der ihm erschienen war, ab 607 einen strengen Monotheismus zu predigen. 622 musste Muhammad vor der herrschenden Familie seiner Heimatstadt nach Medina fliehen, von wo aus sich der Islam bald über den gesamten Orient ausbreitete.

Etwa 99 Prozent der türkischen Bevölkerung sind heute entweder nominelle oder praktizierende Muslime. Schon vor der Gründung des Seldschukischen Reichs, als die zentralasiatischen Turkstämme einwanderten, fand die Islamisierung der Bevölkerung statt. Im Wesentlichen existierten zwei be-

FOLGENDE DOPPELSEITE:
Sabancı Merkez Moschee in Adana (linke Seite); Yeni Valide Camii in İstanbul (rechte Seite)

Das Minarett ragt meist weithin sichtbar aus der örtlichen Bebauung heraus. Von ihm ruft der Muezzin fünf Mal am Tag zum Gebet, wobei heute häufig eine Lautsprecheranlage den Aufstieg nach oben erspart.

deutende Konfessionsgruppen, die in ihrer Glaubenslehre und Ausführung aber übereinstimmen: die Schiiten und Sunniten. Sie differieren hauptsächlich darin, dass die Schiiten der Überzeugung sind, Muhammads Nachfolger müsse aus dessen Familie stammen, wohingegen die Sunniten der Ansicht sind, die Muslime müssten einen Kalifen wählen. Aus diesem Grund spaltete sich die muslimische Gemeinde nach Muhammads Tod auf. Aus beiden Hauptzweigen entstanden im Laufe der Zeit noch weitere zahlreiche kleinere Gruppierungen. Die heute größten konfessionellen Gruppierungen sind die Sunniten gefolgt von den Aleviten.

Als „fünf Säulen" sind die fünf religiösen Grundpflichten bekannt, die jeder Muslim zu erfüllen hat:
1. Das Glaubensbekenntnis (Şehadet)
2. Fünfmal tägliches Verrichten des rituellen Gebets (Namaz)
3. Die Vergabe von Almosen (Zekat)
4. Das Fasten im Monat Ramazan (Oruç)
5. Die Pilgerfahrt nach Mekka (Hac)

Die beiden wichtigsten religiösen Feste, die auch offizielle Feiertage sind, sind das Opferfest (Kurban Bayramı) und das Fest am Ende der Fastenzeit (Ramazan Bayramı). Daneben gibt es noch weitere islamische Feste, die für die unterschiedlichen Gruppierungen teilweise von unterschiedlicher Bedeutung und Gewichtung sind.

FOLGENDE DOPPELSEITE:
Männer bei der rituellen Reinigung vor dem Gebet in der Suleymaniye Moschee in İstanbul. Die Reinigung ist fester Bestandteil des Gebets.

Das Gebet der Muslime findet auf dem Boden statt. Daher gibt es in einer Moschee auch kein Mobiliar. Der İmam verrichtet sein Gebet in der Gebetsnische, dem Mihrab.

Gebet in der kleinen Hagia Sofia
in İstanbul

Die Ausprägung der Religiosität ist auch in der Türkei sehr verschieden. Insbesondere in den ländlicheren Bereichen, aber ebenso in konservativ-religiösen Städten wird häufig eine strenge Frömmigkeit gelebt, wohingegen die Vorstellungen in größeren Industriestädten oftmals weit auseinander liegen. Während sich die einen an den Wertevorstellungen und Normen Westeuropas orientieren, entwickelt sich auf der anderen Seite seit einigen Jahren eine Strömung, die sich zur traditionellen Form der Religiosität und ihrer praktischen Umsetzung bekennt, die sich u.a. in der regelmäßigen Erfüllung aller religiösen Pflichten und der peniblen Einhaltung der Bekleidungsvorschriften offenbart.

In der Sultan Ahmed Moschee bzw. Blauen Moschee (linke Seite und rechtes Bild).
In der Süleyman Moschee in İstanbul: Frauen und Männer beten voneinander getrennt, oft auf unterschiedlichen Etagen der Moschee (Foto Mitte).

Häufig sind religiös geprägte Wertevorstellungen bei einer breiten Gesellschaftsschicht vorhanden, wie etwa geschlechtsspezifische Verhaltensnormen in der Öffentlichkeit. Auch der Beschneidung männlicher Muslime, die keine „farz" – also zwingende, im Koran erwähnte Vorschrift – ist, kommt eine wichtige Bedeutung zu. Sie gehört zu den rituellen Handlungen, die den Weisungen des Propheten Muhammads und seinem Vorbild folgen. Sie bedeutet den Wechsel vom kindlichen Jungen zum Mann und wird vor der Pubertät vollzogen.

Welche gesellschaftliche Bedeutung dieser Ritus hat, erkennt man daran, dass er mit einem großen Fest einhergeht, bei dem möglichst viele Verwandte und Bekannte anwesend sind und der Junge, soweit es die finanzielle Situation der Familie zulässt, mit zum Teil außerordentlich prunkvoller Fest-

Allgegenwärtig ist das Nazar-Amulett, das gemäß dem Aberglauben den „bösen Blick" abwehrt, der für viel Unheil verantwortlich ist.

tagskleidung ausstaffiert wird. Vor dem Eingriff wird in ländlicheren Gebieten und in den Dörfern ein Rundgang – meist mit Musik – durch die Straßen veranstaltet, bei dem der Junge auf einem Esel oder Pferd sitzt. In den größeren Städten wurde inzwischen diese Form von einer Rundfahrt im Autokorso abgelöst. Während der Beschneidung wird der Junge von einem in der Regel verwandten Mann festgehalten, der sich hiermit zugleich symbolisch verpflichtet, den Jungen im weiteren Leben zu begleiten und zu führen.

Neben dem eigentlich Religiösen sind noch zahlreiche Glaubensvorstellungen und Praktiken im gesellschaftlichen Leben allgegenwärtig, die nicht dem Islam entstammen. Sie sind dem Bereich des Volks- oder Aberglaubens zuzuordnen. Eine der weithin sichtbaren Praktiken ist das Schmücken eines „Wunschbaums", wobei bunte Stoffbänder an einen Baum, meist in der Nähe eines Heiligengrabes, gebunden und Gebete gesprochen werden, wodurch Wünsche in Erfüllung gehen sollen.

Der am weitesten verbreitete Aberglaube ist der Glaube an den „bösen Blick" (Nazar). Der böse Blick trägt Schuld an Krankheiten, Unglück, Gebrechen und vielem mehr. Von wem der böse Blick ausgeht, bleibt meist unbekannt, doch kann es eine Person sein, die sich dessen selbst nicht bewusst ist. Das einzige Mittel zum Schutz vor dem bösen Blick ist das apotropäische Auge, eine blaue Perle mit weißem und schwarzem Punkt in der Mitte, die an einen Augapfel erinnert. Eng damit verbunden ist das Tragen von Amuletten. Diese Amulette enthalten Gebete in arabischer Schrift und werden in Stoff verpackt am Körper getragen. Eine andere Form des Aberglaubens ist das aus Sprichwörtern oder Erzählungen weithin bekannte Kaffeesatzlesen. Dies ist eine sehr populäre und beliebte Beschäftigung, um die Zukunft seines Gegenübers vorauszusagen, und insbesondere Frauen sieht man hierbei häufig die kleine Kaffeetasse im Licht drehen und neigen.

Das Nazar gehört zum unverzichtbaren Verkaufsgegenstand eines jeden Souvenirladens.

UNTEN UND RECHTE SEITE:
Als Meisterwerk des Architekten
Sinan gilt die Selimiye-Moschee in
Edirne, deren Bau er noch mit
80 Jahren leitete.

RELIGIÖSE FESTE UND NATIONALE FEIERTAGE

Die beiden größten Feste, die im Islam gefeiert werden, sind das Opferfest (Kurban Bayramı) und das Ramazanfest (Ramazan Bayramı), das volkstümlich auch Zuckerfest (Şeker Bayramı) genannt wird.

Beiden Festen gemein ist die Tradition, dass sie im Kreise der Familie begangen werden: Entweder werden Verwandte besucht, oder die gesamte Familie begibt sich an einen Urlaubsort, was zur Folge hat, dass nicht selten lange vor dem Fest die Überlandbusse, Flugzeuge, Fähren, aber auch Hotels und Unterkünfte ausgebucht sind. Behörden, Schulen und Geschäfte sind in der entsprechenden Zeit mehrere Tage geschlossen.

Die Feiertage richten sich nach dem islamischen Kalender. Dieser folgt dem Mondjahr (Kameri Takvim), das wiederum elf Tage kürzer als das Sonnenjahr ist. Dadurch finden die Feste jedes Jahr zu einer anderen Zeit des offiziellen Kalenders statt.

Wer es sich leisten kann, schlachtet am Kurban Bayramı in Erinnerung an das Opfer Abrahams ein Schaf, eine Ziege oder eine Kuh, deren Fleisch auch an die Nachbarn und an Arme verteilt wird. Dieser Feiertag ist der höchste religiöse Festtag in der Türkei und findet am 10. Tag des Wallfahrtsmonats statt. Er bildet den Höhepunkt und Abschluss der Pilgerfahrt nach Mekka (Hac), die jeder Muslim einmal im Leben machen sollte, woraufhin er sich Hacı nennen darf.

Am Ende des Fastenmonats Ramazan, in dem die Gläubigen – ausgenommen Kranke, Kinder und stillende Mütter – zwischen Sonnenaufgang und Sonnenuntergang weder essen noch trinken oder auch nicht rauchen dürfen, wird der Ramazan Bayramı gefeiert, an dem jeder eine Spende an die Armen geben muss. Mit der Zeit hat sich der Brauch dahingehend entwickelt, dass zusätzlich die Kinder der Nachbarschaft mit Kleinigkeiten wie Bonbons oder etwas Geld beschenkt werden.

Neben den beiden wichtigsten religiösen Feiertagen gibt es noch weitere bedeutende Feste, die auf das

öffentliche Leben jedoch keinen allzu großen Einfluss haben. Dazu gehört z. B. „Die Nacht der Macht" (Kadir Gecesi), die in der Nacht des 27. Ramazan stattfindet. Für streng gläubige Muslime ist dies ein wichtiges religiöses Fest, denn es wird daran erinnert, dass in dieser Nacht zum ersten Mal dem Propheten Muhammad Teile des Korans durch den Erzengel Gabriel offenbart wurden.

Wenngleich Geburtstagen nicht dieselbe Bedeutung zukommt wie in abendländischen Kulturen, so spielt doch der Geburtstag des Propheten eine wichtige Rolle, insbesondere im Volksglauben. Dieser Festtag wird in erster Linie mit Gebeten und der Rezitation religiöser Lieder begangen, und die Moscheen werden in dieser Nacht festlich beleuchtet.

Das Neujahrsfest (Nevruz bzw. Newroz), das am 20. oder 21. März gefeiert wird, hat seinen Ursprung in einer altpersischen Tradition. Danach wird das neue Jahr mit der Tagundnachtgleiche bzw. dem astronomischen Frühlingsbeginn eingeläutet. In der Türkei wird dieser Tag je nach Region sehr unterschiedlich begangen. So symbolisiert der Nevruz in Gegenden, die primär von der Landwirt-

LINKE SEITE:
Ausflug zu Lande und zu Wasser

Die Sultan Ahmet Camii in İstanbul ist eine der wenigen Moscheen mit sechs Minaretten.

schaft leben, ein Fest für Wohlstand und Segen. Für Aleviten ist es zugleich der Tag der Geburt des heiligen Ali sowie der Hochzeitstag des heiligen Ali mit der heiligen Fatma. Auch im Osten Anatoliens hat die Nevruznacht einen hohen Stellenwert: In ihr verbeugen sich alle Lebenden und Toten vor Gott. An diesem Tag entscheidet sich für jeden Einzelnen das Schicksal und die Zukunft für das kommende Jahr. Für die Kurden schließlich hat das Neujahrsfest zudem eine politische Bedeutung: Es symbolisiert in Anlehnung an eine jahrtausendealte persische Sage den kurdischen Widerstandsgeist und Freiheitskampf – ein Umstand, der in den letzten Jahrzehnten nicht konfliktfrei blieb.

Darüberhinaus gibt es Festtage, die weder religiösen noch nationalen Ursprungs sind, sondern der Kategorie „Brauchtum" zugeordnet werden können. So werden am Mart İpliği (zu Deutsch etwa Märzfaden) Tücher oder Fäden an Bäumen angebracht, um diese vor der ab dem 21. März immer stärker werdenden Sonne zu schützen.

Der Tag der Republik am 29. Oktober wird alljährlich mit großen Feuerwerken und Festen begangen. Hier ist das Lichtspektakel über dem Bosporus und auf der Bosporus-Brücke zu sehen (rechte Seite).

Die nationalen Feiertage werden in den Städten und zum Teil in den Ortschaften mit Militärparaden und Fackelzügen begangen. Nach dem offiziellen Teil der Veranstaltung, mit dem der jeweilige Anlass des Tags gefeiert wird, finden in der Regel zahlreiche kleinere und ausgelassene Feiern von Arbeitern und Händlern mit Musik statt, die bis spät in die Nacht andauern. Daneben werden die offiziellen Feierlichkeiten z. B. von Volkstänzen, Ringkämpfen oder anderen Wettkämpfen begleitet.

Eine immer wichtigere Rolle spielen die politischen Parteien bei nationalen Feiertagen, für die die Festlichkeiten eine geeignete Plattform zur eigenen Präsentation darstellen. Am 29. Oktober wird der Ausrufung der Republik im Jahre 1923 mit einem Nationalfeiertag gedacht. Daneben ist der 23. April Tag der nationalen Souveränität und zugleich Kindertag, ebenso wie der 19. Mai Atatürks Gedenktag sowie Tag der Jugend und des Sports ist. Der Zafer Bayramı (Siegestag) findet alljährlich am 30. August statt.

BRAUCHTUM, TRADITION UND FESTSPIELE

Ungeachtet religiöser oder staatlicher Vorgaben haben unzählige Sitten und Gebräuche mit festlichem Charakter Einzug in die Gesellschaft und deren Jahresablauf gehalten. Zusammengefasst unter den Begriffen Brauchtum und Tradition lassen sich einerseits regional eingrenzbare, andererseits auch auf bestimmte Gesellschaftsgruppen bezogene Feier- und Festtage differenzieren. Sie hängen häufig mit den räumlichen, ökonomischen und natürlichen Gegebenheiten zusammen: So steht z.B. eine Vielzahl solcher Feierlichkeiten in Zusammenhang mit landwirtschaftlichen Tätigkeiten und Agrarprodukten.

Arbeiten wie etwa das Pflügen oder Säen, die Ernte und auch das Dreschen des Getreides geben häufig Anlass, kleinere Feste zu begehen, die nicht nur im häuslichen oder familiären Rahmen stattfinden, sondern ein Ereignis für die ganze ortsansässige Bevölkerung sind. Ebenso gilt dies für den Wein-,

Anlässe zum Feiern gibt es viele. Seit einigen Jahren kommen zu den traditionellen Festlichkeiten neue Volksfeste hinzu, die oftmals mit der Vermarktung regionaler Produkte oder Besonderheiten im Zusammenhang stehen.

Obst- und Gemüsebau, wo zu gegebenen Anlässen kleinere Volksfeste veranstaltet werden. Östlich von İzmir, in Kemalpaşa, findet z. B. jedes Jahr das Kirschenfest, in Giresun an der Schwarzmeerküste ein Haselnussfest und in Şavşat in Ostanatolien ein Rübenfest statt. Während manche dieser einst landesweit verbreiteten Feste zum Teil schon fast in Vergessenheit geraten sind, ist man in einigen Regionen sehr bemüht, diese Sitten wieder zu beleben und zu pflegen.

Ferner findet in Giresun ein dreitägiges Ereignis statt, dessen Anlass der Zug der Pferde auf die Weide ist. Im wörtlichen Sinne mit Pauke und Oboe feiert man in Erzurum Ende Juni, Anfang Juli – am Tag vor der Heuernte – ein Fest, bei dem Ausflüge ins Grüne, zu Wallfahrtsorten, zu heißen Quellen oder anderen idyllischen Plätzen unternommen werden. Dann werden Volkstänze mit musikalischer Begleitung aufgeführt oder Laienschauspiele zum Besten gegeben. Auch sportliche Wettbewerbe dienen der Unterhaltung, bevor sich die Festgemeinschaft zusammenfindet, um zu speisen. Die Noma-

Wenn die Felder abgeerntet sind, finden in vielen agrarisch geprägten Teilen der Türkei Feste statt.

den in den Naturparks der Südtürkei begehen den Almauftrieb nach dem Winter ebenso mit einem gemeinsamen Essen, nachdem Wallfahrtsorte besucht und man sich sportlich gemessen hat.

Schafe werden in der Zeit von Anfang Oktober bis Mitte November gedeckt. Die Böcke werden ein bis zwei Monate zuvor von der Herde getrennt. An dem Tag, an dem die Deckung der Schafe beginnt, wird in den Dörfern ein großes Fest mit Pauken und Oboenklängen gefeiert. Die Schafböcke werden geschmückt und ihr Fell mit Henna gefärbt, bevor sie zu den weiblichen Schafen in die Herde geführt werden. Auch hier gibt es regionale Unterschiede oder Besonderheiten: So werden diese Festlichkeiten in manchen Gegenden in Gegenwart eines Vorbeters praktiziert, der Gebete spricht.

Wie weit auch der Aberglaube bei diesen insbesondere in ländlichen Gebieten vorherrschenden Feierlichkeiten verbreitet ist, zeigen ganz spezielle Rituale und Vorstellungen. Dazu gehört auch der Glau-

Unbeeindruckt von den archäologischen Fundstücken weiden Schafe zwischen den Ruinen von Hierapolis bei Pamukkale.

be, dass ein Schafbock, dem man vor der Befruchtung einen Jungen auf den Rücken setzt, männliche Lämmer zeugt, während ein Schafbock, auf dessen Rücken zuvor ein Mädchen saß, weibliche Lämmer zeugt. Manche Vorstellung lässt sich auch mit einfachen Bauernregeln vergleichen, deren Ausgang letztendlich doch beliebig scheint: Wählt der Bock als erstes ein schwarzes Schaf zur Begattung aus, hat die Bevölkerung einen milden Winter zu erwarten, bei einem weißen Schaf hingegen ist mit einem sehr kalten Winter zu rechnen. In anderen Gegenden wiederum geht man genau vom Gegenteil aus …

Einerseits religiös begründet, andererseits wieder im Aberglauben verwurzelt ist die rituelle Waschung des Hirten, nachdem der Schafbock die Begattung vollzogen hat. Würde sich der Hirte dieser Waschung nicht unterziehen, bestünde der verbreiteten Meinung nach die Gefahr, dass die Lämmer missgestaltet auf die Welt kämen. Mit einem leeren Gefäß zwischen die Tiere zu gehen, sollte man tunlichst vermeiden, da sonst die Muttertiere wenig Milch geben werden.

Schafzucht charakterisiert vielfach das Leben in den agrarisch geprägten Teilen der Türkei.

Die Trächtigkeit bei Schafen dauert 150 Tage; am 100. Tag nach der Begattung, zu der Zeit also, in der sich das Lämmchen im Mutterleib zu bewegen beginnt, feiert man das Saya-Fest, je nach Region auch Koyun Yüzü oder Duvar Yüzü genannt. Zu diesem Fest gehört, dass der Hirte gemeinsam mit verkleideten Kindern von Haus zu Haus zieht und mit ihnen lustige Verse aufsagt (Sayacı Sözleri), wofür sie etwas Geld oder Lebensmittel bekommen. Statt der Verse werden auch manchenorts kleinere, jedem bekannte Sketche vorgespielt. Die erhaltenen Lebensmittel werden – wenn der Rundgang abgeschlossen ist – zu einem Mahl verarbeitet und im Rahmen eines Festes gemeinsam verzehrt. 50 Tage nach dem Saya-Fest findet das letzte Hirtenfest zur Geburt der Lämmer statt. Diese Feiern haben jedoch einen eher lokalen Charakter, sind von Gegend zu Gegend sehr verschieden und besitzen nicht den Stellenwert eines „Volksfestes".

Am 6. Mai wird mit dem Hıdırellez-Fest die Erneuerung der Natur im Frühling gefeiert. Diese volkstümliche Tradition findet an jenem Tag statt, an dem Hızır – ein Weiser, der die Unsterblichkeit erlangt haben soll – und Ilyas – ein Prophet, der im 9. Jahrhundert v. Chr. gelebt hat – aufeinander trafen. Dem Volksglauben nach gelten sie als die Retter in der Not. Das Wort Hıdırellez ist aus der Verschmelzung beider Namen entstanden. Da der Glaube herrscht, Hızır und Ilyas würden in der Nacht auf den 6. Mai überall anwesend sein, mit Ausnahme jener Orte, an denen es nicht ordentlich

Bei traditionellen Umzügen wird meist die Davul, die große Trommel eingesetzt, die – je nachdem, wie sie angeschlagen wird – verschiedene Klangfarben besitzt. Bei militärischen oder offiziellen Anlässen kommen stattdessen moderne Instrumente zum Einsatz.

und sauber ist, werden vorher nochmals alle Möbel, Kleider, Küchengeräte etc. gereinigt und ein Fenster offen stehen gelassen. Die Bewohner jener Häuser, die von Hızır besucht werden, können mit Gesundheit und Wohlstand rechnen.

Im Zusammenhang mit dem Hıdırellez-Fest steht der Brauch, ein Hıdırellez-Feuer zu entfachen und drüber zu springen. Dies soll den Menschen Glück bringen. In einigen Regionen gehört es in diesem Zusammenhang auch zum Brauch, Almosen zu verteilen und ein Opfertier zu schlachten, damit die Gebete und Wünsche erhört werden. Der Glaube und die Tradition, die mit diesem Fest zusammenhängen, wurden im Laufe der Zeit häufig mit anderen Frühlingsfesten, wie dem Nevruz, vermischt. Der Frühlingsbeginn und das damit verbundene Wiedererwachen der Natur war freilich zu allen Zeiten Grund für Feierlichkeiten, und so entwickelte sich das Hıdırellez-Fest zu einem Fest mit gewissermaßen universeller Bedeutung, in dem unterschiedliche Wurzeln vereint sind.

Viele Bräuche zielen auch darauf ab, Gesundheit und Glück zu begünstigen, und sind naturgemäß mit abergläubischen Handlungen oder Vorstellungen verbunden. So findet man zahlreiche „Zeremonien" in verschiedenen Gegenden, die dazu dienen sollen, die Zukunft positiv zu beeinflussen. Auch diese Bräuche hängen mit dem Frühlingserwachen zusammen, da im Volksglauben der Frühling die Zeit ist, in der sich das Schicksal der Menschen entscheidet. In İstanbul und Umgebung heißt dieser Akt Baht Açma, um Denizli spricht man von Bahtiyar, bei den Turkmenen und den Yürüken wird sie Mantıfar genannt. Auch in Edirne, in Erzurum und Balıkesir kennt man diese Tradition und nennt sie Niyet Çıkarma, Mani Çekme bzw. Dağara Yüzük Atma. Zu diesem Brauch treffen sich junge Mädchen am Abend vor Hıdrellez im Grünen oder am Wasser und legen in einen mit Wasser gefüllten Topf einen persönlichen Gegenstand, z. B. Schmuck. Der Topf wird mit einem Tuch verschlossen und das Ganze dann unter einen Rosenbaum gestellt. Am nächsten Morgen kehren sie an den Ort zurück und beten für ihr Glück. Während die Mädchen ihre Gegenstände wieder aus dem Topf holen, werden Vierzeiler (Mani) vorgelesen, die Einfluss auf die persönliche Zukunft haben. Auch unverheirateten jungen Frauen soll auf diese Weise zur Ehe verholfen werden.

Aus dem Brauchtum und der Tradition haben sich in größeren Orten und Städten Volksfeste oder auch Festspiele entwickelt, deren Charakter sich in den letzten Jahren stark verändert hat. Sicherlich dienen sie auch heute noch dazu, das Gemeinschaftsgefühl der Bevölkerung zu festigen, doch spielt auch mehr und mehr die Darstellung nach außen hin eine wichtige Rolle. So sollen etwa landwirtschaftliche Produkte der Region bekannt gemacht werden, wie dies bei den Festen der Fall ist, bei denen ein bestimmtes Produkt das Motto der Feier vorgibt, wie etwa dem Aprikosenfest oder dem Kirschenfest. Doch nicht nur landwirtschaftliche Produkte stehen im Mittelpunkt, auch das lokale Handwerk kann den Grund für ein Volksfest liefern. So findet beispielsweise in Eşme jedes Jahr am 13. und 14. Mai das Kilim-Festival statt, bei dem der Ort für seine Teppiche Werbung macht. Hierzu werden häufig eigens aus dem Ausland Tänzer und Musiker engagiert. Wie dieses Fest, das erstmals 1994 veranstaltet wurde, haben auch zahlreiche andere Volksfeste eine noch relativ junge Tradition.

Doch es gibt auch Festspiele mit junger Tradition, deren vorrangiges Ziel es ist, die kulturellen Leistungen und das regionale Kulturgut bekannt zu machen. In Hacıbektaş in der Provinz Nevşehir findet z. B. seit 1964 alljährlich zu Ehren des Mystikers Hacı Bektaş Veli ein internationales Festival (Hacı Bektaş Veli Şenlikleri) statt. In diesem Rahmen werden Konzerte, Semah-Vorführungen

Im Sommer ist Edirne Treffpunkt
der besten Ölringkämpfer der
Türkei. Bei den Kämpfen, bei denen die Männer von Kopf bis Fuß
mit Öl eingerieben sind, geht es
um viel Geld und Ruhm.

Andere Festivals sind das Abdal Musa-Festival und das Kadırga-Festival, das auf einer Yayla – einer
Sommerweide – 25 Kilometer entfernt vom kleinen Ort Tonsya in der Provinz Trabzon stattfindet.
In Selçuk wiederum kann man in der dritten Januarwoche die einzigartigen Kamelkämpfe verfolgen.
Die Ursprünge dieses archaischen Kampfes liegen im 18. Jahrhundert, als die Männer während der

Rast der Karawanen die brunftigen Kamelmännchen zur Unterhaltung gegeneinander kämpfen ließen. In Selçuk handelt es sich um unblutige Ringkämpfe, die mit geschmückten und gepflegten Kamelen im Rahmen eines großen Volksfestes stattfinden und Besucher aus nah und fern anlocken.

Zu einem landesweit beachteten und vom Fernsehen übertragenen Spektakel kommt es jedes Jahr im Sommer in Edirne, wenn sich die besten Ölringkämpfer der Türkei messen. Die vier Tage andauernden Wettkämpfe finden auf dem ehemaligen Palastgelände von Sarayiçi statt, wo das Stadion stets bis auf den letzten Platz gefüllt ist. Bei diesem Kampf gibt es unterschiedliche Leistungsklassen, angefangen bei Kindern und Jugendlichen bis hin zu den Erfahrenen, deren Antreten der Höhepunkt der Veranstaltung ist. Wer den Titel Başpehlivan, Meisterringer, erringt, hat künftig ausgesorgt und verdient gutes Geld bei Schaukämpfen in der ganzen Türkei. Den Auftakt der Veranstaltung bilden das feierliche Aufwärmen der Kämpfer unter Trommelklängen und der Einmarsch in getragenem Zeitlupentempo mit großen Schritten und weit schwenkenden Armen, bevor die von oben bis unten mit Öl eingeschmierten Kontrahenten paarweise aufeinander losgehen. Erlaubt ist außer Kratzen, Beißen und Spucken sowie Beleidigen so ziemlich alles.

Nicht nur die in jüngerer Zeit ins Leben gerufenen Feste und Festivals sind von eher kommerziellem Charakter, auch zahlreiche der traditionellen Feste haben ihren ursprünglichen Sinn und ihre eigentliche Bedeutung verloren und sich inzwischen zu einem wichtigen Bestandteil des Kulturtourismus entwickelt.

DIE MUSIK

Im Osmanischen Reich hatte die Musik einen ebenso hohen Stellenwert wie in vermutlich nahezu allen Gesellschaften. Die Aufgaben der Musik sind vielschichtig und reichen vom einfachen Zeitvertreib über die Festigung sozialer Bindungen bis hin zur Repräsentation und Selbstdarstellung. Dazwischen gibt es natürlich unzählige weitere Aufgaben und Funktionen, die die Musik erfüllt. Für jeden „Zweck" haben sich entsprechende Stile mit unterschiedlichen Ausprägungen entwickelt, so auch während der Zeit des Osmanischen Reichs. Der Sultanshof war zu allen Zeiten ein Ort, an dem das Musizieren regelmäßig gepflegt wurde – und das nicht nur von professionellen Musikern. Sultan Selim III. (1789–1807) soll die Ney (Rohrflöte) sehr gut beherrscht haben. Er schuf sogar eigene Kompositionen. Zudem beherbergte der Sultanspalast vom 13. bis zum Ende des 19. Jahrhunderts auch eine Musikschule, in der Komponisten und Musiker ausgebildet wurden.

In der klassisch-osmanischen Musik bediente man sich einer siebenstufigen Tonleiter mit Halb- und Ganztonschritten sowie unterschiedlichen Tonarten. In ihr finden sich Elemente aus dem Arabischen, Persischen, Jüdischen und Byzantinischem, die sich zusammen zu einer eigenständigen Kunstmusik entwickelten. Die führende Melodie bewegt sich meist sehr schnell mit komplexen Mustern innerhalb eines Oktavbereichs. Die Tonleiter unterscheidet sich von europäischen Systemen dadurch, dass sie innerhalb der Oktave mehr Intervalle kennt und die Abstände dazwischen ungleichmäßig sind. Seit dem frühen 19. Jahrhundert hat sich die höfische Musik westlichen Einflüssen geöffnet. Der Klang konnte sehr vielgestaltig sein, schließlich gab es verschiedene Zupf- und Streichinstrumente, Blasinstrumente und diverse Rhythmusinstrumente.

Ein traditionelles Instrument der türkischen Musik ist die Nay, eine Langflöte aus einem Bambus- oder Schilfrohr.

Die religiöse Musik war zunächst eine reine Vokalmusik, in der Gebete und Koranverse rezitiert wurden, sowie der gesungene Gebetsaufruf des Muezzins. Instrumente kamen anfangs nicht zum Einsatz, da sie der Vorstellung nach von Gott ablenkten. Eine andere Form der Sakralmusik entstand in den Klöstern der Derwische, die mit ihren meditativen Klängen die mystische Vereinigung mit Gott unterstützen sollte. Einen nicht zu überhörenden Einfluss auf die abendländische Musik hatte hingegen die Janitscharenmusik, die Militärmusik, die die Janitscharen zur Begleitung des Heeres bei Kriegszügen spielten. Mit ihren vorantreibenden Marschrhythmen sollten die Soldaten ermutigt und in Kampfesstimmung versetzt werden. Da diese Musik auch während des Kampfes ertönte und dem

Das populärste Saiteninstrument der Türkei ist die Saz, die Langhalslaute. Sie ist der Inbegriff der türkischen Volksmusik.

Feind nicht nur Angst einflöste, sondern auch in gewisser Weise vertraut wurde, konnten einzelne Elemente in der europäischen Musik Einzug halten. Die jahrhundertealte Tradition dieser Militärka- pellen wurde 1826 mit der Auflösung des Janitscharenkorps beendet. Bis ins 17. Jahrhundert galt sie in Europa als verpönt, doch im 18. Jahrhundert wurde ihr Einfluss auf europäische Kompositionen und Instrumentation deutlich größer. Die europäische Militärmusik, die einst vor allem von Blas- instrumenten gespielt wurde, konnte nun mit diversen Rhythmusinstrumenten und Blechbläsern ver- stärkt werden. Und auch außerhalb des Militärs fand die türkische Musik mehr und mehr Gefallen: So wurde auch die Kunstmusik mit Instrumenten oder musikalischen Elementen, die als typisch türkisch betrachtet wurden oder für das europäische Ohr zumindest danach klangen, bereichert. Ob Haydn, Beethoven oder Mozart, alle komponierten „alla turca".

Bis heute wird die Tradition der türkischen Volksmusik gepflegt. Sie teilt sich auf in einerseits eher ge- tragene Lieder von Liebe und Melancholie, wie sie in den Dörfer gesungen werden, andererseits in fröhliche und rhythmischer Lieder, die bei Feierlichkeiten wie Hochzeiten oder anderen freudigen Anlässen ertönen. Dazu kommen – insbesondere als Begleitung bei Volkstänzen – die Saz, Oboen, verschiedene Flöten und die große Trommel zum Einsatz.

Die noch heute gepflegte Musik lässt sich in verschiedene Stilrichtungen einteilen. Die als Volksmusik beschreibbare Halk Müziği geht auf die Tradition türkisch-alevitischer Liedermacher und Volkskom- ponisten zurück, die ab Mitte des 13. Jahrhunderts in Erscheinung traten. Das Repertoire wurde über Jahrhunderte hinweg tradiert und wird heute durch neue Lieder von sog. Aşık erweitert. Das zentrale Instrument, das bei der Halk Müziği zum Einsatz kommt, ist die Saz. Heute zählen zu den bekanntes- ten Interpreten dieser Musikrichtung Aşık Veysel, Arif Sağ, Yavuz Bingöl und Songül Karlı.

Vor allem in den 1950er und 1960er Jahren war die Sanat Müziği äußerst populär. Diese Art kunst- voller Chansons hat aber inzwischen an Bedeutung verloren. Eine der ersten, im weitesten Sinne als Popmusik zu bezeichnende Stilrichtung ist die Arabesk. Sie ist durch eingängige Melodien und Rhythmen und einfache Texte charakterisiert, so dass sie von jedermann leicht mitgesungen werden kann. Seit den 1970er Jahren erfreut sie sich großer Beliebtheit und wird erst allmählich und längst nicht vollständig vom aktuellen Türk Pop verdrängt. Der bekannteste Arabeksänger ist zugleich ei- ner der erfolgreichsten Sänger des Landes: der als İbo bekannte İbrahim Tatlıses.

Seit Mitte der 1980er Jahre erlebt der Türk Pop einen Höhenflug sondergleichen. Diese Richtung lässt sich nicht wirklich festlegen: Im Wesentlichen ist es jedoch eine Verschmelzung von internationaler westlicher Popmusik bzw. Rhythmen mit Elementen der traditionellen türkischen Musik und türki- scher Sprache. Einige Interpreten können mit ihren Veröffentlichungen auch internationale Erfolge feiern, wie etwa der Sänger Tarkan.

Nicht unbedingt der populären Musik zuzuordnen, aber dennoch nicht außer Acht zu lassen, ist die Form des Protestliedes, das meist von alevitischen oder kurdischen Musikern vorgetragen wird. Der Stil ist nicht festgelegt und kann sowohl eher moderne als auch folkloristische Züge tragen. Daneben entwickeln sich natürlich, wie überall, ständig neue Musikrichtungen, die sich am internationalen Musikmarkt orientieren; Musikstile werden übernommen, abgewandelt oder vermischt. So gibt es türkische Rockmusik ebenso wie türkischen Rap oder Hip-Hop.

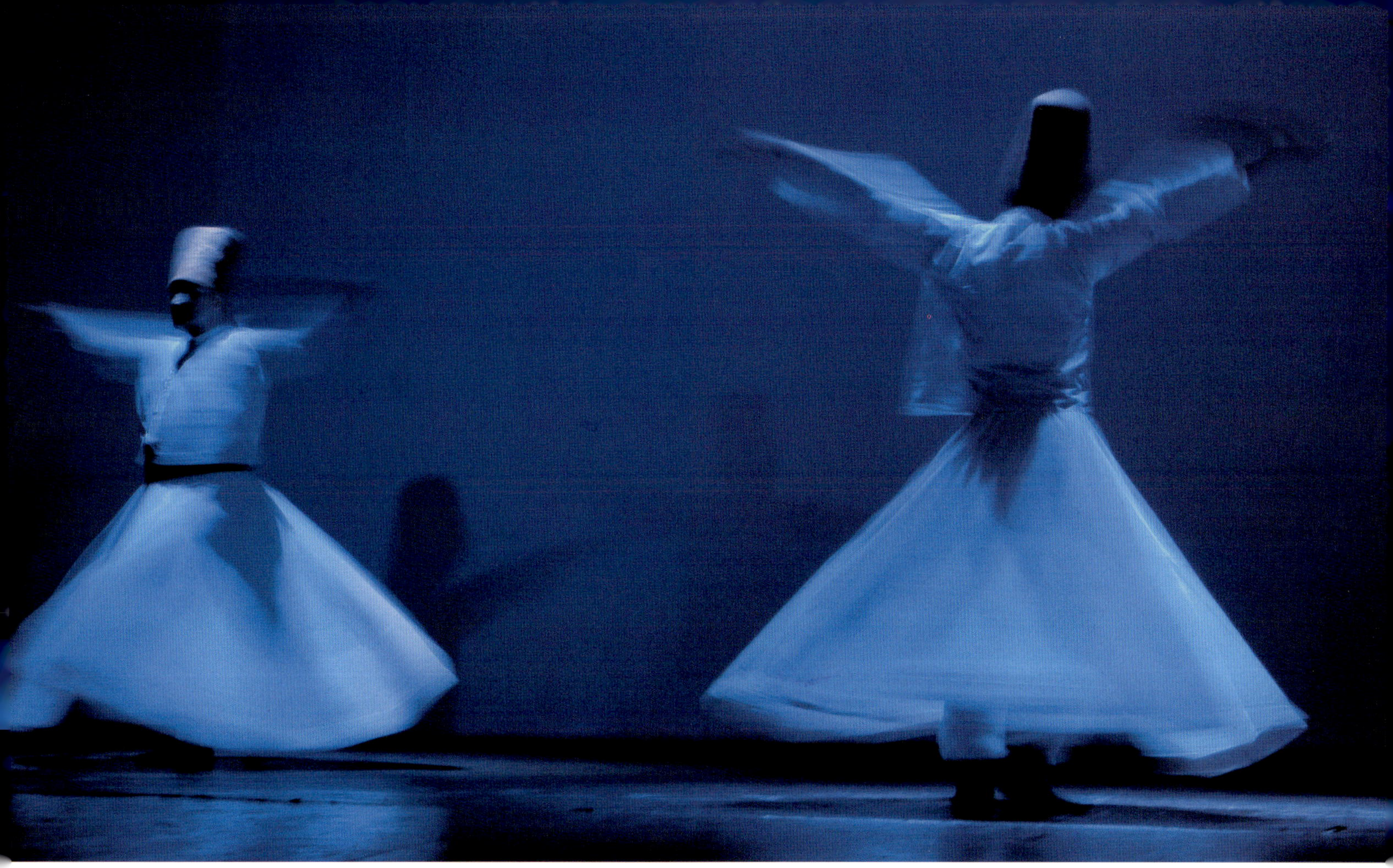

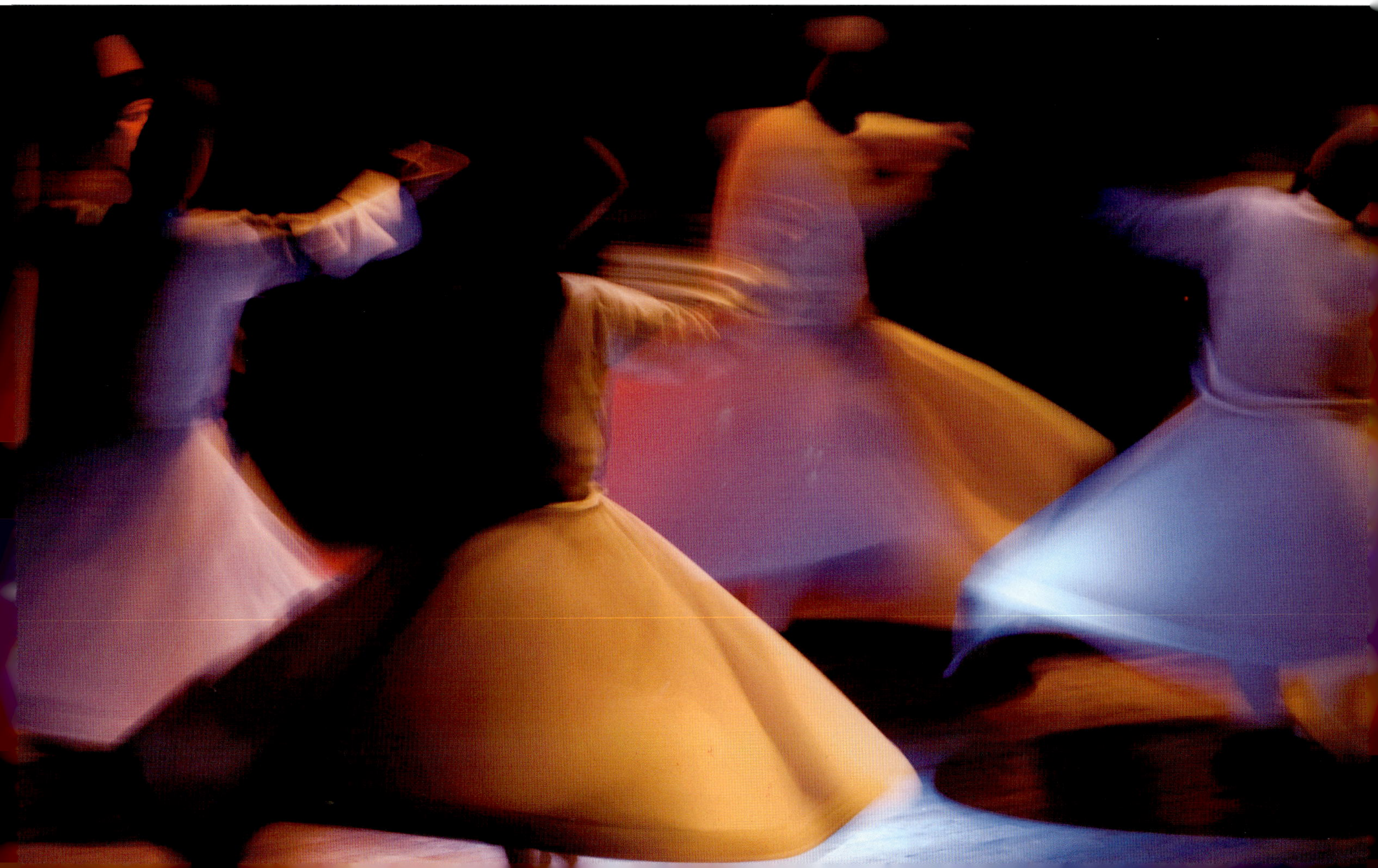

MARMARAREGION UND THRAKIEN

GEOGRAFIE UND GEOLOGIE

Die im Nordwesten der Türkei gelegene Region Marmara verdankt ihren Namen dem Marmara-Binnenmeer. Dieses stellt zusammen mit dem Bosporus und den Dardanellen eine Verbindung zwischen der Ägäis im Süden und dem Schwarzen Meer im Norden her. Die Marmararegion umfasst in etwa eine Fläche von 67 000 Quadratkilometern, die sich über den europäischen wie auch asiatischen Teil der Türkei erstrecken. Auch die Inseln Bozcaada (gr. Tenedos) und Gökçeada (gr. Imbros) schließt sie mit ein. Größte Stadt der Region ist İstanbul; verwaltungstechnisch unterteilt ist sie in die Provinzen Balıkesir, Bilecik, Bursa, Çanakkale, Edirne, İstanbul, Kırklareli, Kocaeli, Sakarya, Tekirdağ und Yalova.

Wahrzeichen der Insel Bozcaada ist die Festung Eski Kale, die heute ein Museum beherbergt.

Auch wenn die Steppentafel Thrakiens und die Ballungen von Höhen und tiefen Senken im Süden der Marmararegion durchaus ein eigenes Gepräge aufweisen: Die beiden Landschaften bilden vor allem durch ihre unmittelbare Nachbarschaftslage und vielfältige geophysikalische Beziehungen eine geografische Einheit. Mit einer Höhe von 2543 Metern über dem Meeresspiegel stellt der Uludağ bei Bursa die höchste Erhebung der Region dar, die tiefsten Punkte bilden hingegen die weiten Beckenebenen des Kuş Gölü, des Ulubat Gölü, des Sapanca Gölü sowie des İznik Gölü. Die Küste der Marmararegion ist durch zahlreiche Einschnitte charakterisiert, wovon die Buchten von Saros, Erdek, Bandırma, Gemlik und İzmit die landschaftlich bedeutendsten sind.

Verteilt über die Marmararegion liegen zahlreiche Seen. Einer der landschaftlich reizvollsten ist der Ulubat Gölü.

Trotz aller naturräumlichen Gemeinsamkeiten zeichnen sich innerhalb der Marmararegion vier Landschaftstypen ab. Das erste dieser Gebiete reicht von der Flussebene des Sakarya im Osten über die Halbinsel von Kocaeli bis in die Region um Çatalca westlich von İstanbul. Es bildet ein zwischen 150 und 200 Meter hohes Plateau, dessen klimatische Verhältnisse noch maßgeblich von der benachbarten Schwarzmeerregion bestimmt sind, weshalb im Landesinneren dicht bewaldete Landstriche vorherrschen. Die Marmaraküste wird dagegen hier im Wesentlichen von dichter Macchia dominiert und erweckt so den Eindruck eines mediterranen Klimas – obwohl die sommerlichen Durchschnittstemperaturen vergleichsweise niedrig sind.

Zu den bevorzugten landwirtschaftlichen Erzeugnissen dieses Teils der Marmararegion zählen hauptsächlich Getreide und Oliven, aber auch Kartoffeln, Rote Beete, Mais, Sonnenblumen und verschiedenerlei Sorten Obst und Gemüse. Wein wird hingegen eher vereinzelt angebaut. Mit geschätzten 12 bis 15 Millionen Einwohnern – die offiziellen Zahlen von 7,5 Millionen liegen deutlich unter dem tatsächlichen Wert – ist İstanbul nicht nur die größte Stadt der nördlichen Marmararegion, sondern auch deren kulturelles und wirtschaftliches Zentrum; İzmit und Adapazarı sind weitere bedeutende Industriestandorte im Nordosten.

Einen zweiten geografischen Schwerpunkt bilden die im Nordwesten der Marmararegion gelegenen, parallel zur südwestlichen Küste des Schwarzen Meeres verlaufenden Yıldız Dağları. Diese setzen im Wesentlichen die südliche Wölbungszone des Balkangebirges fort und ragen mit Höhen von bis zu 1031 Meter in die Waldregionen hinein. Auch hier herrschen Witterungsbedingungen ähnlich denen der Region Karadeniz vor. Im südlichen Vorland der Yıldız Dağları erstreckt sich die weite, deutlich tiefer gelegene

Thrakische Steppentafel, die heute vor allem zum Anbau von Getreide und Mais genutzt wird. Hoch entwickelt ist hier ebenfalls die Viehzucht mit nachgestellten Großbetrieben zur Herstellung von Molkereiprodukten wie Käse und Joghurt. Daneben spielt die traditionelle Köhlerei noch immer eine wichtige Rolle, während andere Industriezweige in diesem Landesteil bislang nur wenig entwickelt sind. Besiedlungsschwerpunkte sind Kırklareli, Vize und Saray.

Das Ergenebecken, der dritte Landschaftstyp der Marmararegion, erstreckt sich als weite Senke zwischen den Yıldız Dağları im Norden und Korudağ sowie Tekirdağ im Süden. Er ist der kälteste Teil der Marmara; auch weist er die geringsten jährlichen Niederschlagsmengen auf und verfügt von Natur aus lediglich über einen waldfreien, steppenartigen Bewuchs. Durch ausgedehnte Zuckerrüben- und Sonnenblumenkulturen konnte die Agrarwirtschaft hier nachhaltig verbessert werden.

2543 Meter hoch ragt der Uludağ über den Meeresspiegel. Damit stellt er die höchste Erhebung innerhalb der Marmararegion dar. Im Winter wird er als Skigebiet genutzt.

Daneben werden heute vor allem Getreide, Mais und Reis angebaut. Die Herstellung von Glas- und Webereiprodukten kam erst in jüngerer Zeit als Erwerbszweig hinzu, ebenso wie die Nutzung der beiden einzigen in diesem Teil des Landes verfügbaren Bodenschätze Erdgas und Braunkohle.

Die schnellste Verbindung zwischen Europa und Kleinasien über die Meerenge der Dardanellen bieten die großen Autofähren zwischen Eceabat und Çanakkale. Zwischen den Häusern von Eceabat befindet sich ein bislang kaum untersuchter prähistorischer Siedlungshügel, der Kilise Tepe.

Das von Europa in Richtung Türkei führende Schienen- und Autobahnnetz trifft in Edirne zusammen, was die industrielle Entwicklung der traditionsreichen Stadt vor allem in den letzten Jahrzehnten maßgeblich gefördert hat.

Im Süden schließen an das Ergenebecken die Geliboluhalbinsel, die Inseln Gökçeada und Bozcaada sowie die Landschaft zwischen Çanakkale im Westen und Bilecik im Osten an und bilden gemeinsam den vierten geografischen Teilabschnitt der Marmararegion. Topografisch wird dieser von mittleren Höhenrücken beherrscht, die wiederum durch verschiedene fruchtbare Becken und Senken gegliedert werden. Obwohl in den Küstengebieten Mittelmeerklima herrscht, sind extrem harte Winter im Hinterland nicht selten.

Im küstennahen Bereich finden sich ausgedehnte Olivenhaine, während weiter im Landesinneren, wie etwa in den klimatisch günstigen Bekkenzonen von Bursa, Karacabey und Yenişehir, neben der Kleintierzucht der Anbau von Gemüse und Obst, Tabak, Mais, Baumwolle und Getreide vorherrscht. Eine Besonderheit dieses Landesteils sind die ausgedehnten Maulbeerbaumhaine, die für die Aufzucht und Haltung von Seidenraupen von entscheidender Bedeutung sind.

KLIMA

In der Marmararegion treffen steppenartige und typisch mediterrane Klimaeinflüsse aufeinander. Die Küste des Marmarameers ist dabei in gleichem Maße winterlichen Kaltluftvorstößen vom Balkan her ausgesetzt wie die Schwarzmeerküste zu beiden Seiten des Bosporus. Bei sommerlichen Nordwinden weisen die nach Süden exponierten Leeseiten der überwiegend von Osten nach Westen verlaufenden Bergzonen eher Trockenheit auf, während im Bereich der nordwärts gewandten Abhänge auch sommerliche Niederschläge fallen.

Die im Nordwesten der Region gelegene Thrakische Tafel verfügt insgesamt über einen kontinentalen Temperaturgang bei Jahresnieder-

Die klimatischen Bedingungen im Landesinneren der Marmararegion ermöglichen auch den Anbau von Baumwolle.

RECHTE SEITE:
Die Region rund um İstanbul wird jährlich mit durchschnittlich 2480 Sonnenstunden beschenkt.

Die Marmara Adası hat sich nicht nur durch ihre Lage und natürliche Schönheit einen Namen gemacht. Von dort stammt der hochwertige Marmor, aus dem unter anderem der Pergamonaltar hergestellt wurde (Foto unten).

schlägen zwischen 40 und 80 Zentimetern, vornehmlich im Winterhalbjahr. Etwas weiter im Westen, im Großraum İstanbul, bleiben die sommerlichen Tageslufttemperaturen meist unterhalb der 30 °C-Marke, auch sind die täglichen Schwankungen ganzjährig deutlich geringer als beispielsweise im südlich gelegenen İzmir. Die Wassertemperaturen sind hier ebenfalls weitaus niedriger: Von Januar bis März erreichen sie 8 °C, zwischen April und August steigen sie allmählich von 11 auf 23 °C, während sie bereits im Zeitraum September und Oktober wieder auf etwa 19 °C fallen.

Rund 2480 Stunden im Jahr scheint in İstanbul und Umgebung die Sonne, davon 70 Stunden im Dezember, 80 im Januar, mindestens 364 im Juli und 350 Stunden im August. Mit ihren verhältnismäßig feuchten Wintern sowie relativ heißen und trockenen Sommern ist die klimatische Situation im Süden

der Marmara Bölgesi, zwischen Çanakkale und Bilecik, hingegen eher als mediterran einzustufen. Die durchschnittlichen Tagestemperaturen sind weder im Sommer noch im Winter besonders extrem, auch schwanken die Temperaturen zwischen wärmstem und kältestem Monat insgesamt nur geringfügig. Je nach Lage oder Bodenrelief kommt es allerdings auf engstem geografischem Raum oder innerhalb eines Tages zu starken Temperaturschwankungen. Beträchtliche Wärmewechsel resultieren dabei in aller Regel aus einer starken nächtlichen Ausstrahlung bei klarem Himmel beziehungsweise dem Einsetzen eines See-Land- oder Berg-Tal-Windes. Dominant sind insbesondere die sommerlichen, zuweilen recht stürmischen Etesienwinde wie auch die ebenfalls aus Norden wehenden winterlichen Boreaswinde, die bis weit in die Meerenge der Dardanellen und die Ägäis hinein wirksam bleiben.

Besonders groß sind die wetterbedingten Unterschiede in den jeweiligen Übergangszeiten. Bei insgesamt mediterranem Niederschlagsgang sind starkböige, regenbringende Winde aus nordöstlicher Richtung im Sommer nicht selten. Die Niederschläge fallen dabei hauptsächlich bei Wärmegewittern oder in Form von Starkregen mit Niederschlagsmengen von 50 bis 80 Millimetern pro Tag. Den größten Teil der jährlichen Niederschlagsmassen bringen allerdings die im Winterhalbjahr über das Mittelmeergebiet ziehenden Kaltfronten und Zyklonen sowie die recht häufigen Winterregen. Langanhaltende Regenperioden kommen jedoch selbst während dieser Zeit nur selten vor.

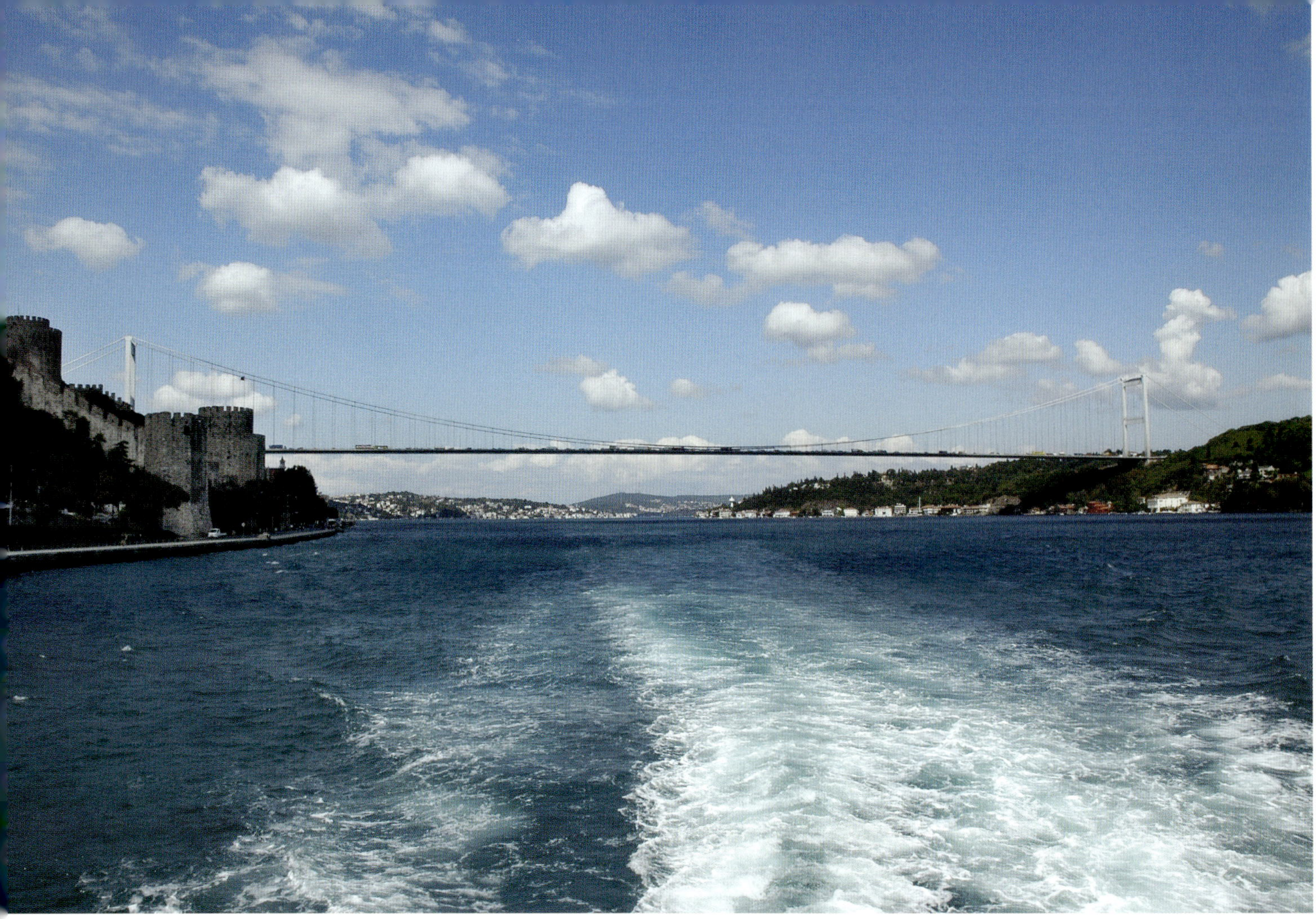

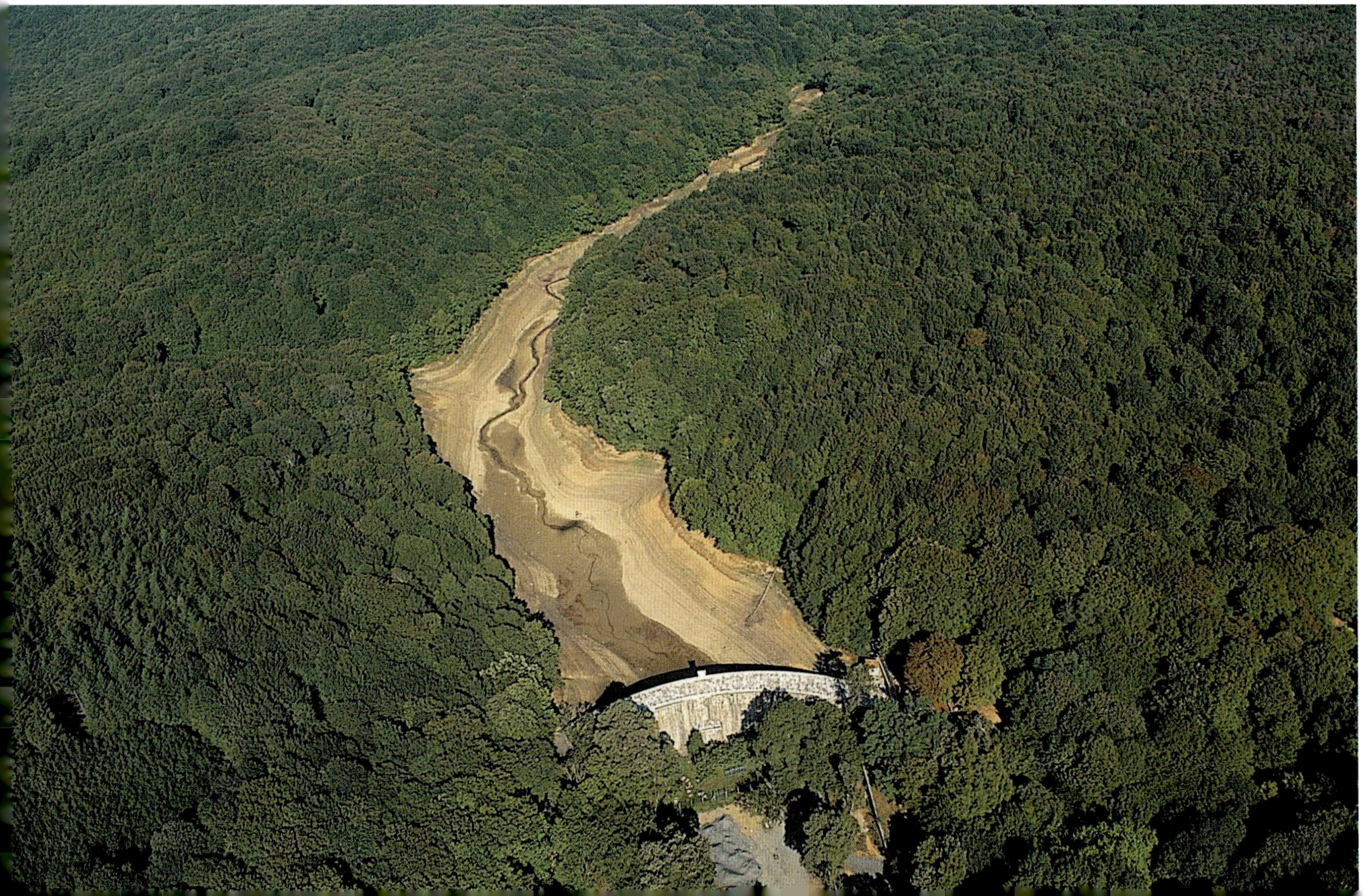

Insgesamt sind die Regentage zwar vergleichsweise kurz, dafür jedoch relativ ergiebig. Die Niederschlagsmaxima liegen in den Monaten November bis Januar; die Sommermonate Juni, Juli und August und bisweilen auch Mai und September sind hingegen weitgehend regenfrei. Als Folge oft plötzlich einsetzender Kaltlufteinbrüche aus dem Norden ist zwischen November und April grundsätzlich mit Frost und mäßigen Schneefällen zu rechnen, aber nur ganz selten bleibt der Schnee über einen längeren Zeitraum liegen und bildet eine geschlossene Decke.

FLORA UND FAUNA

Der Weg von der bulgarischen Grenze bis nach İstanbul oder an die Ägäische Küste ist von weiten, endlosen Sonnenblumenfeldern gesäumt. Sie werden zur Herstellung von Speiseöl kultiviert. Zwischen İstanbul und Schwarzem Meer liegt der Belgrader Wald mit seinem üppigen Bestand an Steineichen, Buchen, Platanen, verschiedenen Kiefernarten, Ulmen und Pappeln. Der südliche Rand Thrakiens ist mit Nadelwaldresten bewachsen, und an der dem Marmarameer zugewandten Seite bedecken mediterrane Macchien das Gelände.

Durch die gegenläufigen Strömungen, die im Bosporus aufgrund des unterschiedlichen Salzgehalts von Mittelmeer und Schwarzem Meer herrschen, entstehen Zonen mit ungleicher Salzkonzentration und unterschiedlicher Konzentration nährender Schwemmstoffe. Dies begünstigt in hohem Maße den bekannten Fischreichtum, sowohl hinsichtlich der Artenvielfalt als auch der Quantität insgesamt.

Tagtäglich finden sich viele Angler an den Ufern des Bosporus ein, denn dank unterschiedlicher Nährstoffkonzentration fällt der Fischbestand hier besonders üppig aus.

BEVÖLKERUNG

Laut den Volkszählungsergebnissen des Jahres 2000 beläuft sich die Bevölkerungszahl der Marmara-region auf knapp 17,4 Millionen Menschen. Mit 259 Personen pro Quadratkilometer liegt die Ein-wohnerdichte der Region weit über dem landesweiten Durchschnitt von 88,25. Das Gebiet verzeich-net mit einem jährlichen Bevölkerungsanstieg von 2,7 Prozent mit Abstand den höchsten Zuwachs der gesamten Türkei, was im Wesentlichen daran liegt, dass İstanbul – als die Metropole des Landes schlechthin – Arbeitsuchende aus allen Winkeln des Staates anzieht. Zudem ist südlich und östlich des Marmarameers die Landnutzung vergleichsweise fortgeschritten und die Gegend, insbesondere um İzmit und Bursa, stark industrialisiert. Rund 13,7 Millionen Menschen, das sind etwa 79 Prozent der Bevölkerung, leben in den städtischen Zentren und nur knapp 21 Prozent im ländlichen Raum.

Im asiatischen Teil des Marmaragebiets erstreckten sich in antiker Zeit die Landschaften Bithynien, Mysien und Phrygien. Noch bis 1923 bildeten Griechen eine bedeutende Bevölkerungsgruppe sowohl im europäischen wie auch im asiatischen Bereich des Landesteils; heute wird dort fast nur noch Tür-

kisch gesprochen. In der im Nordosten der Region gelegenen Provinz Sakarya finden sich heute abchasische, georgische und lasische Dörfer, wobei letztere auch in Kocaeli zu finden sind. Thrakien, die östliche Hälfte der gleichnamigen historischen Provinz, war seit dem Altertum vor allem griechisch geprägt, nachdem die Thraker während des Hellenismus ihre eigene Sprache zugunsten des Griechischen aufgegeben hatten. Im Laufe des 14. Jahrhunderts geriet die Landschaft dann zunehmend unter türkischen Einfluss, und die einsetzende Islamisierung führte allmählich zur Übernahme des Türkischen als Hauptsprache. Neben zahlreichen Pomaken, also bulgarischsprechenden Muslimen, verfügte Thrakien traditionell über einen hohen griechischen Bevölkerungsanteil und gehörte von 1920 bis 1922, während des Türkisch-Griechischen Krieges, auch zu Griechenland. Die Griechen, die im Laufe der Zeit zum Islam übergetreten waren, waren vom „Bevölkerungsaustausch" im Jahre 1923 nicht betroffen. Darüber hinaus erhöhte sich der Anteil griechischsprachiger Muslime durch eine entsprechende Zuwanderung aus Makedonien und dem westlichen Thrakien. (Bereits während der Balkankriege 1912 und 1913 waren zahlreiche Muslime, vor allem Albaner, weitere Pomaken und Bosnier, in den türkischen Teil Thrakiens geflohen.)

In İstanbul machen Griechen heute im Vergleich zu der Zeit des Osmanischen Reichs nur eine kleine Minderheit aus. Zwar war die Stadt zumindest teilweise vom „Bevölkerungsaustausch" mit dem Nachbarland ausgenommen, dennoch musste bereits damals etwa die

Hälfte der griechischen Bevölkerung das ehemalige Konstantinopel in Richtung Griechenland verlassen. Wiederholte politische Spannungen zwischen der Türkei und Griechenland führten in mehreren Schüben dazu, dass heute nur noch wenige Tausend Griechen in İstanbul leben. Auch die früher recht zahlreichen Armenier, die wie die Griechen über einen Patriarchen in İstanbul verfügen, sind derzeit nur noch in einer äußerst kleinen Minderheit vertreten. Gleiches gilt für die sephardischen Juden, deren Dialekt, das Judezmo, kaum mehr verbreitet ist. Als ein Resultat relativ rezenter Zuwanderungsprozesse trifft man heute im Stadtgebiet von İstanbul nicht selten auf Araber, Kurden, Uiguren und Kasachen. Darüber hinaus ist İstanbul seit einigen Jahrzehnten das Zentrum innertürkischer Migration.

Auch wenn den beiden Inseln Bozcaada und Gökçeada im Friedensvertrag von Lausanne Autonomie zugesichert worden war, wurde diese niemals eingelöst. Bis 1923 wurde auf beiden Inseln ausschließlich Griechisch gesprochen, danach wurden sie der Provinz Çanakkale zugewiesen, woraufhin ein Großteil der griechischen Bevölkerung abwanderte. Zudem wurden Türken vom Festland systematisch auf den Inseln angesiedelt. Heute gibt es auf Bozcaada so gut wie keine Griechen mehr, auf Gökçeada sind sie deutlich in der Minderheit.

Wer es zu gewissem Wohlstand gebracht hat, zieht aus den Großstädten fort in die nähere Umgebung, wo in den letzten Jahrzehnten vermehrt gänzlich neue Siedlungen entstehen.

WIRTSCHAFT

Die Marmararegion kann heute mit einigem Recht als wirtschaftliches Zentrum der Türkei bezeichnet werden, wofür in erster Linie die im Nordosten gelegenen Industriestandorte İstanbul, İzmit und Bursa verantwortlich sind. Rund 40 Prozent des Bruttoinlandproduktes werden allein hier erwirtschaftet. Einen wesentlichen verkehrsgeografischen Vorteil gegenüber den anderen Landesteilen bilden dabei sowohl die kurzen Landverbindungen zwischen Europa und Asien als auch die günstige Lage zwischen dem Schwarzem Meer und dem Mittelmeer. Neben großen Mengen an Nahrungsmitteln werden innerhalb des Gebiets vor allem Textilien, Papier, Zement und Elektroartikel produziert. Auch die Automobilindustrie und andere Metall verarbeitende Großbetriebe sind hier schwerpunktmäßig ansässig. Infolge der recht günstigen klimatischen und bodenkundlichen Verhältnisse ist die Region aber auch als Agrarlandschaft äußerst attraktiv. Nicht weniger als 74 Prozent der jährlichen Sonnenblumenölproduktion werden in diesem Raum erwirtschaftet. Auch rund 25 Prozent der türkischen Gesamtjahresernte an Oliven werden hier eingebracht. Ergänzend dazu werden neben Mais, Tomaten und Tabak vor allem Kartoffeln angebaut. Gleichermaßen von regionaler und überregionaler Bedeutung ist die Viehzucht mit ihren verschiedenen Nebenprodukten, wie etwa Milch, Käse, Butter oder Joghurt.

Als „Schlüssel des Meeres" liegt die osmanische Sperrfestung Kilitbahir an der engsten Stelle der Dardanellen. Ihre eigentümliche Form kommt besonders aus der Luft betrachtet zur Geltung.

İstanbul – hier haben nicht nur weltweit agierende Versicherungs- und Bankkonzerne ihren Sitz. Auch der Tourismus spielt als Wirtschaftsfaktor eine zunehmend wichtige Rolle.

Erst in den letzten Jahren konnte sich auch im Nordosten der Türkei verstärkt der Tourismus als fester Wirtschaftsfaktor etablieren: Dabei profitiert die Landschaft vor allem von ihren vielfältigen naturräumlichen Vorzügen sowie den zahlreichen archäologischen und historischen Stätten, darunter Assos oder Troia. Traditionelle Hauptreiseziele sind dabei allerdings in erster Linie Orte wie die Millionenstadt İstanbul oder die beiden ehemaligen Hauptstädte des Osmanischen Reichs, Bursa und Edirne.

Durch die fortschreitende touristische Erschließung werden nun aber auch Orte wie Balıkesir, Çanakkale oder Kırklareli für einen größeren Personenkreis interessant. Auch die Thermal- und Heilbäder, wie etwa diejenigen von Bursa und Yalova, oder die ausgedehnten Nationalparks ziehen zunehmend Touristen an – etwa das „Kuş Çenneti", ein Vogelpark zwischen Bandırma und Manyas, der „Historische Nationalpark Troia" bei Çanakkale oder der „Gelibolu Yarımadası Tarihi Mili Parkı", ein den Opfern der Gallipoli-Kampagne des Ersten Weltkriegs gewidmeter Nationalpark an der Südküste der Dardanellen.

Mann vor der Sultan Ahmet Moschee (Blaue Moschee)

Ob als Kulturreise oder Shopping-
ausflug – immer mehr Menschen
entdecken İstanbul als Reiseziel.
Der ägyptische Obelisk mit seinen
eingemeißelten Hieroglyphen
stammt aus dem 15. Jahrhundert
v. Chr. und gehört zu İstanbuls
bekanntesten Sehenswürdigkeiten.

Im Großen Bazar in İstanbul

RECHTE SEITE:

Im 5. Jahrhundert wurden – auch
im Zuge der Stadterweiterung –
gewaltige Befestigungs- und
Schutzmauern um Konstan-
tinopel errichtet.

BEDEUTENDE ORTE UND SEHENSWÜRDIGKEITEN

İSTANBUL

Die mit Abstand größte sowie wirtschaftlich und kulturell bedeutendste Stadt der Türkei ist ohne Zweifel İstan-
bul. Sie ist zudem die einzige Stadt der Welt, die sich
gleichzeitig auf zwei Kontinenten – Asien und Europa –
befindet. Der älteste Stadtteil Stambul liegt auf europäischer Seite an jener Stelle, wo einst die thrakische Stadt
Lygos lag.

Der Überlieferung nach gründete Byzas aus Megara im
7. Jahrhundert v. Chr. dort, am Zusammenfluss von
Bosporus und Goldenem Horn, die griechische Kolonie
Byzantion. Es umfasste kaum mehr als die heute dicht be-
baute Akropolis auf einem der sieben Hügel der Stadt, die
zur Landseite hin durch eine vom Goldenen Horn bis
zum Marmarameer reichende Schutzmauer gesichert wurde. Nachdem der römische Kaiser Septimius Severus die
Stadt 196 n. Chr. erobert hatte, wurde sie vergrößert und
mit einer längeren Verteidigungsmauer umgeben. Im Jahr
330 erhob Konstantin der Große Byzanz zur Hauptstadt
des Römischen Reichs und ernannte sie zum Neuen Rom
(Nova Roma); doch bald nannte man sie Konstantinopel,
die Stadt des Konstantin. Die neue Hauptstadt übertraf an
Umfang und Pracht das alte Byzanz um ein Vielfaches.

In der ersten Hälfte des 5. Jahrhunderts wurde eine neue
und wesentlich stärkere Verteidigungsmauer errichtet,
die noch weiter ins thrakische Gebiet hineinreichte und
diejenige aus konstantinischer Zeit ersetzte. Diese neue
Mauer markierte bis in unser Jahrhundert hinein die
Grenzen des Stadtbereichs.

Mehr als tausend Jahre lang war Konstantinopel die
Hauptstadt dieses so genannten Byzantinischen Reichs,
dann war es für fast fünf Jahrhunderte die Hauptstadt des
Osmanischen Reichs, jenes weiträumigen und mächtigen
Staates, der 1453 mit der Eroberung Konstantinopels die
Nachfolge von Byzanz antrat. Die Türken nannten ihre

VORHERIGE DOPPELSEITE:
Historische Straßenbahnen und
Taxis im İstanbuler Stadtverkehr,
der in Folge der rasanten
Bevölkerungsentwicklung eine
zunehmende Herausforderung
städtebaulicher Maßnahmen ist.

Atatürk-Brücke (rechts oben),
Galata-Brücke (rechts unten) und
Bosporus-Brücke (links unten)
bei Nacht

eroberte neue Hauptstadt İstanbul. Der Name ist eine Ableitung des griechischen „stin Poli" (in der Stadt), wobei „Polis" (die Stadt) stets wie ein unverwechselbarer Eigenname groß geschrieben wurde, denn in jener Zeit konnte nur diese eine großartige Stadt gemeint sein, die jedem Vergleich mit anderen trotzte.

Von 1453 bis 1923 war İstanbul die Hauptstadt des Osmanischen Reichs; erst mit Gründung der Republik Türkei wurde Ankara Sitz der Regierung. Damit war zum ersten Mal seit sechzehn Jahrhunderten die antike Stadt am Goldenen Horn nicht mehr Mittelpunkt eines Weltreichs. Von Stambul aus führen heute drei Brücken über das Goldene Horn zum Stadtteil Beyoğlu, dem ehemaligen Galata, seit Jahrhunderten Sitz ausländischer Handelsniederlassungen und Botschaften. Eminönü, das Stadtviertel um die Galatabrücke auf der Stambulseite, war schon in frühester Zeit ein Marktviertel.

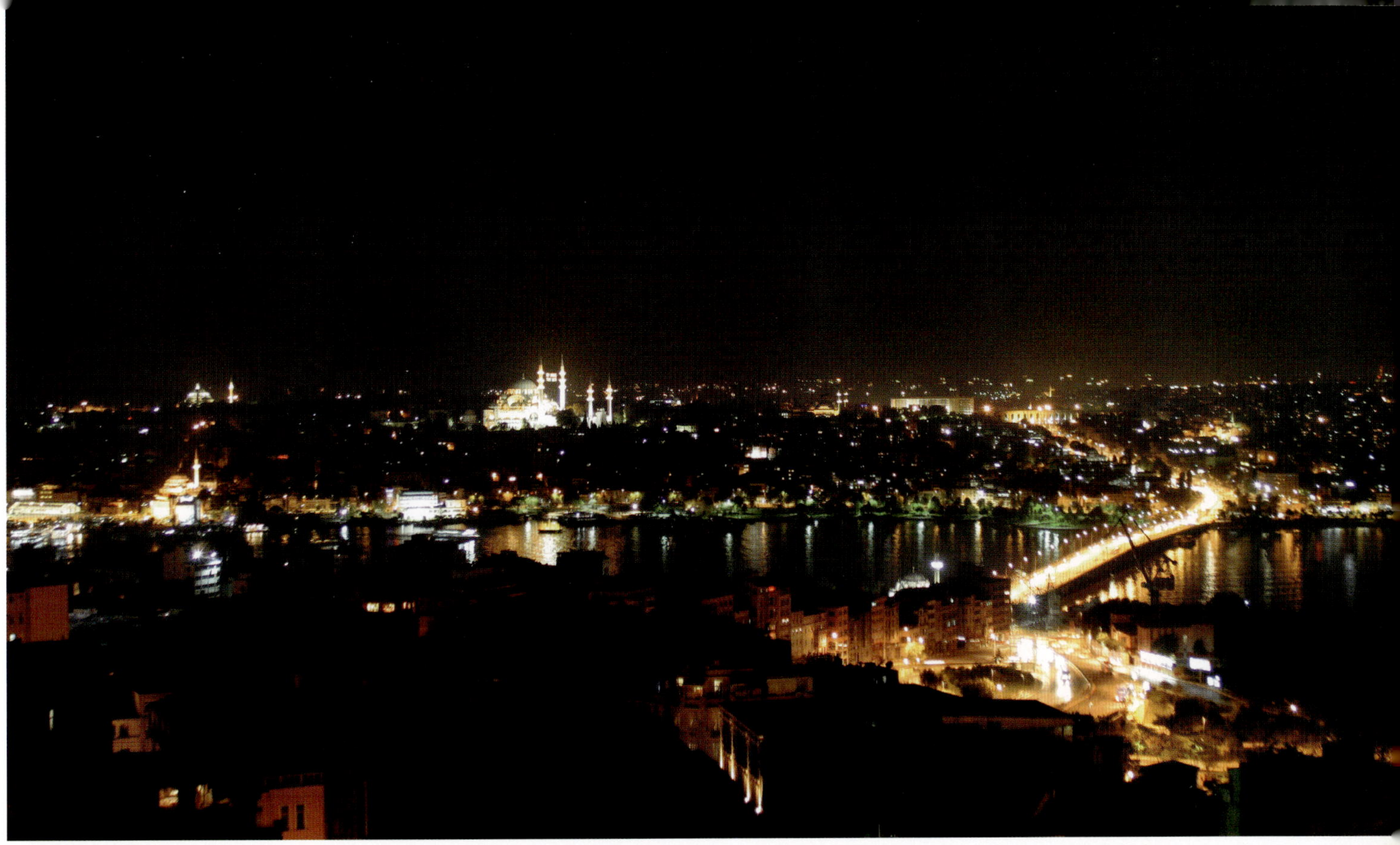

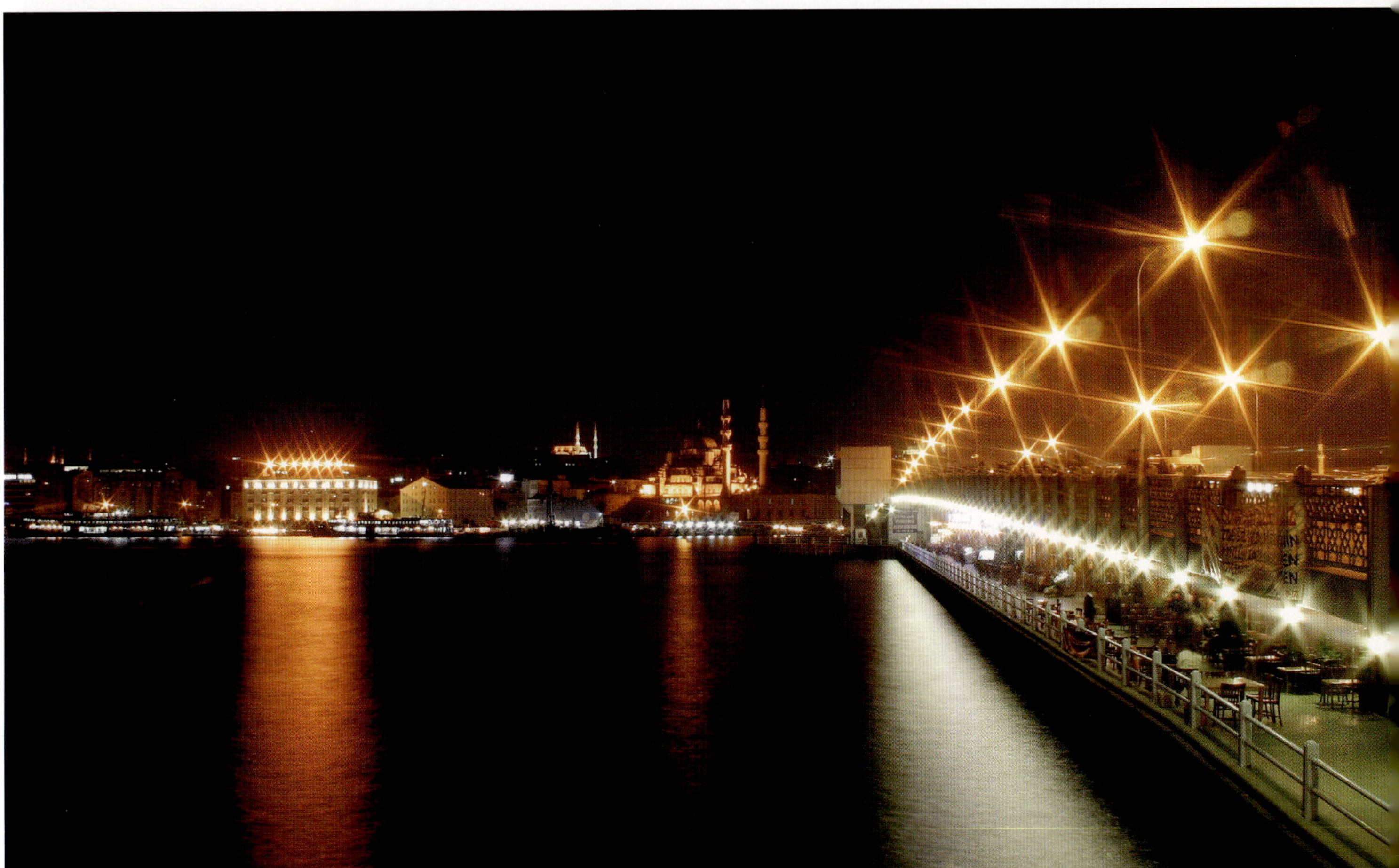

Die Yeni Valide Camii bzw. „Neue Moschee" bestimmt das Bild des Marktplatzes von Eminönü.

Der riesige Marktplatz wird von der Yeni Camii, der Neuen Moschee, beherrscht. Die erste Moschee an dieser Stelle hatte 1597 die Sultansmutter (Valide Sultan) Safiye in Auftrag gegeben. Die Bauarbeiten wurden 1603 abgebrochen, als mit dem Tod Mehmeds III. dessen Mutter ihren Einfluss im Harem verlor. So stand der Bau über ein halbes Jahrhundert lang unvollendet, bis er im Jahre 1660 niederbrannte. Doch noch im selben Jahr beschloss Turhan Hadice, die Mutter Mehmeds IV., die Moschee erneut aufzubauen. Sie wurde 1663 vollendet und als „Neue Moschee der Valide Sultan" eingeweiht. Wie alle großen osmanischen Moscheen war auch sie Mittelpunkt einer Külliye, eines größeren Gebäudekomplexes mit religiösen und zahlreichen gesellschaftlichen Aufgaben.

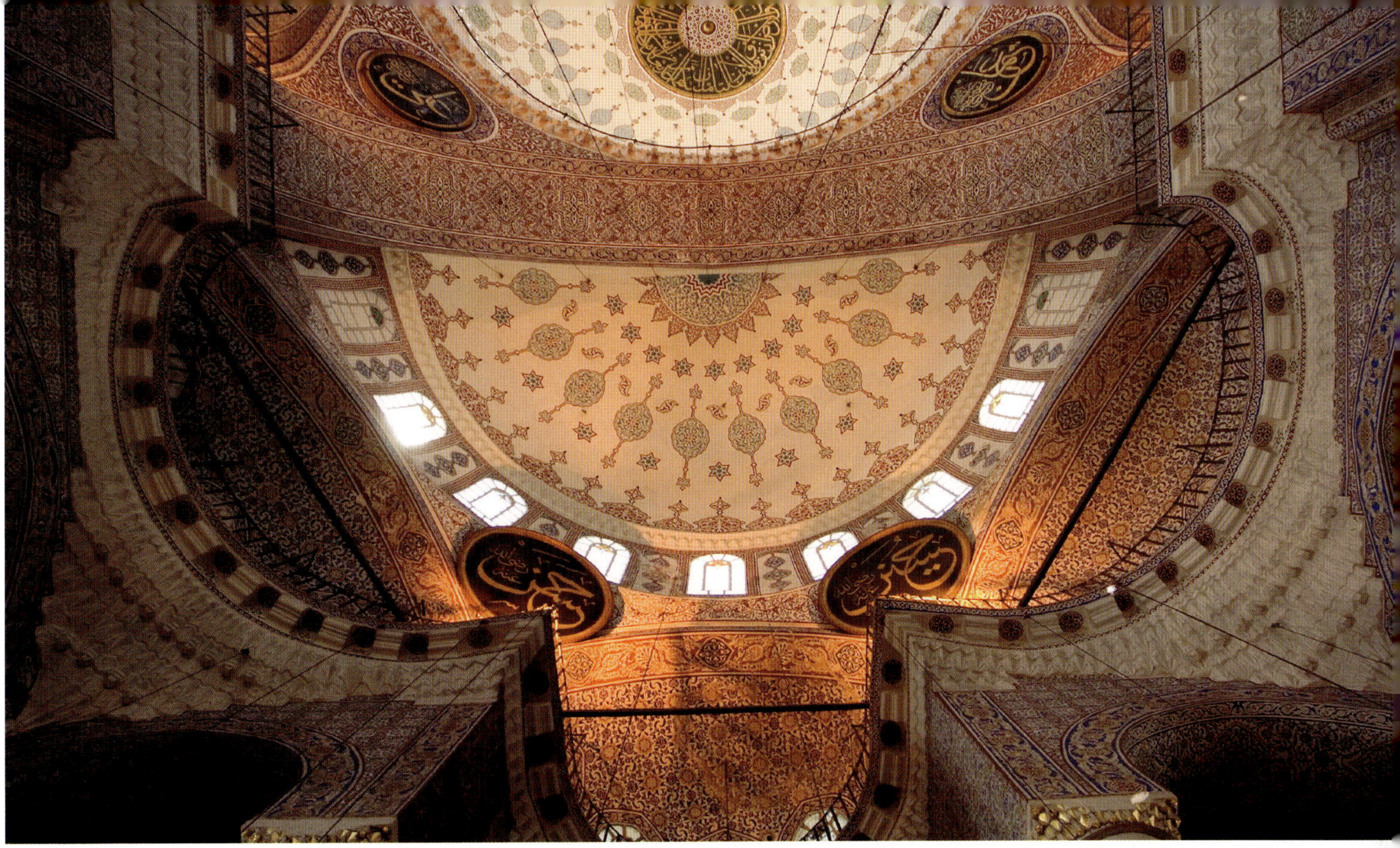

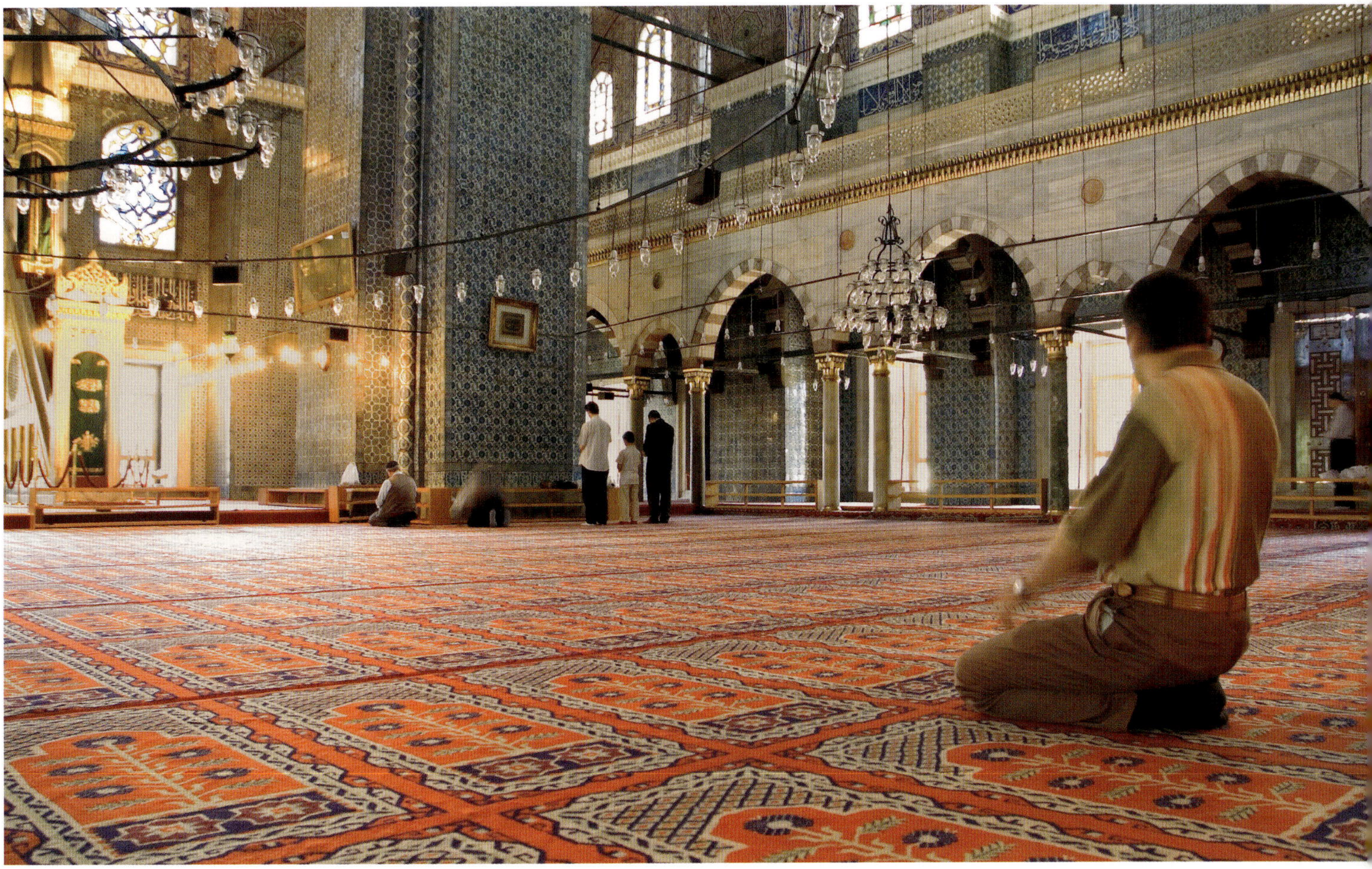

RECHTE SEITE:
Hagia Sophia mit Bosporus
im Hintergrund

FOLGENDE DOPPELSEITE:
Hagia Sophia – einst Kirche, dann
Moschee und heute ein Museum,
das sich auch um die Restaura-
tion der teils stark beschädigten
Fresken kümmert.

Hagia Sophia von der asiatischen
Seite aus gesehen.

Eines der berühmtesten Gebäude der Welt ragt ehrwürdig erhaben aus der sie umgebenden Bebauung hervor – die Hagia Sophia. Der heute sichtbare Bau – von den Türken Aya Sofya genannt – ist der dritte Kirchenbau, der hier unter diesem Namen errichtet wurde; ihre beiden Vorgängerinnen fielen bei Volksaufständen den Flammen zum Opfer. So wurde die zweite Kirche, die unter Theodosius II. im Jahre 415 fertiggestellt wurde, während des Nika-Aufstands im Januar 532 zerstört. Kurz nach der endgültigen Niederwerfung des Aufstands entschloss sich jedoch Kaiser Justinian, die Kirche in noch gewaltigeren Dimensionen wieder aufzubauen, und schon am 26. Dezember 537 konnte die feierliche Einweihung der neuen Kirche stattfinden.

In ihren wesentlichen Teilen blieb das von Kaiser Justinian in Auftrag gegebene Erscheinungsbild der Kirche auch in späteren Jahrhunderten erhalten. Auffälligste Ergänzung sind jedoch die gewaltigen Stützkonstruktionen im Norden, Westen und Süden, die den Schub der großen Kuppel auf die Außenmauern abfangen sollten und die bereits 1317 angefügt und Mitte des 16. Jahrhunderts erneuert wurden. Die vier Minarette an den Ecken des Bauwerks datieren aus unterschiedlichen Zeiten und wurden hinzugefügt, nachdem die Kirche 1453 in eine Moschee umgewandelt wurde.

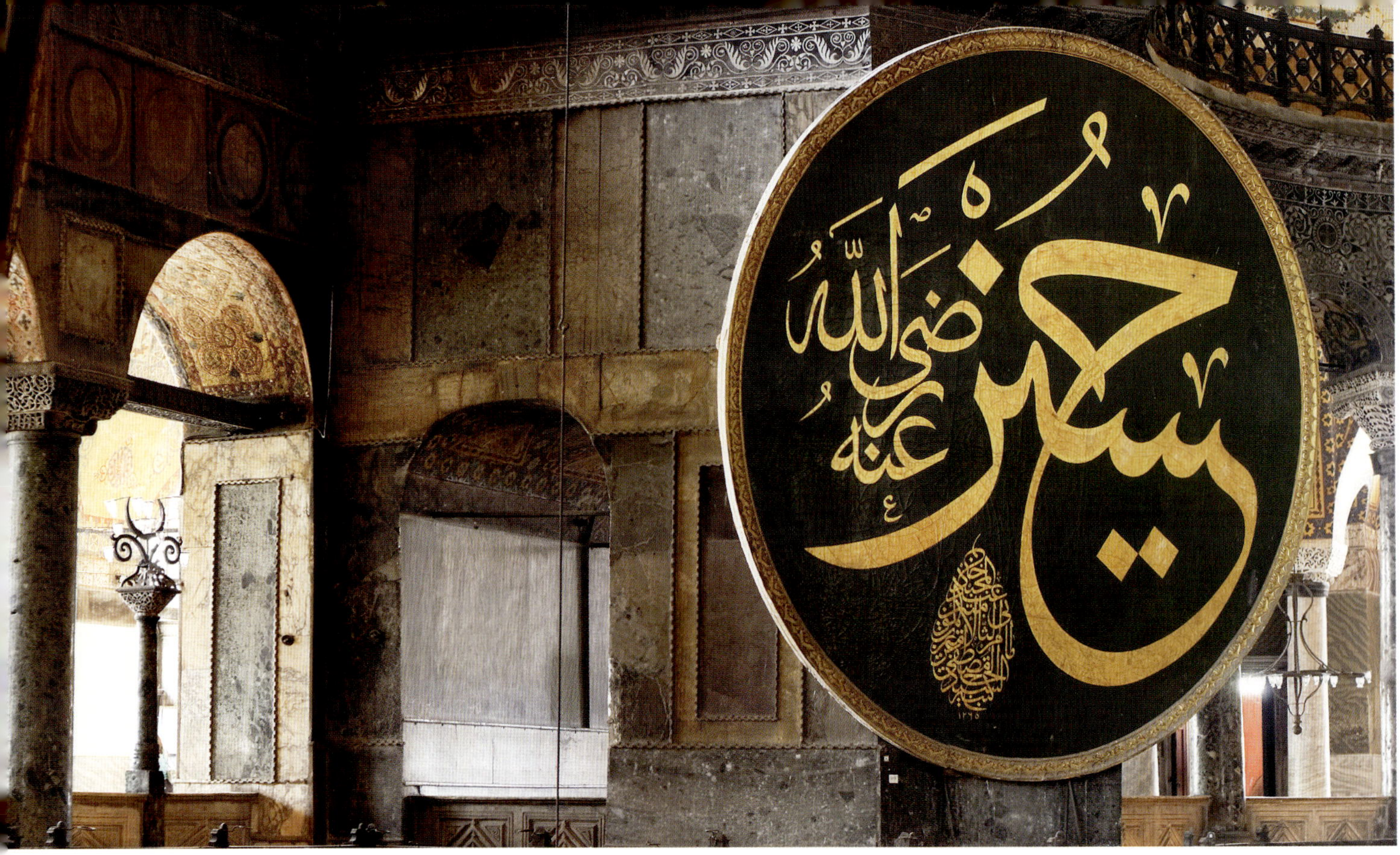
حسن
رضى الله عنه

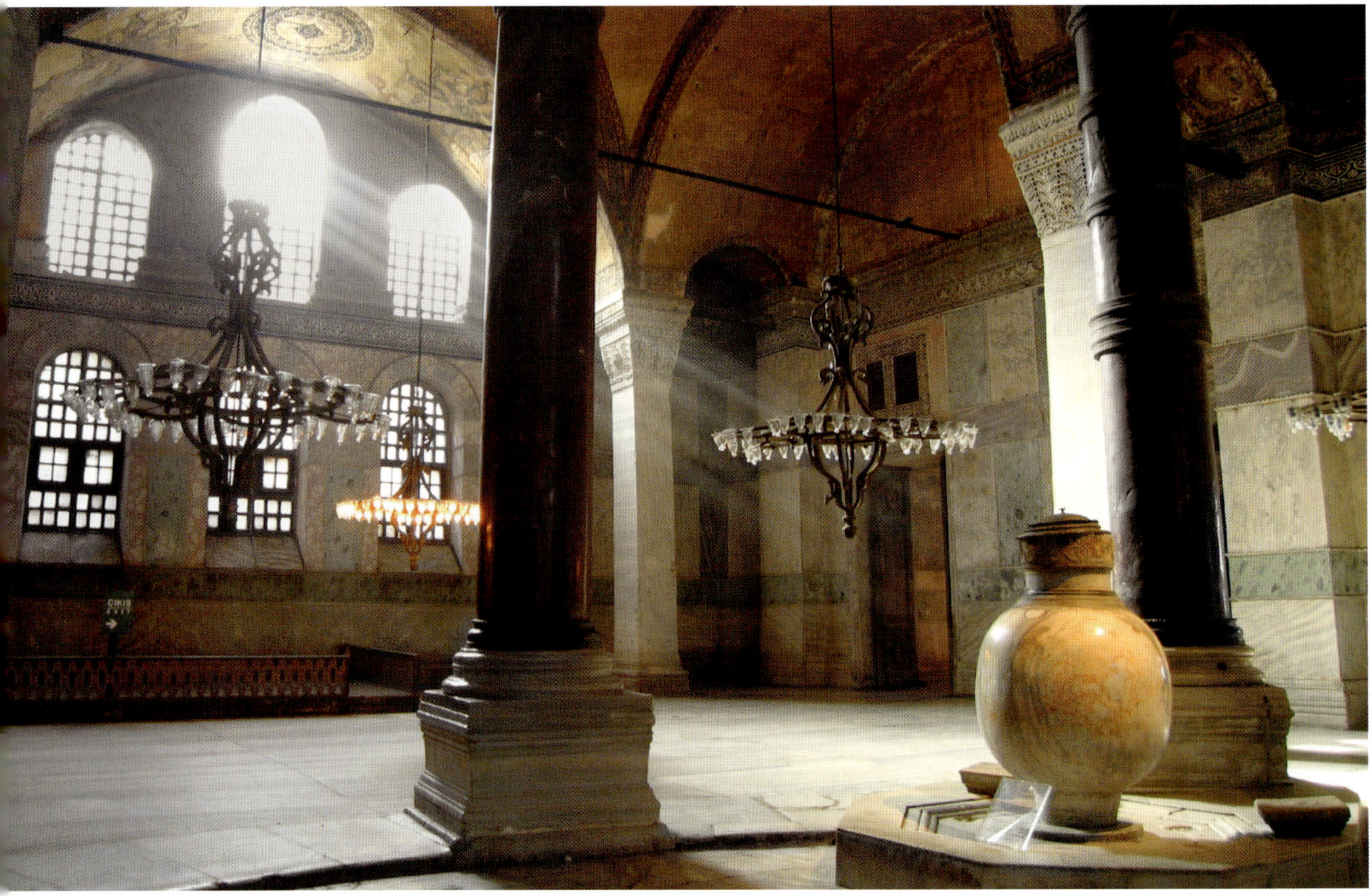

Das Mosaik der Heiligen Jungfrau mit Kind befindet sich in der Apsis der Hagia Sophia. Es wurde im Jahre 867 eingeweiht (Foto oben)

Das Andachtsbild – hier in einem Ausschnitt zu sehen, der Jesus mit Johannes zeigt – befindet sich auf den Emporen.

Sonnenlicht fällt durch die Fenster und erhellt das Innere der Hagia Sophia.

RECHTE SEITE:
Prunkvolles Tor zum Herrschaftsbereich im Topkapı Sarayı

FOLGENDE DOPPELSEITE:
Topkapı Sarayı.
Deckendetails aus dem Revan-
Pavillon (links oben); Mosaike
schmücken die Kuppel und
Wände des Palastes (links
unten und rechts oben);
Revan-Pavillon (rechts unten)

Luftaufnahme des Topkapı Sarayı

Unmittelbar nördlich der Hagia Sophia befindet sich der große osmanische Sultanspalast, das Topkapı Sarayı, der die einstige Akropolis von Byzanz einschließt. In seinen Grundzügen wurde der Palast von Sultan Mehmed II. in den Jahren 1459 bis 1465 angelegt, die meisten heute bestehenden Bauten stammen aber aus der zweiten Hälfte des 16. Jahrhunderts, wobei noch bis ins 19. Jahrhundert hinein Renovierungsarbeiten durchgeführt und Neubauten angelegt wurden. Fast vier Jahrhunderte lang war das Topkapı Sarayı die Hauptresidenz des Sultans und die Verwaltungszentrale des Osmanischen Reichs, bis 1853 Sultan Abdülmecit mit dem gesamten Hausstand in den neuen Palast Dolmabahçe am Bosporus zog und die alte Residenz am Goldenen Horn aufgab. Das Saray bildet, umgeben von hohen Mauern, eine eigene kleine Stadt innerhalb der Stadt. Es war zugleich Wohnung des Sultans, Regierungssitz, Park, Sitz der Leibgarde und mit verschiedenen Versorgungseinrichtungen versehen, wie etwa einer Bäckerei, Badetrakten, dem Harem, Stallungen, Staatsgefängnis, Henkerswohnung und einer Internatsschule.

Zentrum des byzantinischen Konstantinopels war der große Platz neben der Hagia Sophia, der zuvor das Augusteum, der öffentliche Vorhof des Großen Palastes, von Byzanz war. Der Hagia Sophia gegenüber steht die Sultan Ahmet Camii, die mit ihren prächtigen Minaretten und dem harmonischen Schwung ihrer Kuppeln und Halbkuppeln eines der imposantesten Bauwerke İstanbuls ist.

Seit Mustafa Kemal Atatürk die Hagia Sophia im Jahre 1932 säkularisierte und zu einem Museum umwandeln ließ, ist die Sultan Ahmet Camii İstanbuls Hauptmoschee. Unverwechselbares architektoni-

Sultan Ahmet Camii in İstanbul, auch bekannt unter dem Namen „Blaue Moschee"

sches Kennzeichen der Moschee, die zwischen 1609 und 1616 entstand, sind ihre sechs Minarette. Im Inneren zeigt sich im Bereich der Kuppel sowie den oberen Teilen der Mauern eine reiche Ausgestaltung mit blau-weißen Fliesen – ein Umstand, der dem Sakralbau den weit verbreiteten Namen „Blaue Moschee" einbrachte. Der Gebetsraum zeigt mit 53 Metern Länge und 51 Metern Breite einen fast quadratischen Grundriss. Er wird von einer über 40 Meter hohen Kuppel überwölbt, die einen imposanten Durchmesser von über 20 Metern aufweist.

FOLGENDE DOPPELSEITE:
Innenaufnahme aus der
„Blauen Moschee"

RECHTE SEITE:
Süleyman Camii

Wenige Hundert Meter östlich der „Blauen Moschee" liegt der turbulente, der chaotische Mittelpunkt des modernen İstanbuls, der Beyazıt Meydanı, wo es von fliegenden Händlern nur so wimmelt. Seinen Namen erhielt der Platz durch den Moscheenkomplex Beyazıdiye.

Beherrschend auf dem höchsten Punkt der Stadt erhebt sich die Süleymaniye oder Süleyman Camii. Das Gelände, auf dem die prächtigste aller Moscheen İstanbuls steht, musste vor dem Bau aufwendig terrassiert werden. Der Komplex liegt in einem ringsum von Mauern umgebenen Hof, dem ein weiterer Hof mit vier Minaretten vorgelagert ist. Dominiert wird der Gesamtkomplex von der gewaltigen Kuppel. Die Moschee, das Meisterwerk des großen Architekten Sinan, mit dessen Bau 1550 begonnen wurde, war bereits 1557 fertiggestellt. Es dauerte jedoch noch mehrere Jahre, bis alle Einrichtungen, die zu diesem Stiftungskomplex gehörten, vollendet waren.

Die prächtigste alle İstanbuler Moscheen – die Süleyman Moschee oder Süleymaniye – wurde auf dem höchsten Punkt der Stadt errichtet.

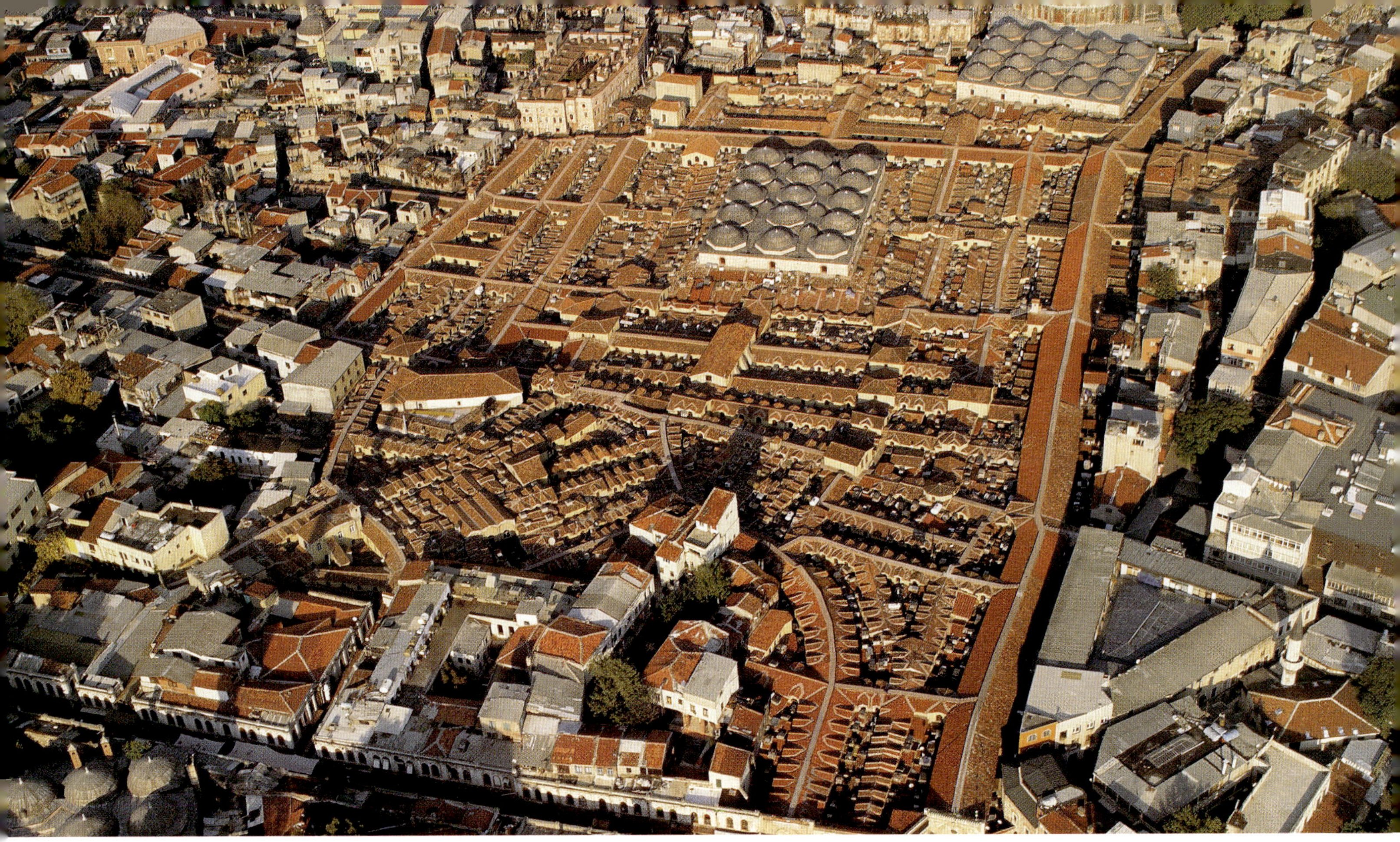

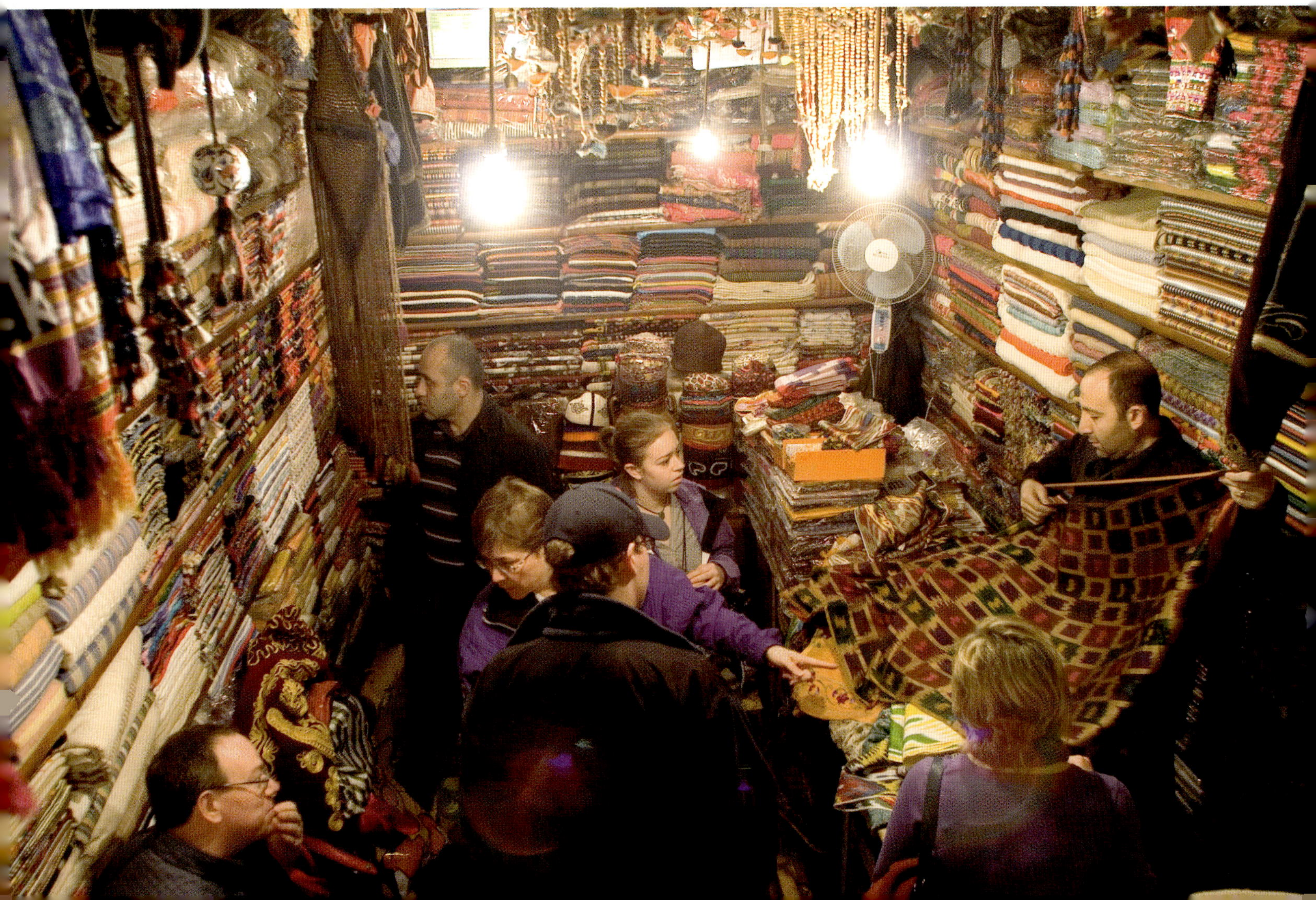

Im alten Stadtteil Eminönü unweit der Süleymaniye befindet sich auf einer Fläche von über 30 Hektar der Kapalı Çarşı, der Große Bazar oder – wörtlich übersetzt – der „geschlossene Markt". Der riesige Gebäudekomplex beherbergt etwa 4000 Geschäfte, in denen das Treiben mindestens ebenso bunt ist wie das Angebot. Bereits im 15. Jahrhundert wurde er unter Sultan Mehmed Fatih angelegt.

Das Konglomerat an Gebäuden gruppiert sich um das Zentrum, den Eski Bedesten, der einst als Schatzkammer gedacht war. Dieses mit 15 größeren Kuppeln überdachte Gebäude wird seiner ursprünglichen Bedeutung insofern gerecht, als hier die Gold- und Silberhändler um die Gunst der Käufer feilschen. So wie diesen Händlern wird auch den anderen Geschäften – je nach angebotener Ware – ein Platz entsprechender Kategorie zugewiesen.

Wenngleich die größte Konzentration der monumentalen Sehenswürdigkeiten im alten Stadtkern liegt, hat auch das weitere Umfeld viel zu bieten, so z. B. das Stadtviertel Balat in Richtung der Theodosianischen Mauern. Hier finden sich noch verschiedene griechische und armenische Sakralbauten, aber auch vereinzelt alte Synagogen. Sie gehen teilweise noch auf die byzantinische Zeit zurück und ihre Gemeindemitglieder sprechen den mittelalterlichen Dialekt „Ladino", eine Mundart, die die Sephardim vor etwa 500 Jahren aus Spanien mitbrachten.

LINKE SEITE UND UNTEN:
Der Große Bazar von İstanbul, der Kapalı Çarşı, beherbergt auf über 30 Hektar Fläche rund 4000 Geschäfte.

FOLGENDE UND DARAUF-FOLGENDE DOPPELSEITE:
Farbenpracht und Angebotsvielfalt auf dem Großen Bazar und dem Gewürzmarkt in İstanbul

Auch die Stadtteile Beyoğlu/Galata und Pera, die levantinischen Viertel jenseits des Goldenen Horns, bieten zahlreiche Sehenswürdigkeiten. Das Hafenviertel Galata trat erstmals im 2. Jahrhundert in Erscheinung, als sich dort fremde Kaufleute aus Genua niederließen. Von den mittelalterlichen Gebäuden ist außer dem Wahrzeichen des Viertels, dem Galataturm, fast nichts mehr vorhanden. Umso beeindruckender ist der über 50 Meter hohe Turm, der an der höchsten Stelle der Altstadt steht. Ursprünglich „Christusturm" genannt, entstand er 1348 als Mittelpunkt der genuesischen Verteidigungsmauer.

Die osmanische Festung Rumeli Hisarı ist die mächtigste Anlage, die sich am Bosporus findet. Sultan Mehmed II. Fatih ließ die Burg, an deren Bau rund 1000 Baumeister und 2000 Arbeiter beteiligt gewesen sein sollen, zwischen 1451 und 1452 innerhalb von nur vier Monaten errichten. Sie liegt strategisch günstig an der engsten Stelle des Bosporus auf der europäischen Seite und sollte zusammen mit der am asiatischen Ufer liegenden Festung Anadolu Hisarı die Meerenge kontrollieren.

Die drei mächtigen Rundtürme, die zusammen mit insgesamt 13 kleineren Türmen die Anlage nach allen Seiten absichern, tragen die Namen ihrer Erbauer: Saruca Paşa Kulesi, Çandarlı Kara Halil Paşa Kulesi und Zağanas Paşa Kulesi. Fünf große Tore bilden den Zugang zum Inneren der knapp 30 000 Quadratmeter umfassenden Festung. Nach der Eroberung Konstantinopels im Jahre 1453 verlor die Befestigung rasch ihre einstige Bedeutung und diente in der Folgezeit bisweilen anderen Zwecken – unter anderem auch als Staatsgefängnis. Seit ihrer umfangreichen Renovierung im Jahr 1959 ist sie Museum.

LINKE SEITE:
Der Galataturm wurde 1348/49 errichtet und diente als Hauptbastion der genuesischen Siedlung Galata.

UNTEN:
Die Theodosianische Landmauer ist Teil einer gewaltigen Befestigungsanlage, die im 5. Jahrhundert im Rahmen einer Erweiterung des Stadtgebiets von Konstantinopel errichtet wurde.

Beliebtes Ausflugsziel İstanbuls sind die Prinzeninseln, eine der Stadt vorgelagerte Inselgruppe im Marmarameer mit neun – teils winzigen – bewaldeten Inseln. Zu sehen sind hier viele Sommervillen aus der Wende vom 19. zum 20. Jahrhundert. Ihren Namen erhielt die Inselgruppe dadurch, dass seit der Regentschaft Sultan Mehmeds III. (1595–1603) beim Regierungsantritt eines neuen Regenten Prinzen des alten Regimes lebenslang dorthin verbannt wurden. Auf Büyükada, der größten Insel der Gruppe, steht das Georgskloster, das im 10. Jahrhundert gegründet wurde.

Über 1000 Baumeister und 2000 Arbeiter ermöglichten den Bau der gewaltigen Festung Rumeli Hisarı in nur vier Monaten.

Der asiatischen Seite vorgelagert, gegenüber der Einfahrt ins Goldene Horn, ragt scheinbar mitten aus dem Wasser der Kız Kulesi, der Mädchenturm, eines der Wahrzeichen İstanbuls. Einer Legende zufolge sagte einst ein Wahrsager einer Prinzessin den Tod durch Gift voraus. Ihr Vater schloss sie daraufhin in dem Turm ein, konnte sie aber dennoch nicht vor der Prophezeiung schützen: Sie starb an dem Biss einer Schlange, die in einem Obstkorb auf die Insel gelangt war. Eher in den Bereich historischer Tatsachen gehören Quellenaufzeichnungen, nach denen es im Bereich der heutigen Insel be-

Kız Kulesi, der Mädchenturm

reits um 500 v. Chr. eine Landzunge gab, auf der eine Zollstation stand. Im 12. Jahrhundert wurde unter Manuel Komnenos eine Festung errichtet, von der aus eine Sperrkette gespannt werden konnte, die über den Bosporus bis zur Seemauer im Süden Konstantinopels reichte. Der Turm, den man heute sieht, stammt aus dem 18. Jahrhundert und kann auf eine wechselvolle Geschichte zurückblicken; mal diente er als Leuchtturm, später als Gefängnis, als Quarantänestation oder als Stellplatz für Geschütze. Heute ist in dem Turm ein Restaurant untergebracht.

Auf asiatischer Seite steht am Hafen des Stadtteils Üsküdar das mächtige Gebäude des Haydarpaşa-Bahnhofs, der lange Zeit als Tor zum Orient galt. Als Ausgangspunkt der „Berlin-Bagdad-Bahn" wurde damit die Idee des deutschen Kaisers Wilhelm II., der große Teile Vorderasiens mit einem Schienennetz erschließen wollte, umgesetzt. Der 1905 von deutschen Architekten gebaute Bahnhof mit dem neoklassizistischen Bau ist noch heute ein Verkehrsknotenpunkt und Verbindung ins Landesinnere.

Haydarpaşa-Bahnhof im Stadtteil
Üsküdar von İstanbul

UMGEBUNG VON İSTANBUL

In der näheren Umgebung von İstanbul liegt auf europäischer Seite der Badeort Kilyos am Schwarzen Meer mit einem kleinen, im Sommer stark frequentierten Sandstrand. Wichtigstes Naherholungsgebiet ist jedoch der Belgrader Wald: Noch in den 1980er Jahren lag er etwa 20 Kilometer von İstanbul entfernt, als dessen grüne Lunge er häufig bezeichnet wird. Inzwischen hat sich die Metropole bis direkt an diesen am Fuße der İstranca Dağları gelegenen Laubwald ausgebreitet. Noch in osmanischer Zeit bedeckte er eine Fläche von 13 000 Hektar, wovon heute nur noch weniger als die Hälfte übriggeblieben ist. Zum Schutz zahlreicher Tiere herrscht hier Jagdverbot. Trotz des Raubbaus an der Natur gibt es hier noch einen sehr alten Baumbestand. Im 16. Jahrhundert, zur Zeit Süleyman I., diente der Wald als Hauptwasserreservoir, wofür er auch heute noch zumindest in Teilen genutzt wird.

Mit zunehmendem Wachstum von İstanbul musste bereits in vergangenen Jahrhunderten damit begonnen werden, die Frischwasserversorgung durch Zuleitungen von außerhalb zu sichern. Zahlreiche Aquädukte zeugen noch immer davon.

Im 16. Jahrhundert diente der Belgrader Wald als wichtiges Wasserreservoir. Diese Funktion übernimmt er noch heute in kleinen Teilen.

Südlich des Belgrader Walds liegt das Atatürk-Arboretum in einem 345 Hektar großen Areal, in dem seit 1960 aus dem Ausland importierte Bäume und Büsche gedeihen. Ein ungewöhnlicher Ort ist Polonezköy: Im 19. Jahrhundert, nachdem Polen den Krieg gegen Russland verloren hatte, ließen sich polnische Einwanderer auf asiatischer Seite nieder. Aus diesem Grund schlug im Jahre 1842 Michal Czajkowski der osmanischen Regierung die Gründung einer polnischen Siedlung in İstanbul vor, woraufhin am 19. März 1842 Polonezköy (zu Deutsch „polnisches Dorf") gegründet wurde, das heute den İstanbulern als Erholungsort dient. Die Siedlung mit ihren grünen Wiesen ist ringsum von Wäldern umgeben.

THRAKIEN UND MARMARA-INSEL

Nahe der bulgarischen Grenze, in der Provinz Kırklareli, von den großen Touristenströmen gänzlich verschont, liegt der Ort İğneada. Von der übrigen Türkei durch die Yıldız Dağları abgegrenzt, gelangt man an diesen malerischen Ort nur per Boot oder über kleine Straßen durch ausgedehnte Wälder. Die Bewohner der Region leben hauptsächlich vom Obstbau. Von den etwa 50 Kilometern Sandstrand in der Provinz Kırklareli finden sich die schönsten Abschnitte hier bei İğneada.

Unmittelbar westlich von İstanbul liegt der Küçük-Çekmece-See. In der Nähe seines nördlichen Ufers befindet sich die Yarımburgaz Höhle. Hier ließen sich vor etwa 300 000 Jahren die ersten Bewohner der Region nieder. Bei Untersuchungen fand man Besiedelungsspuren, die vom Paläolithikum über das Neolithikum und Chalkolithikum bis in die byzantinische Zeit reichen.

Etwa 100 Kilometer westlich von İstanbul liegt die Provinzhauptstadt Tekirdağ mit annähernd 110 000 Einwohnern. Von der antiken Stadt, die schon bei Herodot erwähnt wird, blieb jedoch nichts erhalten. Allerdings findet man in der Innenstadt noch einige traditionelle Holzhäuser der jüngeren Geschichte. Umgeben von Weinbergen ist Tekirdağ heute die größte und geschäftigste Hafenstadt am Nordufer des Marmarameers und insbesondere wegen der Produktion des landestypischen Anisschnapses (Rakı) und seiner Köfte-Lokale bekannt. Vom Hafen zieht sich ein Park den Hügel hinauf, auf dem sich die Rüstem Paşa Camii, eine von Sinan errichtete Moschee, befindet. Sehenswert ist ein kleines Museum, das im Haus des ungarischen Prinzen Rokoczy beheimatet ist, der Anfang des 18. Jahrhunderts hier 17 Jahre lang im Exil lebte. Als die Türken die Stadt eroberten, erhielt sie zunächst den Namen Rodosçuk und dann im 18. Jahrhundert Tekfur Dağı. Aus dem Tekfur, das sich aus dem armenischen Wort „die Kreuztragenden" ableitet, wurde später Tekir.

Zwischen Tekirdağ und der westlichsten Provinz Edirne befinden sich zahlreiche Gründungen aus römischer Zeit, die erneut unter den Osmanen als Garnisonsstützpunkte eine wichtige Rolle spielten, da sie an der einzigen Verbindungsstraße zu den Reichsgebieten auf dem europäischen Kontinent lagen.

Trotz der deutlichen Zunahme des Fremdenverkehrs gibt es glücklicherweise immer noch nahezu unberührte Gegenden. Die Landschaft um den Ort İğneada nahe der bulgarischen Grenze zählt zu diesen eindrucksvollen Plätzen.

In Çorlu, dem römischen Caenophrurium, wurde im Jahre 275 Kaiser Aurelian, während er die kriegerische Rückeroberung Mesopotamiens plante, vermutlich auf Geheiß seines Privatsekretärs erstochen. Der Platz war Kontrollpunkt für weite Teile Thrakiens, und so entstanden hier in römischer und byzantinischer Zeit bedeutende Festungen.

Nordwestlich, in der Provinz Kırklareli, liegt die Kreisstadt Lüleburgaz, in der der Meisterarchitekt Sinan im 16. Jahrhundert einen

Komplex von Sakralbauten schuf. In der Sokollu Mehmed Paşa Külliyesi sind eine Moschee, eine Medrese, eine Karawanserei, eine Bibliothek sowie ein Bad zusammengeschlossen. Ewas westlich davon hat ebenfalls Sinan seine großartigen architektonischen Spuren hinterlassen. In Babaeski steht, gewissermaßen als kleines Modell der großen Selimiye-Moschee von Edirne, die Cedit Ali Paşa Camii, die der Wesir Ali Paşa gestiftet hat und die 1555 nach Sinans Plänen gebaut wurde.

Die Marmara Adası, die Marmara-Insel, liegt nahe den Dardanellen. Sie ist seit der Antike insbesondere für ihren weißen Marmor berühmt, der in zahlreichen Städten Kleinasiens verbaut wurde. Untersuchungen zufolge stammt mit großer Sicherheit der Marmor des berühmten Pergamonaltars von der türkischen Insel. Noch heute wird hier Marmor abgebaut und bildet die Haupterwerbsquelle der Bewohner. Daneben betreiben die Insulaner Oliven- und Weinbau. Die Nordseite der Insel ist dicht mit Pinienwäldern bedeckt, die mit Macchia bewachsene Südseite fällt zum Meer hin steil ab.

Die „exklusive" Hafenbefestigung ist nicht Ausdruck eines überflüssigen Luxus, sondern zeugt vom Marmorreichtum der Marmara Adası.

Hadrianopolis, die Stadt des Hadrian, lag 18 Kilometer von der türkisch-bulgarischen und fünf Kilometer von der griechischen Grenze entfernt, wurde 125 n. Chr. gegründet und war seitdem die bedeutendste Stadt Thrakiens. In byzantinischer Zeit stand ihr Name vornehmlich für große Schlachten. In der Nähe von Edirne, so der heutige Name, besiegte Konstantin der Große im Jahre 323 Licinus, bevor er 324 seinen entscheidenden Sieg vor den Toren von Byzanz errang. In den darauffolgenden 500 Jahren wurde die Stadt abwechselnd von Byzantinern, Awaren, Bulgaren, Kreuzrittern und Türken umkämpft und eingenommen und ging 1361 an Murat I. Bis zur Eroberung Konstantinopels 1453 blieb Edirne die Hauptstadt des expandierenden Osmanischen Reichs. Im 19. Jahrhundert wurde die Stadt mehrmals von russischen Armeen und 1913 von Bulgaren besetzt. Von 1919 bis 1922 gehörte sie zu Griechenland, doch im Vertrag von Lausanne wurde sie der Türkei zugesprochen.

Während des 15. und 16. Jahrhunderts, der Blütezeit des Osmanischen Reichs, erhielt Edirne zahlreiche aufwendige Bauten von Sultanen und Paşas. Architektonischer Höhepunkt ist sicherlich die Selimiye Camii des Meisterarchitekten Mimar Sinan, der bei der Vollendung des Bauwerks bereits in seinem 85. Lebensjahr stand. Die Moschee sollte Sinans eigener Einschätzung nach dessen Meisterwerk sein und in ihrer Erhabenheit selbst die berühmte Süleymaniye in İstanbul in den Schatten stellen. Die vier schlanken Minarette des Baus sind über 70 Meter hoch und mit je drei Stalaktiten-Galerien versehen. Sie beherrschen, in leicht exponierter Lage liegend, mit ihrer Silhouette die gesamte Stadt.

Im Zentrum der Stadt liegt ein überdachter Bazar aus dem 16. Jahrhundert. Im Laufe der Zeit wurden einige Restaurierungsmaßnahmen notwendig, dennoch hat er seine ursprüngliche Form als zweischiffige, mit 14 Kuppeln überdachte Pfeilerhalle beibehalten. Ein Merkmal Edirnes sind auch die vielen noch erhaltenen osmanischen Brücken, wie etwa die Yeni Köprü, die unter Sultan Abdülmecit auf zwölf Bögen ruhte. Heute stellt sich Edirne als eine lebendige Stadt mit Teehäusern, Läden, geschäftstüchtigen Restaurantbesitzern, die vor den Türen auf Kundenfang gehen, und lauten Märkten dar. Ein großes Spektakel sind die Ölringkämpfe, die jeden Sommer auf der Flussinsel Sarayıçı stattfinden und sowohl Teilnehmer als auch Zuschauer aus dem ganzen Land anziehen. Im Süden der Stadt fließen die beiden Flüsse Meriç (Maritza) aus dem Westen und Tunca aus dem Norden zusammen.

Edirne ist bekannt für seine historischen Brücken, von denen viele zwischen dem 13. und 16. Jahrhundert erbaut wurden.

DARDANELLEN UND DIE TROAS

So malerisch die Steilküste an der Einfahrt zu den Dardanellen bei Gelibolu, dem antiken Kalipoli, ist, so groß war ihre Bedeutung in zahlreichen historischen, oft blutigen Ereignissen. So fand in ihrer Nähe im Jahre 405 v. Chr. die Seeschlacht von Aigospotamoi statt, in der die Spartaner ihren entscheidenden Sieg über die Athener errangen und den Peloponnesischen Krieg für sich entschieden.

Aus der Stadt Gelibolu stammt der berühmte osmanische Geograf Admiral Piri Reis, der 1513 eine in einheitlichem Maßstab angelegte Weltkarte zeichnete, die bereits die Küste Amerikas nach Kolumbus' Karte von 1498 enthielt. Das für die jüngere Geschichte der Türkei bedeutendste Ereignis fand 1915 in dieser Gegend statt. Engländer und Franzosen versuchten, die Dardanellen zu besetzen, um Russland über das Marmarameer den Zugang zu den Weltmeeren zu verschaffen. Von deutschen Truppen unterstützt, gelang es der türkischen Armee unter Mustafa Kemal Paşa (Atatürk), die Stellungen zu halten und in einem

FOTO MITTE UND RECHTS:
Während des Ersten Weltkriegs fand auf der türkischen Halbinsel Gallipoli eine schicksalhafte Schlacht statt, bei der etwa 250 000 Soldaten fielen. Heute erinnern Denkmäler der beteiligten Parteien an die Gefallenen.

Aus der Vogelperspektive gesehen, erinnert der Bau der Festung Kilitbahir im gleichnamigen Ort an ein Kleeblatt. Sie wurde auf Geheiß Mehmets II. 1462/63 errichtet.

erbitterten, fast ein Jahr dauernden Kampf, der eine halbe Million Menschenleben kostete, die Alliierten zum Rückzug zu zwingen. Zum Gedenken an die 500 000 Soldaten, die auf dem Schlachtfeld ihr Leben lassen mussten, wurde die Halbinsel mit Soldatenfriedhöfen und Gefallenendenkmälern zum historischen Nationalpark erklärt.

Die Dardanellen, von den Türken heute Çanakkale Boğazı (die Meerenge von Çanakkale) genannt, waren zu allen Zeiten stark befahren und als Brücke zwischen Asien und Thrakien sowie als einziger Zugang zum Schwarzen Meer häufig umkämpft. An ihrer schmalsten Stelle ist die 60 Kilometer lange Meerenge nur 1,4 Kilometer breit. Ihr antiker Name „Hellespont" leitet sich von Helle, einer Gestalt der griechischen Mythologie, ab: Laut Sage stürzte Helle auf der Flucht vor ihrer Mutter an dieser Stelle ins Wasser.

Heute gibt es drei Möglichkeiten, die Dardanellen zu überqueren. Entweder man nutzt die Fähre von Gelibolu nach Lapseki jeweils am Eingang zum Marmarameer, von Eceabat nach Çanakkale oder von Kilitbahir nach Çanakkale. Der Ort Kilitbahir, was bezeichnenderweise so viel heißt wie „Schlüssel des Meeres", liegt an der engsten Stelle der Dardanellen und wird von der osmanischen Sperrfestung gleichen Namens überragt, die auf Geheiß Mehmed II. in den Jahren 1462–1463 errichtet wurde.

Auf kleinasiatischer Seite liegt gegenüber von Kilitbahir als Gegenstück die Festung Sultaniye Kale, die 1454 errichtet wurde und heute ein Militärmuseum mit Geschützen und Gerät aus der Schlacht an den Dardanellen im Ersten Weltkrieg beherbergt.

Die Festung Sultaniye Kale liegt in der Provinz und der gleichnamigen Provinzhauptstadt Çanakkale, die sich wiederum in einem Gebiet befindet, das in der griechisch-römischen Antike Troas genannt wurde. Aufgrund ihrer Lage hatte die Stadt bereits in vorgeschichtlicher Zeit eine herausragende geopolitische Bedeutung: Die archäologischen Funde reichen in dieser Region bis in das 6. Jahrtausend v. Chr. zurück und lassen keine nennenswerte Unterbrechung der Siedlungsgeschichte bis in unsere Zeit hinein erkennen. Der heutige, in etwa mit „Topfburg" zu übersetzende Name des Ortes, rührt in erster Linie von der hier besonders in früherer Zeit blühenden keramischen Industrie her. In ihrer gegenwärtigen Form ist Çanakkale jedoch insgesamt eine architektonisch junge Stadt und besitzt – von wenigen klassizistischen und neoklassizistischen Gebäuden abgesehen – kaum ältere Baudenk-

Anlegestellen für Fähren, um die Meerenge der Dardanellen zu überqueren, die an ihrer schmalsten Stelle lediglich 1400 Meter misst.

mäler. Durch die bedeutsame Lage wurde der Ort immer wieder von den verschiedensten Gruppen und Völkerstämmen erobert und besetzt. Die ersten Einwohner der Stadt Çanakkale waren die in der Festung dienenden Soldaten und Beamten. Im 16. und 17. Jahrhundert ließ sich dann neben muslimischen Türken auch eine größere Anzahl von Griechen und Armeniern in der Stadt nieder. Die im 18. Jahrhundert begonnene Handelsmission setzte sich bis zum Beginn des 20. Jahrhunderts fort.

Die Osmanen festigten zwischen 1700 und 1900 die Kontrolle über das Gebiet, wobei in dieser Periode der Charakter der Stadt und deren weitere Ausbreitung nachhaltig geformt wurden. Der zunehmende Handel brachte eine jüdische Gemeinde nach Çanakkale, die bald ihr eigenes Stadtviertel einrichtete. Der internationale Handel entwickelte sich durch zunächst 30 kaufmännische Gesandte, die sich ebenfalls in der Stadt ansiedelten. In der Folgezeit entstanden zahlreiche klassizistische und später neoklassizistische Bauten, die den neu erworbenen Status und Wohlstand der Stadt unmittelbar widerspiegelten. Erhalten hat sich davon jedoch nur wenig, da ein Großteil der einstigen Bebauung im Zentrum Çanakkales im Jahre 1912 einem starken Erdbeben zum Opfer fiel.

Das gegenwärtige architektonische Erscheinungsbild der Stadt Çanakkale basiert auf dem in den 1940er Jahren nach „republikanischen Ideen" entworfenen Bebauungsplan, der in den 1950er Jahren

LINKE SEITE:

Der Uhrenturm ist eines der Wahrzeichen von Çanakkale. Er wurde 1897 vom jüdischen Kaufmann Emili Vitalis errichtet und trägt an allen vier Seiten eine Uhr.

Im ersten und zweiten Jahrtausend v. Chr. lag Troia direkt an der Einfahrt zu den Dardanellen und konnte diese kontrollieren. Durch Verlandung der Bucht erhebt sich der Siedlungshügel heute flach über einer Ebene.

um zahlreiche Hauptstraßen, Industrieanlagen und Amtsgebäude ergänzt wurde. Die 1960er Jahre waren eine Periode größerer staatlicher Investitionen mit dem Ziel, neue Stadtviertel zu etablieren. Weitere Investitionen zwischen 1970 und 1980 führten zu einem deutlichen Bevölkerungsanstieg: Die Zuwanderer kamen aus den verschiedensten Teilen der Türkei sowie aus den nahe gelegenen Städten und Dörfern.

Zweifellos die für das humanistisch interessierte Publikum bedeutendste und ohne Frage am besten erforschte antike Stätte der Troas ist der Ruinenhügel von Hisarlık, der zunächst insbesondere durch die Aktivitäten Heinrich Schliemanns in das Blickfeld der Öffentlichkeit gelangte und später mit enormem Aufwand und wissenschaftlicher Zielsetzung minutiös untersucht wurde. Dies führte zwangsläufig zu kontroversen, wenngleich nicht immer sachlich geführten Diskussionen, hat aber letztendlich doch dazu beigetragen, bei allen ungelösten Fragen viel Licht ins Dunkel der Geschichte Anatoliens zu bringen. Strategisch günstig erhebt sich die Stätte auf einem keilförmigen Ausläufer eines Kalksteinplateaus zwischen den antiken Flüssen Skamander und Simoeis, heute Kara Menderes

Mit Hilfe des Troianischen Pferdes – einem aus Holz gebauten Pferd, in dem sich Soldaten versteckt hielten – gelang es den Griechen der Sage nach, den Troianischen Krieg zu gewinnen. Die Touristenattraktion am Eingangsbereich des Ausgrabungsgeländes von Troia/Hisarlık, stammt von einer Filmproduktion aus den 1930er Jahren.

und Dümrek Çayı. Seit Heinrich Schliemann 1870/71 an diesem Ort mit seinen Ausgrabungen begonnen hatte, trägt er den Namen des sagenumwobenen Troia, dessen Überreste er gefunden zu haben glaubte. Seinem Mitarbeiter und Nachfolger Wilhelm Dörpfeld gelang es, insgesamt neun Siedlungsschichten zu differenzieren, die in den 1930er Jahren durch Carl W. Blegen in weitere 46 Phasen untergliedert werden konnten. 1988 begann Manfred Korfmann von der Eberhard-Karls-Universität Tübingen mit einem internationalen Wissenschaftlerteam erneut mit der Untersuchung des Hügels. Die erste Blütezeit fällt in die Jahre der Siedlung Troia II (ca. 2550 bis 2250 v. Chr.), das – wie bereits seine Vorgängersiedlung Troia I – eine massive Befestigungsanlage mit Verteidigungsmauer aufweist. Aus dieser Zeit stammt auch der mittlerweile legendär gewordene so genannte „Schatz des Priamos". Seine größte Bedeutung entfaltete der Platz in seiner mittel- und spätbronzezeitlichen Periode Troia VI (ca. 1730–1180 v. Chr.), in der er den Rang eines Residenz- oder Zentralortes einnahm und mit einem mächtigen Festungsbau, der die Fläche von etwa 20 000 Quadratmetern einschloss, alle im Umkreis von 100 Kilometern gelegenen Anlagen in Größe bei Weitem übertraf. In südlicher Richtung breitete sich in einem Gebiet von annähernd 300 000 Quadratmetern eine Untersiedlung aus. Gegen

Unter Kaiser Hadrian wurde in Troia das Odeion, ein kleiner Theaterbau, errichtet. Unmittelbar dahinter verläuft die spätbronzezeitliche Burgmauer von Troia VI.

Ende des 8. Jahrhunderts v. Chr. ließen sich Griechen in Troia nieder, von denen der Ort den Namen „Ilion" erhielt, und durch die Verehrung der „Heiligen Stadt Ilion" als Schauplatz des „Troianischen Krieges" erhielt sie im 3. Jahrhundert v. Chr. einen neuerlichen Aufschwung. Im Jahre 85 v. Chr. wurde sie von einem abtrünnigen römischen Heerführer größtenteils zerstört, von L. Cornelius Sulla jedoch wieder aufgebaut und galt von da an dank der Aeneas-Sage als Urheimat der Römer. Eine wei-

Auf einem Felsen erhebt sich der dorische Athenatempel von Assos, der 530–520 v. Chr. errichtet wurde. Als Baumaterial verwendete man einheimischen Trachyt.

tere Siedlung entstand in byzantinischer Zeit (Troia X), wovon unter anderem noch zahlreiche Gräber an verschiedenen Stellen zeugen. Im Zuge der osmanischen Eroberung gegen Mitte des 14. Jahrhunderts kam die Besiedlung des Platzes schließlich vollends zum Erliegen.

Das antike Assos, 90 Kilometer südlich von Çanakkale, lag auf einem felsigen Hügel zwischen dem Fluss Tuzla, nördlich des Golfs von Edremit und dem Meer. Seit wann der Platz besiedelt wurde, ist unklar, doch steht fest, dass er seit dem 1. Jahrtausend v. Chr. die charakteristischen Merkmale einer griechischen Stadt besaß. Assos war wohl eine Kolonie von Methymna auf Lesbos und wurde gemäß dem antiken Schriftsteller Hellanikos von Lesbos von einem Aioll im 7. Jahrhundert v. Chr. gegründet. Bei den Ausgrabungen stieß man auf den Athenatempel, die Nekropole, die Stadtmauer mit Türmen, das Theater und vieles mehr. Unter der Akropolis am östlichen Abhang fand man Reste von Wohnhäusern verschiedener Phasen. In den Jahren 348–345 v. Chr. weilte hier der griechische Philosoph Aristoteles, und 56/57 n. Chr. wurde der Platz vom Apostel Paulus auf seiner zweiten Missionsreise besucht.

Kurz nach 310 v. Chr. wurde Alexandria Troas von Antigonos Monophthalmos unter dem Namen „Antigoneia" gegründet und wenige Jahre später von Lysimachos in „Alexandria Troas" umbenannt. Ob die an der Westküste der Troas befindlichen Reste auf einer bereits bestehenden Ortschaft gegründet wurde, ist unklar. Zu rascher wirtschaftlicher und kultureller Leistungskraft gelangte sie durch die systematische Umsiedlung der Einwohner verschiedener umliegender Orte, wie etwa Neandria, Kolonai, Gargara, Skepsis, Larisa, Kebren oder Hamaxitos.

Für die römische Zeit belegen verschiedene Textquellen die herausragende Stellung der Siedlung, die zunächst von C. Iulius Cäsar und später von Kaiser Konstantin dem Großen als Hauptstadt des Römischen Reichs in Erwägung gezogen wurde. Mitentscheidend für den Aufschwung des Ortes war der Bau eines künstlichen Hafens und eine intensive Beteiligung am überregionalen Fernhandel. Hinzu kam, dass Alexandria Troas immer wieder von auswärtigen Mäzenen nachhaltig unterstützt und um prächtige Bauwerke erweitert wurde. Wirtschaftliche Basis des Ortes bildeten unter anderem Gebühren für die Nutzung des Hafens, Einnahmen aus dem Heiligtum des Apollon Smintheus sowie Bergwerke, Ackerland und die Salzquellen des nahe gelegenen Larisa.

Zu großer Bekanntheit gelangte Alexandria Troas nicht zuletzt durch den zweimaligen Besuch des Apostels Paulus, der hier die Vision hatte, nach Europa überzusetzen, um dort den christlichen Glauben zu verkünden. Seine Bedeutung verlor die Siedlung nach und nach durch den Aufschwung Konstantinopels. Hinzu kam, dass Alexandria Troas im Jahre 267 n. Chr. von den einfallenden Goten geplündert wurde, was die geschwächte wirtschaftliche Lage der Stadt zusätzlich negativ beeinträchtigte. Während der byzantinischen und osmanischen Zeit transportierte man schließlich unzählige Steine der Stadt als Baumaterial nach İstanbul. Aus diesem Grunde wird die Stadt von den Einheimischen auch Eski İstanbul, „Altes İstanbul", genannt.

Wann und warum die Ortschaft schließlich von ihren Bewohnern aufgegeben wurde, ist bis heute unklar. Fest steht, dass die verfallenen Bauten der Stadt noch bis weit ins Mittelalter und in die frühe Neuzeit hinein gut sichtbar waren und einige Reisende dazu veranlassten, in ihnen die Ruinen des antiken Troia zu vermuten.

Ungefähr 13 Kilometer von Alexandria Troas entfernt, findet sich am Hang des Çığrı Dağı die antike Stätte Neandria. Die Stadt ist von einer 3200 Meter langen, aus polygonalem Mauerwerk errichteten Verteidigungsmauer umgeben. Antiken Quellen zufolge sind die Bewohner dieser Ansiedlung, die die Aioller gründeten, gegen Ende des 4. Jahrhunderts v. Chr. nach Alexandria Troas an die Küste ausgewandert. Es wird vermutet, dass die verschiedenen in Neandria dokumentierten Bauten über einen Zeitraum von 100 Jahren benutzt wurden.

An der Spitze der Halbinsel Troas befindet sich das antike Chryse, am unteren Rand eines Hanges gelegen, an dem heute ein kleiner Ort namens Gülpınar liegt. Hier befindet sich die Ruine eines großen Tempels des Apollon Smintheus, der aus der zweiten Hälfte des 3. Jahrhunderts v. Chr. stammt. Er wurde bereits im 19. Jahrhundert freigelegt und nach einer Überbauung inzwischen erneut ausgegraben.

Nur dem geschulten Auge erschließen sich die Baustrukturen des antiken Neandria aus dem 5. Jahrhundert v. Chr., das sich über den Çığrı Dağ erstreckt. Doch landschaftlich äußerst beeindruckend ist die Gegend allemal.

GÖKÇEADA, BOZCAADA UND İZNİK GÖLÜ

Der Provinz Çanakkale vorgelagert liegen die beiden Inseln Gökçeada und Bozcaada. Bozcaada, die antike Insel Tenedos, ist etwa 42 Quadratkilometer groß und an ihrer höchsten Stelle, dem Göztepe, 192 Meter hoch. Die größere Insel Gökçeada liegt nordwestlich davon und ist seit prähistorischer Zeit besiedelt. Während des Mittelalters gehörte sie zum Byzantinischen Reich und später, vor dem Fall Konstantinopels im Jahre 1453, zum Osmanischen. Zwischen 1919 und 1923 gehörten beide Inseln zur Provinz Ostthrakien und damit zu Griechenland, bevor 1923 mit dem Vertrag von Lausanne die Inseln entmilitarisiert und der Türkei zugesprochen wurden.

Im nordwestlichen Teil Kleinasiens, der in der Antike Bithynien genannt wurde, liegt der İznik Gölü, der mit seinen 313 Quadratkilometern der größte See der Marmararegion ist. An seinem Ufer findet sich die kleine Stadt İznik mit ihrer eindrucksvollen Festungsmauer. In hellenistischer Zeit angelegt, wurde sie während der spätbyzantinischen Zeit erneuert und später sogar von Seldschuken und Osmanen genutzt und immer wieder restauriert. Gegründet wurde die Stadt, die Ende des 2. Jahrtausends v. Chr. bereits eine Vorgängersiedlung hatte, im Jahre 316 v. Chr. von Antigonos dem Einäugigen unter dem Namen Antigoneia. Bereits um 300 v. Chr. fiel sie jedoch dem Diadochen Lysimachos zu, der sie nach seiner Frau „Nikaia" benannte. Ende des 3. Jahrhunderts v. Chr. war sie zeitweise Hauptstadt der bithynischen Dynastie, gedieh aber insbesondere unter den Römern nach 74 v. Chr. Kaiser Hadrian ließ sie nach einem verheerenden Erdbeben 123 n. Chr. wieder aufbauen. Ihre historische Bedeutung erlangte die Stadt aber vor allem durch das erste ökumenische Konzil im Jahre 325, bei dem die Lehre des Arius geächtet wurde, die besagte, das Christus und Gott ähnlich, aber nicht wesensgleich seien. Im 16. Jahrhundert stieg İznik zum Zentrum der Fliesenproduktion auf und konnte während der Hochblüte des 16. und 17. Jahrhunderts mit über 300 Keramikwerkstätten aufwarten. Die meist mit Pflanzenmotiven verzierten Fliesen fanden sich – und finden sich zum Teil auch heute noch – in nahezu allen bedeutenden Moscheen des Landes. Im 18. Jahrhundert wurden die Keramikmanufakturen nach İstanbul verlegt, wo die Produktion jedoch nicht mehr die Qualität der İznik-Fliesen erreichen konnte.

Fischer am İznik Gölü

BURSA

Rund 60 Kilometer südwestlich von İznik liegt die Provinzhauptstadt Bursa, die viertgrößte Stadt der Türkei. Sie erstreckt sich im Norden am Fuße des Uludağ als bedeutender Standort für die Automobil- und Textilindustrie. Der Name der 1,5 Millionen Einwohner zählenden Stadt ist eng mit der Geschichte des Osmanischen Reichs verbunden. Zehn Jahre wurde sie von den osmanischen Streitkräften belagert, die sie 1326 einnahmen. Osman, der Gründer der Dynastie, erklärte noch kurz vor seinem Tod den Wunsch, in der byzantinischen Stadt begraben zu werden, deren Eroberung er noch erleben konnte. Sein Sohn Orhan errichtete in Bursa die Hauptstadt des Reichs und begann unmittelbar mit deren Ausbau.

Allgegenwärtig sind noch heute die teils ehrgeizigen osmanischen Bauwerke, die von den bedeutendsten Architekten des Landes stammen und stilistische Grundlage für die Bauwerke des großen Architekten Sinan darstellen. Erst als die Sultane nach İstanbul gingen und sich dort im Topkapi Sarayı einrichteten, ging die große Zeit Bursas als Hauptstadt zu Ende. Auf die wirtschaftliche und kulturelle Entwicklung hatte dies jedoch keinen nennenswerten Einfluss. Zu den meistbesuchten Sehenswürdigkeiten zählt das Grabmal von Sultan Mehmed I., die 1421 fertig gestellte Ulu Camii, die 1420

Die im Jahre 2002 restaurierte osmanische Igrandi-Brücke in Bursa stammt noch aus dem 15. Jahrhundert. Sie überspannt mit einem Bogen den Gökdere.

errichtete Yeşil Cami und die Orhan-Gazi-Moschee, die 1339/40 von Orhan gestiftet wurde. Südlich der Yeşil Cami steht die so genannte Yeşil Türbe mit ihrer hohen Kuppel aus dem Jahre 1421, deren grüne (tr. yeşil) Fayencen jedoch erst im 19. Jahrhundert angebracht wurden.

Auf dem Hausberg Bursas, dem 2543 Meter hohen Uludağ, liegt eines der beliebtesten Skigebiete der Türkei, das mit einer Seilbahn, der Teleferik, die 1963 als erste in der Türkei eröffnet wurde, direkt von Bursa aus erreicht werden kann.

Uludağ ist ein beliebtes Skigebiet in der Türkei. Im Sommer lädt es zu ausgedehnten Wanderungen ein.

Vom schweren Erdbeben des 17. Augusts 1999 war auch der Ort Adapazarı betroffen. Wände der Ulu Camii sanken durch die Bodenverflüssigung etwa 50 Zentimeter in den Boden ein. Kurz nach der Erschütterung stürzte auch das Minarett um.

Nachdem im Jahre 2006 eine Verwaltungsreform stattgefunden hat, wurden İzmit und die Provinz Kocaeli zusammengefasst: Dort leben etwa 1,2 Millionen Einwohner. İzmit liegt auf asiatischer Seite in einer schmalen Bucht des Marmarameers und gilt als Industriezentrum mit dem höchsten Bruttosozialprodukt; unter anderem ist hier die Automobilindustrie angesiedelt, die auch westeuropäische Fahrzeuge baut. İzmit besteht aus den Stadtteilen Saraybahçe und Bekirpaşa und ist von hohen Bergen, die im Winter Skifahrer anziehen, umgeben. Die einzigen historischen Spuren außerhalb des archäologischen Museums sind auf dem Burghügel mit Resten einer byzantinischen Befestigungsanlage zu finden. Doch bereits im 8. Jahrhundert v. Chr. gründeten Siedler von Megara hier den Ort Olbia, den Lysimachos im Jahre 326 v. Chr. zerstörte. Nach seinem Tod baute der erste König des Königreichs Bithynien – Nicomedes – die Stadt unter dem Namen Nicomedia wieder auf und machte sie zu seiner Hauptstadt. Nach dem Tod des erbenlosen Herrschers ging die Stadt testamentarisch an Rom. Innerhalb ihrer wechselvollen Geschichte wuchs ihre Bedeutung Anfang des 4. Jahrhunderts unter Kaiser Diokletian und gehörte ab dem 14. Jahrhundert zum Osmanischen Reich.

Die Provinz Sakarya ist einerseits ein Industriezentrum, andererseits liegen ausgedehnte fruchtbare Felder in ihren weiten Ebenen. Die Provinzhauptstadt ist Adapazarı. Den Erzählungen nach sollen die Menschen aus diesem Gebiet in alten Zeiten für ihre ausgesprochene Schönheit berühmt gewesen sein; jedenfalls ist die Gattin Hadrians in dieser Gegend aufgewachsen, bevor sie als seine Braut nach Rom kam. Die wichtigsten Wirtschaftszweige sind die Tabak-, Zucker- und Nahrungsmittelindustrie sowie das Traktor- und Eisenbahnwerk. Die ökonomisch aufstrebende Stadt profitiert von der Nähe zum Hafen von İzmit und liegt zudem verkehrsgünstig auf der Strecke von İstanbul nach Ankara.

Die Provinzhauptstadt Bandırma in der Provinz Balıkesir liegt in einer Hafenbucht des Marmarameers und besitzt nach İstanbul den zweitgrößten Hafen des Binnenmeers. Der Stadt vorgelagert erstreckt sich die Halbinsel Kapı Dağı Yarımadası mit der Stadt Erdek, die sich aufgrund ihrer schönen Strände inzwischen zu einem Touristenort mit zahlreichen Hotels und vielfältigen Freizeitmöglichkeiten entwickelt hat. Zwischen den beiden Städten lag einst die antike Siedlung Kyzikos, die im 8.

Jahrhundert v. Chr. als Kolonie Milets gegründet wurde und rasch zu großer Blüte gelangte. Im Jahre 334 ließ Alexander der Große mittels zweier Brücken eine Verbindung zum Festland schaffen, wovon heute jedoch nichts mehr zu sehen ist. In der Römischen Kaiserzeit war Kyzikos eine der bedeutendsten Städte Kleinasiens, hatte jedoch mehrfach unter großen Erdbeben zu leiden; so wurde sie im Jahre 543 nahezu gänzlich zerstört. Nach ihrem Wiederaufbau fiel der Stadt die Rolle als Streitgegenstand zu und wurde im 7. Jahrhundert von den Arabern, als sie in Richtung Konstantinopel zogen, wiederum zerstört. Danach fand sie noch ab und zu im Zusammenhang mit Streitigkeiten von Seldschuken, Byzantinern und Kreuzrittern Erwähnung, wurde aber schließlich aufgegeben.

Gut 10 Kilometer südlich von Bandırma liegt der Kuş Gölü mit dem Kuş Çenneti Nationalpark, einem Paradies für Vögel. Gegen Ende des Winters lassen sich hier Zugvögel nieder, um ihre Brutstätten einzurichten, und verlassen ihn gegen Ende des Sommers wieder. Rund drei Millionen Vögel und 240 verschiedene Vogelarten – so die Schätzungen – lassen sich in den Sommermonaten hier beobachten. Für Vogelkundler und Interessierte wurde von der Parkverwaltung ein Informations- und Museumsgebäude eingerichtet.

Erdek befindet sich auf der Halbinsel Kapı Dağı Yarımadası. Dank der wunderschönen Strände hat sich die Stadt zu einem touristischen Zentrum entwickelt.

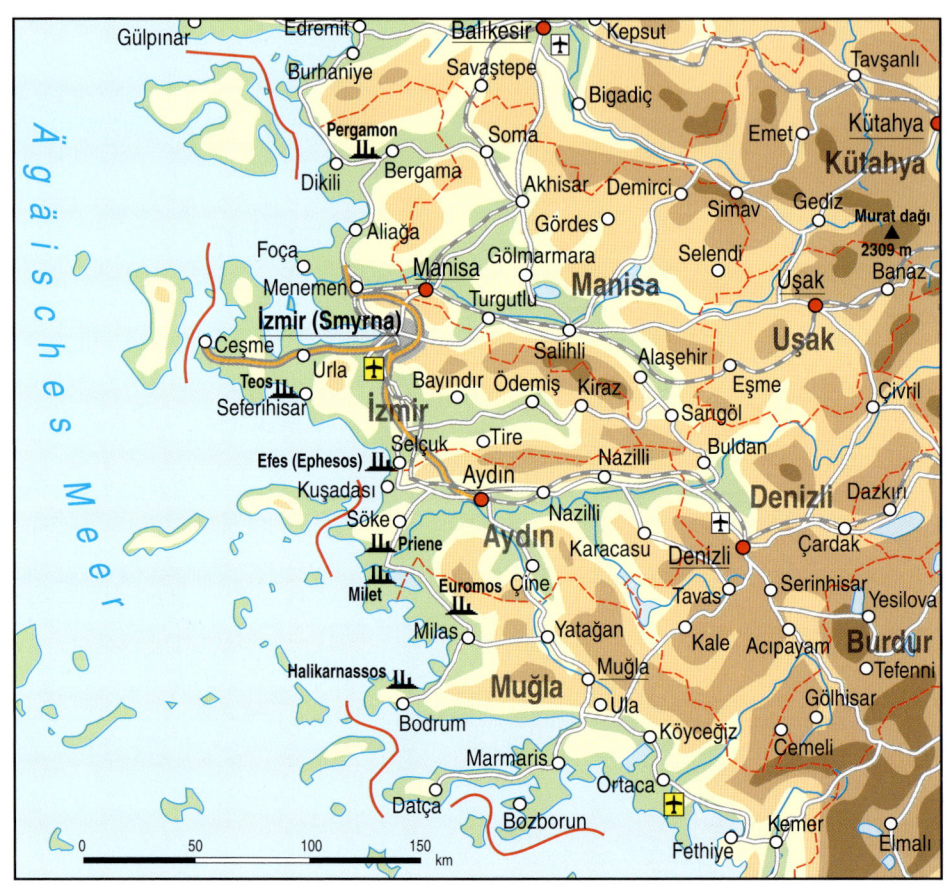

ÄGÄISREGION

GEOGRAFIE UND GEOLOGIE

Knapp elf Prozent des türkischen Staatsterritoriums werden von der im Westen gelegenen Ägäisregion, der Ege Bölgesi, eingenommen. Im Norden beginnt sie mit der Bucht von Edremit und reicht bis zur Mündung des Köyceğiz-Sees im Süden. Das Gebiet erstreckt sich auf einer Fläche von etwa 79 000 Quadratkilometern als breites Band entlang dem unmittelbar angrenzenden Ägäischen Meer und umfasst die Provinzen Afyonkarahisar, Aydın und Denizli, İzmir, Kütahya, Manisa, Muğla und Uşak.

Mit seinen weiten Küstenebenen, den zahlreichen in sich geschlossenen kontinentalen Hochbecken, seinen breiten ostwestorientierten Talfurchen im westlichen Tief- und Hügelland sowie den bis zu

FOLGENDE DOPPELSEITE:

Die wunderschönen Küsten von Marmaris (Foto oben) und Bodrum (Foto unten)

Segelparadies Ägäisküste

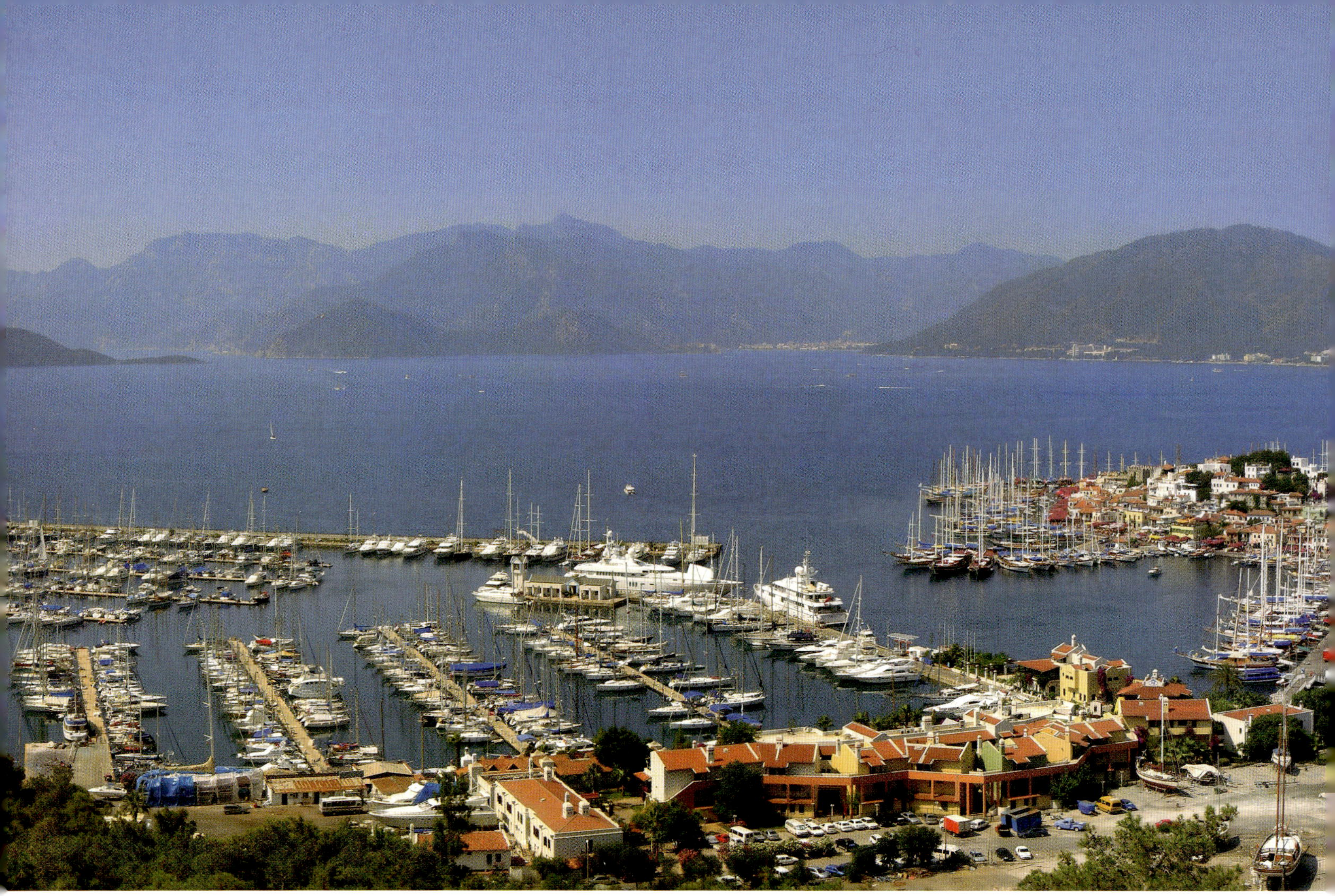

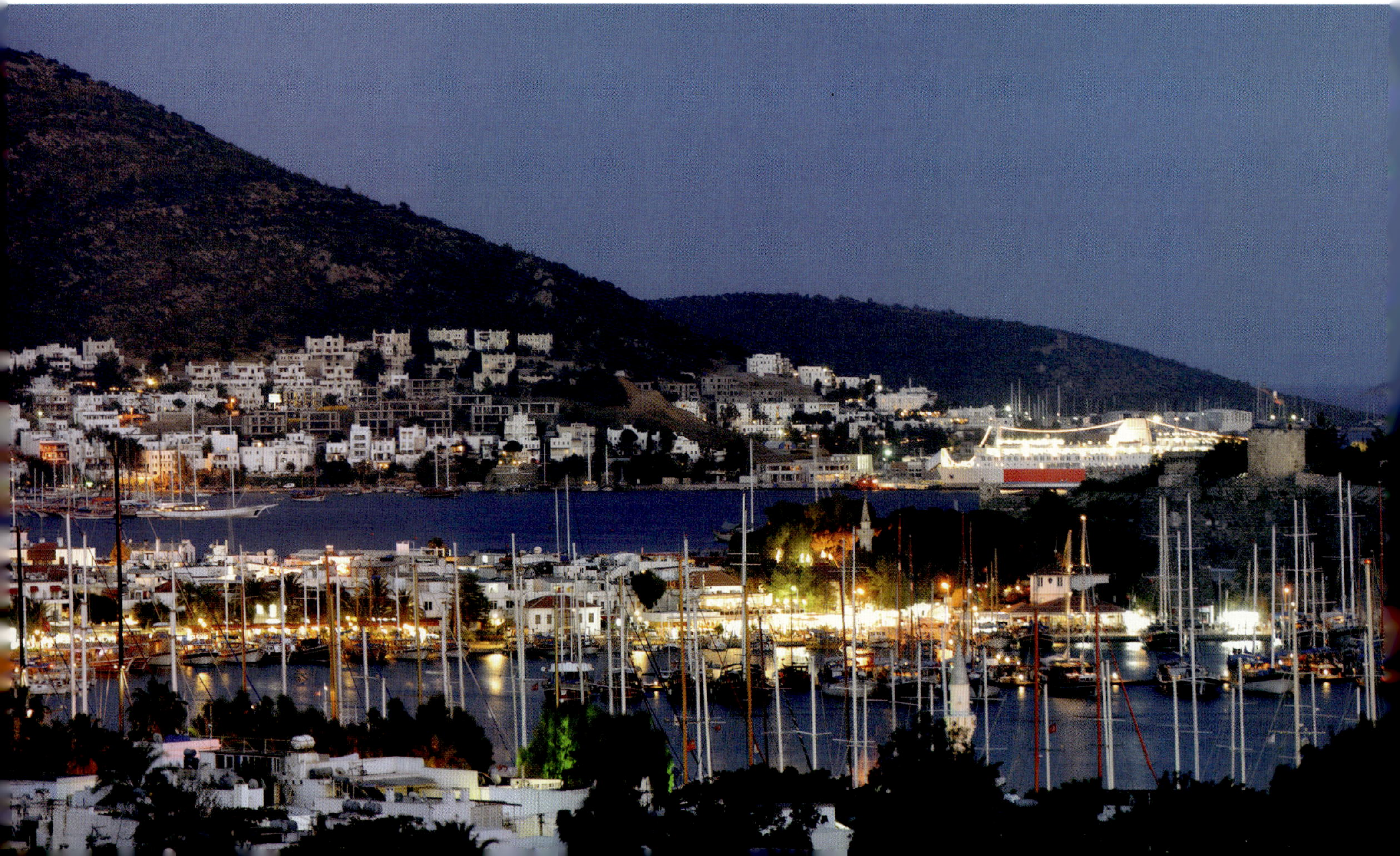

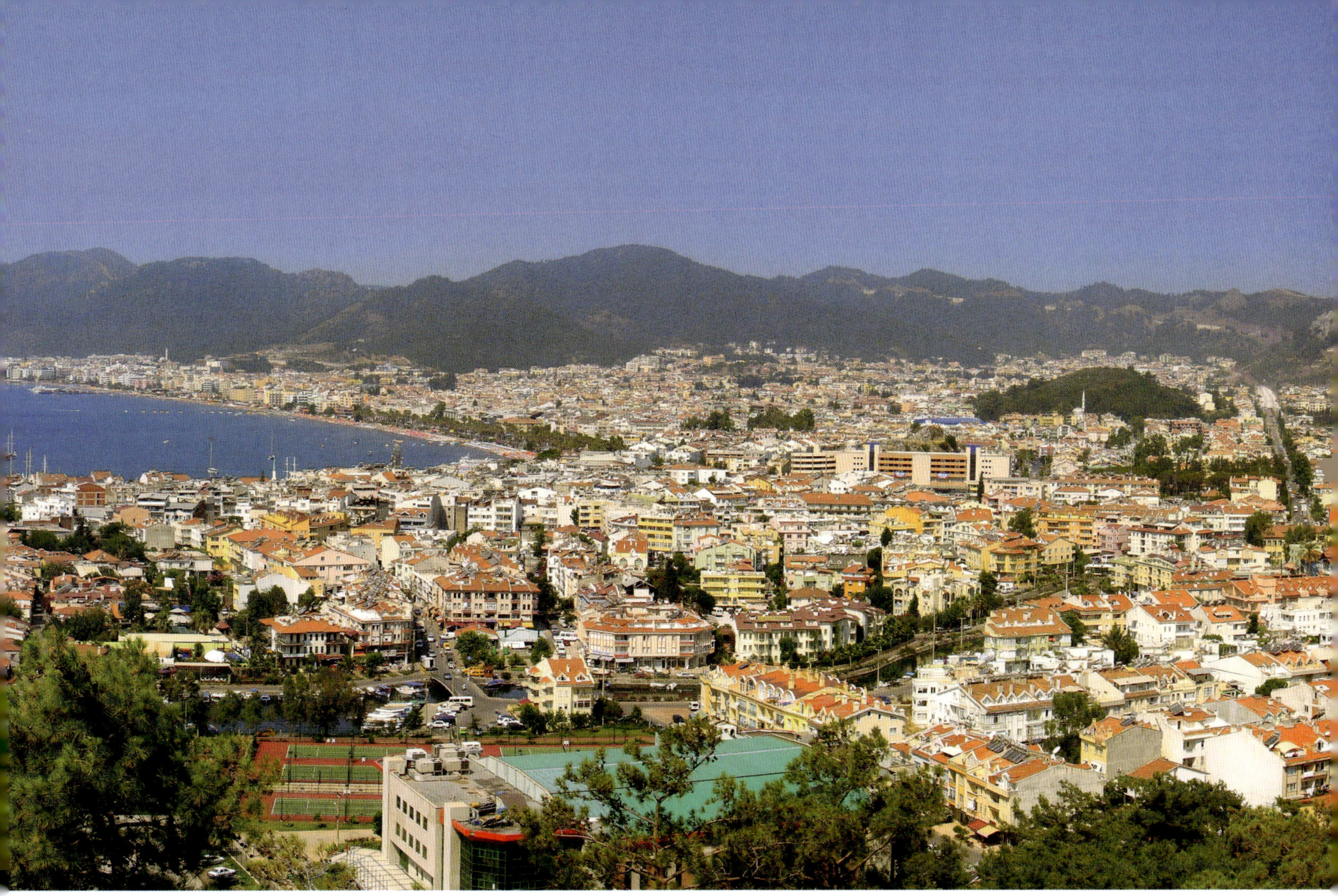
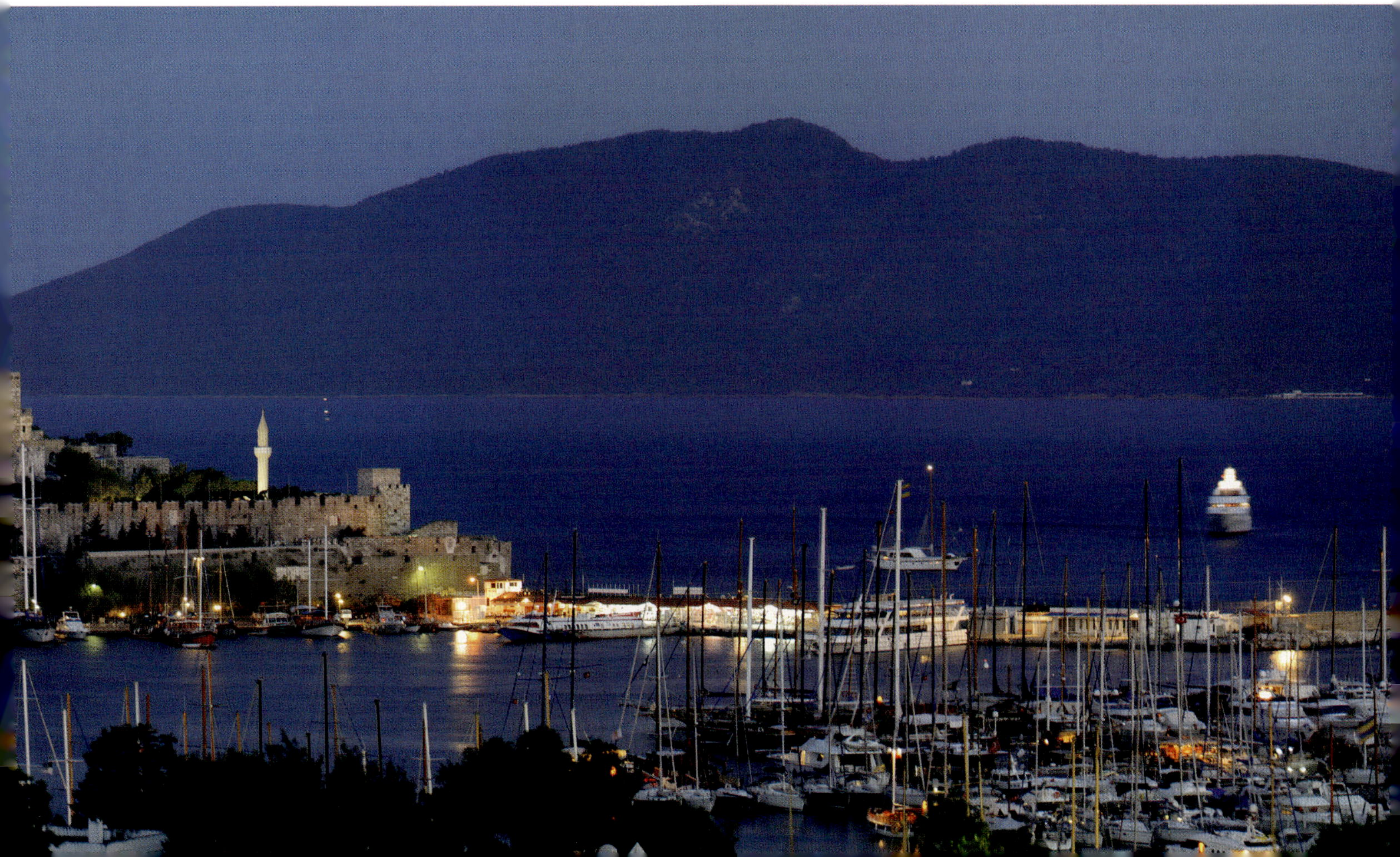

2157 Meter hohen, etwas weiter im Hinterland gelegenen Gebirgsmassiven ist die Ege Bölgesi geophysikalisch deutlich vielfältiger aufgebaut als andere Regionen Anatoliens. Die komplizierte Küstenlinie mit ihren vielen Inseln, zahllosen, mitunter nur wenige Meter breiten Buchten und kleinen Bergen charakterisiert die Landschaft ebenso wie die großen Flüsse, die die fruchtbaren Grabensenken durchströmen. Die gesamte Region liegt im Bereich einer lang gestreckten tektonischen Linie und bildet eine aktive Erdbebenzone.

Entsprechend seiner naturräumlichen und Gegebenheiten gliedert sich die Ägäisregion in zwei Teilbereiche. Das Relief des westlichen Gebiets, die ägäische Küstenzone, ist im Wesentlichen durch höhere, von Osten nach Westen ziehende Bergzüge mit dazwischen gelegenen Senken geprägt. Zu den bedeutendsten Höhenlinien zählen die Kaz Dağları im Norden der Region sowie die Boz Dağları und Aydın Dağları im Süden von İzmir. In den Beckengebieten, die sich zwischen diesen

Der „Kupferberg" Bakırlıdağ im Hinterland von Ayvalık diente bereits in hellenistischer Zeit als Kupferlieferant.

ausbreiten, sind nicht selten größere Flussläufe eingetieft, wie etwa der Bakırçay, der Gediz, der Küçük Menderes und der Büyük Menderes, die allesamt in die Ägäis münden. Ergänzt wird das Landschaftsbild durch mehrere Halbinseln, wie diejenigen von Karaburun, Bodrum und Datça sowie durch die Buchten von Edremit, İzmir Kuşadası, Güllük und Gökova. Die breiten, vom Meer aus landeinwärts ziehenden Geländeeinschnitte tragen wesentlich dazu bei, dass sich das an der Küste vorherrschende mittelmeerische Klima bis weit in das Landesinnere hinein fortsetzt. Während in niederen Lagen dichte Macchia vorherrscht, sind die Höhenlagen bewaldet.

Den zweiten geografischen Abschnitt der Ege Bölgesi nimmt das Gebiet zwischen der ägäischen Küstenlandschaft und dem im Osten angrenzenden Zentralanatolien ein. Das weitläufige steppenbedeckte Plateau wird von Gebirgen wie etwa den Emir Dağları, den Eğrigöz Dağları oder den Türkmen Dağları überragt; auch verläuft hier die Grenze zwischen Mittelmeer- und Kontinentalklima.

Der Büyük Menderes hat an seiner Mündung in die Ägäis das Meer mit Anschwemmungen aufgefüllt und einen Küstenstreifen zwischen Ephesos und Selçuk, den Pamukcak, entstehen lassen.

KLIMA

Die klimatischen Verhältnisse der Region Ege sind wesentlich durch einen Wechsel von feuchten Wintern zu trockenen, warmen Sommern geprägt. Bei insgesamt typisch mediterranem Klima liegen hier die durchschnittlichen Temperaturen allerdings deutlich niedriger als an der Südküste: Ausläufer des westlichen Taurus im Süden der Landschaft verhindern das Eindringen von Warmluftmassen aus Richtung der südlichen Mittelmeerküste und schwächen das mittelmeerische Klima dadurch erheblich ab.

Im Norden wird die Region dagegen durch das Bergmassiv der Kaz Dağları vor winterlichen Kälteeinbrüchen geschützt. Allerdings dringt durch die lang gestreckten, ostwestorientierten Talfurchen im Tief- und Hügelland das Mittelmeerklima von der Küste aus bis weit in das Landesinnere vor, während die dazwischen liegenden Gebirgsrücken vergleichsweise kühl und feucht bleiben. Hierfür sind unter anderem die beständigen, bisweilen stark böig auffrischenden Sommerwinde über der Ägäis und der vom Meer her Kühlung bringende Westwind Imbat verantwortlich.

In der Küstenmetropole İzmir variieren im Januar die Lufttemperaturen zwischen 13 °C am Tage und 4 °C in der Nacht, wobei – wenn auch nur überaus selten – plötzliche Kälteeinbrüche zu Frost und kurzzeitig zu Temperaturen von unter -5 °C führen können. In den Sommermonaten Juli und August liegen die Werte dann bei 33 °C am Tage und bei 20 °C nachts. In der Region Ege scheint die Sonne im Jahr an nicht weniger als 2929 Stunden; davon entfallen allein rund 113 Stunden auf den Dezember, bis zu 131 Stunden auf den Januar und jeweils 380 Stunden auf die Monate Juli und August. Nachhaltig von den allgemein vorherrschenden Witterungsbedingungen beeinflusst sind die Wassertemperaturen der Ägäis: In den Sommermonaten Juli und August erreichen sie mit 23 °C die höchsten Durchschnittswerte und sinken im Zeitraum von September bis Februar nach und nach auf 13 °C ab; im März und April steigen sie schließlich wieder um 2 bis 4 °C an, um im Mai bereits wieder Werte von 18 °C zu erreichen. Die durchschnittlichen jährlichen Niederschlagsmengen von 652 Millimetern kommen in İzmir an rund 60 Tagen zusammen. Davon entfallen rund zehn Tage auf die Monate Dezember und Januar, vier Tage auf Mai und Oktober, zwei Tage auf Juni und September sowie weniger als ein Tag auf Juli und August.

Die an der Westküste gelegene Provinzhauptstadt İzmir ist die drittgrößte Stadt der Türkei und wichtiger Hafen- und Handelsplatz. Sie liegt am Golf von İzmir, der zu den schönsten Buchten des Ägäischen Meers zählt.

Dorf in der schroffen, von Vulkanen geprägten Landschaft Kulas.

FLORA UND FAUNA

Die Vegetation an der Ägäisküste weist die typischen Merkmale der mediterranen Küstengebiete auf. Die milden Winter ermöglichen den Wuchs von immergrünen Hartlaubwäldern, da die Feuchtigkeit und Temperatur ein Abwerfen des Laubs nicht nötig macht. Je nach Umfang menschlicher Eingriffe oder regionaler Bedingungen entwickelte sich der Hartlaubbewuchs entweder zu hochwüchsigen Wäldern oder niedrigem, zwischen den Kulturflächen gelegenem Buschwald.

Am meisten verbreitet ist die Kermeseiche. Hinzu kommen Erdbeerbaum, Terpentinpistazie, Baumheide, Johannisbrotbaum, Myrte, Wildolive und – an den feuchteren Küstenabschnitten – der Lorbeerbaum.

Seit einigen Jahren entstehen in nur kurzer Zeit völlig neue Dörfer und Städte abseits der gewachsenen Siedlungen und Ballungszentren.

In den küstenfernen höheren Regionen stehen Pinien. Als Besonderheit wächst bei Köyceğiz der Weihrauchbaum. In den Schwemmlandebenen herrscht Schilf vor, sofern es nicht durch menschliche Eingriffe entfernt wurde. Die Obergrenze in der Höhenlage mediterraner Vegetation fällt von Süden

nach Norden hin ab. In den fruchtbaren Flussdelten des Küçük Menderes und des Büyük Menderes wachsen Feigen, Baumwolle, Tabak, Wein und Gemüse. In diesen Bereich fällt auch das Hauptverbreitungsgebiet der Olivenbäume, die in alten Hainen die Hänge überziehen. Nur im Schwemmland kommen sie aufgrund des weniger geeigneten Bodens nicht vor.

Im nördlichen Abschnitt der Ägäisküste werden Ölbäume, Wein und Getreide angebaut. Südlich und südöstlich von İzmir überwiegen Tabak und Baumwolle. Im nördlichen Bereich werden Oliven, Wein und Getreide angebaut, an der lykischen Küste findet man ausgedehnte Orangen-, Zitronen- und Mandarinenplantagen, und in riesigen Gewächshäusern werden Tomaten kultiviert.

Im Gegensatz zu den meisten Küstenabschnitten anderer Mittelmeeranrainer hat sich an der Ägäisküste die einheimische Flora trotz menschlicher Eingriffe gut erhalten: Neophyten – wie sie an der französischen, spanischen oder italienischen Küste allgegenwärtig sind – spielen hier keine nennenswerte Rolle, was kulturhistorische Gründe haben dürfte. Lediglich in den erst in jüngerer Zeit erschlossenen Schwemmlandebenen wachsen nun auch Eukalyptusarten, die ursprünglich in Australien oder Indonesien heimisch waren.

BEVÖLKERUNG

Mit einem Anteil von 61,5 Prozent an der Gesamtbevölkerung leben in der Region Ege deutlich mehr Menschen in Städten als auf dem Land. Die Einwohnerzahl belief sich – bei einem Bevölkerungszuwachs von jährlich 1,6 Prozent – im Jahr 2000 auf rund 9 Millionen; mit 113 Personen pro Quadratkilometer ist die heutige Besiedlungsdichte verhältnismäßig hoch.

Im ägäischen Raum lagen in der Antike die Landschaften Ionien sowie Teile Kariens, Lydiens und Phrygiens. Als Zentrum der griechischen Kultur trat vor allem Ionien mit bedeutenden Stadtgründungen wie Pergamon, Smyrna und Ephesos in Erscheinung. Bis 1923 war der Westen der Region mehrheitlich von Griechen bewohnt; erst durch den „Bevölkerungsaustausch" mit Griechenland ließen

Im Gegensatz zur äußerst modern geprägten Küstenzone mit ihren zahlreichen größeren Städten und Ferienorten haben sich im Landesinneren der Ägäisregion vielfältige Traditionen erhalten.

sich in den geräumten Gebieten Türken aus anderen Teilen des Landes nieder; Kurden und eine kleine aramäisch sprechende Minderheit kamen erst später in den wirtschaftlich prosperierenden Raum.

In der Küstenmetropole İzmir hatte über mehrere Jahrhunderte hinweg eine ladinosprachige jüdische Gemeinde Bestand, allerdings sind deren Träger heute größtenteils nach Israel ausgewandert. Eine ossetische Minderheit lebt heute in der Provinz Muğla, und im Großraum Manisa sind des Weiteren zahlreiche Kasachen, zumeist Flüchtlinge aus Afghanistan, beheimatet.

WIRTSCHAFT

Gemessen am Grad der Industrialisierung nimmt der ägäische Raum gegenwärtig den zweiten Platz innerhalb der Türkei ein – hinter der Marmararegion. Die Versorgung der Produktionsanlagen mit Energie wird dabei insbesondere durch die großen Wasserkraftwerke in Kemer und Demirköprü sowie durch die Wärmekraftwerke in Soma, Tunçbilek und Yatağan gewährleistet.

Im Golf von İzmir, im Ort Çamaltı, befindet sich die größte Anlage zur Salzgewinnung des Landes. Daneben dominiert im Einzugsgebiet der Wirtschaftsmetropole – die von ihrem Exporthafen und den gut erschlossenen Agrarräumen im Hinterland profitiert – zwar vor allem die Nahrungsmittel-, Automobil- und Textilindustrie, aber auch Betriebe zur Herstellung von Maschinen und Einzelteilen sind

Im ländlichen Raum der Ägäis herrschen noch immer stark traditionell geprägte Gesellschaftsstrukturen in den Dörfern.

RECHTE SEITE:
Endlose Strände und Naturoasen, wie hier der Schildkrötenstrand nahe Dalayan, tragen entscheidend zum Tourismusboom bei.

Der Asansör – der Aufzug – von İzmir wurde 1907 im Auftrag des jüdischen Geschäftsmanns Nesim Levi Bayraklıoğlu erbaut (Foto u.).

hier in großer Zahl angesiedelt. Weltweiten Ruf genießt İzmir mittlerweile auch als Messestadt, zudem ist hier das internationale Finanzwesen ständig auf dem Vormarsch.

Nahe İzmir liegt in einer größeren Bucht die Ortschaft Aliağa. Eine große Erdölraffinerie hat sich hier angesiedelt. Die bedeutendsten textilverarbeitenden Großbetriebe der Region Ege befinden sich in Denizli, während Orte wie Demirci, Gördes, Kula, Simav und Uşak insbesondere für ihre großen Teppichknüpfereien bekannt sind. Ebenso hoch entwickelt ist die Baumwollweberei in Aydın, Denizli, Uşak und Nazilli.

Wenn auch Afyon heute besonders wegen seiner – unter strengster staatlicher Kontrolle stehender – Produktion von Opium bekannt ist, gehört der hier abgebaute weiße Marmor im Grunde seit der Antike zu einem der begehrtesten Natursteine im gesamten Mittelmeerraum. Einst war dieser als „phrygischer Marmor" bekannt und schmückte Gebäude wie etwa die Hagia Sophia in İstanbul oder San Vitale in Ravenna. Heute konkurriert das blütenweiße Gestein mit Carrara-Marmor aus Italien. Seine Preise sind entsprechend auch um das etwa Dreifache höher als die des „normalen" Marmors. Ein Großteil des im ägäischen Raum produzierten, äußerst qualitätsvollen Olivenöls wird in der Gegend um Ayvalık und Edremit hergestellt, in Uşak und Afyon wird Zucker gewonnen, daneben gibt es in Kütahya, das vor allem wegen der Herstellung farbenprächtig verzierter Tonwaren und Fliesen bekannt ist, noch eine Schwefelfabrik.

Zu einem nicht zu unterschätzenden Wirtschaftsfaktor hat sich insbesondere in den letzten Jahrzehnten der Tourismus entwickelt. Durch ihre naturräumlichen Vorzüge zieht die türkische Ägäisküste alljährlich nicht nur mehrere Millionen Urlauber aus dem Ausland an, sondern auch in zunehmendem Maße aus dem Inland. Zu den beliebtesten Reisezielen zählt dabei die Bucht von İzmir mit den in der Umgebung gelegenen Badeorten Foça, Urla, Çeşme und Kuşadası. Auch die oft kilometerlangen Strände der etwas weiter im Süden gelegenen Orte Bodrum, Datça und Marmaris sind mittlerweile weltberühmt.

Mit bedeutenden archäologischen und historischen Stätten wie Didyma, Pergamon, Ephesos, Pamukkale oder Selçuk findet zudem auch das kulturelle Angebot der Region nur schwerlich seinesgleichen.

Immer mehr Menschen entdecken die Türkei, und insbesondere die Ägäisregion, als Urlaubsziel. Damit geht nicht nur ein Strukturwandel, sondern auch ein wichtiger wirtschaftlicher Aufschwung einher.

Das Wahrzeichen İzmirs, der elegante Saat Kulesi, wurde im Jahr 1901 im Auftrag von Sultan Abdulhamid auf dem Konak-Platz im Zentrum der Stadt erbaut.

BEDEUTENDE ORTE UND SEHENSWÜRDIGKEITEN

Die Ägäisregion ist eine der kulturhistorisch reichsten Landschaften der Türkei – zumindest, was die noch bzw. wieder sichtbaren antiken und historischen Monumente und Stätten betrifft. Nirgendwo anders kann man in so kleinen räumlichen Abständen eine solche Vielzahl an Theatern, großen Agoren, Festungen und Tempeln sehen wie dort.

Schon vor über 2000 Jahren reisten zahlreiche Pilger und Heilsuchende, Händler und im weitesten Sinne „Touristen" in die Ägäisregion, um die berühmten Tempel, Orakelstätten und medizinischen Einrichtungen zu besuchen. In der römischen Kaiserzeit kam man vor allem, um sich in der „Weltstadt Ephesos" zu vergnügen und von dort aus eine Reise nach Troia, die Heimatstadt des legendären römischen Stadtgründers Aeneas, zu unternehmen. Später dann war die Ägäis Ziel und Wirkungsstätte verschiedener Apostel und Prediger der christlichen Kirche, wie etwa Paulus oder Johannes. So finden sich Erwähnungen zahlreicher Orte etwa im Neuen Testament in der Apostelgeschichte wieder.

Ständig wachsende Einwohnerzahlen haben auch innerhalb des Stadtgebiets von İzmir zu einer deutlichen Zunahme der Besiedlungsdichte geführt.

İZMİR

Mit Sicherheit darf man die Provinzhauptstadt İzmir, das antike Smyrna, als das heutige Zentrum der Region bezeichnen. İzmir wurde am Ende eines lang gezogenen Golfs, der schon zu allen Zeiten Siedler angezogen hat, gegründet, und erstreckt sich bis zu den Hängen des Burghügels Kadifekale und – aufgrund seines permanenten Wachstums – inzwischen weit darüber hinaus. Die Stadt gilt als wichtiges Tourismus-, Kunst- und Kulturzentrum, allerdings auch als internationale Handelsmetropole und industrieller Ballungsraum. Zahlreiche Chartermaschinen der Reiseveranstalter landen täglich auf dem etwa 20 Kilometer entfernt liegenden internationalen Flughafen. Ähnlich wie İstanbul wächst auch diese Stadt seit Jahren extrem schnell, nicht zuletzt aufgrund der

illegal über Nacht erbauten Gecekondu-Viertel. Der Bau dieser ungeplanten Elendsviertel zeigt nicht nur die Armut weiter Teile der Bevölkerung, er führt nebenbei auch zu anhaltendem Verkehrschaos und bringt gemeinsam mit der Industrie größere Umweltverschmutzungen mit sich. Mittlerweile ist die am 9. September 1922 während des Befreiungskriegs von den Besetzern befreite Stadt bereits die drittgrößte Metropole des Landes.

Die erste Niederlassung lag etwas nördlich auf einem Hügel im Vorort Bayraklı, aus dem auch äolische Funde stammen. Der Überlieferung nach ist dort der erste uns namentlich bekannte Dichter, Homer, geboren, der mit seinen Epen gegen Ende des 8. Jahrhunderts v. Chr. die abendländische Litera-

Der Gediz schuf an der Ägäisküste ein über 20 Kilometer breites und 40 000 Hektar großes Flussdelta mit ausgedehntem, äußerst bizarr wirkendem Sumpfgebiet.

tur maßgeblich geprägt hat bzw. allgemein als Schöpfer derselben gilt. Alexander der Große verlegte 334 v. Chr. das alte Smyrna auf den Pagosberg, auf dem heute die Festung Kadifekale steht. Ihre derzeitige Gestalt stammt aus byzantinischer und spätosmanischer Zeit, aus der noch ein Tor, Teile der Mauern und Zisternen erhalten sind.

Auf dem Konak-Meydanı, einem der belebtesten und wichtigsten Plätze der Stadt, steht der Saat Kulesi, ein Uhrturm, der 1901 zum 25-jährigen Thronjubiläum Abdülhamits II. errichtet wurde und ein Beispiel des verspielten spätosmanischen Klassizismus darstellt.

Von überregionalem Interesse ist die internationale Messe, die jedes Jahr im Kulturpark in der Stadtmitte stattfindet, ebenso wie die internationalen Festspiele von İzmir. Nach den schweren Kämpfen zwischen den griechischen Einwohnern von Smyrna und den türkischen Streitkräften unter der Führung Mustafa Kemals brannte 1922 ein Großteil der Stadt nieder, so dass heute von der Altstadt nicht mehr viel zu sehen ist. Aus dem 17. Jahrhundert sind immerhin noch einige Karawansereien erhalten, die einst Endstation der inländischen Handelsrouten waren und heute als Lager genutzt werden.

MANİSA

Nordöstlich von İzmir, etwa 40 Kilometer entfernt, liegt – von Touristenströmen fast unbeachtet – die Provinzhauptstadt Manisa, das antike Magnesia am Sipylos. Zwischen beiden Städten erheben sich die Manisa Dağları mit dem 685 Meter hohen Sabuncubeli-Pass. Manisa liegt in der fruchtbaren Ebene des Gediz-Flusses und besitzt, neben den im Vergleich zu İzmir schmuckeren Moscheen, einen der buntesten Bauernmärkte der Region. Beispiele für die Moscheen sind die Sultaniye-Moschee, die die Mutter Süleymans des Prächtigen in Auftrag gab, sowie die Muradiye des bedeutendsten osmanischen Architekten Sinan, der auch die Süleyman-Moschee in İstanbul errichtete.

Im März jeden Jahres wird bei der Sultaniye-Moschee das Mesir-Fest gefeiert: Bonbons und kleine Päckchen mit Mesir-Paste werden dann von den Dächern der Moschee ins Volk geworfen. Der Ursprung dieses Brauchs liegt in osmanischer Zeit, als die erkrankte Mutter Süleymans des Prächtigen durch das Mesir, einer aus Gewürzen und Kräutern zubereiteten Paste, wieder gesundete.

Das bedeutendste Ereignis in der Geschichte der Stadt war die Schlacht bei Magnesia im Jahre 190 v. Chr., bei der Antiochos III. von den Römern unter Lucius Cornelius Scipio besiegt wurde. Im Süden wird die Stadt durch den Spil Dağı (antik Sipylos) begrenzt, dessen Gipfel mit seiner reichen Flora zum Nationalpark erklärt wurde.

KULA

In Richtung Uşak, gut 100 Kilometer von Manisa entfernt, liegt der Ort Kula, der in gewisser Weise einem Freilichtmuseum gleicht. Hier stehen noch die alten zwei- bis dreistöckigen Steinhäuser mit ihren hervorspringenden oberen Stockwerken und Erkern, die typisch für die anatolischen Kleinstädte waren. Die Altstadt steht unter Bebauungsschutz, wodurch dieses Kleinod mit seinen holprigen Pflasterstraßen und Schatten spendenden Innenhöfen auch künftig bewahrt bleiben soll. In der näheren Umgebung finden sich römische Felsreliefs, und die Gegend ist durch Vulkanismus zu einer ganz eigentümlichen Landschaft modelliert worden.

FOÇA

Das freundliche Hafenstädtchen Foça konnte viel von seiner Authentizität bewahren und verfügt über zahlreiche historische Bauten.

Nördlich von İzmir befindet sich der Ferienort Foça, der an der Stätte des antiken Phokaia entstanden ist. Die Phokaier galten in der Antike als ausgezeichnete Seeleute, die auch Kolonien gründeten, wovon die bekanntesten Samsun am Schwarzen Meer und Marseille sowie Nizza an der französischen Riviera sind.

Etwa acht Kilometer außerhalb liegt ein monumentaler Grabbau aus persischer Zeit, den man heute als Taş Kule (Steinturm) kennt. Die runde, fast geschlossene Bucht von Foça war der Haupthafen von Phokaia, ein weiterer, deutlich kleinerer befand sich nordwestlich der Bucht. 190 v. Chr. gingen die Römer gegen die Phokaier vor, danach blieb das Städtchen – abgesehen von einer kurzzeitigen Blüte im 13. Jahrhundert – weitestgehend bedeutungslos. Nach dem „Bevölkerungsaustausch" von 1923 verödete der Ort vollends. Im Laufe der letzten 20 Jahre ist Foça vor allem durch den Bau von Feriensiedlungen wieder zu mehr Ehren gekommen.

Rund 20 Kilometer nördlich von Foça liegt die kleine Industriestadt Aliağa. Tourismus spielt hier keine Rolle: Vielmehr ist die Stadt geprägt durch die hier ansässige größte Erdölraffinerie der Westtürkei sowie Abwrackwerften für ausgediente Frachter und Tanker.

Vom internationalen Massentourismus weitgehend verschont geblieben, ist Foça heute ein beliebtes Wochenend- und Ferienziel für die Einwohner von İzmir, die dem Trubel der Großstadt entfliehen wollen.

GEDİZDELTA

Zwischen İzmir und Foça hat sich das große Gedizdelta gebildet. Der Fluss Gediz ist mit rund 400 Kilometern Länge der zweitlängste Strom der Region und entspringt zwischen der Stadt Gediz und dem Murat Dağı. Er passiert das antike Sardes und Manisa, bevor er an der Ägäisküste ein über 20 Kilometer breites und 40 000 Hektar großes Flussdelta mit ausgedehntem, zum Teil bizarr wirkendem Sumpfgebiet bildet. Das Delta ist ein ausgesprochenes Tierparadies. Rund 230 Vogelarten, Säugetiere, Fische und Reptilien sowie unzählige Pflanzen sind hier zuhause. In den Wintermonaten halten sich im Delta rund 80 000 Vögel auf, darunter knapp 30 vom Aussterben bedrohte Arten. In dieser Gegend lassen sich Flamingos, Rötelfalken, Sporenkiebitze, Brandseeschwalben, Stelzenläufer und der bedrohte Säbelschnäbler beobachten. Über fünf Prozent der Krauskopf-Pelikane der Welt brüten hier, im Winter halten sich hier 300–700 Exemplare auf. Doch nicht nur für die Natur ist das Delta einzigartig, auch der Mensch profitiert in wirtschaftlicher Hinsicht: Mehr als ein Drittel des in der Türkei gewonnenen Salzes stammt von hier.

Fischerhütten im versumpften Deltabereich des Flusses Gediz.

AYVALIK

Seit ein paar Jahren ist das Gebiet um Ayvalık ein beliebtes Touristenziel, was vor allem auf den Sarımsalık-Strand zurückzuführen ist. Ohne Rücksicht auf Landschaft und Natur zersiedeln dort große Hotels und Pensionen die Gegend. Der Trubel, der den Sommer über in der mit landschaftlichen Reizen eigentlich gesegneten Region herrscht, unterscheidet sich nicht wesentlich von anderen Touristenorten des Mittelmeeres.

Der Ort Ayvalık selbst ist im Laufe des 16. und 17. Jahrhunderts als Zufluchtsort für eine griechisch-stämmige Bevölkerung entstanden, wovon heute noch mehrere zu Moscheen umgebaute Kirchen zeugen. Das laute Leben spielt sich entlang der Hauptstraße und am Hafen ab, während es in den Winkeln der Altstadt deutlich beschaulicher zugeht. Hier findet man auch noch viele Reste der alten griechischen Architektur. Durch den Bevölkerungsaustausch 1923 wurden hier auf Kreta ansässige Türken ange-

Blick auf die Bucht von Ayvalık
mit den vorgelagerten Inseln. Im
Hintergrund liegt die griechische
Insel Lesbos (Foto oben).
Die Kirche des Heiligen Taxiar-
chos im Norden der Stadt Ayvalık
beherbergt heute ein Museum
mit einer Ikonensammlung.

siedelt. Aus der Bucht von Ayvalık ragen eine ganze Reihe kleiner Inseln aus dem Wasser, zu denen Bootsausflüge angeboten werden. Sehenswert ist auch die Halbinsel Ali Bey Adası, die über den Damm oder mit dem Boot erreichbar ist und auf der noch einige Ruinen griechischer Gebäude zu besichtigen sind.

Mit einer Länge von knapp 200 Metern ist die Tavuk Adası eine der kleinsten Inseln vor Ayvalık. Sie liegt unmittelbar am Eingang einer weiten Bucht zwischen der Alibey Adası und dem Kap Hakkıbey Yarımadası. Von einem schmalen Landesteg abgesehen, findet sich auf der Tavuk Adası keinerlei moderne Bebauung. Im Zentrum des winzigen Eilands erheben sich zahlreiche Mauerreste einer kleinen, noch vollkommen unerforschten Klosteranlage aus byzantinischer Zeit. In dem überall von hohem Gestrüpp überzogenen Gelände zeichnen sich deutlich die Grundrisse mehrerer Nebengebäude ab, deren ursprüngliche Funktion derzeit jedoch noch unbekannt ist. In der Gegend um Ayvalık wird ein großer Teil des türkischen Olivenöls produziert.

Die Akropolis von Pergamon mit Traiantempel und einem Theater für knapp 10 000 Besucher an der abrupt abfallenden Westflanke.

BERGAMA/PERGAMON

Auf Höhe des kleinen Hafenstädtchens Dikili liegt landeinwärts am Bakır Çayı, dem antiken Fluss Kaikos, das Landwirtschafts- und Handelszentrum Bergama, aus dem ein großer Backsteinbau weithin sichtbar herausragt: die Kızıl Avlu, die Rote Halle. Im 2. Jahrhundert ließ Kaiser Hadrian diesen Bau als Tempel zu Ehren des ägyptischen Gottes Serapis errichten, später wurde er von den Byzanti-

Der berühmte, in weißem Marmor gehaltene Traiantempel in Pergamon wurde in Teilen wieder restauriert.

nern zur Johannes-Basilika umfunktioniert. Heute ist Bergama Zentrum des Tabak- und Feigenanbaus und findet durch seine Teppichknüpfereien weithin Beachtung.

Hauptsächlich ist der Ort jedoch wegen seiner antiken Vergangenheit berühmt. Die bedeutendsten architektonischen Überreste Pergamons, das in der Antike sowohl Zentrum der Kultur und Kunst als auch der Medizin war, befinden sich im Osten Bergamas auf der Akropolis, die fast 350 Meter aus dem breiten, fruchtbaren Tal herausragt. Hier sind noch die Reste der berühmten Bibliothek, die einst 200 000 Bücher beherbergte und derjenigen von Alexandria fast ebenbürtig war, zu sehen. Diese Bibliothek machte den Namen Pergamon letztendlich auch für die Nachwelt unsterblich: Als den Königen von Pergamon aufgrund eines ägyptischen Exportverbotes von Papyrus das Material für Bücher ausging, wurde das aus Tierhaut hergestellte „Pergament" zu diesem Zwecke verwendet. Durch dessen Beschaffenheit konnten die Schriftstücke nicht so gut gerollt werden wie diejenigen aus Papyrus und so wurden Einzelseiten zusammengebunden.

Fragmente des marmornen Giebels des in hadrianischer Zeit entstandenen Traiantempels.

Berühmt sind aber auch die Tempel der Athena und Trajans. Sie wurden inzwischen umfangreich restauriert, und das steilste Theater der Welt mit einem Fassungsvermögen von 10 000 Zuschauern kann man über einen schmalen Zugang betreten. Vom berühmten Zeusaltar ist nur noch der Grundriss zu sehen, den Altar selbst findet man nicht vor Ort, sondern im Pergamonmuseum in Berlin. Dieses wurde zwischen 1910 und 1930 für den Ende des 19. Jahrhunderts vom deutschen Ingenieur Carl Humann ausgegrabenen Pergamonaltar errichtet und zählt heute zu einem der meistbesuchten Museen in Berlin.

Schon im 7. Jahrhundert v. Chr. besiedelt, gewann Pergamon erst zur Zeit Alexanders des Großen und dann vor allem unter den Attaliden an politischer Bedeutung und stieg zeitweilig zur stärksten Militärmacht der Region auf. Mit dem Ende des Römischen Reichs endeten die glanzvollen Tage der Stadt, und sie wurde abwechselnd von Byzantinern, Arabern, Türken und Mongolen erobert. Am südwestlichen Stadtrand von Bergama liegt das Asklepieion – Heiligtum und medizinisches Behandlungszentrum zugleich –, das im 4. Jahrhundert v. Chr. von einem Bürger Pergamons gestiftet wurde. Der heutige Baubestand stammt aus dem 2. Jahrhundert n. Chr., aus jener Zeit, in der der berühmte Arzt Galen hier praktizierte.

In seiner ursprünglichen Form verfügte der 68 mal 58 Meter große Traiantempel über neun Säulen entlang der Langseiten und sechs im Bereich der Schmalseiten.

ALLIANOI

Rund 18 Kilometer nordöstlich liegt der gut erhaltene antike Kurort Allianoi, der in naher Zukunft vermutlich der Flutung des Yortanlı-Staudamms zum Opfer fallen wird – zumindest wurde 2007 ein Beschluss, der den Schutz des Ortes gewähren sollte, wieder aufgehoben. Einige wenige archäologi-

Unweit der hellenistisch-römischen Metropole Pergamon finden sich inmitten eines ausgedehnten Talgrunds die Ruinen von Allianoi, einem in der Antike weithin bekannten Kur- und Badeort. Hier konnte in neuester Zeit u.a. die gut erhaltene Statue einer Quellnymphe geborgen werden.

sche Funde stammen aus späthellenistischer Zeit, das heutige Erscheinungsbild basiert im Wesentlichen auf der Planung aus hadrianischer Zeit, d. h. aus der ersten Hälfte des 2. Jahrhunderts, und der byzantinischen Erneuerung, die auf der römischen Bebauung gründet. Eine erste und zugleich einzige schriftliche Erwähnung des Ortes findet sich in dem Buch „Hieroi Logoi" des Rhetorikers P. Aelius Aristides, der im 2. Jahrhundert zeitweise in Smyrna lebte.

Was den Kurort besonders auszeichnete, waren seine natürlichen Thermalquellen, die das ganze Jahr hindurch eine konstante Wassertemperatur von 45 °C garantierten. Die etwa 300 mal 200 Meter einnehmende Ansiedlung wird durch den İlya Çay in zwei etwa gleich große Teilbereiche aufgeteilt. Die Baderäume waren durch ein unterirdisches Wassertunnelsystem miteinander verbunden, das sich, ebenso wie einige bedeutende Fundstücke, in den Sedimenten des Schwemmlands außerordentlich gut erhalten hat. Aus einem Schacht konnte man vor wenigen Jahren eine etwa 1,50 Meter große marmorne Quellnymphe, die nahezu vollständig erhalten war, bergen.

Restaurierungsarbeiten an der Quellnymphe von Allianoi, die einst innerhalb eines größeren Thermalbadkomplexes aufgestellt war.

FOLGENDE DOPPELSEITE:
Das Wahrzeichen von Çeşme ist
die genuesische Festung am Hafen.

ÇEŞME

Einer der beliebtesten Ferienorte der Türkei ist das einstige Fischerdorf Çeşme, das etwa 80 Kilometer von İzmir entfernt auf einer Halbinsel liegt, die den Golf von İzmir und den Golf von Kuşadası voneinander trennt. Wahrzeichen der Stadt sind nicht nur die Sandstrände, Brunnen und Thermalquellen, aus denen 40 bis 60 °C heißes Wasser sprudelt, sondern auch die genuesische Festung aus dem 14. Jahrhundert, die direkt am Hafen liegt, im 16. Jahrhundert von den Osmanen erneuert und erweitert wurde und heute Anziehungspunkt für viele Besucher ist. Aus dem 16. Jahrhundert stammt auch die Kanuni-Sultan-Süleyman-Karawanserei, die in restauriertem Zustand inzwischen ein Hotel beherbergt.

Der Platz am Hafen davor wird vor allem in den Abendstunden zum beliebten Touristentreff und Bazar, auf dem Schuhputzer, Eisverkäufer und andere Straßenhändler ihrem geschäftigen Treiben nachgehen.

RECHTE SEITE UND UNTEN:
Kristallklares Wasser und weiße
Strände – das zeichnet den beliebten Urlaubsort Çeşme aus.

Çeşme gegenüber in der Ägäis liegt die griechische Insel Chios. In unmittelbarer Nähe befindet sich der Ort Ilıca, der wegen seiner zahllosen Thermalquellen schon seit der Antike sehr geschätzt wird. Die heißen Quellen werden zur Heilung bzw. Linderung von Rheuma, Leber-, Nieren- und Hauterkrankungen genutzt. Es gibt einige Hotels, die über eigene Thermalbäder verfügen.

SIĞACIK UND KLAZOMENAI

Im Südosten der Çeşme-Halbinsel gelangt man zu der Ortschaft Sığacık. Hier befand sich einst die antike Stadt Teos, die um 1000 v. Chr. von Griechen aus Orchomenos gegründet worden sein soll, Mit seinen zwei Hafenanlagen konnte Teos mit Smyrna konkurrieren, und nach dessen Zerstörung 600 v. Chr. begann die Blütezeit von Teos. Heute findet man hier nur noch wenige Überreste der einstigen Stadt. Ein Trümmerfeld aus Steinen, Säulentrommeln und herumliegenden Kapitellen zeugt noch von der Bedeutung des großen Dionysos-Tempels. Ungefähr 100 Meter davon entfernt finden sich Reste eines römischen Theaters mit seinen Gewölbegängen. Ein Großteil des Bauwerks ist jedoch zerstört, da es als Steinbruch und zur Gewinnung von Baumaterial für die Festung von Sığacık genutzt

Die Hafenfestung aus der Zeit der genuesischen Herrschaft ist das imposanteste historische Monument von Çeşme.

wurde. Demgegenüber ist das Odeion mit seinen etwa zwölf Sitzreihen noch relativ gut erhalten. In Sığacık selbst gibt es eine Genueser Festung, kleinere Pensionen, Teehäuser und am Wochenende Livemusik und Bauchtanz. Die gleichnamige Bucht ist beliebtes Ziel von Ausflüglern aus İzmir, die hier gerne Picknick machen.

Zwischen İzmir und der Çeşme-Halbinsel liegt, der Ortschaft Urla vorgelagert, das antike Klazomenai, das auf einer Insel errichtet wurde, die über einen schmalen Damm erreichbar war. Der Damm soll im Auftrag Alexanders des Großen angelegt worden sein und ist inzwischen einem Neubau gewichen. Von der antiken Stadt sind heutzutage kaum mehr Überreste zu erkennen, und diese sind zudem nicht frei zugänglich, da auf der Insel ein Quarantäne-Krankenhaus eingerichtet wurde.

SARDES

Ungefähr 90 Kilometer östlich von İzmir erreicht man Sardes. Die antike Stadt liegt direkt am heutigen Ort Salihli. Hier herrschte der Lyderkönig Kroisos, dessen legendärer unermesslicher Reichtum sich noch heute in dem Sprichwort „reich wie Krösus sein" niederschlägt. Kroisos regierte von 560 bis 547 v. Chr. Seinen Reichtum schöpfte er aus dem Fluss Paktolos, dem heutigen Sart, dessen Gold die Lyder mithilfe von Schaf-Fellen aus dem Wasser herausfilterten. Aus Elektron, einer natürlichen Gold-Silber-Legierung, prägten sie die ersten Münzen. Neben dieser den Handel revolutionierenden Erfindung wird den Lydern laut Herodot auch die Erfindung des Würfelspiels zugeschrieben.

Das römische Gymnasion von Sardes stammt aus dem 2. Jahrhundert n. Chr.

Sardes liegt an den Ausläufern der Boz Dağları und bietet heute zahlreiche restaurierte Monumente, die unschwer den einstigen Reichtum erahnen lassen. So sieht man heute die vollständig restaurierte Fassade des Gymnasions und die Thermen. Aus dem 3. Jahrhundert stammt eine Synagoge als Zeugnis für die Umsiedelung von 2000 Juden aus Mesopotamien durch die Perser. Etwa einen Kilometer außerhalb der Stadt liegt der Artemis-Tempel, der mit seinen rund 4800 Qudratmetern einer der größten Tempel Kleinasiens war.

SELÇUK UND EPHESOS

Auf halbem Weg von İzmir in Richtung Kuşadası befinden sich die beiden Orte Gümüldür und Özdere, die wegen ihrer schmalen, lang gestreckten Sandstrände beliebt sind. Etwa zehn Kilometer vor Kuşadası leicht landeinwärts liegt das kleine Städtchen Selçuk in einer fruchtbaren, von Hügelketten umgebenen Landschaft. Nach verschiedenen politischen Wirren in der Zeit zwischen dem 7. und 14. Jahrhundert n. Chr. entwickelte sich Selçuk – zusammen mit der Nachbarstadt Milet – um

Nördlich der Johannesbasilika, in strategisch günstiger Position auf dem Hügel Ayasoluk, liegt die vermutlich im 6. Jahrhundert entstandene byzantinisch-seldschukische Zitadelle von Selçuk.

Überreste der Johannesbasilika
aus dem 6. Jahrhundert in Selçuk

1300 n. Chr. im Zuge der Entstehung des seldschukischen Emirats zu einem der wichtigsten Wirtschaftszentren im ägäischen Raum.

Der Hafen war ein blühendes Zentrum für den Export nach Europa: Sklaven wurden hier ebenso verschifft wie die wichtigsten Handelsgüter Getreide, Rinder und Pferde, aber auch Hanf, Wachs, Baumwolle und Alaun. Die Geschäftsbeziehungen – besonders mit Venedig und Genua – wurden wesentlich durch die Einräumung spezieller, weit reichender Privilegien erleichtert.

Der ältere Teil des Ortes wurde teilweise auf den Ruinen des antiken Ephesos errichtet und liegt am westlichen und südlichen Hangbereich des Ayasoluk, einem Hügel mit einer byzantinischen Befestigungsanlage und Zitadelle aus dem 6. Jahrhundert. Auch die Johannesbasilika befindet sich dort, ebenfalls aus dem 6. Jahrhundert stammend. Sie ist einer der größten Kirchenbauten Kleinasiens und wurde von Kaiser Justinian über einem Vorgängerbau an der Stelle errichtet, an der der Evangelist Johannes bestattet sein soll. Ihr Bauprinzip entspricht der ebenfalls im 6. Jahrhundert erbauten Apostelkirche in Konstantinopel sowie der erst im 11. Jahrhundert entstandenen Kirche von San Marco in Venedig: Fünf Kuppeln sind kreuzförmig angeordnet und erheben sich über Gurtbögen, in denen Säulenarkaden ein transparentes Gitter zu den außen in zwei Geschossen umlaufenden Gängen bilden. Nach der Eroberung von Ephesos bauten die Seldschuken die Basilika im Jahre 1330 n. Chr. zu einer Moschee um. Später diente sie zeitweise als Bazar, bis dann ein Erdbeben das Gebäude nahezu zerstörte.

Von der Zitadelle dagegen sind die 15 Wehrtürme teilweise noch in voller Höhe erhalten. Da sich der Festungsbau an einer bereits seit antiker Zeit strategisch überaus bedeutenden Position befand, wurde er im Laufe seines Bestehens – etwa in osmanischer Zeit – wiederholt ausgebaut und teilweise vergrößert. Wie der Haupteingang der Anlage, wurden auch verschiedene andere architektonische Elemente der Burg aus antiken Bauteilen des nahen Ephesos errichtet. In dem weitgehend kahlen Inneren der Zitadelle liegen die Ruinen mehrerer Zisternen, einer kleinen byzantinischen Kirche, die man anstelle eines älteren Baus errichtete, sowie Überreste einer kleinen Moschee.

İsa Bey Camii – die Moschee stammt aus dem 14. Jahrhundert. Auf dem Hügel im Hintergrund ist die Ruine der Johanneskirche zu sehen.

Aus dem Jahre 1375 stammt die İsa Bey Camii, an der sich der Übergang vom seldschukischen zum osmanischen Baustil nachvollziehen lässt. Einst flankierten zwei Minarette die Hoffassade, die jedoch beide zerstört sind.

Um 1000 v. Chr. ließen sich Ionier in Ephesos nieder, wo bereits eine karische Siedlung mit Heiligtum der anatolischen Muttergöttin bestand. Sie errichteten ihre Stadt nahe dem Heiligtum und vereinigten den altanatolischen Kult mit dem griechischen Artemiskult. Ephesos entwickelte sich bis ins

6. Jahrhundert v. Chr. zu einer wohlhabenden Stadt mit einem Hafen. Zahlreiche Epochen und politische Ereignisse habe deutliche Spuren hinterlassen.

Efes, so der türkische Name, wurde mehrere Male verlegt, da der Hafen mehr und mehr durch Ablagerungen des Küçük Menderes verlandete. Im 3. Jahrhundert v. Chr. wurde dann die Stadt neu errichtet, im Tal zwischen den Bergen Panayır und Bülbüldağ (antik Koressos). Hier stand eines der sieben Weltwunder, der Artemistempel, an den heute nur noch eine – je nach Wetterlage mit Wasser gefüllte – Grube erinnert, aus der eine einzige zusammengesetzte Säule einsam emporragt.

Seit den ersten Ausgrabungen im Jahre 1896 durch das Österreichische Archäologische Institut kamen Stück für Stück Zeugnisse eines ungeahnt vielschichtigen Stadtlebens zutage. Hunderte von Geschäften, Badeanlagen, Prunkbauten, von Säulen und Statuen gesäumte Boulevards, Bauten als kulturelle Einrichtungen, Freudenhäuser und Kneipen – all das hinterließ seitdem bleibende Eindrücke bei den Besuchern. Berühmt ist das 24 000 Menschen fassende Theater aus dem 3. Jahrhundert v. Chr., in das noch heute zum jährlich stattfindenden Festival die Besucherscharen strömen und in dem laut biblischer Überlieferung der Volksaufstand gegen das Wirken des Apostels Paulus stattgefunden haben soll.

Eines der prachtvollsten – und wohl auch am häufigsten fotografierten – Gebäude ist die restaurierte Celsus-Bibliothek über dem Grab des römischen Stadthalters Iulius Celsus Ptolemaeanus. Die Fassade

Bis zu 24 000 Menschen fanden im Amphitheater von Ephesos Platz.

ΑΡΕΤΗ
ΚΕΛΣΟΥ

Arete-Statue in einer der Nischen
der Bibliothek von Ephesos

FOLGENDE DOPPELSEITE:
Die drei weiteren, in den Nischen
der Celsus-Bibliothek befindlichen
Statuen der Tugenden: Sophia
(links), Ennoia (Mitte) und
Episteme (rechts)

der in drei Ebenen untergliederten Bibliothek wird im Erdgeschoss von vier Statuen, die seine Tugenden verkörpern, geschmückt: Sophia (Weisheit), Arete (Charakter), Ennoia (Urteilskraft) und Episteme (Sachverstand). Viel beachtet ist auch der Kaiser Hadrian geweihte Tempel aus dem 2. Jahrhundert mit dem Fries der Amazonenkämpfe in der Vorhalle und der Büste der Tyche, der Schutzgöttin der Stadt, im Schlussstein eines Bogens. Die gut erhaltenen Gemeinschaftslatrinen aus Marmor dienen heute vielen Reiseführern als Gelegenheit, die Führung mehr oder minder „humoristisch" aufzulockern, und ein Erinnerungsfoto davon findet sich wohl in nahezu jedem Fotoalbum.

Als der Hafen, der für den wirtschaftlichen Erfolg eine maßgebliche Rolle spielte, verlandete und die Malaria um sich griff, entstand ab dem 4. Jahrhundert auf dem Ayasoluk-Hügel die neue byzantinische Stadt. Auf dem nahe gelegenen Aladağ, südlich von Ephesos, befindet sich das Panaya Kapulu, das Marienhaus, das der Jungfrau Maria, nachdem sie Johannes nach Ephesos gebracht hatte, als letzte Wohnstätte gedient haben soll. Papst Paul VI. besuchte im Jahre 1967 diesen Ort und erklärte ihn zum Wallfahrtsort.

ΕΠΙΣΤΗΜΗ
ΚΕΛΣΟΥ

KUŞADASI

An der Küste, gegenüber der griechischen Insel Samos , liegt das kleine Städtchen Kuşadası, das zwar nicht unbedingt zu den „Perlen der Türkei" gehört, aber dennoch Anlaufstelle für rund 600 Passagierschiffe im Jahr ist. Die einzigen historischen Sehenswürdigkeiten am Ort sind ein Kastell auf der kleinen vorgelagerten „Vogelinsel", die über einen Damm zu erreichen ist, und eine osmanische Karawanserei aus dem beginnenden 17. Jahrhundert, die inzwischen ein Hotel beherbergt.

Der Grund, weshalb die großen Kreuzfahrtschiffe hier anlegen, ist die Nähe des Hafens zu den touristischen Anziehungspunkten Ephesos, Priene und Milet. Trotzdem ist es Kuşadası gelungen, nicht nur Hafenstadt zu sein, sondern sich zu einem beliebten Urlaubsort zu entwickeln, wobei die Touristen mit Sportangeboten, einem Strandbad und vielen Vergnügungsmöglichkeiten angelockt werden. Dementsprechend hat der jahrelang anhaltende, inzwischen eingedämmte Wildwuchs an Hotels von

Kuşadası wurde im 13. Jahrhundert durch italienische Kaufleute aus Genua gegründet. Heute ist der Ort mit Teppich-, Keramik- und anderen Souvenirläden ganz auf die zahlreichen Touristen eingestellt.

der alten Stadtstruktur nicht mehr viel übrig gelassen und ein Souvenir- und Teppichladen reiht sich an den anderen.

Etwas südwestlich, bis auf 1,7 Kilometer an Samos heranreichend, liegt der Samsundağı-Nationalpark, der seit 1966 unter Schutz steht und einen deutlichen Kontrast zum belebten Kuşadası bildet. Hier finden sich in den oberen Lagen Schwarzkiefern und in den unteren Platanen sowie eine Flora mit wilden Orchideen und Alpenveilchen. Adler, Falken und Felsenhörnchen sind hier ebenso zuhause wie Dachse, Wildschweine und Wildpferde.

Kuşadası gilt als einer der ältesten und bedeutendsten Ferienziele der Türkei. Neben langgestreckten Badestränden verfügt der Ort über einen Hafen für Linien- und Kreuzfahrschiffe.

PRIENE

Am südöstlichen Hang der Dilek Dağları wurde im 4. Jahrhundert v. Chr. die antike Stadt Priene neu angelegt. Sie wurde im Gesamten geplant, in einem Zuge erbaut und weist ein schachbrettartig angelegtes Straßensystem auf – dem nach seinem vermeintlichen Erfinder Hippodamos von Milet bezeichneten hippodamischen Muster. Sie wird häufig als die am schönsten gelegene Stadt der südlichen Ägäis tituliert. Alexander der Große stiftete an diesem Ort, der bis zu 130 Meter hoch liegt, einen Athene-Tempel. Innerhalb der antiken Ruinen erobert sich inzwischen die Natur ihren Teil zurück; so sieht man u. a. in den teils von Macchia bewachsenen Gemäuern Landschildkröten unbeeindruckt die Wege kreuzen.

Das an einen Hügel angelehnte Theater von Milet wurde im 2. Jahrhundert an Stelle eines griechischen Vorgängerbaus errichtet und bot bis zu 25 000 Besuchern Platz.

MILET

Um einen Hügel nahe dem kleinen Dorf Balat erstreckt sich das antike Milet, das einer alten Sage nach von Milatos gegründet wurde, nachdem er vor Minos von Kreta fliehen musste. Seit dem 9. Jahrhundert v. Chr. entwickelte sich die Stadt zu einem erfolgreichen Handelszentrum mit zahlreichen Kolonien und erreichte zwischen dem 8. und 6. Jahrhundert v. Chr. seine größte Ausdehnung. Nach 670 v. Chr. wurden von Milet aus über 70, insbesondere im Gebiet des Schwarzen Meeres gelegene Kolonien gegründet, von denen unter anderem Sinope (Sinop), Amisos (Samsun) und Trapezunt (Trabzon) in der Türkei, Fedosia und Kertsch auf der Krim sowie Constanza in Rumänien noch heute existieren. Das brachte der Stadt den Namen Ioniae caput, Haupt von Ionien, ein. Rege Kontakte unterhielt Milet zudem nach Etrurien, Syrien und Ägypten.

In der Blütezeit des 6. Jahrhunderts v. Chr. entwickelte sich Milet durch Thales, Anaximander und Anaximenes zum Zentrum der ionischen Naturphilosophie. Trotz der Niederlage der griechischen Verbündeten 494 v. Chr. in der Seeschlacht bei Lade – einer Insel, die heute zum Festland gehört und sich nur noch als niedriger Hügel aus den Baumwollfeldern erhebt – und der Eroberung und Plünderung Milets blieb sie auch in hellenistischer und römischer Zeit von wirtschaftlicher Bedeutung. Erst in byzantinischer Zeit verlor sie – wie so viele antike Hafenstädte – ihren Rang, da die allmähliche Verlandung der vier Häfen der Stadt eine wesentliche Grundlage ihres Wohlstands raubte.

Die Lage der Stadt in der sumpfigen Ebene des Mäanders führt heute dazu, dass sie bis Juni zu einem großen Teil unter Wasser steht. Weithin sichtbar und dominant ist das auf Resten eines älteren Baus errichtete Theater aus dem 2. Jahrhundert v. Chr., das in römischer Zeit so umgebaut wurde, dass auch Tierhatzen in ihm veranstaltet werden konnten. Für den Bau des so genannten Theater-Kastells aus dem 6. Jahrhundert wurde der obere Rang des Theaters abgetragen.

DIDYMA

Nahe der Grenze zwischen den antiken Landschaften Ionien und Karien und etwa 20 Kilometer von Milet entfernt liegt die beeindruckende Ruine des Apollontempels von Didyma in der kleinen Kreisstadt Didim (ehemals Yenihisar). Der in Teilen wiedererrichtete Tempel ist der größte seiner Art und gehörte zu einem Gesamtkomplex, der vermutlich bis ins 7. Jahrhundert v. Chr. zurückreicht. Schon vor der Kolonisation

Die mächtigen Marmorsäulen des Apollontempels von Didyma standen auf einem 50 mal 110 Meter großen Stufenunterbau und umgaben einen großen ungedeckten Hof.

der Landschaft durch ionische Griechen an der Wende vom 2. zum 1. Jahrtausend v. Chr. existierte in Didyma eine Kult- und Orakelstätte. Die eingewanderten Ionier weihten den Ort, der sich rasch zum Haupheiligtum der nahe gelegenen Stadt Milet entwickelte und schließlich sogar mit Orten wie Delphi konkurrierte. Trotz zahlreicher Geldgeber konnte das gewaltige, um 300 v. Chr. geplante Bauwerk über die Jahrhunderte hindurch nie vollendet werden.

Ende des 4., Anfang des 5. Jahrhunderts wurde im Innenhof eine christliche Säulenbasilika gebaut, die durch ein Erdbeben in frühbyzantinischer Zeit jedoch völlig zerstört wurde. Nach dem Mongolen-Sturm Anfang des 15. Jahrhunderts trat schließlich eine völlige Verödung des Platzes ein. Der italienische Kaufmann und Antiquar Cyriacus von Ancona sah im Jahr 1446 den Tempel anscheinend noch fast vollständig erhalten, dann aber zerstörte ihn ein mächtiges Erdbeben im Jahr 1493 vollends. Die herabstürzenden Trümmer bildeten einen Marmorberg, aus dem noch drei erhaltene Säulen herausragten.

Der in ionischem Baustil entstandene Apollontempel von Didyma war der größte seiner Art in Kleinasien.

BODRUM

In der Provinz Muğla liegt einer der bekanntesten und zugleich beliebtesten Badeorte der ganzen Türkei: Bodrum. Bevor die Tourismusbranche diesen Ort entdeckte, diente er vielen türkischen Prominenten als Rückzugs- und Erholungsgebiet. Das einstige Halikarnassos liegt in einer großen Bucht, die durch eine Halbinsel – auf der das Kastell St. Peter steht – zweigeteilt wird. Charakteristisch für Bodrum sind die weiß getünchten, fast griechisch anmutenden Häuser sowie herrschaftlich wirkende

Im Vordergrund ist das Amphitheater von Bodrum – einst Halikarnassos – zu sehen. Auf der dahinter liegenden Halbinsel in der Bucht des beliebten Ferienortes liegt das Kastell St. Peter.

Malerischer Hafen von Bodrum.
Im Hintergrund befindet sich das
Kastell von St. Peter.

Moschee im Kastell von Bodrum

Villen aus dem 19. Jahrhundert. Lange Zeit war dies der Heimatort von türkischen Schwammtauchern, ein Beruf, der mit dem Tourismusboom allmählich fast ganz verschwand. Heute finden sich an der autofreien „Bar-Straße" Bars und Discotheken, Souvenirläden, Leder- und Schmuckgeschäfte und all das, was der Fremdenverkehr mit sich bringt.

Aus antiker Zeit sind nur noch das restaurierte Theater und ein Stadttor zu sehen. Der bekannteste Herrscher Kariens, Maussolos, verlegte seine Hauptstadt nach Halikarnassos. Nach seinem frühen Tod wurde hier das Grabmal des Maussolos errichtet, das später zu den sieben Weltwundern gehören sollte und allen weiteren großen Grabbauten die Bezeichnung „Mausoleum" verlieh. Von diesem Bauwerk ist heute jedoch kaum mehr etwas zu sehen, da seine Steine zum Bau der Stadtmauer sowie zur Erweiterung des Kastells, das die historische Hauptattraktion des Ortes ist, verwendet wurden. Dieses Kastell wurde nach 1402 von den rhodischen Johannitern zu einer schwer einnehmbaren Festung ausgebaut, die aber aufgrund der politischen Lage über Jahrhunderte hin eher repräsentativen Charakter besaß.

GÖKOVA UND BOZBURUN

Nach Osten hin erstreckt sich über eine Länge von rund 100 Kilometern der Gökova Körfezi, der Golf von Gökova, der ein sehr beliebtes Segelrevier ist und in dem von unterschiedlichen Veranstaltern Segeltouren angeboten werden. Im Jahre 1988 wurde das gesamte Gebiet unter Naturschutz gestellt; heute leben dort wieder Hummer, Tintenfische, Delfine und Otter. Dem Südufer des Golfs vorgelagert liegt die malerische Sedir Adası, die Zederninsel, die Kaiser Marcus Antonius seiner Geliebten Kleopatra angeblich zu ihrem Geburtstag schenkte und, dort wo sich heute die Badegäste tummeln, mit feinem ägyptischen Sand auffüllen ließ. Dieser etwa 100 Meter breite Strand wird dementsprechend als Kleopatra-Strand bezeichnet, und naturgemäß ranken sich unzählige Geschichten um ihn. Im Osten der Insel trifft man auf die Ruinen der karischen Stadt Kedrai.

Südlich von Marmaris erstreckt sich die Halbinsel Bozburun. Die weitestgehend unberührte Buchtenlandschaft ist heute vor allem beliebtes Ziel von Seglern.

RECHTE UND LINKE SEITE:
An der Küste und im Schilfgebiet
von Gökova

Der kleine Hafenort Dalyan ist Ausgangspunkt für zahlreiche Bootstouren zu einem verschilften Flussdelta am gegenüberliegenden Westufer.

Für Besitzer von Yachten geht von der Gegend um Bozburun eine große Anziehungskraft aus. Die zerklüftete Küste ist kaum verbaut und die zahlreichen Buchten im Golf von Sömbeki sind ideale Anlaufstellen für kleinere Boote. Bekannt ist der Ort vor allem wegen der so genannten Gulets, den hölzernen, dickbäuchigen Segelschiffen, die hier gebaut werden und mit denen einmal im Jahr ein Rennen veranstaltet wird. Das Landschaftsbild wirkt hier überraschend karg und steinig. In der näheren Umgebung findet man verstreut liegende und meist mit Gestrüpp überwucherte Reste antiker Siedlungen, Teile von Stadtmauern und Gräbern.

DALYAN

Sicherlich eine der schönsten und in ihrer Mannigfaltigkeit fast unwirklich erscheinenden Landschaften der Türkei ist die Umgebung zwischen der lang gezogenen Bucht von Dalyan und dem Köyceğiz-See. Das Flussdelta bildet eine einzigartige Schilflandschaft mit labyrinthartig gewundenen Wasserkanälen, über die sich der Köyceğiz-See zum Meer hin öffnet und mit Booten befahrbar ist. Über 150 Vogelarten lassen sich hier beobachten und der Sandstrand dient der Caretta-Caretta genannten Meeresschildkröte im Sommer als Nistplatz. Seit einigen Jahren steht dieses Gebiet unter Naturschutz. Bei den Dörfern Çandır und Sultaniye brodeln Thermalquellen mit heißem, schwefelhaltigem Wasser, die sich zusammen mit dem Schlammbad, das gut für die Haut sein soll, zu touristischen Attraktionen entwickelt haben. Gegenüber Dalyan – auf der anderen Flussseite – wurden in exponierter Lage im 4. Jahrhundert v. Chr. karische Gräber in den Fels gehauen. Sie gehören zur antiken Stadt Kaunos, die ursprünglich am Meer lag und als reiche Stadt galt, inzwischen aufgrund der Verlandung allerdings rund acht Kilometer entfernt liegt.

Nahe dem Ort Dalaman fließt der Dalaman Çayı ins Mittelmeer. Dieser einerseits wild-romantische, andererseits durch eine wachsende Anzahl von Staudämmen gezähmte Fluss ist beliebtes Ziel für Rafting-Begeisterte und Wildwasser-Kanuten. In der Umgebung gibt es mehrere Wanderwege und als historische Sehenswürdigkeit die Akköprü, eine aus römischer Zeit stammende Brücke, die in den nächsten Jahren in einem Stausee untergehen wird.

Unweit des modernen Dorfs Dalyan findet sich die Ruinenstätte des antiken Kaunos. Bekannt ist der Ort insbesondere für seine zahlreichen karischen Felsengräber aus dem 4. Jahrhundert v. Chr.

DENİZLİ UND LAODIKEIA

Nach İzmir ist die moderne Provinzhauptstadt Denizli die zweitgrößte Stadt der Ägäisregion. Die Stadt und ihre gesamte Umgebung werden von der Web- und Textilindustrie geprägt, von der etwa ein Drittel der dort ansässigen Bevölkerung lebt. Sie liegt in einer sehr wasserreichen Flusslandschaft und ist von hohen Bergen, wie dem Bozdağ, dem Honaz Dağı und dem Babadağ, umgeben. Gegründet wurde sie von den Seldschuken, doch da die Stadt immer wieder von Erdbeben erschüttert wurde, hat sich so gut wie nichts Historisches erhalten. Bei einem besonders schweren Beben im Jahre 1899 wurde Denizli fast völlig zerstört.

Hohe Berge und wasserreiche Ebenen prägen das Bild der Provinz Denizli mit der gleichnamigen Hauptstadt.

In ihrer heutigen Gestalt ist die Stadt wenig attraktiv. Dennoch wird sie oft besucht, da Besucher Denizli als Ausgangspunkt für einen Besuch des nahe gelegenen Pamukkale nutzen. Sechs Kilometer nördlich der Stadt liegt mit Laodikeia eine der sieben apokalyptischen Gemeinden Kleinasiens. Sie wurde 253 v. Chr. von Antiochos II. gegründet und war in römischer Zeit durch die Verarbeitung von Wolle eine blühende Stadt. Auch in byzantinischer Zeit hatte sie große Bedeutung, wurde dann aber 1402 von den Türken zerstört. Nur wenig besucht liegen die Ruinen von zwei Theatern und einem Stadion-Gymnasion-Komplex in der Landschaft, weitere Bauwerke wurden beim Bau einer Eisenbahnstrecke abgetragen.

AFYON

Etwa 300 Kilometer östlich von İzmir liegt in einer Hochebene des Flusses Akar die Provinzhauptstadt Afyonkarahisar, kurz Afyon genannt. Sie ist das Zentrum des staatlich kontrollierten Schlafmohnanbaus und liegt an dem steil emporragenden Bergkegel mit seiner Kastellruine, die wahrscheinlich unter Alladin Kaykubad I. um 1220 erbaut wurde, auf dem aber auch hethitische Siedlungsspuren gefunden wurden. Um Afyon herum verstreut liegen – insbesondere im Norden – Kultstätten der Phryger, die jedoch nicht nur schwer zu finden, sondern auch schwer zu erreichen sind. Im Land der Phryger bewachen steinerne Löwen die Behausungen der Muttergöttin Kybele, wobei bedauerlicherweise Schatzsucher schon zahlreiche dieser Zeugnisse zerstört haben. Eines der wenigen erhaltenen Felsenmonumente findet sich in der Aslankaya, der Löwenfelsen aus der Zeit um 600 v. Chr. Dieses Hochrelief zeigt Kybele flankiert von jeweils einem Löwen auf jeder Seite. Auch der der Aslantaş, der Löwenstein bei İscehisar, ist ein Zeugnis des Kybele-Kultes.

Afyon bedeutet Mohn. Die Provinzhauptstadt trägt diesen Namen nicht umsonst: Nach wie vor ist sie das Zentrum des staatlich kontrollierten Schlafmohnanbaus.

PAMUKKALE

Ewa 15 Kilometer nördlich von Denizli liegt der Anlaufpunkt des Rundreise-Tourismus' schlechthin – die Sinterterrassen von Pamukkale. Vom Wasser heißer Quellen durch Kalkablagerungen geformt,

Die über Jahrtausende hinweg durch kalkhaltige Thermalquellen entstandenen Sinterterrassen von Pamukkale nahe der Stadt Denizli sind heute eine beliebte Touristen-attraktion. Die Terrassen stehen auf der Liste des Weltkulturerbes der UNESCO.

hebt sich diese wörtlich übersetzte „Baumwollburg" strahlend weiß von ihrer Umgebung ab. Oberhalb haben sich Hotels und Pensionen angesiedelt, die zeitweise das Wasser für ihre eigenen Zwecke nutzten und so diesem natürlichen Monument stark schadeten. Inzwischen wurden entsprechende Regelungen getroffen, so dass sich weiterhin neue weiße Schichten bilden können.

Über die Jahrtausende hat sich auf diese Weise ein Travertinplateau gebildet, auf dem die Ruinen von Hierapolis, einer im 2. Jahrhundert v. Chr. durch Eumenes II. von Pergamon gegründeten Stadt, liegen. Im Jahre 60 n. Chr. wurde sie durch ein Erdbeben zerstört, erlebte aber nach ihrem Wiederaufbau im 2. und 3. Jahrhundert eine Blütezeit. Erst ein erneutes Erdbeben im Jahre 1334 zerstörte die Stadt endgültig. Noch zu sehen ist unter anderem ein Thermen-Komplex, ein Theater, eine monumentale Brunnenanlage und eine byzantinische Kirche. Der Apollon-Tempel schließt an eine Felskammer an, in der man in der Antike einen Zugang zur Unterwelt vermutete und die ein Heiligtum des römischen Unterweltgottes Pluto war. Giftige Dämpfe steigen hier hervor, die wohl bereits für einen ursprünglichen Kybele-Kult genutzt wurden.

Neben zahlreichen weiteren Gebäude- und Mauerresten ist die Nekropole von Hierapolis die größte und bedeutendste Kleinasiens. Sie repräsentiert ganz unterschiedliche Bestattungsformen: Vom einfachen Sarkophag bis zum Grabtempel, vom Grabhügel (Tumulus) bis hin zum aufwändigen Familiengrab ist hier fast alles zu finden.

Die Abendsonne taucht die
Sinterterrassen von Pamukkale
in sanftes Orange.

ÜBERSICHTSKARTE
MITTELMEERKÜSTE UND TAURUS

DIE MITTELMEERKÜSTE UND TAURUS

GEOGRAFIE UND GEOLOGIE

Das knapp 120 000 km² umfassende Territorium der Region Akdeniz nimmt 15,4 Prozent der türkischen Landmasse in Anspruch. Von Köyceğiz im Westen erstreckt sie sich als etwa 200 Kilometer breites Band entlang der südlichen Mittelmeerküste bis in die Provinz Hatay im Osten. Dem geografischen Raum wurden die Provinzen Adana, Antalya, Burdur, Hatay, Isparta, Mersin und Osmaniye zugeordnet, die Provinzen Afyonkarahisar, Denizli, Muğla und Kahramanmaraş umfasst sie nur zum Teil.

Ähnlich wie das im Norden der Türkei gelegene Schwarzmeergebiet dringt die buchtenreiche Mittelmeerregion nur wenig in das Landesinnere vor. Nach bereits 180 Kilometern wird sie im Norden von den Ketten des Taurusgebirges, im Osten von den jenseits des Golfes von İskenderun gelegenen Nur Dağları begrenzt. Im Hinterland der Antalya Körfesi, der Bucht von Antalya, erstreckt sich eine große Küstenniederung, deren westlicher Abschnitt von in Stufen geschichteten Kalksteintafeln eingenommen wird, während sich weiter im Osten ausgedehnte, zur landwirtschaftlichen Nutzung bestens geeignete Flussebenen ausbreiten.

VORHERGEHENDE DOPPEL-SEITE LINKS:
Ein Ruderboot dümpelt im fast türkisfarbenen Wasser.

LINKE SEITE:
Auf einer Terrasse des Akdağ im westlichen Taurusgebirge liegt in einer Höhe von 1450–1700 Metern das Siedlungsgebiet Sagalassos. Die sich beeindruckend in die Landschaft einfügenden Ruinen stammen aus römischer Zeit.

Jugendliche in Finike

Südlich von Marmaris erstreckt sich die Halbinsel Bozburun (früher Yeşilova). Bevor die Schotterpiste zur asphaltierten Landstraße ausgebaut wurde, waren die unberührten Buchten in erster Linie Ziel von Seglern. Auch heute noch gehört die Gegend zu den ursprünglichsten der Türkei.

Dank des ausgesprochen günstigen Klimas dieser Gegend gedeihen vor allem im küstennahen Gebiet Oliven- und Erdnusskulturen besonders gut, ebenso wie Baumwolle und Getreide. Im Bereich der weiten Travertinkalkflächen im Westen der Region sind dagegen z. T. größere Industriestandtorte entstanden, in denen neben Naturkautschuk und Textilien heute insbesondere Chrom produziert wird.

Ein niedriges, stark bewaldetes Bergland aus kristallinem Schiefer erstreckt sich östlich von Alanya, zwischen der Küste und dem Kalkgebirge des Zentralen Taurus. Dieses bricht äußerst steil zum Meer hin ab und lässt nur im Bereich von Flussmündungen ausreichend Raum für kleinere landwirtschaftliche Nutzflächen.

Zu den bevorzugten Produkten dieses Bereichs zählen unter anderem Reis, Bananen, Erdnüsse und verschiedene vor allem in Gewächshäusern gezogene Gemüsesorten. Besonders markant ist in diesem Teil der Region der Kontrast zwischen dem regenreichen Küstenbereich und der ausgesprochen trockenen Landseite.

Bis maximal 1000 Meter über dem Meeresspiegel gedeihen hier selbst kälteempfindliche Gewächse wie Olivenbäume und Aleppokiefern, unterhalb der Waldgrenze bei 2200 und 2400 Metern über Seehöhe sind zunächst vor allem Laubbäume und Schwarzkiefern anzutreffen, danach folgen Baumwacholder, Kiefern und Zedern.

Die geologisch verhältnismäßig junge Aufschüttungsebene von Adana bildet mit den niedrigen, sanft ansteigenden Hügelbereichen des Hinterlandes die dicht besiedelte, ausgesprochen fruchtbare Landschaft Çukurova mit ihren beiden Hauptflüssen Seyhan und Ceyhan.

Eine kurze Schlucht im Landesinneren, die von der Ebene aus zu dem 1200 Meter über Seehöhe gelegenen Tekirpass und von dort zum Cakit Çayı bei Pozantı führt, wird seit dem Altertum als „Kilikische Pforte" bezeichnet. Von hier aus führt in nördlicher Richtung ein alter Herden- und

Der Hafen von Finike

Die Südküste der Türkei lädt vielerorts zum Baden und Segeln ein.

Das Wandern entlang von Flüssen hat sich in den letzten Jahren stark entwickelt.

Karawanenweg über die niedrige Passhöhe in das Tal um Aladağ. Die Toros Dağları, das Taurusgebirge, erstrecken sich über eine Distanz von mehr als 1000 Kilometern. Der erodierte Kalkstein formt heute karstige Landschaften mit zahlreichen Wasserfällen, unterirdischen Flüssen und ausgedehnten Höhlensystemen.

Die in sich geschlossene Gruppe aus mehreren Gebirgsketten beginnt in der Gegend um Muğla und folgt in ihrem weiteren Verlauf zunächst der etwas weiter südlich gelegenen Mittelmeerküste. Daraufhin wendet sie sich in einem großen nordostwärts gerichteten Bogen den Ausläufern des Euphrats und dem Vansee im Osten zu und fächert sich dort in mehrere Parallelketten auf, die Höhen von bis zu 4000 Metern über dem Meeresspiegel erreichen können und sich über den Südosten der Türkei bis in das iranische Zagrosgebirge und den Hindukusch fortsetzen.

Südöstlich des in der Provinz Biltis gelegenen Süphan Dağı, dem mit einer Höhe von 4058 Metern vierthöchsten Berg der Türkei, dehnen sich die Taurusketten bis nach Hakkari aus.

In der Gegend um Van vereint sich das Bergland Ostanatoliens mit den Gebirgsketten des Taurus. Hier haben ganze Reihen von Vulkanen im Laufe der Jahrtausende mächtige vulkanische Decken entstehen lassen – neben dem 5137 Meter hohen Ağrı Dağı, dem Ararat, sind diesbezüglich vor allem der Nemrut Dağı mit 2150 Metern und weiter westlich der Erciyes Dağı mit 3917 Metern sowie der Hasan Dağı mit einer Höhe von 3300 Metern über dem Meeresspiegel von Bedeutung.

KLIMA

Mit ausgesprochen heißen Sommern und verhältnismäßig feuchten Wintern bis hinauf zur Wetterscheide des Taurusgebirges sind die klimatischen Bedingungen im Süden der Türkei typisch mediterran. Aus der Abschirmung des Naturraums gegen das Eindringen kalter Winde aus nördlicher Richtung durch hoch aufragende Gebirgsketten, der temperaturregulierenden Wirkung des Meeres sowie der geografisch günstigen Stellung zur Sonne ergibt sich für gesamte Küstenregion eine außerordentlich vorteilhafte Lage.

Im Winter sinken die Höchstwerte der Lufttemperatur am Tage nicht wesentlich unter 16 °C und nur etwa alle 50 bis 100 Jahre ist hier mit einem plötzlichen Kälteeinbruch und Temperaturen von unter -10 °C zu rechnen.

Der Kurşunlu-Wasserfall 40 km südöstlich von Antalya bildet eine natürliche Seenlandschaft.

Blick über den Golf von Finike

Einige der schönsten Strände und Plätze liegen außerhalb von Göcek und sind teilweise nur mit dem Boot zu erreichen.

Erkennbar sind die Klimaverhältnisse auch am Pflanzenbestand, denn während der für das Mittelmeerklima typische Ölbau in der im Nordwesten der Türkei gelegenen Marmararegion lediglich bis in Lagen von 100 bis 200 Metern über dem Meeresspiegel anzutreffen ist, dringt er in der Region Akdeniz nicht selten bis zu einer Höhe von 700 Metern vor.

Dank der Nähe zum Mittelmeer sinken die nächtlichen Tiefstwerte der Region im Winter nur selten unter 6 °C, im Sommer unter 22 °C; am Tage werden dagegen Temperaturen von 16 °C im Winter gemessen, während der Sommermonate Juli und August liegen sie bei 34 °C.

Mit einer Sonnenscheindauer von insgesamt 3120 Stunden pro Jahr erreicht die Provinz Antalya annähernd dieselben Werte wie das im südostanatolischen Raum gelegene Şanlıurfa. Im Juli scheint hier die Sonne für 287 Stunden, im Januar noch ganze 153 Stunden und selbst im Dezember noch immerhin für gut 142 Stunden.

Die Wassertemperaturen des Mittelmeers steigen während des Frühlings deutlich langsamer an als die Lufttemperaturen. Zwischen April und Juni steigen sie von anfänglich 17 °C auf 23 °C, im Juli erreichen sie dann einen Wert von 25 °C und im August von 27 °C, bis sie zwischen September und Dezember schließlich wieder auf 18 °C und weniger zurückgehen.

Mit Niederschlägen ist im Bereich der türkischen Mittelmeerküste vor allem während des Winterhalbjahres zu rechnen. Tiefdruckgebiete bringen dabei sowohl dem landeinwärts gelegenen Östlichen Taurusgebiet wie auch der Küstenregion teils ausgiebige Güsse, nicht selten in Form kurzzeitiger Starkregenschauer.

Die Anzahl der Tage mit Niederschlägen ist – gemessen am Landesdurchschnitt – relativ gering; in Antalya fallen im Jahr rund 1057 Millimeter an 57 Tagen, in Adana fallen nur 619 Millimeter an 51 Tagen.

Die Niederschlagsmenge in der Provinz Adana ist bezogen auf die übrige Mittelmeerregion vergleichsweise gering.

FLORA UND FAUNA

Die Vegetation an der Mittelmeerküste ähnelt der der Ägäisküste und weist die typischen Merkmale mediterraner Küstengebiete auf. Die vergleichbaren klimatischen Bedingungen mit ihren milden, regenreichen Wintern begünstigen den Wuchs von immergrünen Hartlaubwäldern teils als Hochwald, teils als Macchia zwischen den kultivierten Flächen, wobei die Kermeseiche am meisten verbreitet ist.

Neben dem Laubgehölz sind weite Flächen von lichtem Nadelwald bedeckt, wobei dieser im Wesentlichen aus der Brutischen Kiefer, dem wichtigsten Waldbaum der mediterranen Zone, besteht.

Die natürlichen Vorkommen der Pinie, deren große Zapfen die essbaren Pinienkerne (Çam Fıstığı) liefern, die auf dem Markt verkauft werden, sind geografisch auf den Bereich zwischen Antalya und Alanya beschränkt. In der gesamten Region sind Mischwälder äußerst selten, entweder findet man mediterrane Nadelwälder oder mediterrane Hartlaubwälder, Gleiches gilt für die Macchia.

An der lykischen Küste gibt es riesige Plantagen mit Orangen-, Zitronen- und Mandarinenbäumen. Der Anbau von Tomaten und anderem Gemüse in Treibhäusern hat in den letzten Jahren in dieser Region deutlich an Bedeutung gewonnen und zwischen Alanya und Anamur werden sowohl eine 1912 aus China eingeführte Bananenart als auch Weizen und Gerste angebaut. In den fruchtbaren Schwemmlandebenen liegen Baumwollfelder, die zu den qualitativ besten der Welt gehören, und Tabakplantagen.

Die buchtenlose „türkischen Riviera" zwischen Antalya und dem Kap Anamur bietet Fischen, im Vergleich zur Ägäis oder der Marmararegion, nur wenig Lebensraum. So werden auch in den Strandrestaurants häufig Fische vom Bosporus serviert.

LINKE SEITE:
Der Sandstrand von Ölüdeniz mit seinem schneeweißen Sand, 15 Kilometer von Fethiye entfernt, ist im Sommer wegen seiner Einzigartigkeit inzwischen stark überlaufen.

Die Strände von Fethiye
haben karibisches Flair.

BEVÖLKERUNG

Im Jahr 2000 belief sich die Bevölkerungszahl der Region Akdeniz auf rund 8,7 Millionen. Die Ein-
wohnerdichte lag bei einem Bevölkerungszuwachs von jährlich gut 2,1 Prozent bei 72,6 Personen pro
Quadratkilometer; im urbanen Raum lebten 59,8 Prozent der Bevölkerung, 40,2 Prozent auf dem
Land.

Infolge des stark zunehmenden Tourismus und des steten wirtschaftlichen Wachstums verzeichnet im
Grunde die gesamte türkische Mittelmeerküste derzeit eine starke Zuwanderung aus wirtschaftlich weniger attraktiven Teilen des Landes.

In antiker Zeit lagen in der heutigen Mittelmeerregion die Provinzen Lykien und Pamphylien sowie Lykaonien, Isaurien und Kilikien mit der bedeutenden Stadt Antiochia; der Nordwesten zählte zu Lydien, Karien und Pisidien. Von den rund 40 größeren antiken Siedlungen und Städten im pamphylischen
Raum waren Adalia, Alanya, Aspendos, Perge und Side die bedeutendsten.

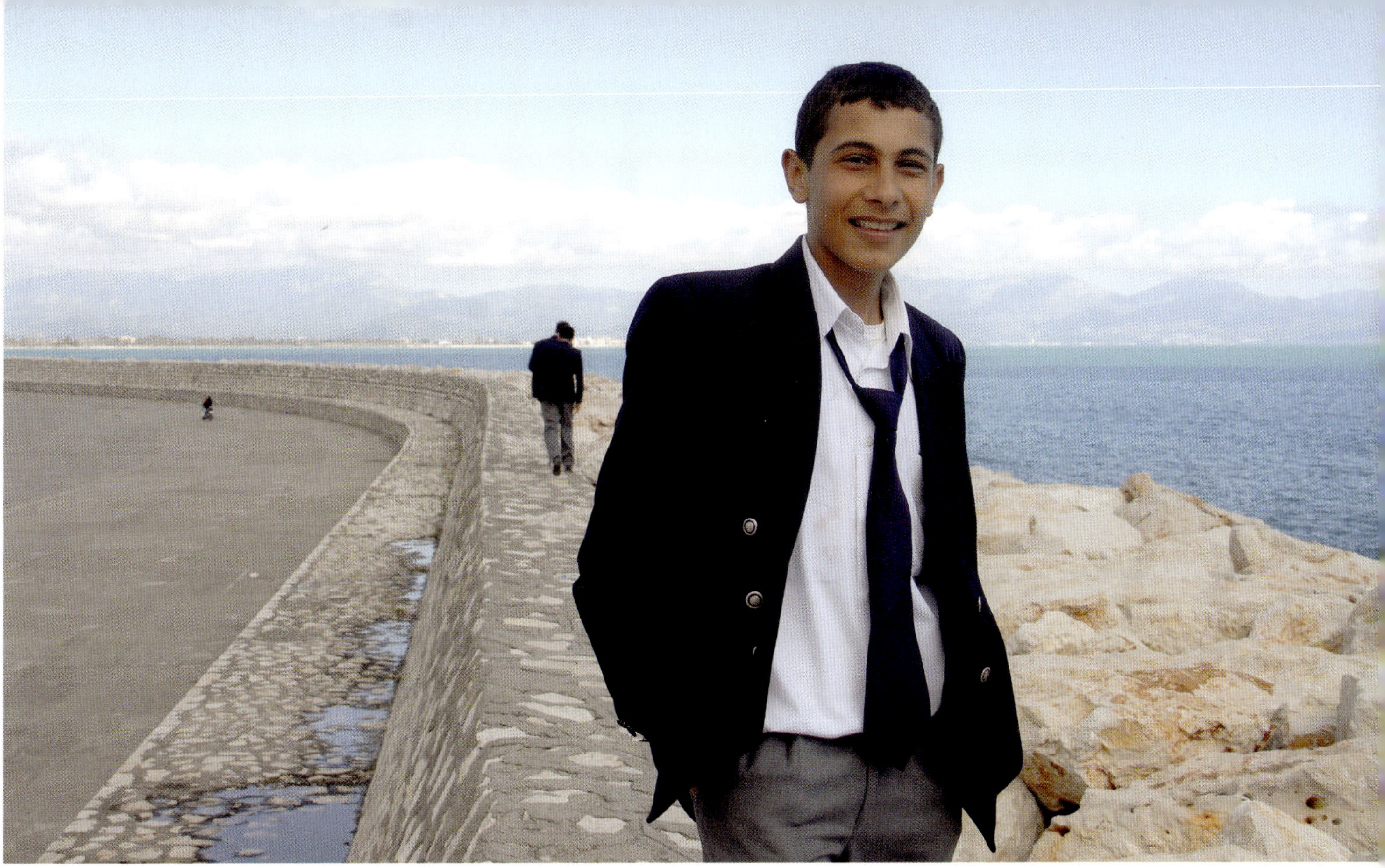

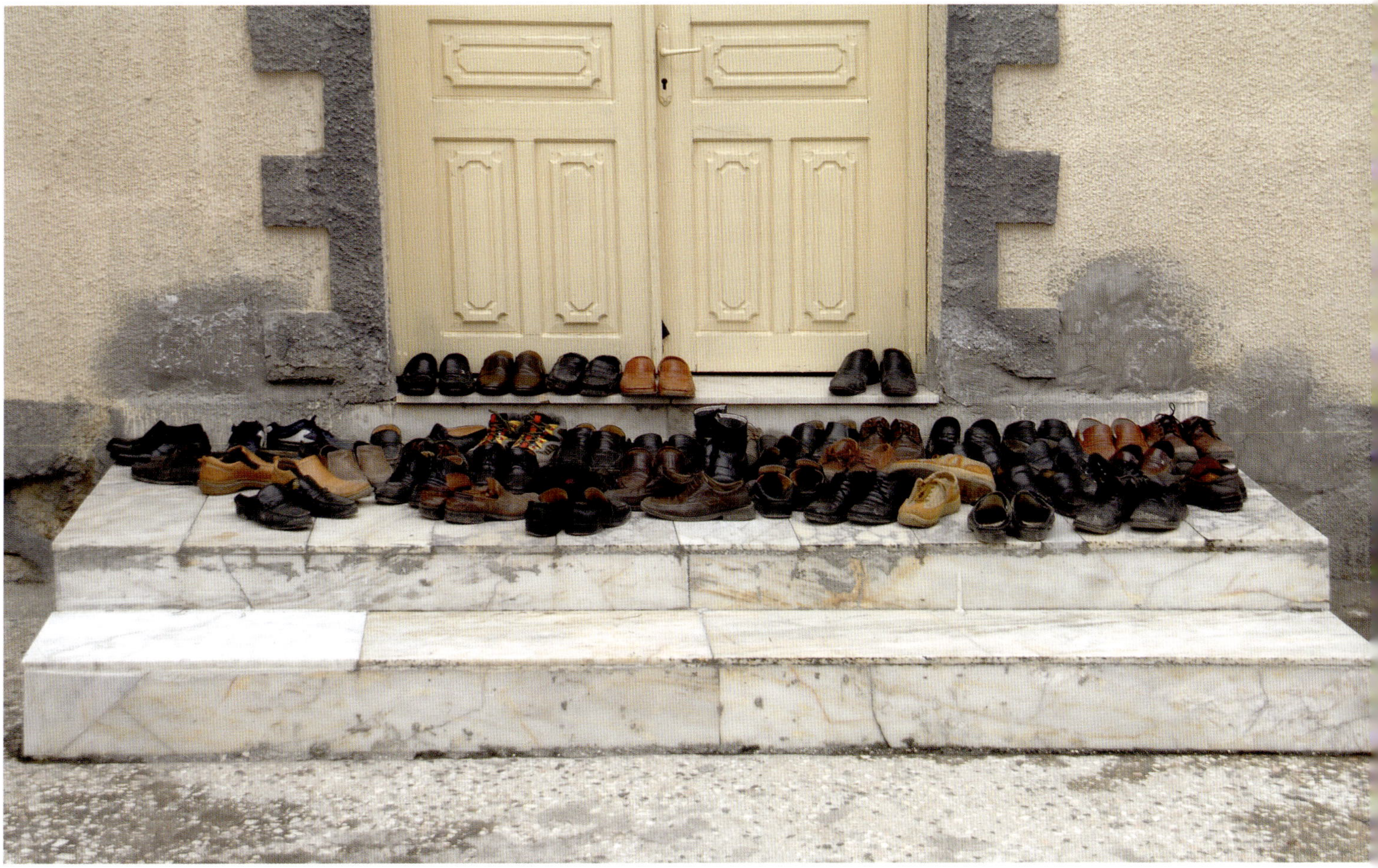

Während damals allerorts Pamphylisch als Sprache in Gebrauch war, bediente man sich allein in Side des Sidetischen. Lyder, Karier und Pisider waren ihrer Abstammung nach Indogermanen und benutzten anatolische Dialekte, während die Kilikier mit großer Wahrscheinlichkeit semitischen Ursprungs waren und Aramäisch sprachen.

Kilikien, heute Çukurova genannt, erlebte unter römischer Herrschaft eine lange Blütezeit, die erst mit dem Einfall der Araber beendet wurde. Vom 7. bis 11. Jahrhundert war Kilikien Teil des Kalifats, konnte sich dann jedoch – ab 1199 mit Hilfe der Kreuzfahrer – bis 1375 zum unabhängigen armenischen Königreich „Kleinarmenien" entwickeln.

Bis 1915 war die Region vornehmlich armenischsprachig und in den Bergen des Taurus nordöstlich von Adana und Kahramanmaraş konnte sich ein größerer Teil der armenischen Bevölkerung bis zu sei-

LINKE SEITE:
Die Lykier bestatteten ihre Toten möglichst nahe dem Götterhimmel – entweder in freistehenden Sarkophagen oder in Gräbern, die z. T. mit tempelartiger Fassade in den Fels gehauen wurden.

Bereits seit der frühesten Schifffahrt findet ein Großteil des Handels über den sichersten und günstigsten Weg, den Seeweg, statt.

RECHTE SEITE:
Viele Besserverdiener aus den
Städten besitzen inzwischen ihre
eigenen Segeljachten, mit denen
sie Ausflüge entlang der Küste
unternehmen.

ner Deportation halten. Heute lebt in der Region eine arabische Minderheit, die so genanntes „Çukurova-Arabisch" spricht, zudem finden sich aus dem Nordosten eingewanderte Turkmenen.

Hinsichtlich seiner Bevölkerung nimmt die Provinz Hatay im äußersten Südosten der Mittelmeerregion gewissermaßen eine Sonderstellung ein: Bis 1938 stand sie, als Teil Syriens, unter französischem Protektorat, danach entstand die kurzlebige Republik Hatay, welche jedoch bereits schon kurze Zeit nach ihrer Gründung der Türkei als eigenständige Provinz einverleibt wurde.

Bei der Aufnahme Hatays in die Türkei wurden bestimmte Teile der Provinzen Gaziantep und Adana Hatay zugeschlagen, um den türkischen Anteil an der Bevölkerung zu erhöhen. Traditionell wohnen hier – neben Türken – in erster Linie Armenier, Kurden, Tscherkessen, Juden, Griechen und Araber, die teilweise christlichen, teilweise muslimischen Glaubens sind.

Ein Teil der Armenier war erst 1915 in das Gebiet eingewandert, floh dann aber 1939, ebenso wie ein Großteil der Araber, in das übrige Syrien. Die griechischen Bewohner der Provinz Hatay emigrierten damals nach Griechenland, 1948 wanderte dann die Mehrheit der jüdischen Bevölkerung nach Israel aus. Heute gibt es zudem eine kleine usbekische Minderheit.

Fries mit Theatermasken in den
Ruinen des antiken Myra

WIRTSCHAFT

Wenn auch der wirtschaftliche Schwerpunkt des türkischen Mittelmeerraums heute vor allem im Industriegewerbe liegt, verzeichnet die Landschaft insbesondere seit den letzten drei Jahrzehnten steigende Zuwachsraten im Sektor des Tourismus.

Von Jahr zu Jahr rückt die türkische Mittelmeerküste immer stärker ins Blickfeld europäischer Fernreisender und binnenländischer Urlauber. Flugreisen nach Antalya und Dalaman sowie Kreuzfahrten im östlichen Mittelmeer führen inzwischen mehr Erholungssuchende in diese Region als an die ägäische Küste.

Marktstand in Myra

Es wurden große Anstrengungen unternommen, die Landschaft – mit all ihren einladenden Stränden und Ausflugszielen im bergigen Hinterland – dem Fremdenverkehr zu öffnen; entlang der Südküste erstreckt sich heute eine dichte Kette von Hotels, Pensionen und Campingplätzen, und es wurden auch zahlreiche archäologische und historische Sehenswürdigkeiten verkehrstechnisch erschlossen. Besonders gut entwickelt ist die Tourismusbranche vor allem rund um Antalya.

Ein Straßenhändler verkauft Sesamringe

RECHTE SEITE OBEN:
Südlich von Phaselis, am Fuße des
ca. 1355 Meter hohen Musa
Dağı, liegt das antike Olympos.

RECHTE SEITE UNTEN:
Ein beliebtes Ziel für Bootstouris-
ten ist der malerische Strand von
Çıralı. Dass wenige Meter vom
Strand entfernt die Überreste des
zu den führenden lykischen Städten gehörenden Olympos liegen,
ist den meisten dabei nicht
bewusst.

Auf einer kleinen Landzunge, von
drei Seiten mit Buchten
umgeben, liegt die von Buschwerk und Bäumen überwucherte
antike Hafenstadt Phaselis.

Doch auch die Land- und Kleinviehwirtschaft spielt hier traditionell eine wichtige Rolle. Von dem günstigen Klima der deltaförmigen Kilikischen Ebene, der Çukurova, profitieren während des Frühjahrs und im Sommer insbesondere der Garten- und Weinbau, Agrumen- und Olivenpflanzungen sowie der Anbau von Reis, Sesam, Erdnüssen, Bananen und der hier ausgesprochen früh reifenden Feldfrüchte wie Auberginen, Tomaten, Wasser- und Honigmelonen, die in erster Linie für den Export bestimmt sind. Im Winter dient die Landschaft dann überwiegend als Weideplatz für Kleintiere wie Schafe und Ziegen, daneben werden großflächig Getreidesorten wie Hafer, Gerste oder Weizen angebaut.

Bekannt ist die Çukurova jedoch vor allem als Anbaugebiet für qualitativ hochwertige Baumwolle; diese bildet mittlerweile eine feste Erwerbsgrundlage für zahlreiche bäuerliche Kleinbetriebe und größere Baumwolle verarbeitende Firmen, und sie zieht während der Erntezeit Tausende zusätzlicher Saisonarbeiter an. Mersin mit seinem großen Hafen und Adana sind gegenwärtig die wichtigsten Umschlagplätze für die regionalen Agrarprodukte.

Größere Industriezentren finden sich in der Region Akdeniz unter anderem in Adana, wo Webereien ansässig sind und pflanzliches Speiseöl hergestellt wird, sowie in İskenderun mit seinen Großanlagen zur Eisen- und Stahlproduktion. In Mersin finden sich Düngerfabriken und Ölraffinerien, in Keçirbolu Schwefel herstellende Betriebe, in Seydişehir wird Aluminium produziert und Dalaman ist Lieferant von Papier.

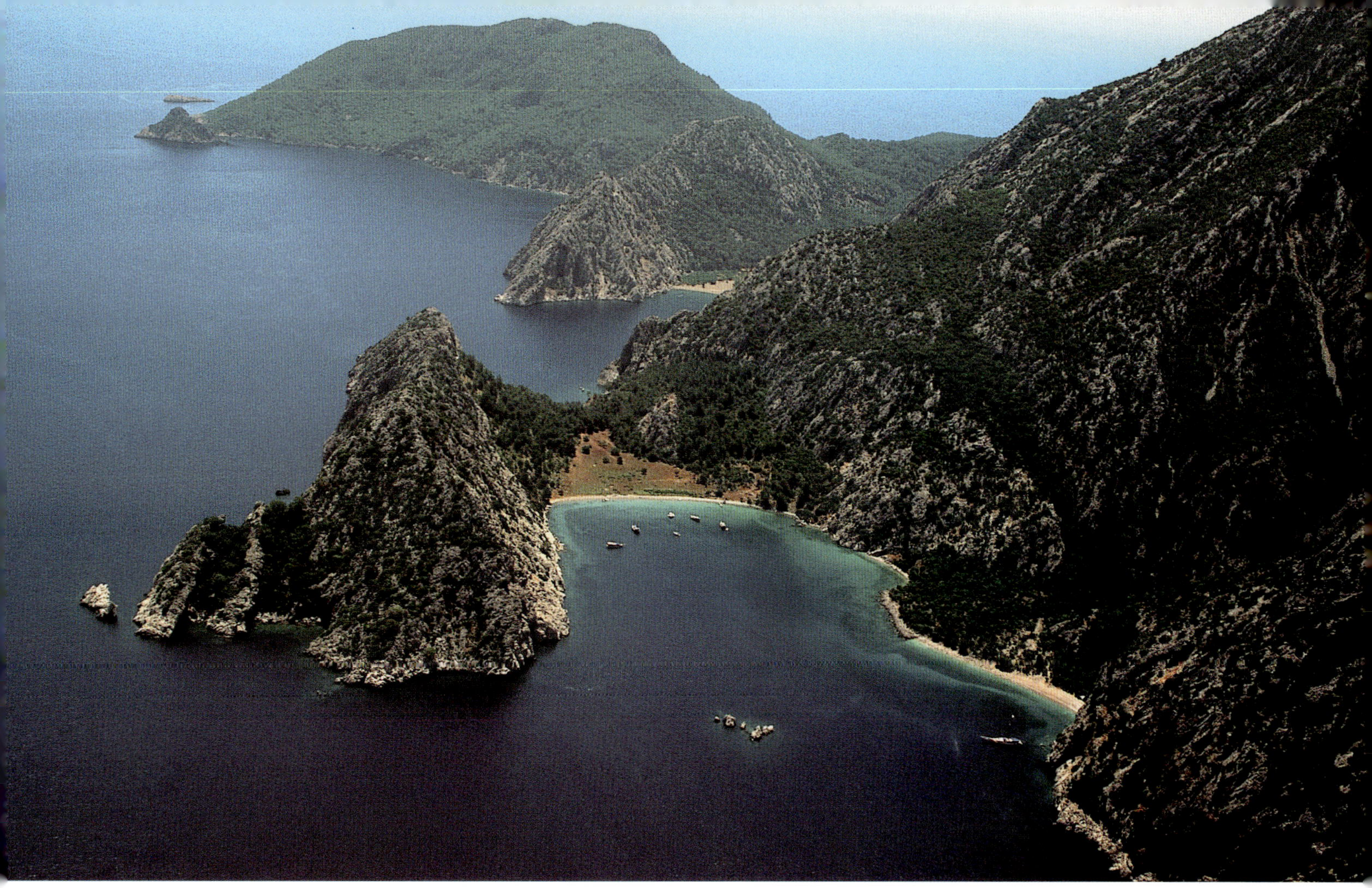

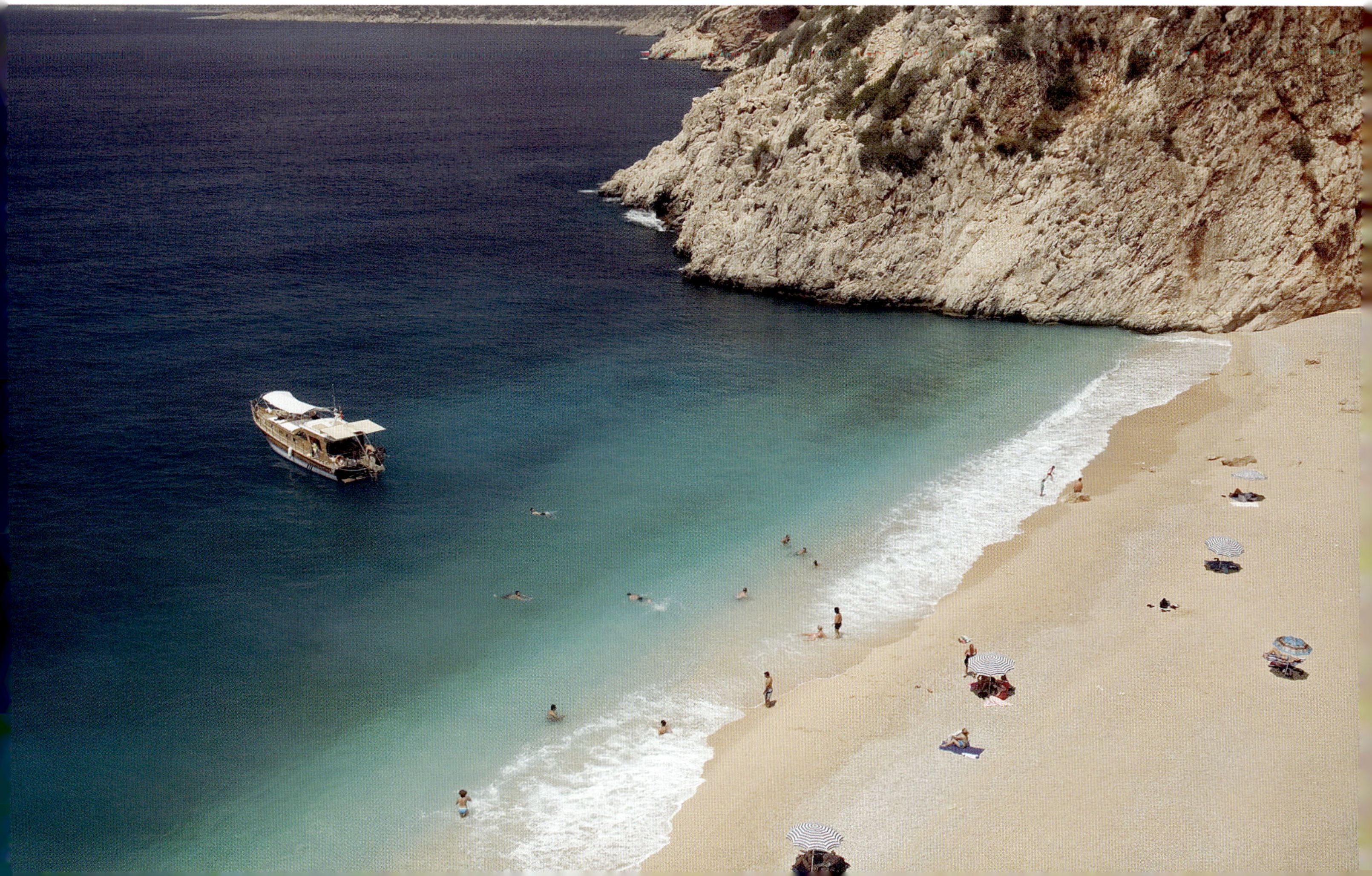

BEDEUTENDE ORTE UND
SEHENSWÜRDIGKEITEN

Das touristische Zentrum der Mittelmeerregion ist zweifelsohne Antalya. Dieses ehemalige Hafenstädtchen mit seinem malerischen Altstadtkern ist in den letzten Jahren so rasant gewachsen, wie sonst keine andere Stadt der Türkei. Doch lockt Antalya nicht nur ausländische Touristen in großer Zahl, sondern zieht auch großstädtische Pensionäre aus İstanbul oder Ankara an, die nach einem Ruhesitz fürs Alter suchen.

Während der Hochsaison, landen täglich über 500 Flugzeuge auf dem im Osten von Antalya gelegenen Flughafen und bringen Urlauber, die von der Landschaft und selbstverständlich besonders von den Sandstränden angezogen werden; so wurden 2005 mehr als acht Millionen Gäste in der Region um Antalya gezählt, wovon allein 33 Prozent aus Deutschland kamen, gefolgt von 24 Prozent russischen Urlaubern.

Lykische Grabstätten

Im Osten der Stadt verlaufen steile Klippen bis zum ersten langen Sandstrand, dem Lara Plajı, auf den bis Alanya hin noch weitere folgen. Im Westen folgt auf die Klippen der weiße Kieselstrand von Konyaaltı. Vom Yachthafen aus verkehren regelmäßig Motorboote zu dem am Stadtrand gelegenen Düden-Wasserfall, der etwa 80 Meter tief von den Klippen ins Meer stürzt und so in unmittelbarer Nähe ein Naturschauspiel bietet.

Womit man die Türkei meist nicht assoziiert, ist Wintersport. Dennoch liegt etwa 30 Kilometer westlich von Antalya entfernt, auf 2000 Metern Höhe in den Bey Dağları, das Skigebiet Saklıkent. Von Mitte Dezember bis Ende März/Anfang April gilt die Gegend mit 50 bis 100 Zentimeter Schneehöhe als schneesicher.

65 Kilometer östlich von Antalya findet man eine ausgesprochen grüne Naturlandschaft um den Ort Manavgat. Mitten durch die Stadt fließt der Manavgat-Fluss. Zweimal wöchentlich findet hier ein Bauernmarkt sowie ein Gemüse- und Gewürzmarkt statt, der der Stadt ein „orientalisches Flair" gibt. Ein typisches Ausflugsziel ist der Manavgat-Wasserfall am Fluss, der zwar relativ flach ist, jedoch durch seine Breite, in der die Wassermassen über die Felsen laufen, sehr beeindruckt.

Das Innere der St. Nikolaus basilika in Myra

Der Okzident ist dem antiken
Verständnis nach dort, wo
die Sonne untergeht.

43 Kilometer südwestlich von Antalya entfernt liegt an der Küste in den westlichen Ausläufern des Taurusgebirges der Ferienort Kemer, der sich mit seinen Teilgemeinden als eines der wichtigsten Tourismuszentren über eine Länge von etwa 50 Kilometern erstreckt. Errichtet wurde er an der Stelle einer älteren Besiedlung, die aufgrund des Schmelzwassers aus den Bergen durch Seen und Sümpfe belastet war. Vor dieser Überflutung schützte man sich durch den Bau einer Mauer, weshalb der Ort dann bildlich übertragen Kemer (Gürtel) genannt wurde.

Noch bis 1960 gab es keinen Landweg der zum Ort führte, sodass dieser nur über den Seeweg erreicht werden konnte. Von der Europäischen Union wurde ihm für mehrere Strände die „Blaue Flagge" verliehen, die als Auszeichnung für Wasserqualität und Umweltschutz eingeführt wurde.

Im April feiert man seit einigen Jahren den Kemer Karneval, ein Fest, bei dem Teilnehmer auch aus anderen Ländern anreisen. Südlich von Kemer liegt die antike Hafenstadt Phaselis auf einer kleinen Land-

Ein Teil der Beydağları gehört zum Beydağları-Nationalpark, der beim Hafen von Antalya beginnt und sich bis zur Gelidonia-Landzunge erstreckt.

zunge und ist auf drei Seiten mit Buchten umgeben, wovon die größte im Süden (Südhafen) heute ein beliebter Anlaufplatz für Ausflugsboote ist. Die Umgebung der Ruinenstätte ist mit Kiefernwald bewachsen und zwischen den Ruinen wuchern Büsche, Blumen sowie Eukalyptus- und Oleanderbäume.

Am Strand des einstigen Nordhafens legen Karettschildkröten ihre Eier ab, weshalb er unter Naturschutz gestellt wurde. Noch ein Stück weit südlich von Phaselis liegt das antike Olympos am Fuße des ca. 1355 Meter hohen Musa Dağı, dessen Mauerreste von Lorbeerbäumen und Büschen mehr oder weniger zugewuchert sind und das in der Antike für seinen Hephaistos-Kult sehr berühmt war. Von den Touristen, die sich in erster Linie für den malerischen Strand von Çıralı interessieren, wird die einst glanzvolle Stadt in der Regel kaum beachtet. Benannt ist diese damals zu den führenden Städten Lykiens gehörende Hafenstadt nach dem etwa 10 Kilometer entfernt liegenden Berg Olympos (heute Tahtalı Dağı). In römischer Zeit wurden die Seerouten von Rom nach Syrien und nach Zypern von hier aus kontrolliert.

Nördlich davon liegt das Dörfchen Çıralı, von wo aus man nach einem etwa 20-minütigen Aufstieg auf 250 Metern Höhe ein besonderes Naturschauspiel betrachten kann: Inmitten lockerer Bewaldung liegt der so genannte „brennende Stein" (Yanartaş). Aus den Spalten des felsigen Bodens treten an vielen Stellen Flammen aus, die bis zu 30 Zentimeter hoch sind. Sie entstehen durch Gase, die aus Felsenrissen austreten und die sich an der Luft entzünden.

Sternwarte Beydağları auf über 2500 Meter Höhe

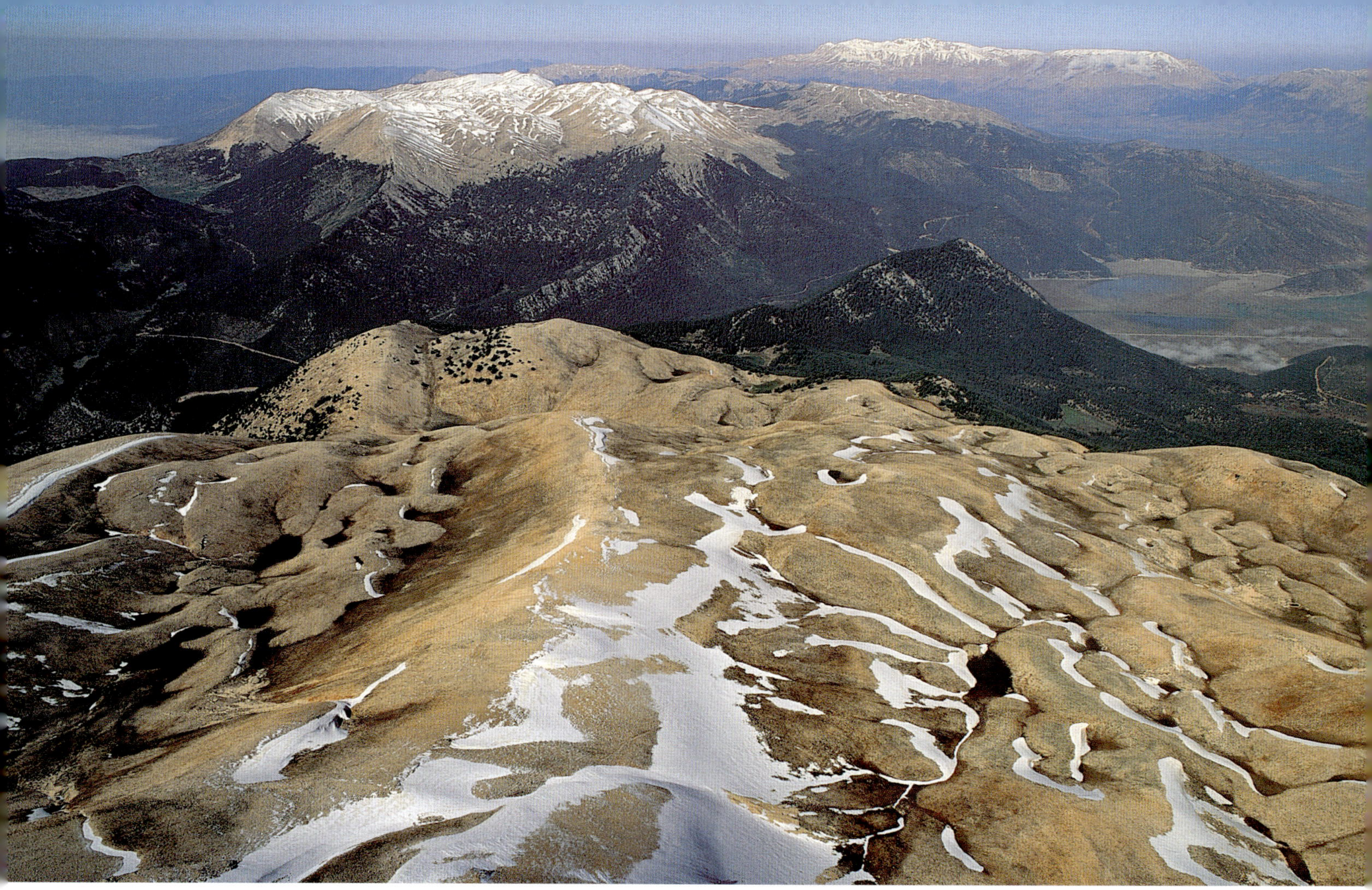

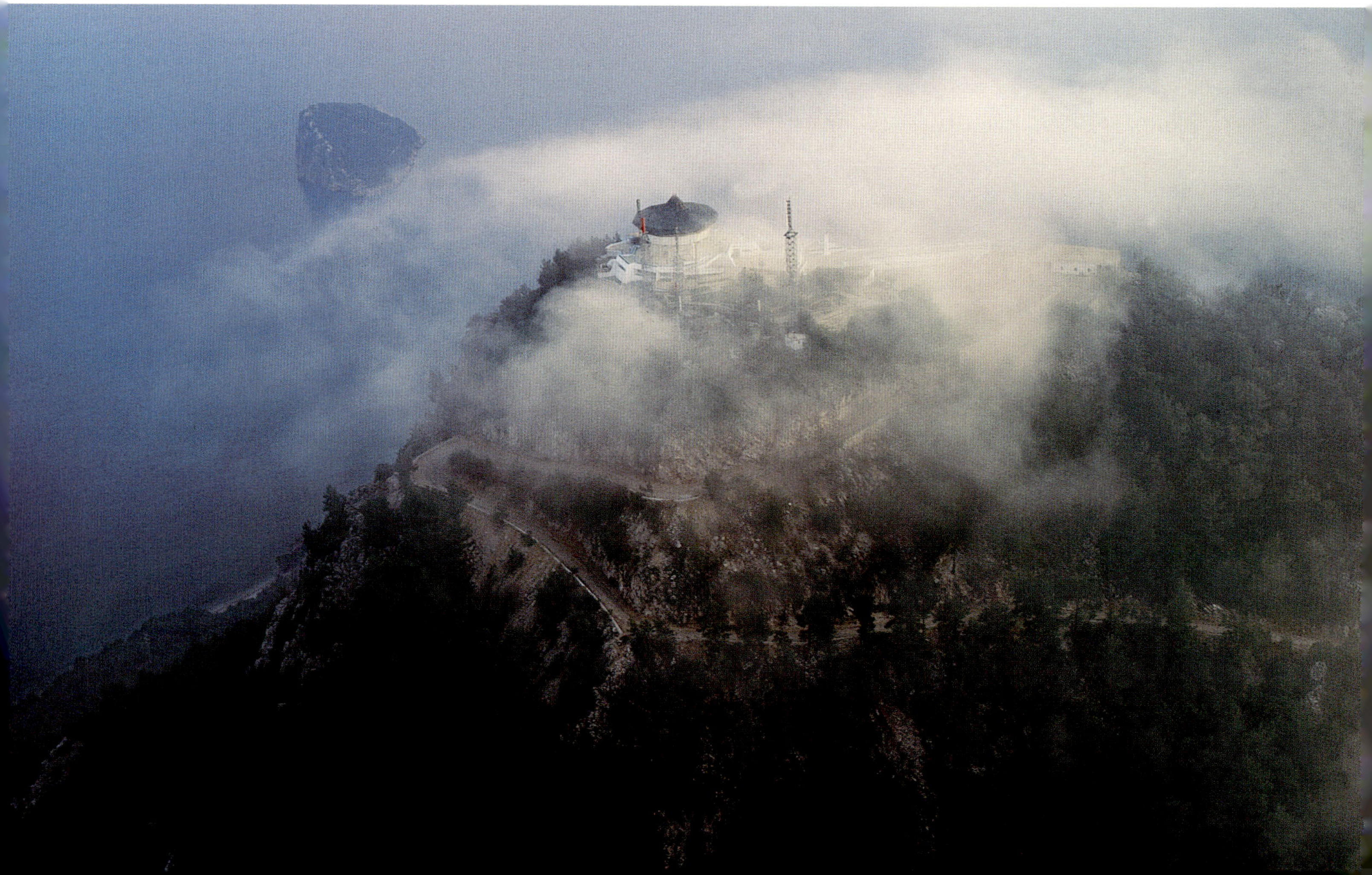

Angeblich sollen sie einst Seefahrern den Weg gewiesen und bei der Orientierung geholfen haben. Unter dem sichtbaren Felsen, so vermutete man, lebe die Chimäre, das Fabelwesen mit Löwenkopf, Ziegenkörper und Schlangenschwanz und speie das Feuer durch die Felsspalten empor.

20 Kilometer westlich von Kumluca, mit dem es seinen 20 Kilometer langen Strand teilt, liegt der Ort Finike, nach Norden und Osten eingerahmt von Orangen- und Zitronenhainen, Obst- und Gemüsegärten, die die Haupteinnahmequelle der Einwohner bilden. Trotz der endlos vielen, zum Teil winzigen Buchten westlich des Ortes, die nur über steile Pfade und seltener auch über Stufen von der sich die Steilküste entlang schlängelnden Küstenstraße aus erreichbar sind, hat sich Finike bislang noch nicht vom Massentourismus in Beschlag nehmen lassen.

Seine Ursprünglichkeit konnte es sich bis heute bewahren – wie lange dies noch so bleiben wird, sei bei den verlockenden Verdienstmöglichkeiten in dieser Branche dahingestellt.

Der westliche Bereich des Taurusgebirges wird von den Bey Dağları gebildet, die direkt hinter Antalya aufragen und nach Südosten parallel zur Mittelmeerküste verlaufen. Die Höhe der Gipfel schwankt zwischen 600 und knapp 3090 Metern.

Viele dieser aus Kalkstein bestehenden Berge haben eine ganz typische Gestalt mit schmalen langen Graten; ausgeprägt z. B. beim 2547 Meter hohen Bakırlıdağ, auf dem vor wenigen Jahren eine Sternwarte eingerichtet worden ist.

Alanyas Küste im gleißenden Sonnenlicht

LINKE SEITE OBEN:

Wer die Mühen nicht scheut, für den bildet der Kızlar Sivrisi mit seinen 3086 Metern Höhe, neben dem Akdağ einer der höchsten Berge der Region, eine Herausforderung.

LINKE SEITE UNTEN:

Diejenigen, die hoch hinaus wollen, dies jedoch möglichst bequem, können mit dem Auto auf den Tünek Tepe fahren. Oben erwartet sie ein extravagantes Drehrestaurant.

Unter Erde und Sand verborgen ruhen im Boden der Türkei noch unzählige historische Schätze.

Der im unteren Bereich dicht mit Kiefern bewachsene Tahtalı Dağı ist 2360 Meter hoch, liegt im westlichen Kemergebiet und ist ein beliebtes Objekt für Bergsteiger, die von Soğukpınar aus aufsteigen. Er bildet das Zentrum des Olympos-Nationalparks, der sich zwischen Kumluca und Antalya auf einer Fläche von 700 Hektar erstreckt.

Der höchste Berg dieser Gruppe ist der Kızlar Sivrisi (3086 m), der sechs Monate im Jahr mit Schnee bedeckt ist, sich in der kleinen Provinz Elmalı befindet und ebenfalls bei Bergsteigern äußerst beliebt ist. Für all jene, die den Komfort des Autos und das etwas Extravagantere bevorzugen, befindet sich auf dem Tünek Tepe, zwei Kilometer östlich von Antalya, ein Drehrestaurant, zu dem man hinauffahren kann.

Weiter westlich liegt Demre, die antike Stadt Myra, eine schon im 5. Jahrhundert v. Chr. bewohnte lykische Siedlung. Sie wurde unter Theodosios II. im 5. Jahrhundert n. Chr. zur Hauptstadt Lykiens. Heute ist von den antiken Resten, die größtenteils unter Schlamm und Geröll begraben sind, kaum mehr etwas zu sehen. Einzig das römische Theater steht mit seinen insgesamt 38 Sitzreihen noch imposant zwischen den Gewächshäusern von Demre. Beeindruckend ist auch die typisch lykische Felsbaukunst, die durch die sogenannte Meernekropole und die Flussnekropole repräsentiert wird.

Die bekannteste Persönlichkeit des Ortes ist ohne Zweifel der Schutzpatron der Jungfrauen und Kinder, der Getreidehändler und Seefahrer, der im 4. Jahrhundert hier residierte – Bischof Nikolaos. Verschiedene Legenden berichten von ihm und seinem Wirken, doch heute lässt er in Gestalt des Nikolaus vor allem die Herzen der Kinder höherschlagen.

Von hohen Bergen eingerahmt liegt in einer Bucht der zerklüfteten Lykischen Küste das kleine Fischerstädtchen Kaş. Von den Lykiern wurde es Habesos und von den Griechen Antiphellos genannt. Noch heute zeugen die engen Gassen mit den griechischen Häusern, die die typischen Holzbalkone und Erker aufweisen, von der Vergangenheit. Der Ortskern steht unter Denkmalschutz und vereinzelt stehen noch lykische Sarkophage wie zufällig zwischen den Gebäuden.

Der längste Sandstrand der Türkei, der Patara-Strand, liegt in der Nähe von Kalkan. Der Strand ist 12 Kilometer lang und bis zu 400 Meter breit, mächtige Dünen liegen in diesem Naturschutzgebiet zwischen und über den Ruinen des antiken Patara. Unter anderem wegen der Schildkröten, die hier ihre Eier ablegen, ist es verboten, an dieser Stelle Hotels und Ferienanlagen zu bauen.

Einst war Patara der Haupthafen Lykiens, ein Verkehrsknoten des Mittelmeeres. 333 v. Chr. wurde es von Alexander dem Großen erobert. Grabungen der letzten Jahre haben wieder einige Ruinen sichtbar gemacht, so etwa das große Theater, einen Leuchtturm sowie Teile der Stadtmauer mit einem Tor.

Auf dem Weg zum Strand steht der Triumphbogen des Metius Modestus aus dem 2. Jahrhundert. Ein Badehaus ist ebenso wie ein korinthischer Tempel wieder sichtbar. Andere bedeutende Bauwerke, von denen wir nur durch schriftliche Überlieferung wissen, wie etwa der einst berühmte Apollon-Tempel, liegen noch unter dem Sand verborgen.

60 Kilometer von Fethiye entfernt befinden sich oberhalb des Dorfes Kınık die Ruinen von Xanthos, der ehemaligen Hauptstadt von Lykien. Über die Frühzeit der am ehemals gleichnamigen Fluss (heute Eşen Çayı) gelegenen Stadt ist fast nichts bekannt; die ältesten Zeugnisse kommen aus dem späten 8. Jahrhundert v. Chr. Die

LINKS:
Neben den lykischen Felsgräbern, deren Eingangsbereiche an kleine Tempel erinnern, wurden bei vielen Grabanlagen auch Holzkonstruktionen imitiert.

RECHTS:
Die Hauptstadt Lykiens war Xanthos. Weithin sichtbar sind hier mehrere Meter hohe Pfeilergräber, die unterschiedlich ausgeformt sind und entweder eine Grabkammer einschlossen oder einen steinernen Sarkophag trugen.

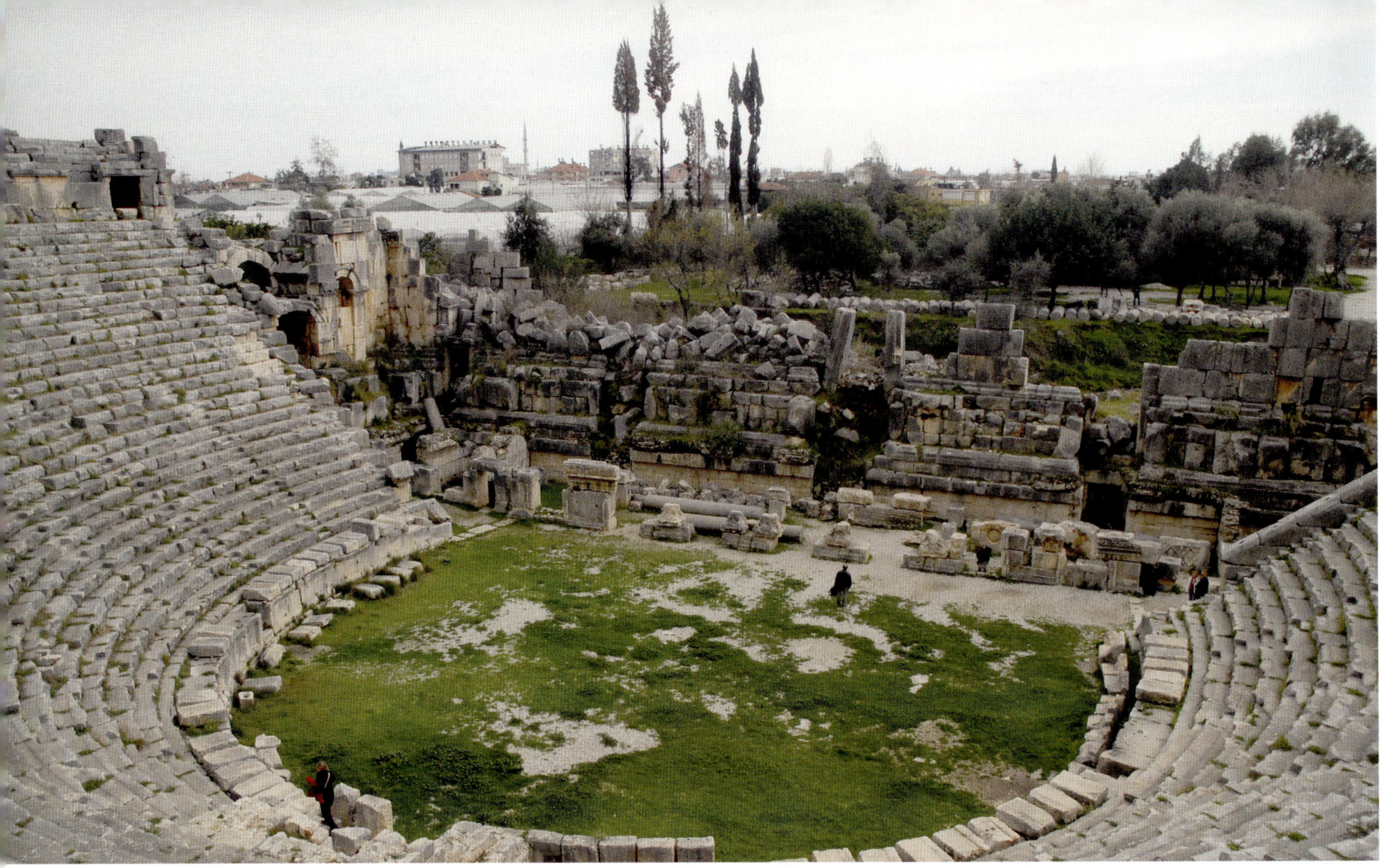

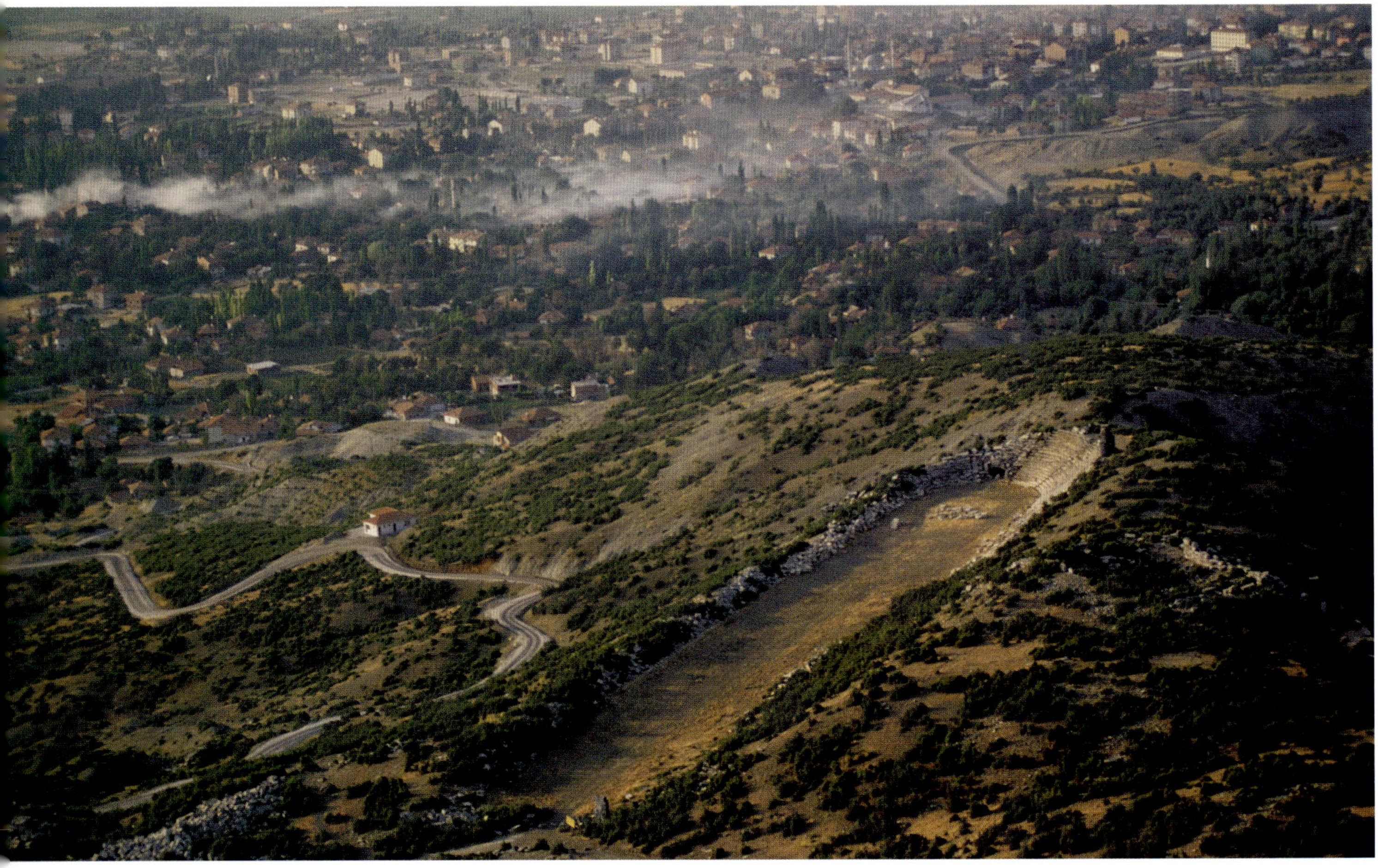

bedeutendsten Monumente stammen aus der Zeit des 6. bis 4. Jahrhunderts v. Chr.

Wahrzeichen von Xanthos, ebenso wie von ganz Lykien, sind die Grabanlagen mit ihrer einzigartigen Architektur. Teils wurden sie als freistehende Sarkophage, vor allem aber als in den Fels gehauene Monumente oder auch als sogenannte Pfeilergräber, wie das Harpyien-Monument, das in Xanthos zwischen den Ruinen herausragt, ausgeführt.

Die aus reliefierten Platten errichtete Grabkammer des Harpyien-Monuments ruht auf einem massiven monolithischen Schaft. Gut erhalten ist noch das Theater, das am Felsen lehnt, auf dem einst die Burg von Xanthos stand. Auffallend ist ein gut erhaltener Inschriftenpfeiler, der den mit 250 Zeilen längsten bekannten lykischen Text und dessen griechische Zusammenfassung trägt.

Auf der anderen Seite des Flusses, wenige Kilometer entfernt, liegt ein zentrales Heiligtum aller Lykier, das Letoon. Hier befand sich der Kultplatz der Göttin Leto, den ein Theater, drei Tempel und und ein Nymphäum umschlossen.

Im Golf von Fethiye liegt das gleichnamige, etwa 45 000 Einwohner zählende Hafenstädtchen in der Provinz Muğla. Die Stadt, die sich seit Jahren durch die nahegelegenen Sandstrände, den Jachthafen und die Ansiedlung zahlreicher Hotels zu einem bedeutenden Touristenort entwickelt hat, liegt auf den antiken Ruinen des lykischen Telmessos, das im 5. Jahrhundert v. Chr. zwar noch nicht als lykisch galt, das aber im 4. Jahrhundert v. Chr. von einem lykischen Heer unter Perikles von Limyra erobert wurde.

Später wurde sie von Alexander dem Großen eingenommen und gelangte danach, wie so viele lykische Städte, unter wechselnde Herrschaft. Schließlich erlangte sie den Status „Freie Stadt" der römischen Provinz Lykia et Pamphylia.

Seinen Namen Fethiye erhielt der Ort erst 1913 zu Ehren des umgekommenen Militärpiloten Fethi Bey. 1957 wurde der Ort durch ein Erdbeben nahezu komplett zerstört, so dass heute so gut wie keine historischen Gebäude mehr zu sehen sind.

Gölhisar Gölü

LINKE SEITE OBEN:
Theaterarena in Myra

LINKE SEITE UNTEN:
Das antike Stadion von Kibyra

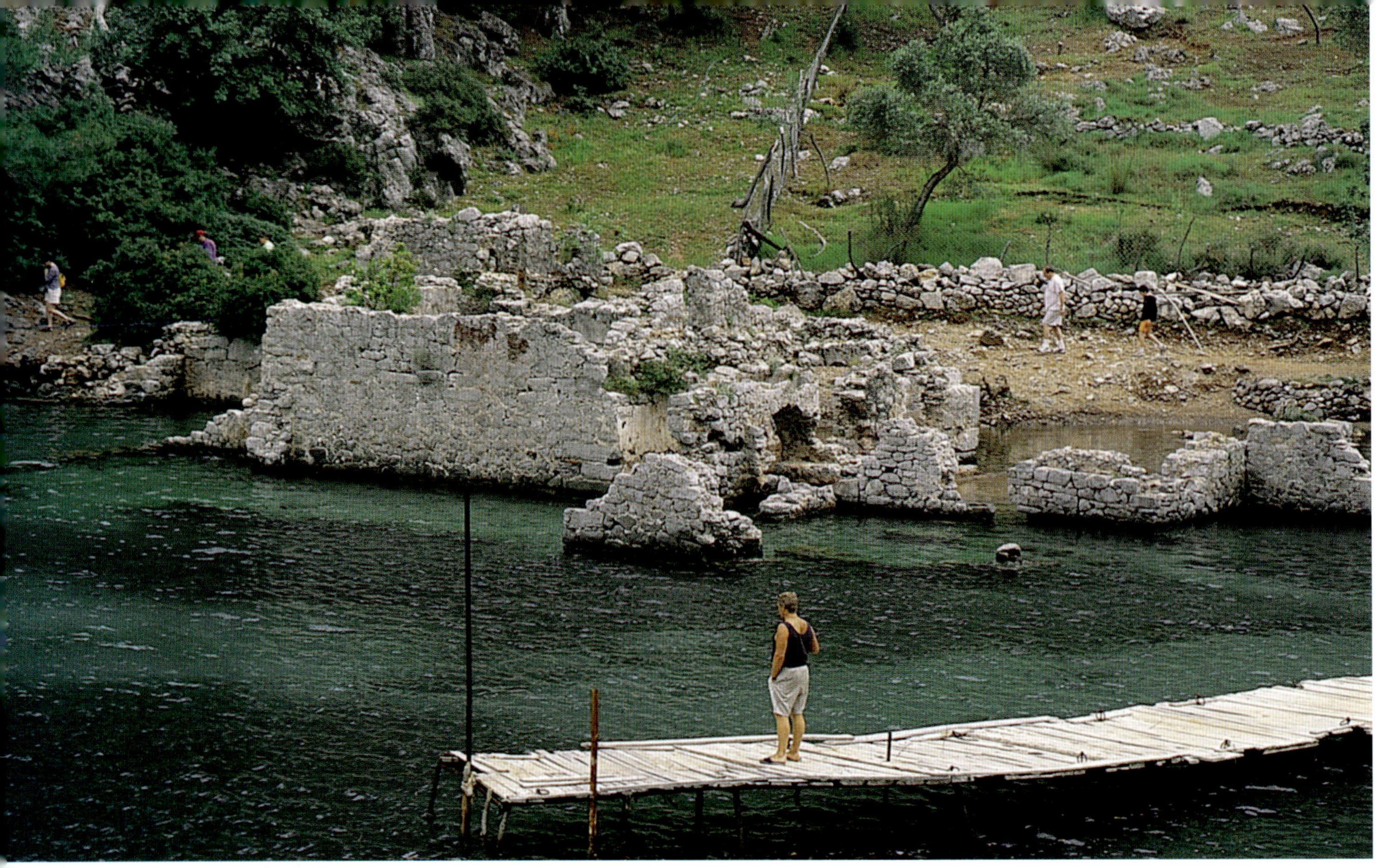

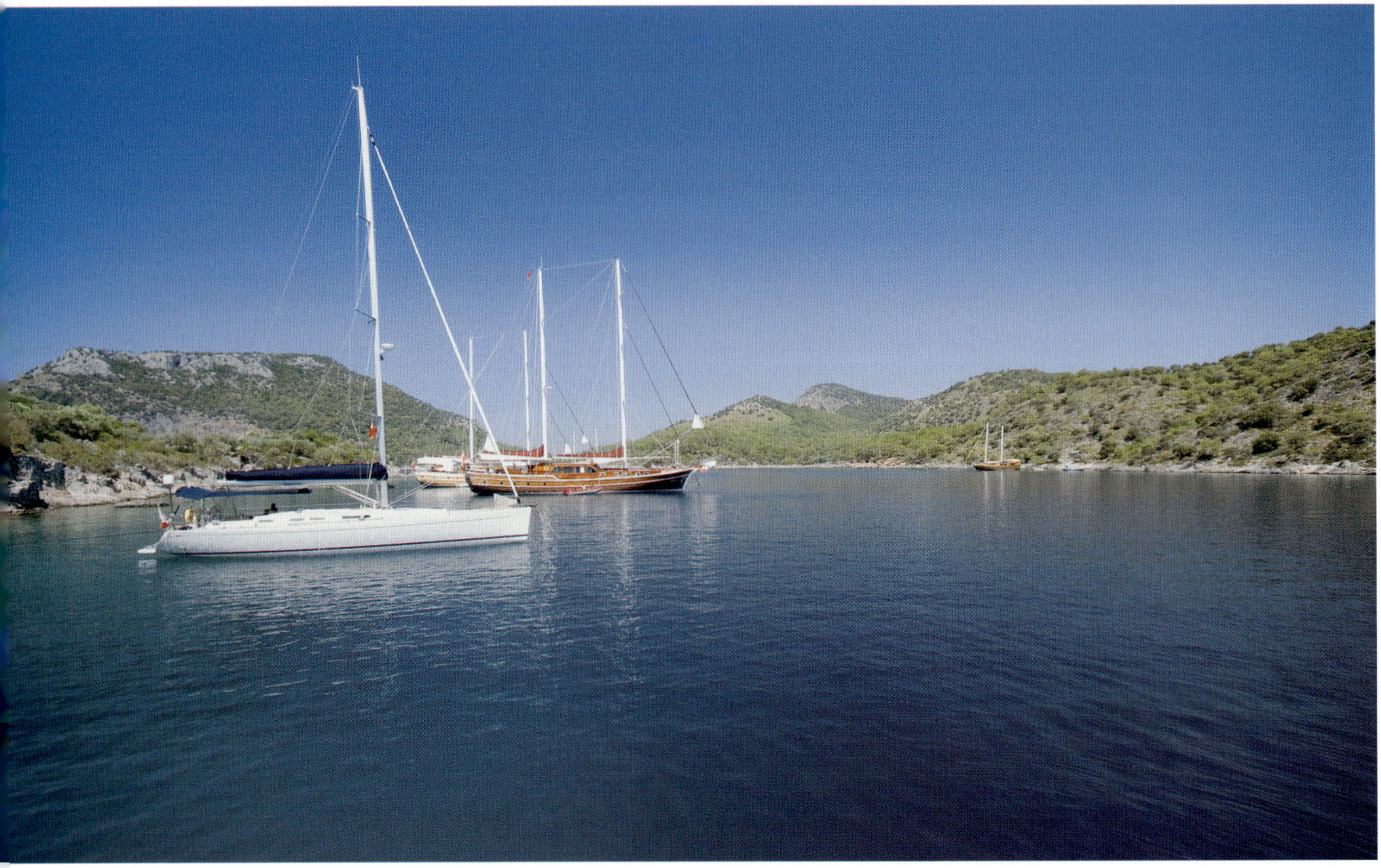

Weithin sichtbar liegt in den Felsen gehauen die Nekropole des antiken Telmessos aus dem 4. Jahrhundert v. Chr. mit dem berühmten Tempelgrab von Amyntas. Südlich von Fethiye liegt das als „blaues Paradies" bekannte Ölüdeniz, ein kleines Refugium mit Lagune, einem 2,5 Kilometer langen Sandstrand und modernen Ferienanlagen, das sich vom Geheimtipp zu einem beliebten Ausflugsziel entwickelt hat.

Wer hier nicht nur aufs Meer schaut, sondern auch nach oben blickt, wird stets den Himmel voller Gleitschirme sehen, die vom Babadağ aus starten und die stabile Wetterlage der Gegend nutzen.

Uferlinie in Göcek

LINKE SEITE:
Immer wieder geht die Geschichte mit der Moderne und dem Tourismus in der Türkei eine Symbiose ein. Oben historische Mauern am alten Bootssteg von Göcek, unten ein moderner Hafen mit Segeljachten.

Etwa 70 Kilometer von Fethiye entfernt liegen landeinwärts unweit des modernen Orts Horzum/Gölhisar die Ruinen der antiken Stadt Kibyra. Nach Strabon sollen die ersten Bewohner Kibyras Nachfahren der Lyder gewesen sein bis sich dann Pisider dort niederließen, die die zunächst unbedeutende Siedlung mit einer mächtigen Befestigungsmauer umgaben.

In der römischen Kaiserzeit erfuhr Kibyra eine Blüte, von der neben zahlreichen Inschriften und Münzfunden noch heute mehrere repräsentative Prachtbauten, die sich eindrucksvoll im schroffen Gelände erheben, zeugen.

Etwa 30 Kilometer nordwestlich liegt das kleine Örtchen Göcek, das zwar keine Pauschaltouristen anzieht und auch nicht mit historischen Sehenswürdigkeiten aufwarten kann, aber umso mehr Anziehungspunkt des Jachttourismus ist.

Unmittelbar am Ort wird man auch keine mit Fethiye oder typischen Tourismusorten vergleichbaren Strände finden. Dafür erreicht man, hat man die Gelegenheit mit einem Boot unterwegs zu sein, abgelegene kleine Strände, die oftmals nur über das Meer zugänglich sind. Zahlreiche kleine Buchten und Inseln laden den Segler zu Ausflügen ein, ebenso wie die vorgelagerten griechischen Inseln als Ziel locken.

18 Kilometer nordöstlich von Antalya, in der Schwemmlandebene des Flusses Aksu Çayı, liegt in der historischen Landschaft Pamphylien das alte Perge, das vor allem in hellenistischer, römischer und byzantinischer Zeit große Bedeutung hatte.

Der Ort war bis 333 v. Chr., als ihn Alexander der Große zu seinem Stützpunkt machte, noch unbefestigt. Eine Befestigungsmauer erhielt er erst mit den Seleukiden, unter denen Perge zur Blüte gelangte. Sichtbar sind heute vor allem noch Teile der öffentlichen Gebäude und der römischen Säulenstraße, die durch die Unterstadt verläuft.

Ebenso wie zahlreiche andere antike Städte verlor Perge seinen Hafen und damit seine Existenzgrundlage durch Verlandung. Letztendlich führte dies in byzantinischer Zeit zum Untergang der Stadt.

Das im Südwesten der Stadt errichtete Theater vereint zwei Charakteristiken in sich. Einerseits umschreibt der Zuschauerraum gemäß dem griechischen Vorbild etwas mehr als ein Halbrund, andererseits ist es in römischem Stil, z. B. mit hoch aufragender Arkadenreihe im hinteren Bereich, konzipiert, was vermuten lässt, dass hier ein ursprünglich älteres Gebäude in römischer Zeit umgebaut wurde.

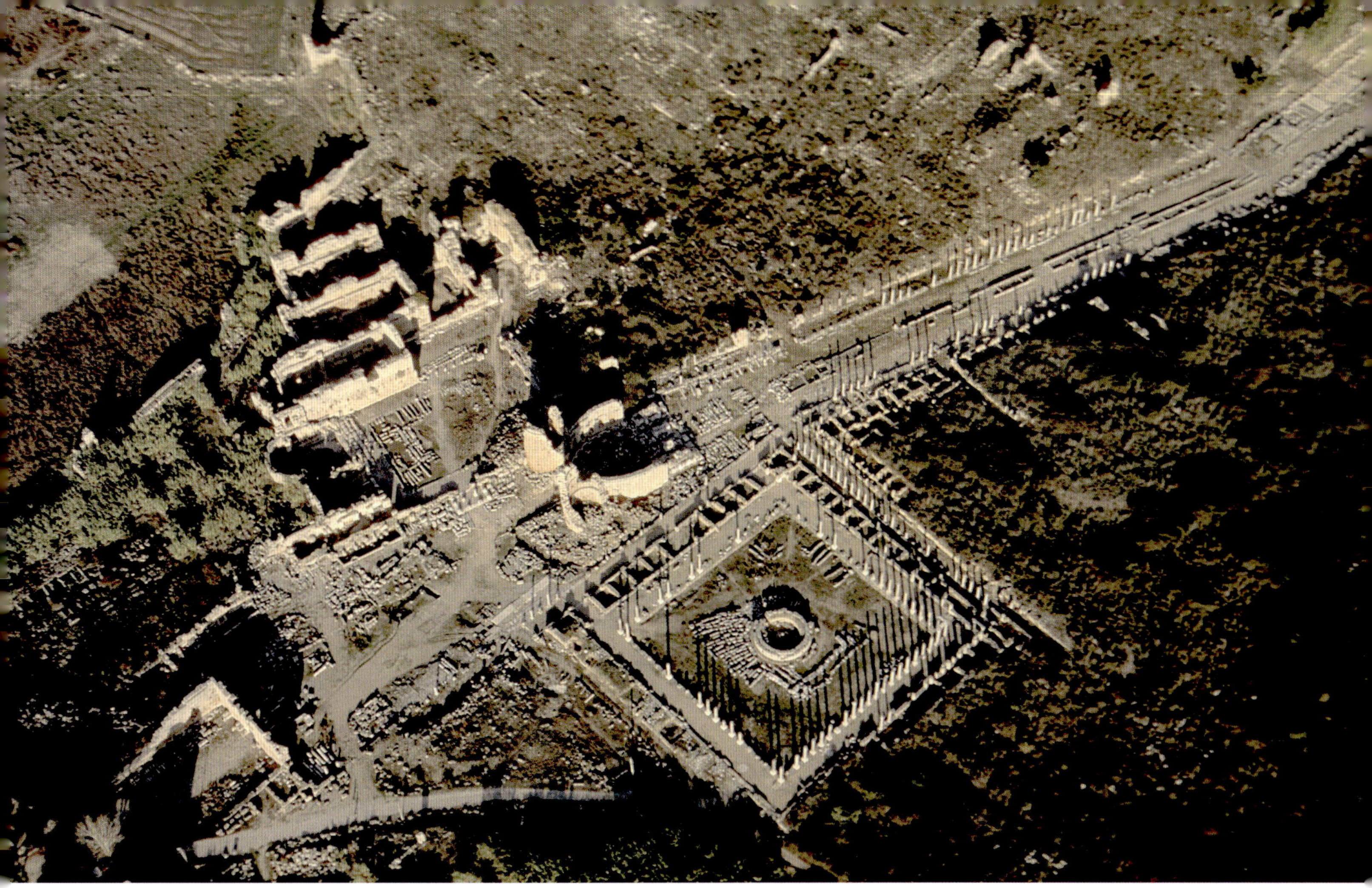

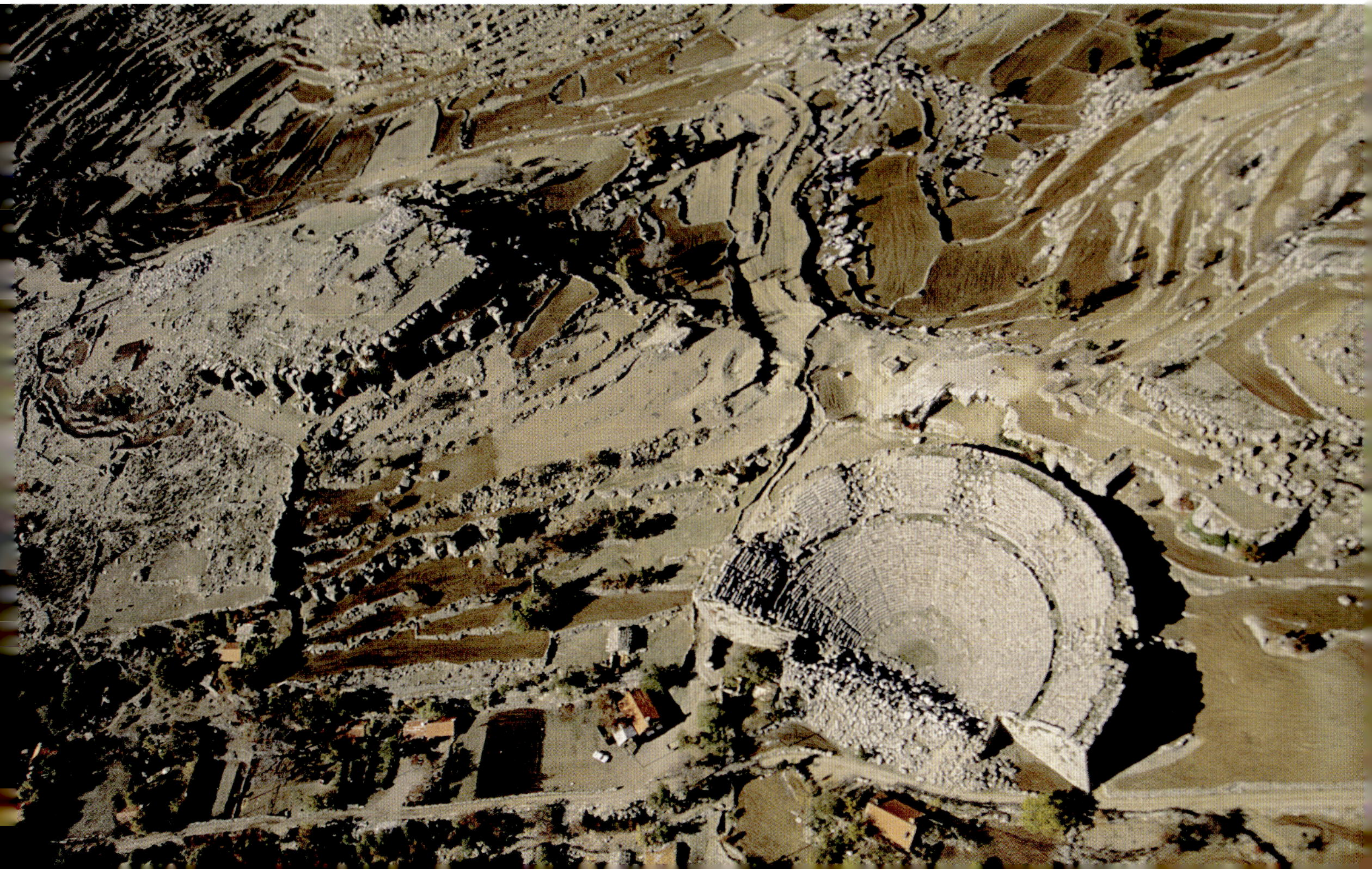

Mitten aus der modernen Bebauung von Side ragen die Mauern eines römischen Thermenkomplexes aus dem 3. Jahrhundert heraus.

Zu den besterhaltenen Anlagen seiner Art zählt das Stadion aus dem 2. Jahrhundert, das ebenfalls außerhalb der Stadtmauer liegt. Der ursprüngliche Stadtkern Perges lag innerhalb einer mit 12–13 Meter hohen Türmen befestigten Mauer, die zumindest in einigen Teilen auf die hellenistische Zeit zurückging. In der Zeit der Pax Romana, des „Römischen Friedens", verlor die Anlage jedoch rasch ihre Bedeutung.

In der Apostelgeschichte des Neuen Testaments wird berichtet, der Apostel Paulus sei mit seinem Begleiter Barnabas nach seiner Flucht aus Antiochia nach Pisidien in die Stadt gekommen, wo er „Worte zu Perge" sprach. Seine einstige Bedeutung verlor Perge schließlich in der Mitte des 7. Jahrhunderts, als Raubzüge der Araber auf ihrem Weg nach Konstantinopel die Landschaft zunehmend in Unruhe versetzten; die Stadt wurde verlassen und ihre Bewohner flohen nach Antalya.

Nordöstlich, hoch am Südabhang des Taurusgebirges, in einer Höhe von rund 1250 Metern, liegt das türkische Dorf Altınkaya Köyü mit den Ruinen der antiken Stadt Selge. Zu den herausragenden Monumenten des weitläufigen Ruinenfeldes zählt heute zweifelsohne das römische Theater. In seinem unteren Bereich ist es unmittelbar aus der felsigen Hügelseite geschnitten, der obere Teil wurde hingegen aus großen Steinquadern gemauert. Der etwas mehr als einen Halbkreis beschreibende Zuschauerraum fasste bis zu 10 000 Besucher auf seinen insgesamt 45 Sitzreihen.

Unmittelbar im Südwesten des Theaters lag das antike Stadion, das auf beiden Längsseiten mit steinernen Sitzreihen ausgestattet war, die man im Süden der Anlage auf einer, zum Teil noch heute erhaltenen, überwölbten Galerie errichtete, während sie auf der nordwärts orientierten Seite direkt auf dem Abhang eines Hügels ruhten.

Verschiedenen Inschriftenfunden zufolge war ein Großteil der hier veranstalteten Sportwettkämpfe allein den Bürgern von Selge selbst vorbehalten. Über die offenen Veranstaltungen, die in einem vierjährlichen Turnus stattfanden, ist kaum etwas bekannt; sie scheinen auch keine überregionale Bedeutung gehabt zu haben. Im äußersten Westen des Stadtgebiets liegen die Ruinen zweier Tempel, von denen der eine wohl Zeus, dem Hauptgott der Stadt, geweiht war, während man im anderen allem Anschein nach Artemis verehrte.

Giebel des Apollontempels in Side

Fresken in der St. Nikolausbasilika
des historischen Myra

Auf einer felsigen, in den Golf von Antalya hineinragenden Halbinsel liegt der größte antike Hafen Pamphyliens – Side. Die frühesten bekannten Siedlungsspuren stammen aus der Zeit um 1000 v. Chr. Zu einer der wohlhabendsten Städte wurde Side unter römischer Herrschaft und unterhielt Handelsbeziehungen im gesamten Mittelmeerraum bis nach Ägypten, und unzählige Ladengeschäfte säumten die Straßen der Stadt.

Der Handel mit Sklaven aus dem nordafrikanischen Raum florierte und mit dem Reichtum wurden unter anderem sportliche Wettkämpfe, Spiele und Theateraufführungen zur Unterhaltung der Bürger organisiert. Zu der Zeit unterhielt die Stadt auch eine große zivile Handelsflotte, die den Reichtum Sides mit begründete.

Mit dem Niedergang der römischen Macht im 3. und 4. Jahrhundert verlor auch Side an Wohlstand und Bedeutung und im 7. Jahrhundert wurde die Stadt bei arabischen Angriffen völlig zerstört. Heute dominiert zwischen den modernen Häusern von Selimiye das mächtige Theater aus dem 2. Jahrhundert, das auf den Fundamenten eines hellenistischen Vorgängerbaus errichtet wurde und als eines der größten Pamphyliens galt. Der etwas über einen Halbkreis beschreibende Zuschauerraum fasste rund 16 000 bis 17 000 Besucher.

Im Siedlungsgebiet von Side liegt das altehrwürdige Theater.

Die üblicherweise für Gladiatoren- und Tierkämpfe genutzte Orchestra wurde in einem späteren Ausbaustadium mit einer massiven Mauer eingefasst, die man mit einem rosafarbenen wasserfesten Putz versah, der es ermöglichte, dass der Freiraum von Zeit zu Zeit mit Wasser gefüllt werden konnte, um Seegefechte nachstellen zu können.

Südlich des heute nahezu vollständig verlandeten Hafens, auf einer leicht erhöhten Plattform, standen die beiden Haupttempel der Stadt aus dem 2. Jahrhundert. Im äußersten Südwesten der Halbinsel lag der Hafen von Side; erkennbar ist dessen Silhouette an einem tief in den Uferfelsen eingreifenden Steilhang. Zu der nahezu vollkommen künstlichen Hafenanlage gehörte neben einer starken Mole ein tief ausgehobenes Hafenbecken, das durch eine über zehn Meter breite Einfahrt erreichbar war.

Die Wasserversorgung des römischen Side erfolgte über ein Aquädukt, das von den 30 Kilometer entfernten Quellen des Flusses Melas, dem heutigen Manavgat Çayı, gespeist wurde. Im oberen Verlauf des Leitungssystems wurde das Wasser durch spezielle Kanäle und in den Felsen geschnittene Tunnel geleitet; im unteren Verlauf hingegen, wo tiefe Täler zu überwinden waren, wurde das Frischwasser über hohe teils zweistöckige Bogenanlagen geführt, wie sie in römischer Zeit allgemein üblich waren. Heute steht die antike Stadt unter dem Schutz der UNESCO.

Zwischen Isparta und Antalya liegt wenige Kilometer von Isparta entfernt das Dorf Ağlasun nahe der pisidischen Grenzsiedlung Sagalassos. Außergewöhnlich ist die Lage der antiken Stadt: Hoch oben zwischen 1450 und 1700 Metern Höhe fügen sich über einer weiten Ebene, in den kahlen felsigen Hängen des Akdağ, die Ruinen des römischen Theaters, Marktplätze, ein Tempel und eine christliche Basilika in die bizarre Umgebung ein. Hinzu kommen Nekropolen mit Felsgräbern und Sarkophagen.

Ein Tag neigt sich dem Ende zu …

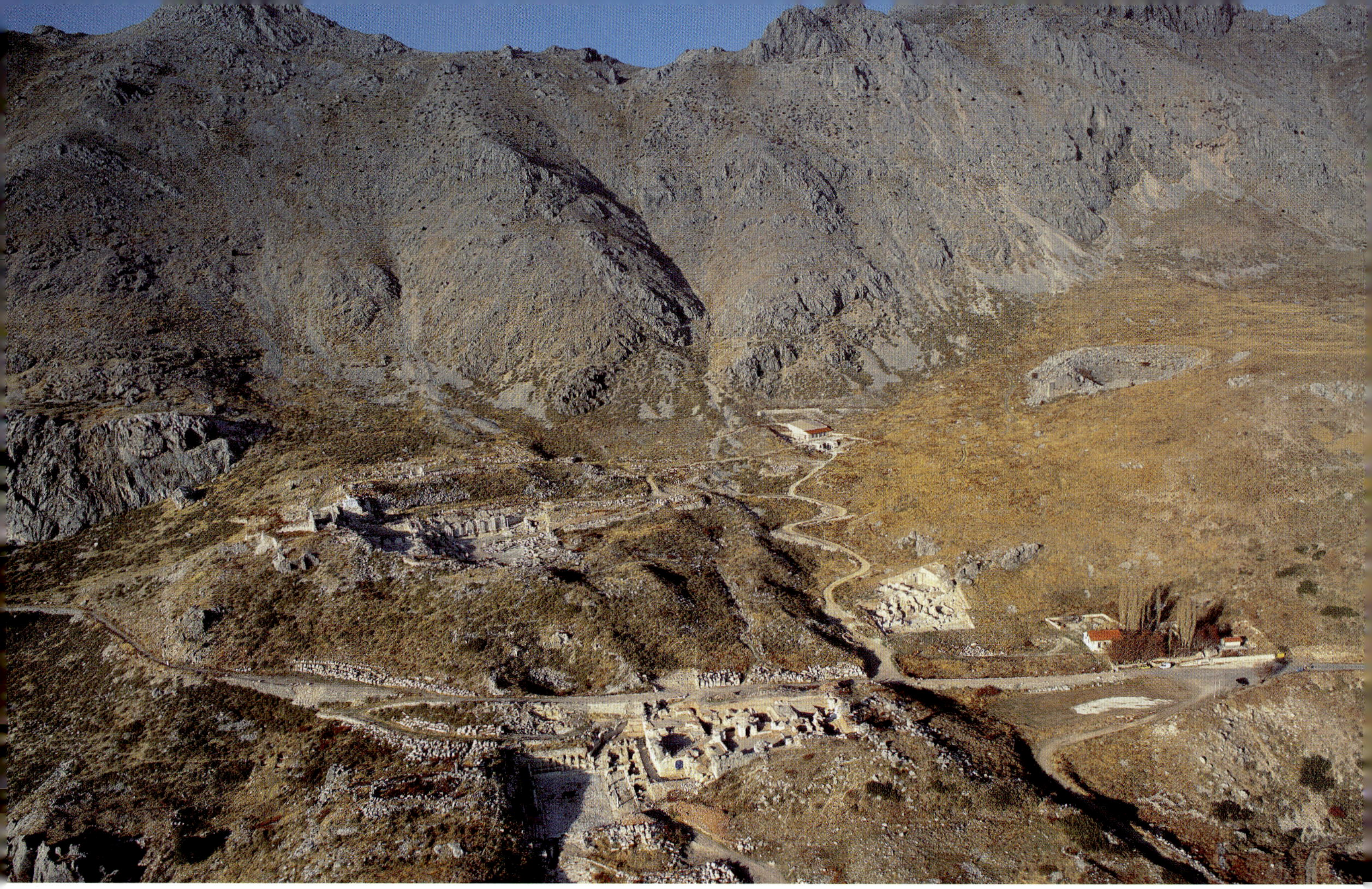

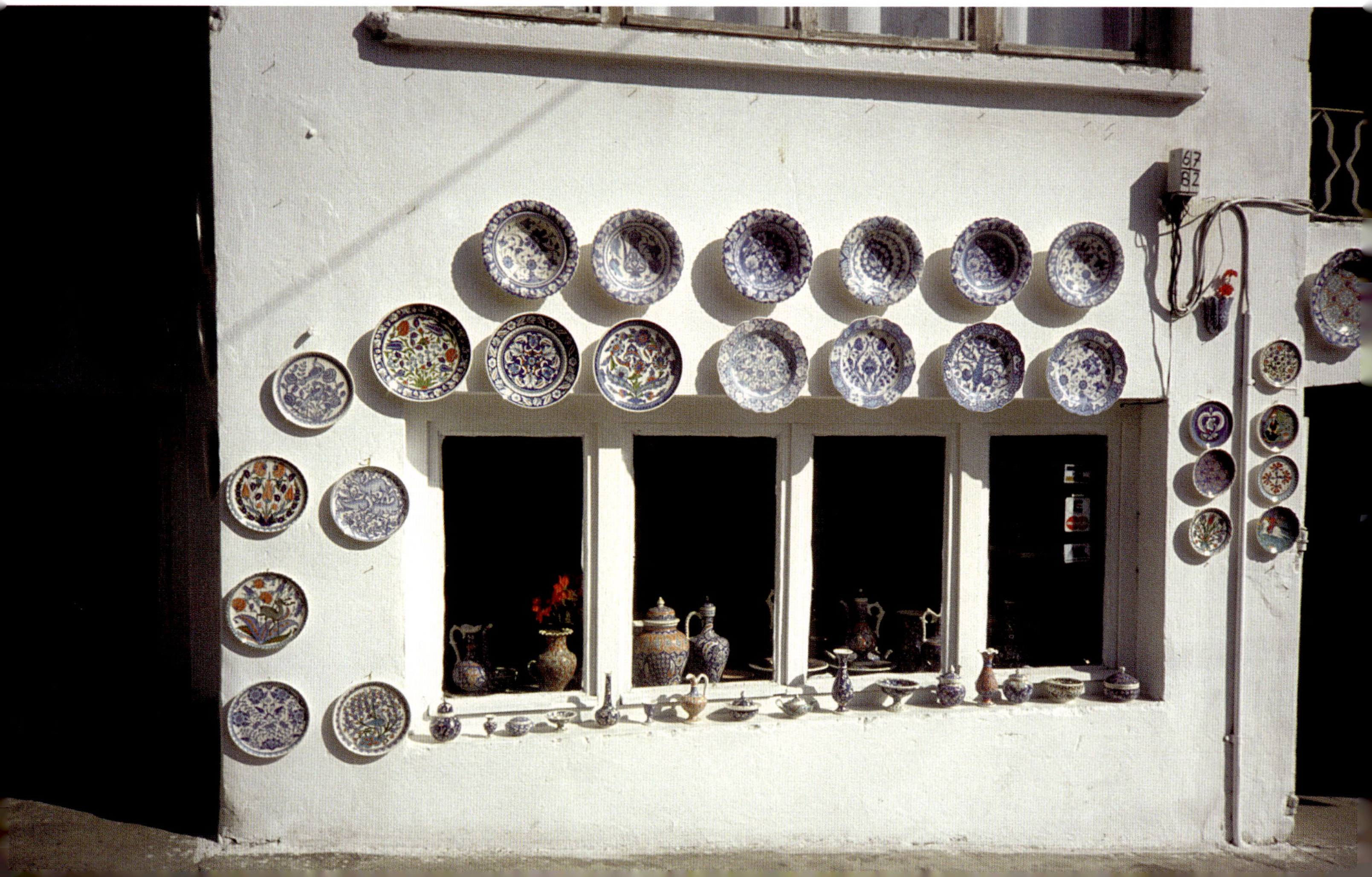

In der Umgebung um Sagalassos finden sich die frühesten Spuren menschlicher Aktivitäten aus der Zeit um 12 000 v. Chr., als Jäger und Sammler die Landschaft durchstreiften.

Die ersten sesshaften Bauern siedelten im 8. Jahrtausend v. Chr. am nahe gelegenen Burdur Gölü und während der Bronzezeit entwickelten sich die ersten territorialen Herrschaftsbereiche. Die frühesten Siedlungsspuren in Sagalassos selbst stammen aus der Zeit um 1600–1400 v. Chr. Die Siedlung entwickelte sich schnell zu einem regional bedeutenden Zentrum.

Nachdem Alexander der Große trotz des erbitterten Widerstandes über Sagalassos gesiegt hatte, begann für die Stadt eine Zeit der Blüte und sie blieb bis ins 3. Jahrhundert n. Chr. der bedeutendste Ort der Region. Den Niedergang brachte die Pest 541–542, die mehr als die Hälfte der Einwohner dahinraffte. Mitte des 7. Jahrhunderts wurde die Stadt endgültig aufgelassen.

Nach den Ausgrabungen weist Sagalassos heute eine der besterhaltenen städtischen Zentren der griechischen und römischen Antike auf, was daran liegt, dass mehrere Erdrutsche vom Akdağ große Teile unter sich begruben und so gewissermaßen die Stadt konservierten. Bei archäologischen Ausgrabungen konnten verschiedene Monumente aus hellenistischer Zeit freigelegt werden. So wurde beispielsweise die Stadtmauer mit massiven Wachtürmen gefunden.

Als Ausdruck des griechischen Lebensstiles darf die Erbauung eines mit rund 200 Sitzplätzen ausgestatteten Bouleuterions, des Rathauses, zu Anfang des 1. Jahrhunderts v. Chr. betrachtet werden;

Durch Manavgat fließt der gleichnamige Fluss, der mit dem Wasserfall und den teilweise über den Fluss gebauten Fischrestaurants ein beliebtes Ausflugsziel darstellt.

LINKE SEITE OBEN
Außergewöhnlich ist die Lage der antiken Stadt Sagalassos an den kahlen, felsigen Hängen des Akdağ.

LINKE SEITE UNTEN
Mancherorts ist das lokale Handwerk auf bestimmte Produktionszweige spezialisiert, wie etwa die Keramikproduktion oder Fayencearbeiten.

FOLGENDE DOPPELSEITE:
LINKS:
Moschee mitten in den Bergen

RECHTS:
Ruinen des Apollontempels in Side

ebenso ein dorischer Tempel und ein Brunnenhaus, die beide etwas später gebaut wurden. Mit der Eingliederung von Sagalassos in das Römische Reich fanden ein deutlicher stilistischer Wechsel der Architektur sowie eine Neuorganisation der Ansiedlung statt. Ein Symbol des neuen Stiles wurden das nordwestliche und nordöstliche Heroon, und mit der Errichtung eines Tempels für Apollon Klarios wurde dem religiösen Programm des Kaisers Folge geleistet.

Gegen Ende der ersten kaiserlichen Dynastie erhielt Sagalassos noch ein großzügig angelegtes Stadion. Unter Hadrian erreichte die Stadt eine Blütezeit, in der eine Bibliothek, ein Nymphäum, sowie verschiedene Badeanlagen errichtet wurden. In der Folgezeit kamen noch weitere Nymphäen sowie zusätzliche öffentliche Gebäude hinzu; das noch heute auffallendste Bauwerk ist das Theater, das bis zu 9000 Zuschauer fassen konnte.

Zu den wichtigsten Stätten Pamphyliens gehört Aspendos, wo eines der am besten erhaltenen Theater Anatoliens steht. Es wurde im 2. Jahrhundert, während der Regierungszeit Marc Aurels, von einem Architekten namens Zenon errichtet. Die noch erhaltenen – oder besser: anhand der Mauerreste im Bewuchs zu erahnenden – übrigen Gebäude stammen im Wesentlichen aus römischer Zeit.

In byzantinischer Zeit scheint Aspendos keine große Bedeutung mehr gehabt zu haben und fiel dann den Sultanen von Konya zu. Das Theater scheint jedoch noch im Mittelalter be-

nutzt worden zu sein, wie seldschukischer Farbenschmuck – rote Zick-Zack-Linien – zeigt, jedoch wohl nicht mehr in seiner eigentlichen Funktion, sondern vermutlich als Karawanserei.

Im Bezirk Adana liegt der in römischer Zeit als Caesarea oder Anazarbus bekannte Ort Anavarza in direkter Nähe zum heutigen Dorf Dilekkaya, etwa 60 Kilometer nordöstlich der Provinzhauptstadt Adana. Über die vorrömische Zeit ist bislang nur wenig bekannt.

Kaiser Augustus gründete 19 v. Chr. die Stadt neu, die im Laufe des 2. Jahrhunderts aufgrund ihrer Lage an strategischer Bedeutung gewinnen sollte. Ab dem 8. Jahrhundert, nachdem die Stadt durch die Araber eingenommen wurde, fiel sie abwechselnd in byzantinische, arabische und armenische Hände.

Als eine der modernsten Städte der Region gilt Mersin, mit seinen Palmenalleen, Hotels, Kaufhäusern, dem Handelshafen und der Freihandelszone. Aufgrund des Mangels an natürlichen größeren Buchten wurde hier 1954 ein künstlicher Hafen angelegt, in dem die Agrarprodukte der Umgebung umgeschlagen werden konnten. Zudem konnten nun die Öltanker abgefertigt werden, mit denen das Öl aus Südostanatolien weiterverschifft wurde.

Wie eine Kulisse stehen die beeindruckenden Außenmauern der Kreuzfahrerburg von Silifke hoch über der Stadt.

LINKE SEITE:
Heute führt die Zufahrtsstraße zur Ruinenstätte am einstigen Stadttor von Xanthos vorbei.

Ruinen in Mersin

77 Kilometer südwestlich von Mersin fließt bei Silifke der Göksu (früher Saleph) ins Mittelmeer und bildet an dieser Stelle das Göksudelta, das zum Nationalpark erklärt wurde. Als Schutzgebiet bietet es einen wichtigen Rastplatz für zahlreiche Zugvögel und ist einer der wenigen noch vorhandenen Brutplätze des Purpurhuhns. In den Schwemmlandflächen existiert eine spärliche Salzvegetation wie etwa der Strandflieder, woran sich eine Dünenlandschaft anschließt. Große Teile, vor allem östlich des Göksu und landeinwärts, wurden durch ein Kanalsystem trockengelegt, um sie landwirtschaftlich nutzbar zu machen. Die westlichen Salzschlickflächen sind im Winter und Frühjahr jedoch häufig überschwemmt und zum Teil ohne jeglichen Bewuchs.

Der antiken, heute überwucherten Stadt Korykos vorgelagert, steht die malerische Korsarenburg Kızkalesi im Meer.

In diesem Fluss ertrank 1190 Kaiser Barbarossa während des Dritten Kreuzzugs. Die Gründung der etwa 85 000 Einwohner zählenden Stadt Silifke fällt in die Zeit des Feldzuges Alexanders des Großen 300 v. Chr. Das antike Seleukia erlangte seine Bedeutung aufgrund der Lage am Ende des Flusstales, das der Göksu bildet, an der so genannten Kilikischen Pforte, einem Durchgang durch das Taurusgebirge nach Inneranatolien.

Dieser Pass bildete zu allen Zeiten einen wichtigen Durchlass für Heereszüge ebenso wie für den Handel – und auch heute noch verläuft hier die Hauptverbindung von der Küste nach Konya. Hoch über der Stadt liegt, von außen noch immer beeindruckend, die Kreuzfahrerburg, die hinter den imposanten Außenmauern jedoch mit ihren vielen Gewölben gänzlich dem Zerfall überlassen ist.

Ungefähr 20 Kilometer in Richtung Mersin liegt die Inselburg Kızkalesi malerisch gegenüber der antiken Stadt Korykos. Heute mag sie einem märchenhaft und romantisch erscheinen, wie sie der Küste vorgelagert auf dem Wasser zu schwimmen scheint. Tatsächlich war sie im Mittelalter jedoch eine der berüchtigtsten Korsarenburgen der ganzen Mittelmeerküste.

Um die Entstehung des Namens ranken sich, wie so häufig, Erzählungen und Sagen, die teilweise denen anderer Gründungsmythen durchaus ähneln. So wollte der Sage nach ein Sultan, der seine Tochter über alle Maße liebte, diese vor einem geweissagten tödlichen Schlangenbiss beschützen. Herfür ließ er ein Schloss mit wehrhaften Türmen inmitten des Meeres erbauen in dem die Tochter untergebracht werden sollte. Doch dem Schicksal kann sich in der Welt der Märchen, Sagen und Mythen niemand entziehen und so wurde das Mädchen trotz aller Fürsorge durch den Biss einer Schlange, die sich in einem gelieferten Obstkorb versteckt hielt, getötet.

Die dreiseitige Burg, die im Jahr 1104 erbaut wurde, ist von einer 192 Meter langen Befestigungsmauer umgeben und mit acht Türmen verstärkt. Nach alten Berichten soll die Insel einst noch durch eine Mole mit dem Festland verbunden gewesen sein.

Die Hochebene von Elmalı ist eines der landwirtschaftlichen Zentren der Türkei.

Auf dem Weg von der Südküste
ins Landesinnere

Mehrere Gebiete der Mittelmeerregion, wie etwa die Gegend um
Fethiye, gelten bei Gleitschirm-
piloten wegen der Wetterbedingungen als ein Flugparadies.

Die auf einer Höhe von etwa 1155 Metern gelegene Hochebene von Elmalı bietet eine noch relativ un-
verfälschte und zugleich hochalpine Landschaft, in der den Sommer über Halbnomaden zu Hause sind,
die hier ihre Schafe und Ziegen weiden lassen. Die Ebene und das gleichnamige Städtchen sind eines der
landwirtschaftlichen Zentren des Teilgebietes, das den historischen Landschaftsnamen Lykien trägt.
Vorrangig wird hier Obst- und Getreidebau betrieben, was sich in dem Namen Elmalı, der übersetzt
„Apfel" heißt, bereits andeutet.

Den mittleren Teil des Taurus bilden die Bolkar Dağları zwischen den beiden Flüssen Göksu im Westen und Pozantı im Osten. Ihr Aufbau besteht aus Kalk- oder Dolomitsedimentgestein und weist in
großen Teilen Gletscherbildung auf. Geübte Bergsteiger nutzen die höchsten Erhebung wie den Me-
detsiz (3524 m), den Koyunaşağı (3426 m) oder den Tahkaya (3372 m) für ihre Touren.

In Tarsus, dem Geburtsort des Apostels Paulus, sind die Ulu Camii und das schlichte Kleopatra-Tor
sowie die Häuser der Altstadt sehenswert, ebenso wie der nördlich gelegene breite Tarsuswasserfall.

In der Provinz Mersin liegt mit Anamur der südlichste Punkt der Türkei, der etwa 70 Kilometer vom
gegenüberliegenden Zypern entfernt ist. Der Ort liegt in einer breiten, von Bergketten des Taurusgebirges auf drei Seiten eingerahmten Ebene mit einem ganz eigenen Mikroklima.

Dominierende Monumente sind das Mamuriye Kalesi direkt am Meer und das Softa Kalesi, das im
Osten hoch auf einem Berg steht. 36 gut erhaltene Mauertürme scheinen das Mamuriye Kalesi aus dem
12. Jahrhundert noch immer zu bewachen. Vom armenischen Softa Kalesi, ebenfalls aus dem 12. Jahrhundert, stehen nur noch zwei Mauern und einige Türme. An der südlichsten Stelle steht mitten auf den

Klippen schwer zugänglich ein Leuchtturm. Östlicher Abschluss der Mittelmeerregion bildet die Provinz Hatay. Die Stadt İskenderun besitzt einen Industrie- und Handelshafen sowie die längste und breiteste Palmenallee der Türkei.

Die Provinz Kahramanmaraş hieß bis Ende des türkischen Unabhängigkeitskrieges Maraş, erhielt dann aber aufgrund ihres Widerstandes den Beinamen Kahraman (Held). Sie verfügt über eine entwickelte Kupfer-, Messing-, Holz- und Perlmuttverarbeitung.

70 Kilometer vor der östlichen Mittelmeerküste liegt Zypern, die drittgrößte Insel des Mittelmeeres. Durch ihre Lage spielte die Insel seit jeher eine bedeutende Rolle, sowohl als militärischer Vorposten als auch für den Handel. Entsprechend groß waren das Interesse an ihr, weshalb sie häufig unter wechselnder Herrschaft stand.

1960 wurde zwischen Großbritanien, Griechenland und der Türkei Veträge geschlossen, woraufhin Zypern in die Unabhängigkeit entlassen wurde, nachdem es britische Kronkolonie war. Im Jahre 1983 wurde der nördliche Teil der Insel als unabhängiger Staat „Türkische Republik Zypern" ausgerufen, der jedoch bis heute nur von der Türkei anerkannt wird.

Mosaik auf dem Fußboden der St. Nikolausbasilika in Myra

Die felsige Küste im Bereich der
versunkenen Stadt Kekova

ÜBERSICHTSKARTE INNERANATOLIEN

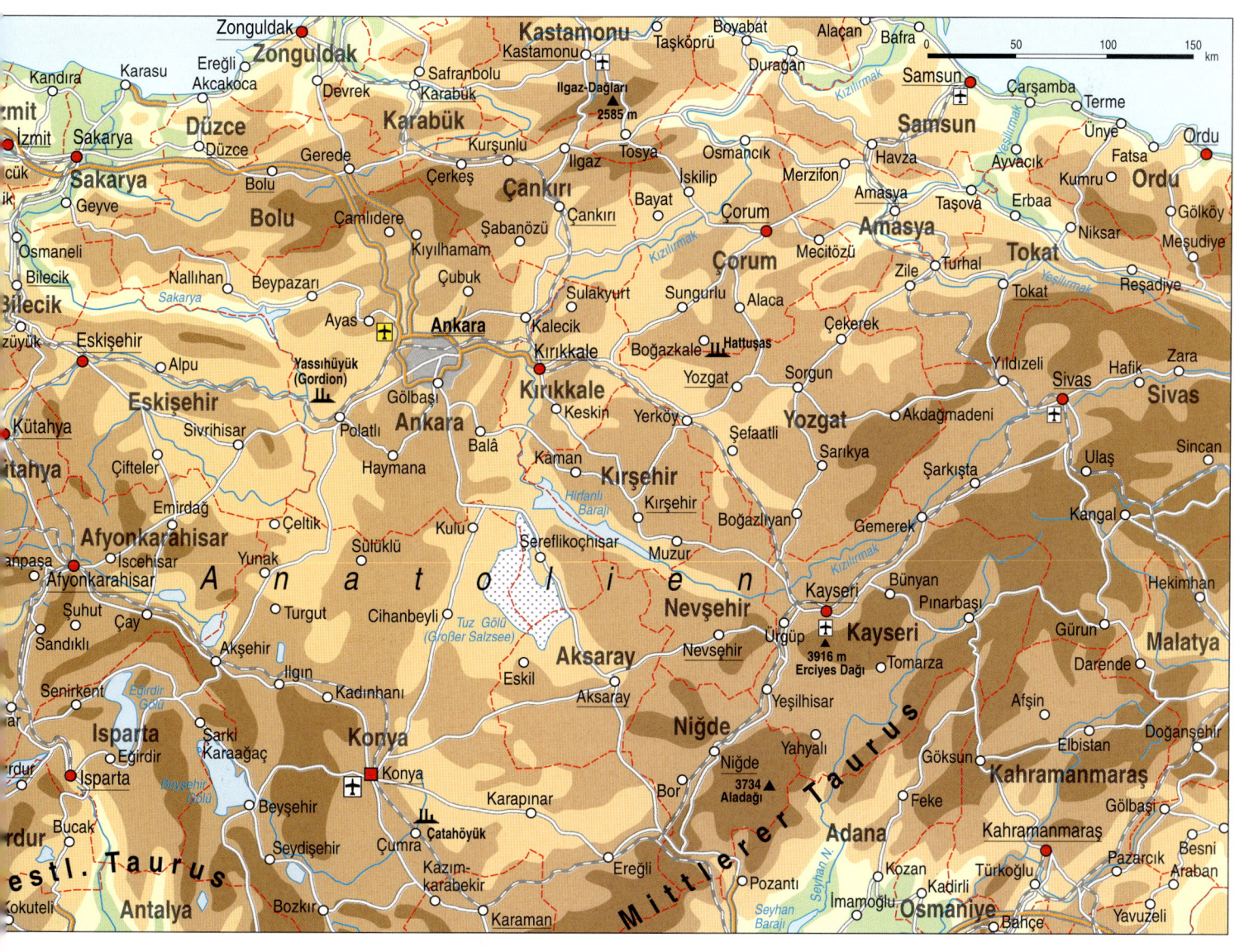

Inneranatolien

GEOGRAFIE UND GEOLOGIE

VORHERGEHENDE DOPPEL-SEITE LINKS:
Ein Dorf in der Nähe von Ankara ist ganz in den Hang gebaut.

RECHTS OBEN:
Der erloschene Vulkan Hasan Dağı ist Ziel von Bergsteigern und Skisportlern; seit einiger Zeit gibt es ein großes Wintersportzentrum an seinen Hängen.

RECHTS UNTEN:
Die Bevölkerung lebt zum Teil unter einfachen Bedingungen.

In Inneranatolien bietet die Landschaft oft einen fast unendlich weiten Blick in die Ferne.

Die zweitgrößte der insgesamt sieben geografischen Regionen der Republik Türkei ist Inner- bzw. Zentralanatolien, İç Anadolu, mit einer Fläche von annähernd 151 000 km²; sie stellt rund 19,4 Prozent des türkischen Staatsterritoriums dar und umfasst die Provinzen Aksaray, Ankara, Çankırı, Eskişehir, Karaman, Kayseri, Kırıkkale, Kırşehir, Konya, Nevşehir, Niğde, Sivas und Yozgat.

Nördlich des mittleren Taurusbogens erstreckt sich geografisch scharf abgegrenzt – im Regenschatten der Randgebirge – ein großflächiges abflussloses Trockengebiet, das Zentralanatolische Hochland. Dieses nimmt im Grunde den gesamten Südwesten der Region ein und reicht im Osten bis zum Erciyes Dağı.

Weit weniger markant ausgeprägt ist der Übergang zum Nordanatolischen Randgebirge hin, wo allerdings bereits über die Flusssysteme des Kızılırmak und des Sakarya eine Entwässerung der Landschaft

Die inneranatolische Hochebene ist reich an Spuren der
Geschichte. Heute ist es möglich,
bei der Fahrt vom belebten
Süden in Richtung Schwarzmeer
keinem Menschen zu begegnen
und eine abwechslungsreiche
Landschaft zu genießen.

zum Meer hin erfolgt. Das Landschaftsbild der Mitteltürkei bestimmen in erster Linie schroffe, aus vulkanischem Gestein aufgebaute Gebirge und etwas sanfter geformte alte Bergmassive, die gewisser-maßen inselartig aus der zwischen 800–1200 Meter über dem Meeresspiegel gelegenen Fläche empor-ragen, während dazwischen weite Senken mit sanften Hängen liegen. In den flachen Becken, den so-genannten Ovas, finden sich größere Salzsümpfe und -seen, wie etwa Sultan Sazlığı im Süden des Erciyes Dağı oder der Akşehir Gölü und der Tuz Gölü im Westen.

Nach langer sommerlicher Trockenheit können starke Abspülungen bei einem geeigneten geologi-schen Untergrund oft zu einer überaus charakteristischen Furchung der Hangbereiche führen oder gar zur Ausbildung von Tuffkegeln. Berühmt für seine sogenannten „Feenkamine", die Peri Bacaları, und Höhlenstädte ist vor allem die inneranatolische Landschaft Kappadokien mit Orten wie Göreme, De-rinkuyu, Ürgüp und Zelve.

KLIMA

Das Landesinnere der Türkei verfügt infolge seiner Höhenlage von 900–1000 Metern über dem Meeresspiegel und der geografischen Abschirmung durch den im Süden gelegenen Taurus und das Nordanatolische Randgebirge über ein strenges Kontinentalklima. Dieses ist durch heiße und trockene Sommer sowie feuchte, mäßig kalte Winter charakterisiert.

Die täglichen und jährlichen Temperaturunterschiede sind grundsätzlich stark ausgeprägt, im Jahresdurchschnitt beläuft sich die Temperatur auf 10,9 °C. Die Tageshöchstwerte liegen in den Monaten Dezember bis März stets über dem Gefrierpunkt, während die nächtlichen Tiefsttemperaturen in aller Regel deutlich darunter bleiben.

In den Tälern und Becken Inneranatoliens bilden sich im Winter nicht selten Inversionswetterlagen aus, bei denen wärmere Luft die bodennahe Kaltluft überlagert. Vor allem in den Großstädten der Region und in der Nähe von Industriegebieten reichern sich dann häufig in der kalten Luft Schadstoffe an und es entsteht Smog.

Der Tuz Gölü, der große Salzsee in Inneranatolien liegt auf 905 Metern Höhe über dem Meeresspiegel. Er ist nur etwa ein bis zwei Meter tief und hat eine Gesamtfläche von ungefähr 1500 Quadratkilometern.

Der durchschnittliche Jahresniederschlag von 392 Millimetern fällt vornehmlich während der Winterzeit. Durch den häufigen Wechsel zwischen Frost und Tauwetter führen die geringen winterlichen Schneefälle nur selten zu einer geschlossenen Schneedecke. Das absolute Niederschlagsmaximum wird jeweils im Frühjahr erreicht.

Dabei kommt es – zumeist infolge lokaler Hitzetiefs bei noch kühlem Meer und bereits erwärmter Landmasse oder im Anschluss an plötzliche Kälteeinbrüche – oft zu kräftigen Gewitterschauern, die sich bisweilen zu ausgesprochenen Starkregen mit einer Niederschlagsmenge von bis zu 70 Millimetern pro Tag ausweiten können.

Falls sich die Niederschläge eines Jahres in solchen Starkregen konzentrieren oder bereits im Frühling aussetzen, kann es im darauf folgenden Sommer zu Dürre und folglich zu Missernten kommen.

FLORA UND FAUNA

In der durch menschliche Nutzung entstandenen Steppe Zentralanatoliens prägen der Getreideanbau und die Weidewirtschaft das Landschaftsbild. Vom einstigen Wald zeugen nur vereinzelt stehende Bäume und deuten an, dass eine Bewaldung auch dieser Region möglich wäre.

Würde die Steppe nicht gänzlich überweidet, entstünden Flächen mit etwa einen halben Meter hohen Gräsern und Sträuchern. Restwälder haben sich in erster Linie in den Gebirgen erhalten, wo Kiefern, sommergrüne Eichen und Wacholder wachsen.

BEVÖLKERUNG

Den Ergebnissen der Volkszählung des Jahres 2000 zufolge leben im inneranatolischen Raum rund 11,6 Millionen Menschen bei einer durchschnittlichen Einwohnerdichte von 77 Personen pro Quadratkilometer. Hiervon wohnen knapp 8,1 Millionen in Städten, die übrigen verteilen sich auf die Dörfer im Umland; der Bevölkerungszuwachs beläuft sich auf 1,6 Prozent jährlich.

LINKS OBEN
Der Erciyes ist mit seinen 3917 Metern die höchste Erhebung Inneranatoliens. Der mächtige Vulkan, der die Landschaft Kappadokiens geformt hat, ist seit etwa 2000 Jahren inaktiv.

LINKS UNTEN
In der Steppenlandschaft kommt der Viehhaltung auf Weiden eine wichtige Bedeutung zu.

Inneranatolien ist hinsichtlich der Bevölkerung nach der Marmararegion das größte Gebiet der Türkei. Große Teile der Bevölkerung leben außerhalb größerer Städte im ländlichen Raum.

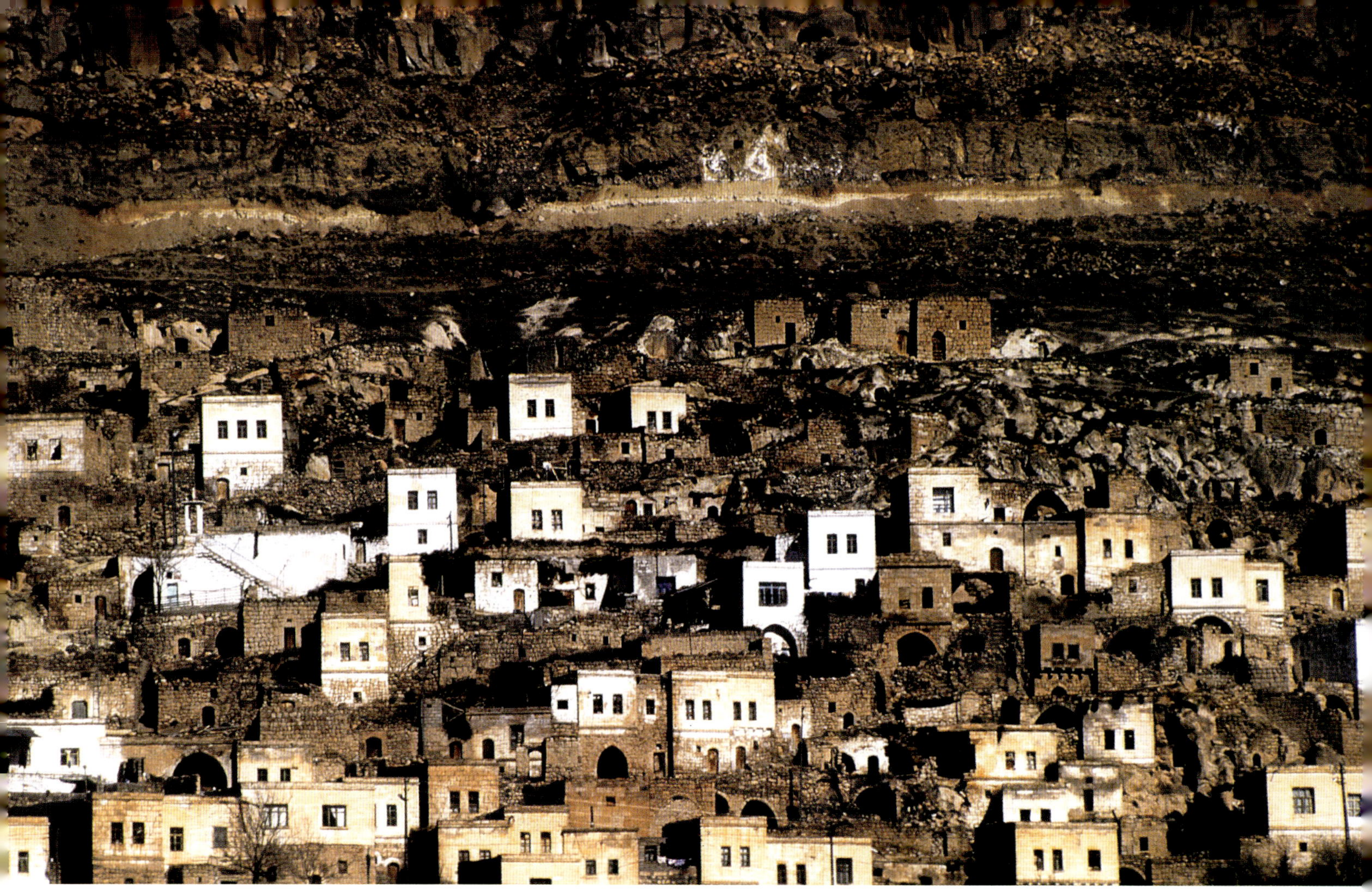

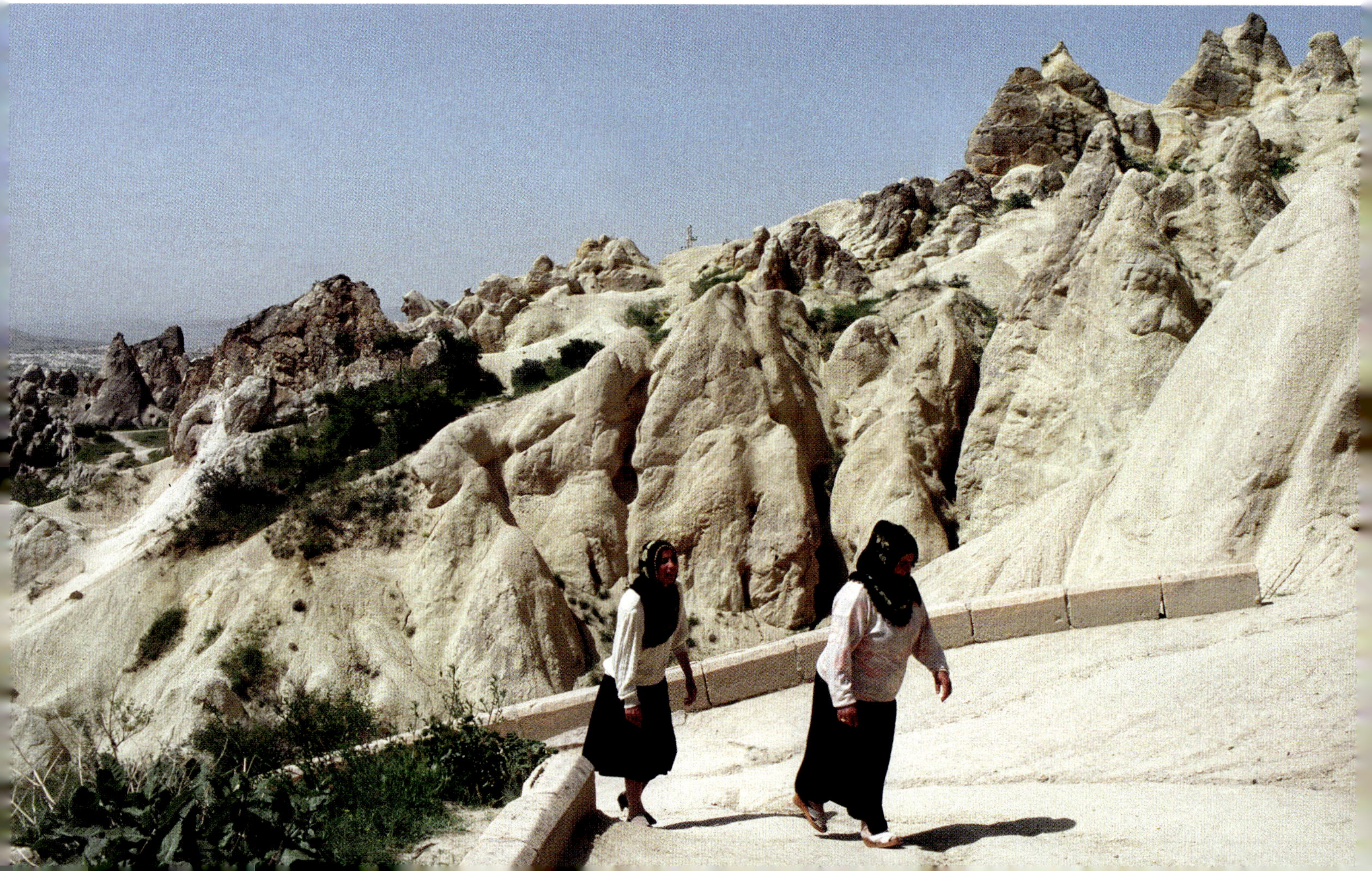

Die im Jahr 1941 offiziell als solche eingerichtete Region Zentralanatolien setzt sich im Wesentlichen aus den historischen Landschaften Galatien und Kappadokien zusammen, umfasst jedoch ebenso Teile von Bithynien, Lykaonien, Paphlagonien, Phrygien, Pisidien und Pontus. Bereits im 3. Jahrhundert v. Chr., in hellenistischer Zeit, hatte sich vor allem im Westen des Landesteils Griechisch als Hauptsprache durchzusetzen begonnen, ein Prozess der erst in der Spätantike abgeschlossen war.

In Kappadokien hielt sich das Griechische besonders lange. Hier existierte bis 1923 eine griechischsprachige Minderheit, die – durch die lange kulturelle Isolation bedingt – ihren eigenen Dialekt entwickelte, der heute jedoch, mehrere Jahrzehnte nach dem „Bevölkerungsaustausch" mit Griechenland, zunehmend in Vergessenheit gerät.

Im äußersten Osten der Region, wie etwa in der Provinz Sivas, sind gut 20 Prozent der Bevölkerung Kurden, ebenso gibt es eine beachtliche kurdische Minderheit in den Großräumen von Kırşehir und Ankara sowie eine kleinere, hauptsächlich auf Einwanderungen während des 19. Jahrhunderts zurückgehende, in Konya.

Darüber hinaus siedeln im Osten von Sivas Karapapaken, die einen aserbaidschanischen Dialekt sprechen, in Kayseri sind neben Kasachen und Kabardinern zahlreiche Uiguren ansässig, und es ist davon auszugehen, dass in der Provinz Ankara noch einige Krimtartaren – Nachfahren von Flüchtlingen des 18. und 19. Jahrhunderts – leben.

Die skurrilen Felsformationen sind durch Auswaschungen entstanden.

Noch immer gibt es zahlreiche Nomaden in Inneranatolien, die unter freiem Himmel ihre Teppiche weben, die sie später in den Städten oder am Straßenrand zum Verkauf anbieten.

WIRTSCHAFT

Die Wirtschaft Zentralanatoliens ist im Wesentlichen durch agrarisch orientierte Klein- und Mittelbetriebe geprägt. Durch großzügige Bewässerungsanlagen erstreckt sich hier fruchtbares Land, auf dem die unterschiedlichsten Gemüsesorten, Zuckerrüben und vor allem Obst gezogen werden. Das Hauptprodukt der Region ist allerdings der Weizen, und die Viehzucht spielt eine große Rolle.

Die in der Ebene nördlich des 3917 Meter hohen Vulkans Erciyes Dağı gelegene Provinz Kayseri gehört – neben Ankara, Eskişehir, Kırıkkale und Çorum – zu den wichtigsten Industriezentren der Mitteltürkei. Besonders die Nahrungsmittelindustrie, die Weberei, die Teppichherstellung und die Kupfer- und Lederverarbeitung sind dabei hoch entwickelte Industriezweige.

Darüber hinaus bildet Kayseri das Zentrum der türkischen Möbelindustrie und ist ein reiches Bergbaugebiet. Die hier gewonnenen Bodenschätze Eisen, Braunkohle und Chrom werden zum großen Teil ins Ausland exportiert.

Erst mit der Errichtung eines laizistischen Staates durch Mustafa Kemal Atatürk wurde der in der Region traditionell beheimatete Weinbau wieder in größerem Stil möglich – Atatürk selbst galt als Weinliebhaber und förderte die Gründung privater Weingüter.

Zwischen 1960 und 1980 erlitt der mittelanatolische Weinbau jedoch einen herben Rückschlag. Die drastisch zunehmende Landflucht, die Auswanderung sowie die Reblaus Phylloxera waren die Ursachen dafür, dass viele Flächen nicht mehr bewirtschaftet wurden.

Seit etwa Mitte der 1980er-Jahre nimmt die Menge und Qualität des angebauten Weins ständig zu. Nicht nur der Verbrauch durch Touristen verhalf der Industrie zur Hochkonjunktur, auch das Kunden-Potenzial im eigenen Land ist wieder vergleichsweise groß.

Die Hauptanbaugebiete liegen um Ankara herum, in Kırıkkale, Kırşehir und Niğde. Die Rebsorten Kalecik Karası, Papazkarası, Dimrit, Boğazkere und Öküzgözü – alles Rotweinsorten – sowie die Weißweinsorten Emir, Narince und Hasandede wachsen hier besonders gut. Neben den rein türkischen Rebsorten werden inzwischen auch Pinot Noir, Cabernet und Cabernet Sauvignon, Grenache, Riesling und andere gezogen.

BEDEUTENDE ORTE UND
SEHENSWÜRDIGKEITEN

Das kulturelle und wirtschaftliche Zentrum Inneranatoliens und politischer Mittelpunkt der Türkei ist Ankara, die Hauptstadt der Republik. Einem europäischen Besucher, der sich in der Stadt bewegt, wird die Umgebung nur wenig fremd erscheinen. Einige Minarette ragen empor, ansonsten sieht man wie in allen westlichen Städten Menschen, die geschäftig durch die Hauptstraßen eilen und meist westlich gekleidet sind.

Das Stadtbild wird von Hochhäusern, Geschäfts- und Bankhäusern, Regierungs- und Verwaltungs-gebäuden, von Parks und Freizeitarealen geprägt – kurz durch alles, was eine „zeitgemäße" Stadt aus-macht. Ankara ist eine modern geplante Stadt, die sich, seit sie 1923 Hauptstadt wurde, rasant ent-wickelte und heute fast 3,7 Millionen Einwohner zählt. Sie liegt 850 Meter über dem Meer auf einer Hochebene und ist von kahlen Bergen umgeben.

Auf einem 978 Meter hohen Hügel, um den sich die Altstadt erstreckt, liegt das Symbol der Stadt, das Ankara Kalesi, das ursprünglich von den Hethitern gegründet wurde und im Laufe seiner Existenz vielfache Umbauten und Erweiterungen erfuhr.

Die Fresken der Dunklen Kirche in Göreme sind in hervorragendem Zustand.

Rings um die „offizielle" Stadt breiten sich die Gecekondus aus, jene Elendsviertel, die in allen Groß-städten der Türkei zu finden sind und die Ankara zu einer rasant wachsenden Stadt machen. Ankara,

das ist auch die Stadt Atatürks. Trotz der Präsenz in nahezu jedem türkischen Ort scheint er nirgends so allgegenwärtig zu sein wie hier.

An diesem Platz bestimmte er die Richtung, in die die moderne Türkei zu schreiten hat; hier hatte er sein Hauptquartier während der Revolution; hierher verlegte er den Regierungssitz; und nicht zuletzt wurde er hier in einem gigantischen Mausoleum beigesetzt, das in einer beinahe einen Kilometer langen Parkanlage liegt. Dieses Mausoleum des am 10. November 1938 verstorbenen Staatsgründers wurde jedoch erst in den sechziger Jahren errichtet und sein Leichnam dorthin überführt.

Rund um das Denkmal liegen Museen, die an Atatürk in unterschiedlicher Form erinnern. So hat man seine Bibliothek, seine Kleidungsstücke und Autos ausgestellt. Die letzte Ruhestätte seines Amtsnachfolgers İsmet İnönü befindet sich gegenüber dem Mausoleum in unmittelbarer Nähe.

Die Fresken der aus dem 11. Jahrhundert stammenden Kirche des Heiligen Onophorius haben die Zeit nicht so gut überstanden.

Die in den weichen Tuffstein getriebenen Häuser bei Göreme sind eine der größten Touristenattraktionen der Region.

Wann die Geschichte der Stadt begann, ist nicht eindeutig sicher, doch übernahmen vermutlich im 8. Jahrhundert v. Chr. die Phryger eine ältere hethitische Siedlung, die sich an dieser Stelle befand. Später, im 6. Jahrhundert v. Chr., sollte es für den Ort von Vorteil sein, dass er an der persischen Königsstraße von Sardes nach Susa lag und so handelspolitische Bedeutung erlangen konnte.

Im späten 3. Jahrhundert v. Chr. haben sich die Galater, die schon seit Jahrzehnten durch Kleinasien zogen und Verwüstungen anrichteten, auf dem Festungshügel von Ancyra einquartiert, wurden dann aber vom pergamenischen König Attalos I. niedergeschlagen.

Der römische Kaiser Augustus eroberte den Ort im Jahre 25 v. Chr. und machte ihn zur Provinzhauptstadt. Unter den Byzantinern wurde die Burg erneut ausgebaut und die Befestigung verstärkt, dennoch war sie wiederholt Angriffen von Sassaniden und Arabern ausgesetzt. Die Seldschuken übernahmen im 11. Jahrhundert die Stadt, woraufhin sie den Namen Engüriye erhielt, bevor sie Mitte des 14. Jahrhunderts an die Osmanen ging.

Lohnenswert in Ankara ist insbesondere ein Besuch der Museen, so etwa des Ethnografischen Museums, das das seldschukische und osmanische Kunsthandwerk präsentiert; Teppiche, Kelims, Stickereien, Webeprodukte, Holzschnitzereien, filigrane Ornamente und Kalligrafien bilden den Kern des Museums.

OBEN:
İsmet İnönü wurde nach dem Tod Atatürks am 11. November 1938 zum zweiten Staatspräsidenten der Türkei gewählt. Nach seinem Tod wurde er im Atatürk-Mausoleum in Ankara bestattet.

LINKE SEITE:
Ankara ist nicht nur das Verwaltungszentrum der Türkei, sondern neben İstanbul und İzmir auch eines der größten Wirtschaftszentren des Landes. Mit 125 Metern Höhe ist der Atakule ein neues Wahrzeichen der Stadt. Der Aussichtsturm wurde 1989 errichtet und trägt unter anderem ein Drehrestaurant.

Im Museum für Anatolische Kulturen ist ein Raum aus Çatal Höyük, einer der ältesten Siedlungen der Welt, mit plastischen Stierköpfen, Keramik und Statuetten nachgebildet. Daneben sind die einzigartigen Kultstandarten aus Alacahöyük aus der Zeit um 2000 v. Chr. ausgestellt und man kann zahlreiche Keilschrifttexte auf Tontafeln aus assyrischen Handelsniederlassungen und vieles mehr entde-

cken, das einen Einblick in die materielle Welt der anatolischen Vergangenheit gewährt. Das Museum ist in einem restaurierten überdachten Bazar, einem Bedesten, untergebracht.

An historischen Bauwerken ist die Stadt verhältnismäßig arm. Es gibt einige jener typischen alten Holzhäuser, eine Säulenhallenanlage aus dem 13. Jahrhundert (Arslanhane Camii) und ältere Stadthäuser. Monumental und die Stadt beherrschend ist jedoch das Anıt Kabir, das Mausoleum des Staatsgründers Mustafa Kemal Atatürk.

Beim Bau dieser Anlage wurde auf jegliche islamischen Elemente verzichtet und der Stil gemäß dem Willen der Nationalversammlung verwirklicht. Der lange, gepflasterte Zugang zum Mausoleum ist mit liegenden Steinlöwen flankiert und erinnert damit an den Stil des Hethitischen Großreichs.

Hauptstadt dieses Großreiches war Hattuša, beim heutigen Boğazkale (ehem. Boğazköy), knapp 150 Kilometer östlich von Ankara gelegen. Das weitläufige Stadtgebiet liegt am südlichen Ende des kleinen Flusses Budaközü und ist sowohl im Westen als auch im Osten von tief einschneidenden Schluchten begrenzt.

Vor allem dürften wohl strategische Erwägungen bei der Wahl des Siedlungsplatzes eine wichtige Rolle gespielt haben: So bot auf der einen Seite die beherrschende, von Natur aus geschützte Lage angemessenen Schutz gegen Übergriffe von außen, zum anderen schufen die in der näheren Umgebung reichlich vorhandenen Frischwasserquellen, die Jagd- und Weidegebiete und die weiten, fruchtbaren Auen der Täler günstige Lebensbedingungen für die Bevölkerung.

Die Grabstätte Atatürks ist das größte Mausoleum der Gegenwart und das Wahrzeichen Ankaras schlechthin. Zu der riesigen Anlage gehört ein Museum, in dem Gegenstände des Republikgründers ausgestellt sind.

Der archäologische Fund einer in Akkadisch verfassten Tontafel mit einem Friedensvertrag zwischen dem Hethiter Hattušili III. und Ramses II. führte zu groß angelegten Unternehmungen der Deutschen Orientgesellschaft und des Deutschen Archäologischen Instituts. Dabei entdeckte man umfangreiche Archive mit Keilschrifttexten und nahm alle sichtbaren Baudenkmäler auf.

Die ältesten nachgewiesenen Siedlungsspuren stammen aus dem 6. Jahrtausend v. Chr. Eine dauerhafte Besiedlung des Platzes stellte sich jedoch erst gegen Ende des 3. Jahrtausends v. Chr. ein, als die Hattier, Vorgänger der Hethiter, hier den Ort „Hattuš" gründeten.

Um 1700 v. Chr. wurde die mächtige Befestigungsanlage durch eine große Feuerkatastrophe zerstört. Doch schon bald gelangte der Ort unter dem hethitischen Fürsten Labarna (später Hattušili I.) zu neuer Blüte und sollte unter dem Namen „Hattuša" zur Haupt- und Residenzstadt aufsteigen.

Im Herzen Anatoliens, rund 150 Kilometer östlich von Ankara und am Nordrand der antiken Landschaft Kappadokien, lag einst das Zentrum eines großen Reiches: Hattuša, die Hauptstadt der Hethiter.

In ländlichen Gegenden ist die Rolle der Frau meist noch mit der Arbeit im Haus und der Erziehung der Kinder verbunden.

Unter ihm und den folgenden Herrschern, wurden zahlreiche monumentale Großbauten errichtet, darunter mehrere Tempel, und es wurden umfangreiche Umbauten vorgenommen. Einer der eindrucksvollsten ist wohl der in der Unterstadt gelegene Tempel der Sonnengöttin Arinna und des Wettergottes Tarhunna. Neben dem sakralen Bereich gehörten zu dem 160 × 135 Meter großen Komplex auch Wohnstätten, Verwaltungsgebäude und Läden.

Gegen Ende des 13. Jahrhunderts v. Chr. verlor der Ort jedoch wieder jeglichen Glanz, die Tempel verfielen und die Bewohner siedelten zwischen den Ruinen. Durch den Untergang des Großreiches verlor auch Hattuša an Bedeutung, und wie es scheint wurde die Siedlung, noch bevor sie angegriffen wurde, aufgegeben, zumindest weist der Charakter der Fundstücke darauf hin. Teilweise fand man noch große, in den Lagerhallen eingegrabene Vorratsgefäße.

36 Kilometer von Hattuša liegt Alacahöyük. Die heute zu besichtigenden Ruinen von Alacahöyük einschließlich des Sphingentores stammen aus hethitischer Zeit.

Vierhundert Jahre lang waren die Ruinen verlassen, bis der Platz Mitte des 8. Jahrhunderts v. Chr. als bäuerliche Niederlassung genutzt wurde. Er konnte aber auch später nicht mehr an den Glanz der hethitischen Hauptstadt anknüpfen.

Gut 25 Kilometer nördlich von Hattuša liegt Alacahöyük, ein im Durchmesser etwa 250 Meter großer, kreisrunder und zwischen 6 und 14 Meter hoher Siedlungshügel. Seine Gestalt erhielt der Hügel vor allem durch eine hethitische Stadt des 2. Jahrtausends v. Chr. mit einer mächtigen Wehrmauer. Darunter und darüber finden sich noch Reste älterer bzw. jüngerer Siedlungen. Die Siedlung gehört zu den bedeutendsten prähistorischen Fundstätten, die die Türkei zu bieten hat.

Die älteste Bebauung aus Ziegeln auf Steinfundamenten fand zeitgleich mit den frühen Bauphasen Troias statt. Die Archäologen fanden zahlreiche Grabstätten, von denen sie 13 als Königsgräber identifizierten, da sie sich durch ihre Bauweise als Kammergräber sowie durch den Beigabenreichtum als herausragend darstellten. Die Wände wurden aus Steinblöcken errichtet, die man untereinander mit Lehmmörtel verband. Die Kammern waren stets mit einer Lage aus Holzbalken abgedeckt, die unmittelbar auf den Seitenwänden ruhten, und zuletzt mit Stampflehm, Sand und Kieseln überdeckt wurden. Grundsätzlich war in den Gräbern jeweils nur eine Person beigesetzt.

Zu den Grabbeigaben zählten insbesondere Schmuckstücke wie verzierte goldene Diademe, Armbänder und Ohrringe, Gewandnadeln aus Gold und Silber sowie Halsketten mit Perlen und Anhängern aus Gold, Silber, Kupfer, Bernstein und ausgefallenen Edelsteinen.

Unter den beigegebenen Waffen fanden sich neben mehreren kupfernen Langschwertern verschiedene Lanzenspitzen und Keulen, ein Dolch aus Silber, eine Streitaxt mit Goldstiel, ein Flachbeil aus Kupfer und ein eiserner Dolch mit goldbeschlagenem Griff. Die bemerkenswerteste Objektgattung ist indessen eine Gruppe von Figuren von Menschen, Hirschen, Rindern oder Gazellen, die in ihrem ursprünglichen Zustand zumindest teilweise auf einer Unterlage aus Holz angebracht gewesen sein dürften.

Mitten in Ankara befinden
sich die Ruinen des römischen
Augustustempels.

Das Stadttor aus der Hochphase der Stadt von 1450 bis 1180 v. Chr. wird von zwei inzwischen ver-
witterten Sphingen bewacht. Auf Reliefs, von denen sich die Originale im Museum in Ankara befinden, zeigt das eine König und Königin bei der Huldigung eines Stiers sowie Opfertiere, Priester,
Akrobaten, Musikanten und ein Gespann. Das andere trägt die Darstellung der hethitischen Sonnengöttin Arinna, die von Adoranten (huldigenden Figuren) umgeben ist. Weitere Reliefs fehlen oder sind
nur noch fragmentarisch erhalten.

Im westlichen Inneranatolien liegt der Ort Sögüt, wo Osman I., Gründer des Osmanischen Reiches, im Jahre 1326 starb. Hier wurde ein Türbe (eine spezielle Form des Mausoleums) zu seiner oder seines Vaters Ehren errichtet, obgleich sein Leichnam in die Hauptstadt des Reiches, Bursa, überführt wurde. Die kleine Ertugrul Mescidi hat einen überkuppelten Gebetsraum und ein kurzes zwiebelförmiges Minarett. Daneben existiert noch eine Moschee aus dem 19. Jahrhundert, die unter Sultan Abdülaziz errichtet wurde.

25 Kilometer südlich liegt die kleine Stadt İnönü in deren unmittelbarer Nähe im Jahre 1921 drei bedeutende Schlachten des Unabhängigkeitskrieges stattfanden. Einer der Protagonisten war İsmet Paşa, dem es gelang, die griechische Armee nach Bursa zurückzuschlagen. Später ging er in die Geschichte der Türkei als İsmet İnönü ein.

Rund 70 Kilometer südwestlich liegt die Provinzhauptstadt Kütahya, die im 18. Jahrhundert Zentrum der Fayence- und Keramikproduktion war und damit die ursprüngliche Rolle İzniks übernahm. Erste Töpfer kamen bereits im 16. Jahrhundert aus Persien und ließen sich, ebenso wie armenische Handwerker, hier nieder. Wenngleich die Qualität der in İznik hergestellten Waren nie erreicht werden konnte, haben die Objekte aus Kütahya bei Liebhabern noch heute einen hohen Wert und sind begehrt. Die Geschichte des Ortes lässt sich bis in phrygische Zeit mit einem Kybele-Kult zurückverfolgen, von dem auch sein Name abgeleitet ist.

Nahe der Stadt erbauten die Byzantiner eine heute noch gut erhaltene Festung, die sie mit kurzer Unterbrechung bis Mitte des 12. Jahrhunderts halten konnten. Kütahya war auch ausgesuchter Ausgangspunkt der beispiellosen Zerstörungszüge, die Timur Lenk im 14. Jahrhundert in Anatolien unternahm. Das heutige Erscheinungsbild ist eine Mischung aus Moderne und dem Charme eines spätosmanischen Städtchens. Einstöckige Häuser mit holzvergitterten Fenstern beherrschen noch immer zahlreiche Straßenzüge. Moscheen mehrerer Jahrhunderte sind im Stadtgebiet verstreut, sie sind allesamt jedoch keine Bauwerke von kunsthistorischem oder architektonischem Rang.

Etwa 40 Kilometer südwestlich in der gleichen Provinz befindet sich das Dorf Çavdarhisar an der Stelle des im 1. Jahrhundert v. Chr. gegründeten Aizanoi. Die Blütezeit von Aizanoi fällt in das zweite

Zu den Moscheen gehören stets auch Waschmöglichkeiten, die von den Besuchern zur vorgeschriebenen rituellen Reinigung genutzt werden.

LINKE SEITE:
Die Osmanen haben auch in Kappadokien ihre sichtbaren Spuren hinterlassen.

nachchristliche Jahrhundert, wovon noch der unter Kaiser Hadrian errichtete Zeus-Tempel, eines der besterhaltenen antiken Heiligtümer der Türkei, zeugt. Ein 32 × 36 Meter großes getrepptes Podium ist die Basis des sogenannten Pseudodipteros mit 8 Säulen an der Stirnseite und jeweils 15 an den Längsseiten. Stärker zerfallen, aber dennoch beeindruckende Zeugnisse der Antike, sind das Theater und das Stadion.

Eskişehir („alte Stadt") ist entgegen ihrem Namen heute ein ausgesprochen junges und modernes Zentrum und ein wichtiger Verkehrsknotenpunkt auf der Verbindung zwischen Ankara, İstanbul und dem anatolischen Hinterland. Wenngleich kaum historische Relikte zu sehen sind, so reicht die Geschichte der Stadt doch bis in die phrygische Zeit zurück. Das antike Dorylaion war wohl die Vorgängersiedlung. Die Byzantiner brachten die Stadt zu ihrer Blüte. Später wurde sie von den Seldschuken unter Alp Arslan erobert, der jedoch 1097 während des ersten Kreuzzuges von Gottfried von Bouillon besiegt wurde. Ab dem 14. Jahrhundert gehörte Eskişehir zum Osmanischen Reich und im 19. Jahrhundert erblühte sie erneut, nicht zuletzt aufgrund des Baus einer wichtigen Eisenbahnlinie.

Bekannt ist die Stadt insbesondere durch ihre Goldschmiedearbeiten und das weltweit wichtigste Meerschaumvorkommen bei Alpu am Porsuk Çayı. Meerschaum, ein Verwitterungsprodukt des Serpentins, war im 19. Jahrhundert ein klassischer Exportartikel; inzwischen beschränkt sich die Nachfrage auf lokale Hersteller für Souvenirs und Nippesartikel, die auf den Bazaren feilgeboten werden.

Wenngleich die Regenmengen dem Getreideanbau eher entgegenstehen, zeigen die Erträge in der Ebene um Konya dennoch, dass ein extensiver Anbau möglich ist.

Straßenhändler mit Duftstoffen in Göreme

40 Kilometer südlich von Eskişehir liegt Seyitgazi, das nach Seyit Battal Gazi, dem Anführer der arabischen Truppen, die im 8. Jahrhundert durch Kleinasien zogen, benannt ist. Hier wurde im 13. Jahrhundert eine der ersten Moscheen Kleinasiens errichtet. Auf dem Gelände eines ehemaligen Derwischklosters liegt das rund acht Meter große Grabmal von Seyit Battal und daneben ein kleines Grab, das einer Prinzessin zugeschrieben wird, die nach Seyit Battals Tod Selbstmord begangen haben soll.

In unmittelbarer Nähe liegen die Ruinen der phrygischen Stadt Midas Şehri, deren ursprünglicher Name unbekannt ist und die heute nach dem damaligen Herrscher Midas benannt ist. Die Ruinen stammen aus dem 6. Jahrhundert v. Chr. Vermutlich wurde die Siedlung von den Kimmerern zerstört und später wieder aufgebaut, bevor sie im 2. Jahrhundert v. Chr. endgültig zerstört und aufgegeben worden ist.

Der Ort scheint noch in hellenistischer und römischer Zeit bewohnt gewesen zu sein. Er liegt direkt neben dem Dorf Yazılıkaya mit dem sogenannten Midas-Monument, einem in den Fels gehauenen Werk, das man im 19. Jahrhundert entdeckt hat und das als Grab des Midas angesehen wurde. Wie neuere Forschungen ergeben haben, handelt es sich hierbei jedoch um ein Heiligtum der Kybele. Eine weitere, allerdings nie fertiggestellte Fassade findet sich etwa 200 Meter weiter südwestlich.

130 Kilometer östlich von Eskişehir und 100 Kilometer westlich von Ankara befindet sich der geschichtsträchtige Ort Gordion, dessen Blütezeit zwischen 725 v. Chr. und 675 v. Chr. war, bevor er von

den Kimmerern zerstört wurde. Ihre Unabhängigkeit erhielt die Siedlung von Alexander dem Großen zurück. Berühmtheit erlangte sie insbesondere auch im Sprachgebrauch, da an diesem Ort Alexander der Große im Jahre 333 v. Chr. den sogenannten „Gordischen Knoten" durchschlug und der Weissagung zufolge die Weltherrschaft erreichen sollte. Heute existieren noch Teile der Stadtmauer sowie ein monumentales Eingangstor. Im Innenbereich dahinter stehen die sogenannten Königshäuser.

In der Umgebung fallen zahlreiche Hügelgräber mit unterschiedlichen Ausmaßen und ohne Dromos, dem für lydische und griechische Hügelgräber typischen Zugangstunnel, ins Auge. Sie stammen alle aus der ersten phrygischen Phase. Das größte Grab, das sogenannte Midasgrab, war bei seiner Untersuchung noch unberührt und wird auf das Ende des 8. Jahrhunderts v. Chr. datiert.

Ungefähr den südlichsten Punkt der Provinz Afyonkarahisar bildet der Ort Akşehir, das im 3. Jahrhundert v. Chr. gegründete Philomelion, das einstmals eine der bedeutendsten Städte Phrygiens war. Im 13. Jahrhundert entstanden dort zwei Gebäude, die noch heute genutzt werden und kulturhistorisch die interessantesten am Ort sind: die Taş Medresi und die Seyid Mahmud Hayranı Türbesi.

Vorführung in einer Seidenspinnerei

Ein Insbesondere bei Männern sehr beliebtes Spiel in der Türkei ist das so genannte Tavla. Bei Händlern findet man die Spielbretter nicht nur in unterschiedlichen Größen, auch die Ausführungen sind unterschiedlich aufwendig.

Eine Fahrt durch die Ebene von Konya mag manchem ziemlich eintönig erscheinen.

Seit türkischer Zeit wird der Name vor allem mit Nasreddin Hoça verbunden. Der Geschichtenerzähler, aus dessen Vorrat wohl jeder Türke Geschichten erzählen kann, lebte im 13. Jahrhundert und wurde hier geboren.

Seine meist in harmlosen Humor verpackten Geschichten handeln von allgemeinen Problemen, Prüfungen sowie vom Widerstand gegen die Obrigkeit. Oftmals basieren sie auf volkstümliche Sagen und Fabeln und sind durch Doppeldeutigkeit und subtile Moral charakterisiert.

Auch außerhalb der Türkei sind Nasreddin Hoças Geschichten bekannt. Wenige kennen allerdings den Ursprung. Karl Valentin brachte Anfang des 20. Jahrhunderts gemeinsam mit Lisl Karstadt oft die Begebenheiten des Hoça auf die Bühne.

So bekannt und vertraut er den Einheimischen auch ist, genauso fraglich ist aber auch die rea-

Die Provinz Konya liegt südlich von Ankara in der riesigen Ebene von Konya (türk. Konya Ovası).

le Existenz der Figur. Seit langem wird darüber gestritten, ob es ihn überhaupt gegeben hat. Diejenigen, die daran Glauben, dass er tatsächlich lebte und mit seinem feinsinnigen Humor auch politische Zwecke verfolgte, sind sich hingegen über seine Lebensdaten nicht einig. Die gängigste Version ist die, dass er 1208 geboren wurde und 1285 starb.

Die schlichte Türbe Nasreddin Hoças befindet sich auf alle Fälle in einem großen Garten und trägt die Inschrift „Hier liegt ein Philosoph, kein Mensch!" In seinen Episoden wird er allemal weiterleben.

Die Provinzhauptstadt Isparta hat aufgrund der Zerstörung Ende des 19. Jahrhunderts durch ein Erdbeben keine bedeutenden historischen Sehenswürdigkeiten zu bieten, ist aber für seine Teppiche und sein Rosenöl bekannt. In der angrenzenden Ebene nördlich der Stadt liegen dementsprechend ausgedehnte Rosenfelder. Die Rosenbüsche stehen in langen Reihen und bringen Blüten hervor, die denen von Wildrosen ähneln. Die Ernte erfolgt im Juni.

Da zur Gewinnung von Rosenöl große Pflanzenmengen benötigt werden, ist dieses Öl sehr kostbar und wird teuer vor allem an die Parfüm- und Seifenindustrie verkauft.

Östlich an Isparta grenzt die Provinz Konya an. Die Provinzhauptstadt und einstige Hauptstadt der Seldschuken wird häufig als Oase bezeichnet. Und in der Tat ist Konya eine äußerst grüne Stadt mit Gärten, Obstbäumen, Brunnen und Flüssen, die von den Bergen im Westen und Süden mit Wasser gespeist werden. Noch im 19. Jahrhundert war sie eine verfallene Stadt, doch inzwischen wurden die seld-

Auf weiten Strecken begegnet man keiner Menschenseele.

Jeden Herbst versammeln sich über 40 000 Flamingos am Yay-See an den Sultan Sazlığı.

schukischen Überreste restauriert, und heute repräsentieren sie eindrucksvoll die damalige Architektur.

Schon im 3. Jahrtausend zog der Wasserreichtum die Menschen an diesen Ort. Im Laufe der Zeit siedelten dort Hethiter, Phryger, Assyrer, Lyder und Perser. So wurde er pergamenisch und dann römisch, zwischen dem 7. und dem 8. Jahrhundert wurde er von den Arabern angegriffen, und im Jahre 1071 übernahmen die Seldschuken die Herrschaft.

Im 13. Jahrhundert lebte und wirkte hier der humanistische Philosoph Mevlana, dem auch ein Museum gewidmet ist. Eigentlich hieß er Celaleddin Rumi und war einer der bedeutendsten Dichter, der in persischer Sprache schrieb. Er gründete den „Orden der Tanzenden Derwische" und erhielt von seinen Schülern den Namen, unter dem er heute bekannt ist: „Mevlana", was mit „unser Meister" zu übersetzen ist.

Über seinem Grab wurde ein Kloster errichtet, das heute zu den Hauptattraktionen Konyas gehört. Daneben ist der Tanzsaal der Mevlevis, der Derwische, ein Touristenmagnet.

Nachdem die Seldschuken-Dynastie untergegangen war, wurde Konya von den Karakaniden eingenommen. 1466/67 standen dann die Osmanen vor den Toren und übernahmen die Stadt. In der Folgezeit zerfiel sie infolge mehrerer Erdbeben und zerstörerischer Stürme bis ins 19. Jahrhundert mehr und mehr.

Östlich von Konya dehnt sich die Obruk Yayla aus, auf der in größerer Zahl Dolinen (Bodensenkungen) mit Durchmessern bis zu 500 Metern und einer Tiefe zwischen 50 und 120 Metern vorkommen. Die meisten dieser natürlichen Vertiefungen sind trocken, doch einige, insbesondere im nördlichen Bereich des Plateaus, sind ganzjährig mit Wasser gefüllt.

Entstanden sind diese Dolinen durch entweichendes Kohlenstoffdioxid, das bei magmatischer Tätigkeit im Grundwasser gelöst wurde. Das so angereicherte Wasser löst den Kalk im Untergrund, so dass

Gleich hinter Konya fängt die Ebene Obruk Yaylâsı an, eine steppenartige Dolinenlandschaft.

ein Hohlraum entsteht, der sich bei anhaltendem Prozess vergrößert, bis letztendlich das Deckgestein über dem Holraum einbricht.

Der neolithische Siedlungshügel Çatalhöyük liegt rund zehn Kilometer östlich der Kleinstadt Çumra in der Provinz Konya, inmitten einer weiten, fruchtbaren Ebene.

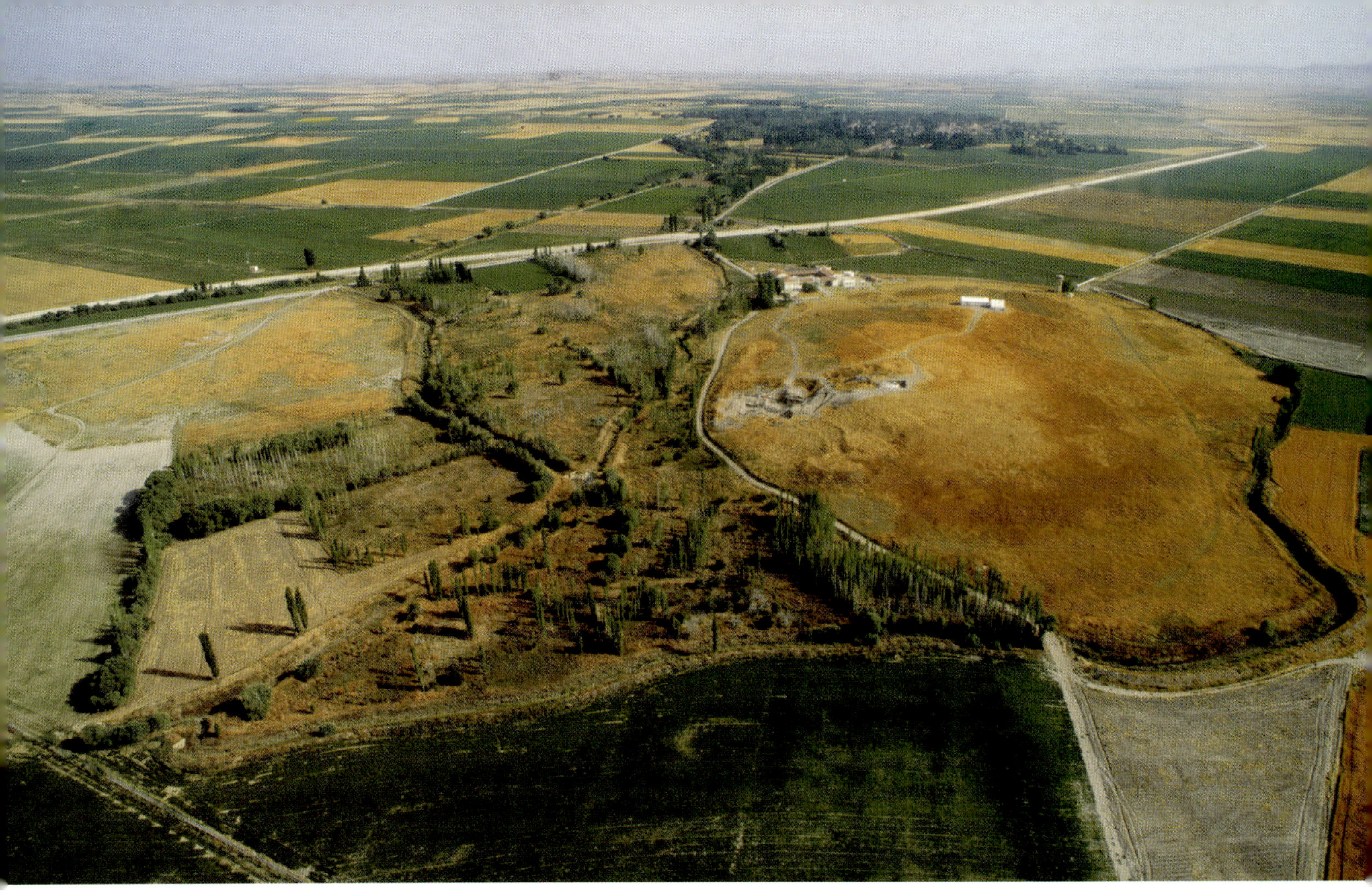

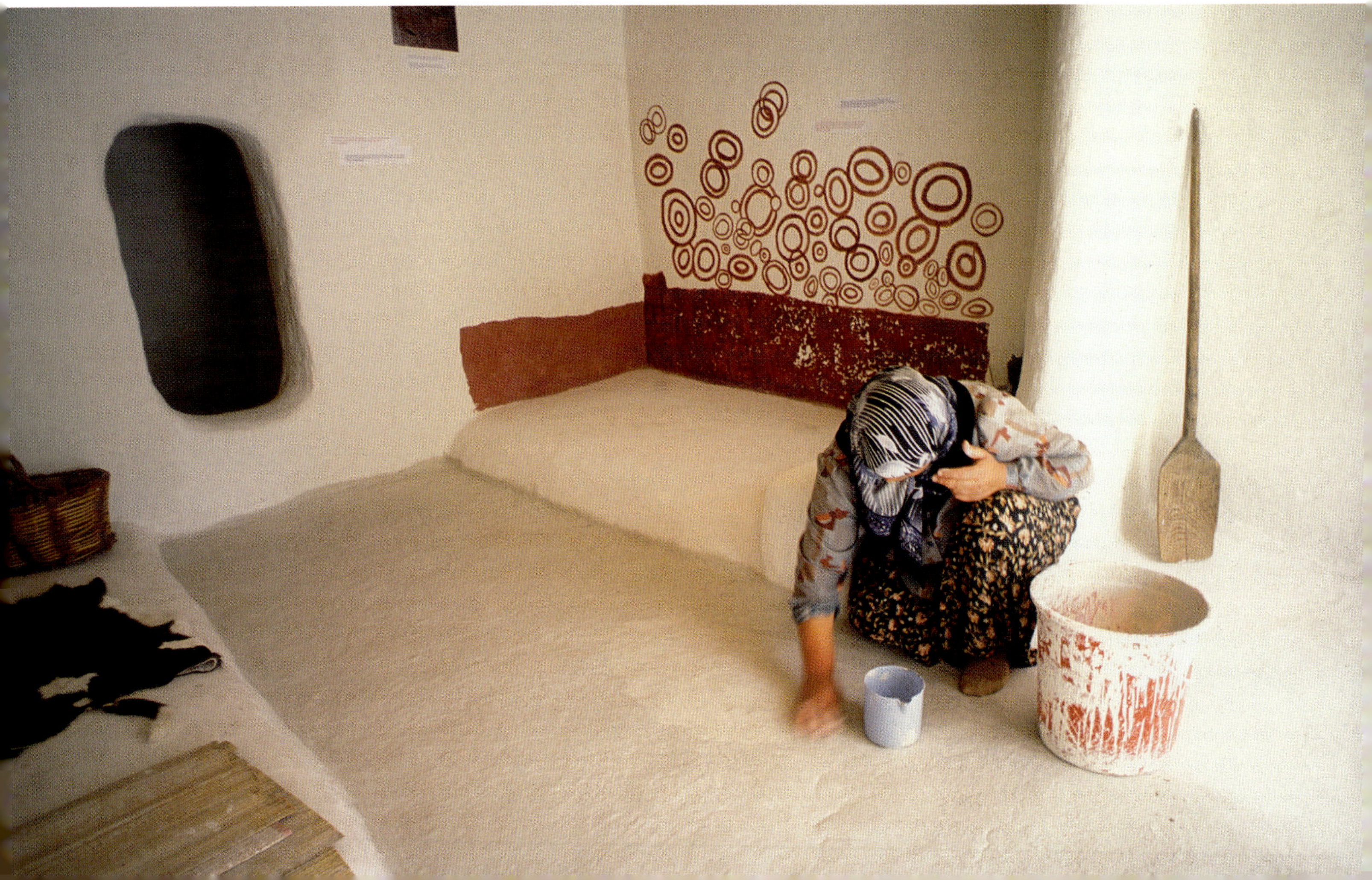

Nachts ist der Ort Ortahisar in grünes Licht getaucht.

Bekannt wurde der Ort vor allem durch die Ausgrabungen des britischen Archäologen James Mellaart zwischen 1961 und 1965, bei denen zahlreiche in sich verschachtelte Bauten aus Lehmziegeln freigelegt werden konnten, deren Wände mit einzigartigen Fresken und geschnittenen Lehmputzreliefs dekoriert waren. Aufgrund seiner beachtlichen Ausdehnung und hohen Bebauungsdichte gilt die bereits gegen Mitte des 8. Jahrtausends v. Chr. entstandene Stätte gemeinhin als älteste bekannte Großsiedlung und wird häufig mit der Entstehung früher Stadtkulturen in Verbindung gebracht.

Jeweils unter einem Flachdach aus Ried und Lehm lagen rechteckige, im Durchschnitt 25 m² große Räume, wobei in aller Regel ein größerer Wohnraum und kleinere Speicherräume zu einer Einheit zusammengefasst wurden. Mehrere dieser Raumensembles gruppierten sich um offene Höfe.

Straßen gab es generell zwischen den eng aneinandergebauten Häusern nicht und jeder Hinweis auf ebenerdige Türen fehlt. Dementsprechend erfolgte der Zugang zu den Wohngebäuden entweder über Treppen aus Holz durch hochliegende Wandtüren oder über Holzleitern durch eine spezielle Öffnung im Dach. Im Inneren der Räume befanden sich verschieden große, zwischen 10–30 Zentimeter hohe Lehmbänke und -podien, die wohl als Sitz- oder Liegestätten anzusehen sein dürften. Hinzu kamen ein oder zwei viereckige Herde, bisweilen auch ein runder kuppelförmiger Ofen oder manchmal auch ein Darrofen.

Die Wände und Inneneinrichtungen der Gebäude waren grundsätzlich mit einem weißen Kalkverputz versehen und gelegentlich bemalt. Die Bemalungen der Wände mit schwarzer, gelber, roter und vereinzelt grüner Farbe zeigen textile Muster, spezielle Symbole, Handdarstellungen und figürliche Mo-

LINKE SEITE OBEN:
Der neolithische Siedlungshügel Çatalhöyük wurde in den späten 1950er Jahren entdeckt. Aufgrund seiner Größe und Siedlungsdichte wurde er als eine der frühesten stadtartigen Anlagen bekannt.

LINKE SEITE UNTEN:
Rekonstruktion des Innenraumes eines Gebäudes der Siedlung von Çatalhöyük mit den berühmten Wandbildern

tive. Unter den letzteren nehmen vor allem große Stiere und Hirsche, Gruppen menschlicher Tänzer und Jäger sowie große Vögel, vermutlich Geier, die über kopflosen menschlichen Gestalten kreisen und über diese herfallen, eine besondere Stellung ein.

Als Bekrönung der bank- und pfeilerartigen Lehmsockel oder an den Wänden fand man zudem aus dem Lehm modellierte und bemalte Eber- und Stierköpfe, zum Teil mit eingesetzten echten Hörnern.

Nördlich von Çatalhöyük liegt unmittelbar am Westrand einer rund 170 Meter tiefen und 200–300 Meter breiten Doline in einem inzwischen verlassenen Dorf die Ruine der seldschukischen Karawanserei von Obruk Hanı.

Im frühen 13. Jahrhundert n. Chr. war Obruk ein bedeutender Haltepunkt auf dem Weg von Aksaray nach Konya. Das Gebäude dürfte Mitte des 13. Jahrhunderts errichtet worden sein, doch ist Näheres nicht bekannt.

Das langgestreckte Bauwerk ist exakt nach Osten orientiert und besteht im Wesentlichen aus einer 34 × 24 Meter großen Halle und einem, dieser vorgelagerten, ausgedehnten Hof. Es ist zum Großteil aus Steinen älterer, wohl überwiegend byzantinischer Gebäude errichtet worden, wobei vereinzelt auch mit christlichen Ornamenten, Steinmetzeichen oder mit Inschriften versehene Werkstücke in die Mauern und im Gewölbe eingefügt sind.

Die Karawanserei Obruk, erbaut 1245 bis 1250, liegt, nach früheren Maßstäben gemessen, von der bekannten Karawanserei Sultan Han eine Tagesreise in Richtung Konya entfernt an einer großen Doline.

RECHTE SEITE:
Der Salzsee lässt keinerlei Vegetation zu. Der weiche feuchte Boden, in den man beim Laufen etwa zwei Zentimeter tief einsinkt, ist von einer Salzkruste bedeckt.

Östlich der Luftlinie Ankara-Konya liegt 70 Kilometer von Ankara entfernt der Tuz Gölü. Die inneranatolische Beckenlandschaft, zu der das Tuz-Gölü-Becken sowie das Konya-Ereğli-Becken gehören, hat keinen Abfluss zum Meer. Der Tuz Gölü ist mit seiner schwankenden Wasserfläche von 1100 bis 1600 km² der zweitgrößte Binnensee der Türkei und mit 31–36 Prozent Salzgehalt einer der salzhaltigsten Seen weltweit.

Gespeist wir er periodisch durch Zuflüsse hauptsächlich aus dem Vulkangebiet von Niğde und von den Bergen südlich des Sees sowie durch Quellen im See und an dessen Randbereich, wodurch ihm Mineralien aus tiefer gelegenen Schichten zugeführt werden.

Aufgrund der extrem niedrigen Wassertiefe von maximal 2–3 Metern und einer starken Verdunstung kommt es zu einer enorm hohen Mineralienanreicherung, so dass selbst unter Wasser das Salz auskristallisiert. Auf diese Weise entsteht jährlich eine etwa 10–30 Zentimeter dicke Salzkruste. In den Sommermonaten trocknet der See zum großen Teil – manchmal sogar völlig – aus.

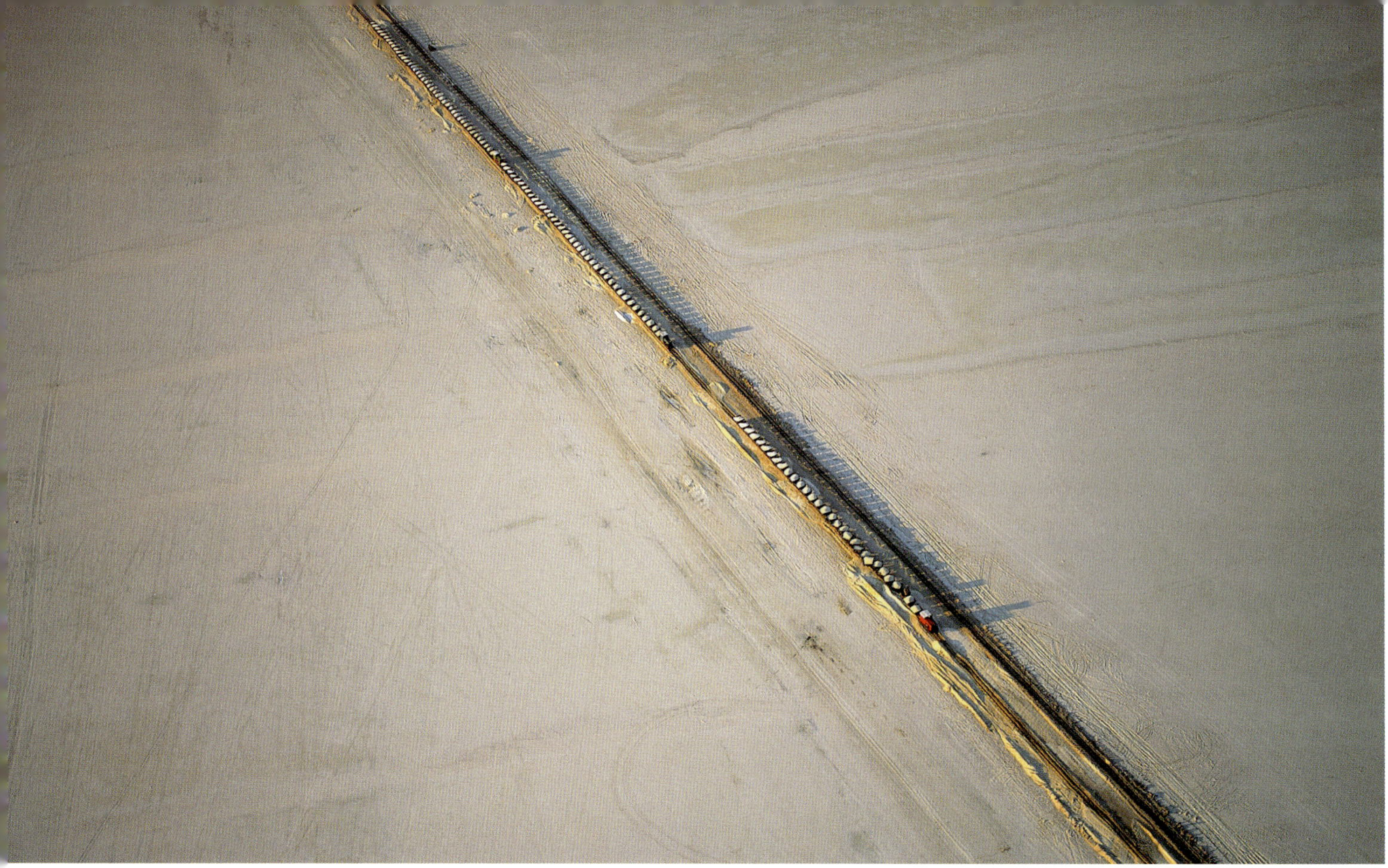

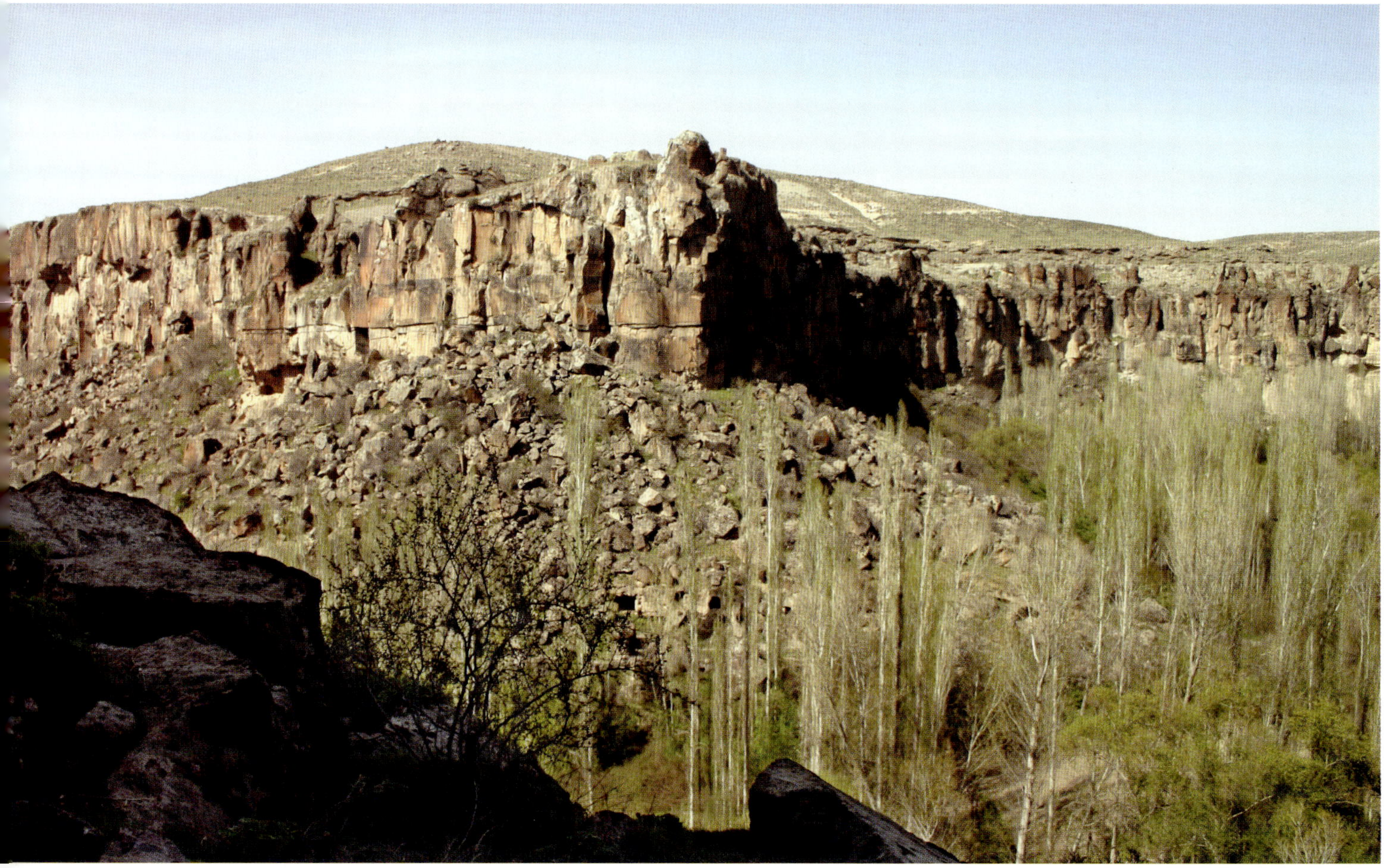

Der Tuz Gölü ist damit die wichtigste Salzlagerstätte der Türkei; jährlich werden in zwei Salinen am Westufer 150 000 Tonnen Salz gewonnen, was etwa 25 Prozent der türkischen Salzproduktion ausmacht und den gesamten Inlandsbedarf abdeckt.

Westlich des Sees liegen noch weitere kleinere salzhaltige Seen, so der Tersakan Gölü, Kulu Gölü, Köpek Gölü und Bolluk Gölü.

Karapınar, etwa 100 Kilometer östlich von Konya, war ursprünglich ein Ort, an dem Halbnomaden ihr Winterquartier einrichteten, und es war eine Zwischenstation für Pilger auf dem Weg nach Mekka. Zwölf Prozent des türkischen Territoriums bestehen aus Vulkanen.

Von hier durchzieht eine ganze Vulkankette Inneranatolien, zu der auch der große ovale Krater Meke Gölü mit seiner 800 × 500 Meter großen Fläche zählt. Mitten aus dem mit schwefeldioxidhaltigem Wasser gefüllten Krater ragt eindrucksvoll ein 50 Meter hoher Vulkankegel mit einem 25 Meter tiefen Krater heraus.

60 Kilometer südöstlich der Provinzhauptstadt Niğde verläuft in Ost-West-Richtung die Bergkette Aladağları, die Wanderer und Bergsteiger anzieht. Die Besteigung der Gipfel erfordert große Ausdauer und nicht zuletzt auch Erfahrung.

Eine der landschaftlich eigenwilligsten Erscheinungen ist sicherlich Kappadokien, wo bis ins 2. Jahrtausend v. Chr. die Vulkane Erciyes und Hasan Dağı sehr aktiv waren. Die Eruptionsmassen verdichteten sich zu unterschiedlich hartem basalt- und andresithaltigem Gestein, das von Wind und Wasser zu bizarren Gebilden geformt wurde. In der Türkei nennt man diese Tufflandschaft wegen ihres Aussehens Peri Bacalar, Feenkamine.

Durch den südwestlichen Teil Kappadokiens zieht sich die 14 Kilometer lange Ihlara-Schlucht, in deren fruchtbarem Talgrund der Melendiz fließt, gesäumt von Pappeln, Weiden und Pistazien.

Der Melendiz ist heute ein verhältnismäßig kleiner Wasserlauf, doch war er einst ein mächtiger Fluss, der sein Flussbett in zahlreichen Schleifen in den Fels grub und in den Salzsee Tuz Gölü fließt.

In den 100 bis 150 Meter hohen Felswänden finden sich zahlreiche Höhlenwohnungen, Kirchen, Gräber und Klöster, die von der einstigen Besiede-

Schroffe Felsformationen, teils durch vulkanische Tätigkeiten entstanden, begegnen einem in Inneranatolien häufig.

lung zeugen. Benannt ist die Schlucht nach dem Ort Ihlara, von wo aus sie sich bis Slime zieht. In den Kirchen und Klöstern finden sich noch teils gut erhaltene Fresken, deren Entstehung vom 5. bis ins 13. Jahrhundert reicht.

Am Ausgang des Ihlara-Tales liegt der Ort Selime, der nach dem seldschukischen Sultan Selim benannt wurde, dessen Türbe sich dort befindet. In der Umgebung liegen noch mehrere Felsenkirchen und eine Burg.

Das Gebiet, das heute als Kappadokien bezeichnet wird, das sich jedoch nicht mit der römischen Provinz Cappadocia deckt bzw. nur einen Teil davon einschließt, dehnt sich zwischen dem Kızılırmak, Niğde, Kayseri und Aksaray aus. Bekannt und vor allem touristisch erschlossen sind die bis zu 30 Meter hohen Steinkegel und -pyramiden um Göreme, Üçhisar und Çavuşin.

Während die Felsformationen kahl emporragen, wird auf den fruchtbaren vulkanischen Böden dazwischen Obst und Gemüse oder wie in Göreme Wein angebaut. Schon Anfang des 2. Jahrtausends v. Chr. wurde das Gebiet von den Hethitern besiedelt. Nach dem Untergang des Hethiterreiches um 1200 v. Chr. begann über die Jahrhunderte eine wechselvolle Geschichte. Im 7. Jahrhundert n. Chr., mit Beginn der Arabereinfälle, wurde Kappadokien eine wichtige Zufluchtsstätte der Bevölkerung umkämpfter Gebiete.

Die ältesten Kirchen, die in den Fels gehauen wurden, stammen aus der Zeit zwischen dem 8. und der ersten Hälfte des 9. Jahrhunderts, was sich aufgrund der nonfiguralen Ornamentik in Ocker- und Rottönen darlegen lässt; bildliche Darstellungen von Heiligen waren während des sogenannten Bilderstreits (726–843) nicht gestattet. Später wurden die Höhlenkirchen verputzt und mit farbigen Szenen aus dem Neuen Testament geschmückt.

Gänzlich auf touristische Besucherstürme eingerichtet hat sich der Ort Ürgüp, wo Teppiche, Kelims, Töpferwaren und andere Produkte der Umgebung in großer Menge angeboten werden. Es liegt an einem flachen, leicht geneigten Plateau mit alten Häusern, die aus rosa und beigefarbenen Tuffblöcken gebaut sind; darunter liegt ein Feriendorf mit moderneren Gebäuden.

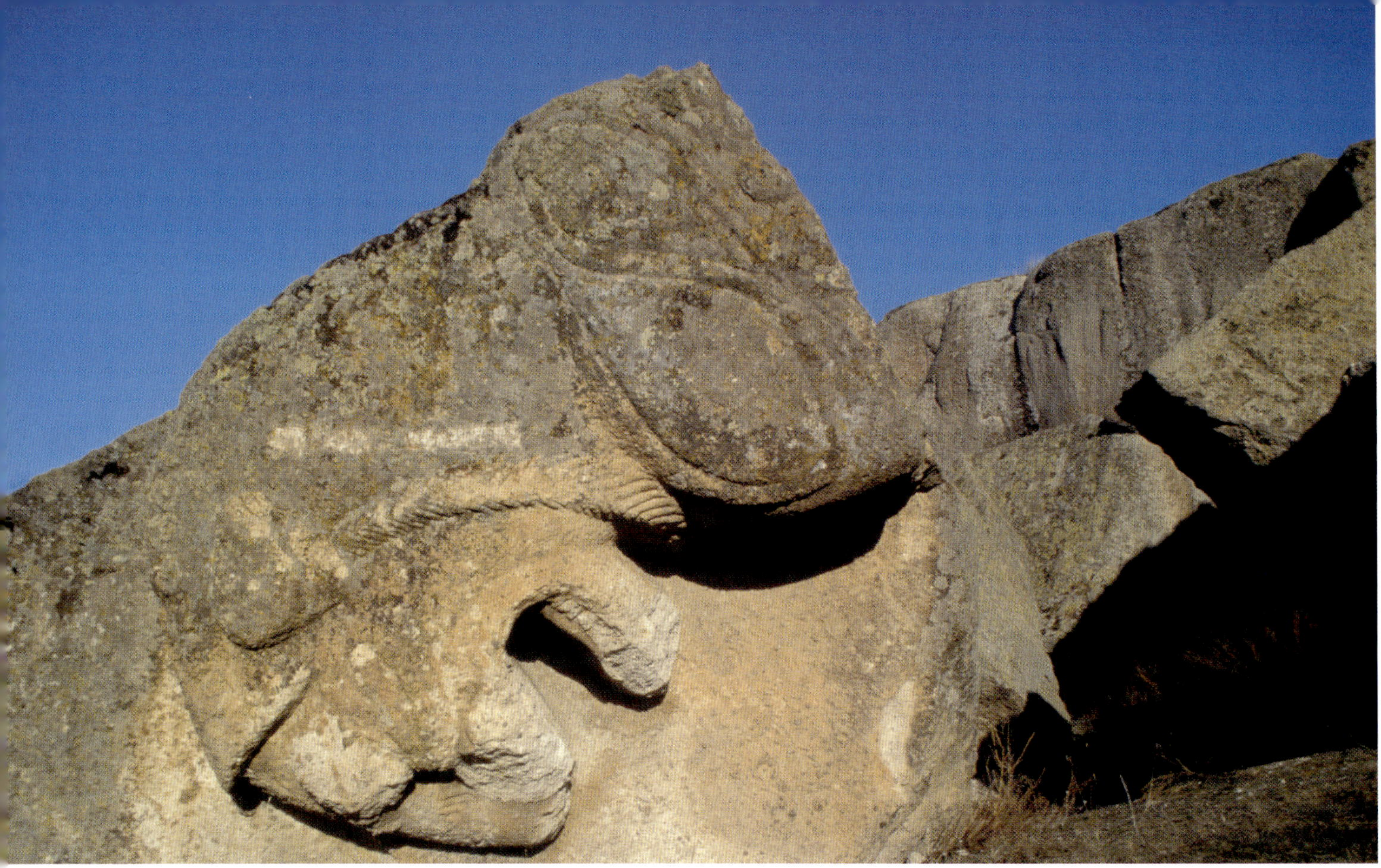

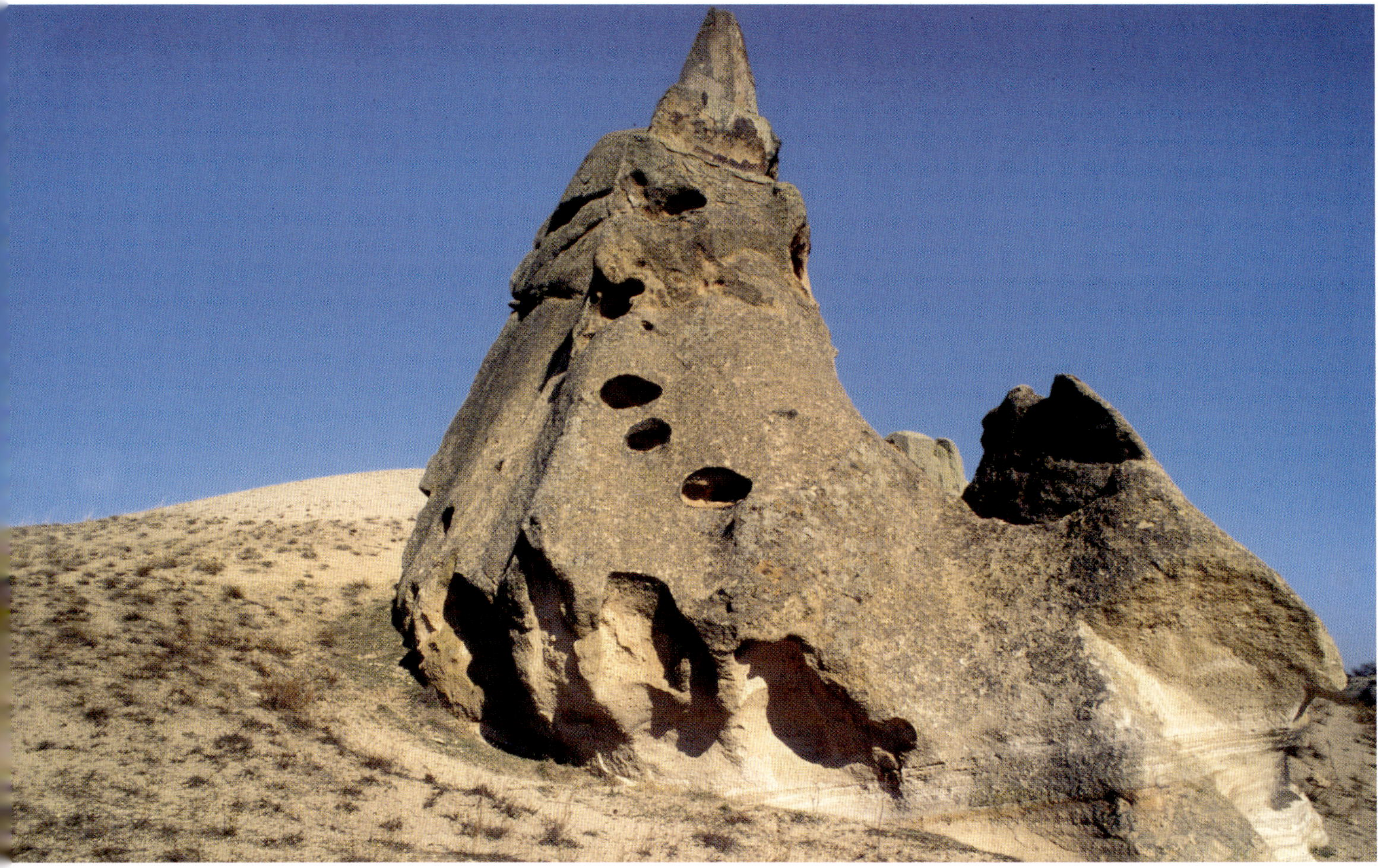

LINKS OBEN:
Im Land der Phryger bewachten oft steinerne Löwen die Behausungen der Muttergötting Kybele. Auch Gräber wie hier das Kammergrab von Yılantaş waren mit Löwenreliefs geschmückt.

LINKS UNTEN:
Dem Vulkan Erciyes ist es zu verdanken, dass Teile der inneranatolischen Landschaft der Fantasie entsprungen erscheinen.

RECHTS OBEN:
Die Gebäude sind zum Teil in die skurrilen Felsformationen hineingebaut.

RECHTS UNTEN:
Eine Vielzahl von Kirchen und Mönchszellen machten Kappadokien zu einer Landschaft, die zu den weitläufigsten Klosterlandschaften weltweit gezählt werden muss.

Die Portale andernorts
freistehender Gebäude
wurden in den Fels gehauen.

Zwischen Ürgüp und Nevşehir ist die Landschaft von den Feenkaminen geprägt. Über Jahrtausende hinweg wusch die Erosion aus dem weichen Tuff diese einzigartigen Formationen heraus, die, wenn ein härterer „Deckstein" vorhanden war, dem darunter liegendem Material Schutz bot, wodurch diese Pyramiden und Kegel entstanden. Hier liegt auch der Ort Ortahisar mit einfachen Häusern, von denen die älteren aus Tuffsteinblöcken ohne Mörtel errichtet wurden. Wie ein Bienenstock mit Räumen durchlöchert steht der Sivrikoya, ein frei stehender Fels und Wahrzeichen des Ortes da.

Die Gegend um Üçhisar gleicht einer Mondlandschaft. Der Ort wird von einer steilen Felsspitze überragt, die im Inneren mit Räumen versehen ist. Gemeinsam mit Ortahisar bildete Üçhisar eine Festungskette, die den Zugang zu Kappadokien begrenzte. Im Tuffstein unter den Häusern verläuft eine ca. 100 Meter lange Galerie.

Die Tuffsteinfomationen bedecken eine große Fläche Kappadokiens.

OBEN:
Der östlich von Kayseri gelegene
Erciyes Dağı, der alte Argaios mit
seinen tiefen Tälern und schroffen Felsen, lädt geübte Bergsteiger zum Klettern ein.

UNTEN:
Ausgedehnte Tuffsteingebiete bilden die geologische Grundlage
für die Entstehung der Landschaft
Kappadokiens.

Das Gebiet um Göreme diente einigen Christen als Versteck vor ihren Feinden und sie legten dort zahlreiche Kirchen und Kapellen an, z. B. die Elmalı Kilise, die Barbara Kilise, die Karanlık Kilise, oder die Çarıklı Kilise. Dazwischen liegen Lagerräume, Wohnräume und Tierstallungen, die alle zu einer Klostersiedlung gehörten. Hierbei handelt es sich um den bekanntesten Komplex, der zudem die am schönsten bemalten Kirchen aufweist.

Bereits früh, als das Christentum offiziell geduldet wurde und dann durch Konstantin dem Großen zur Staatsreligion erhoben wurde, zogen sich zahlreiche Christen in die Einsamkeit zurück, einerseits in Endzeiterwartung, andererseits, um in der Abgeschiedenheit empfänglicher für Gottes Offenbarung zu sein. Die Bedingungen hierfür waren von Natur aus günstig; in das weiche Gestein ließen sich

einigermaßen leicht Höhlen graben und die bizarre Landschaft war geradezu prädestiniert, um in Kontemplation zu versinken.

Der Ruf und Zulauf wurde jedoch bald so groß, dass sich ganze Klosterkolonien entwickelten, so dass im 9. Jahrhundert über 40 000 Mönche und Nonnen im Gebiet um Göreme lebten. Ab 1304 wurde diese unabhängige Kultur unter den Mongolen und Osmanen nicht mehr geduldet und die Klöster wurden allmählich verlassen.

Nördlich des Göreme-Nationalparks liegt Hacıbektaş, wo der Philosoph Hacı Bektaş i Veli in der 2. Hälfte des 13. Jahrhunderts wirkte. Seinen Namen trägt ein Derwisch-Orden, der vermutlich jedoch

Das kappadokische Dorf Üçhisar lebt heute vor allem vom Tourismus. Am Fuße einer Felswand, die mit Felswohnungen geradezu durchlöchert ist, stehen die modernen Häuser der Dorfbewohner, die bis vor wenigen Jahrzehnten hauptsächlich von der Landwirtschaft lebten.

nicht von ihm gegründet wurde. Mit seinen humanistischen Lehren, die für diese Zeit revolutionär waren, hatte er großen Einfluss auf die Bevölkerung.

Die Lehre des Bektaşi-Ordens verschmilzt islamische und christliche Elemente miteinander und hatte durch die enge Verbindung mit dem Janitscharen-Corps offensichtlich politischen Einfluss. Im Gegen-satz zu den Mevlevi, den tanzenden Derwischen, standen die Bektaşi vor allem der ländlichen Bevölke-rung näher. Einige Kilometer nördlich liegt der Syfe-See, wo zahlreiche Flamingos beheimatet sind.

Am Fuße des stets schneebedeckten Erciyes Dağı liegt die Provinzhauptstadt Kayseri, wo sich zahl-reiche Metall verarbeitende Betriebe ansiedelten und das schon seit langem ein bedeutendes Handels-zentrum ist.

Entwickelt hat sich die Stadt aus dem antiken Mazaka, der Hauptstadt eines kappadokischen Königreichs. Im Laufe der Geschichte nahm sie den Namen Eusebeia, und später Caesarea an, als welche sie unter Kaiser Tiberius zur Hauptstadt der römischen Provinz Cappadocia wurde.

Bereits früh nahm ein großer Teil der dort lebenden Bevölkerung das Christentum an, und im 4. Jahrhun-dert gründete der spätere Bischof Basilius in der Nähe ein Kloster, um das sich eine neue Stadt entwickelte, die den Kern der heutigen Altstadt bildet.

Kaum 20 Kilometer nordöstlich liegt mit Kaneş eine der bedeutendsten frühen Siedlungen des Landes, die bereits im 3. Jahrtausend v. Chr. bewohnt war. Während der Blütezeit Anatoliens zu Beginn des 2. Jahrtausends v. Chr. gründeten die Assyrer zahlreiche Handelsniederlassungen, sogenannte Karums, unter denen Kaneş die bedeutendste war.

Im südlichen Kappadokien, nördlich der Stadt Niğde, liegen auf dem 2172 Meter hohen vulkanischen Bergmassiv des Göllüdağ die Ruinen einer ausgedehnten hethitischen Anlage. Am Rand des Kraters, in dem sich im Laufe der Zeit Wasser gesammelt hat, sowie an den sanft geneigten Hängen liegen die gegen Ende des 8. Jahrhunderts v. Chr. entstandenen Gebäudekomplexe.

Das Siedlungsgebiet war mit einer etwa vier Meter hohen Mauer umgeben. Im Süden befand sich eine repräsentative Toranlage, hinter der sich unmittelbar ein großer, zu einer palastähnlichen Anlage gehörender Hof erstreckte.

Etwa 15 Kilometer entfernt von Yeşilhisar liegt das Vogelschutzgebiet Sultansazlığı, das mit seinen Schilfrohrfeldern Zugvögeln aus ganz Europa ein Zuhause bietet. Etwa 260 Wasservogelarten leben in diesem, von Salzwasser und Süßwasser geprägten, über 17 000 Hektar großen Gebiet, das 1988 zum Naturschutzgebiet erklärt wurde.

ÜBERSICHTSKARTE SCHWARZMEERKÜSTE UND NORDANATOLISCHES RANDGEBIRGE

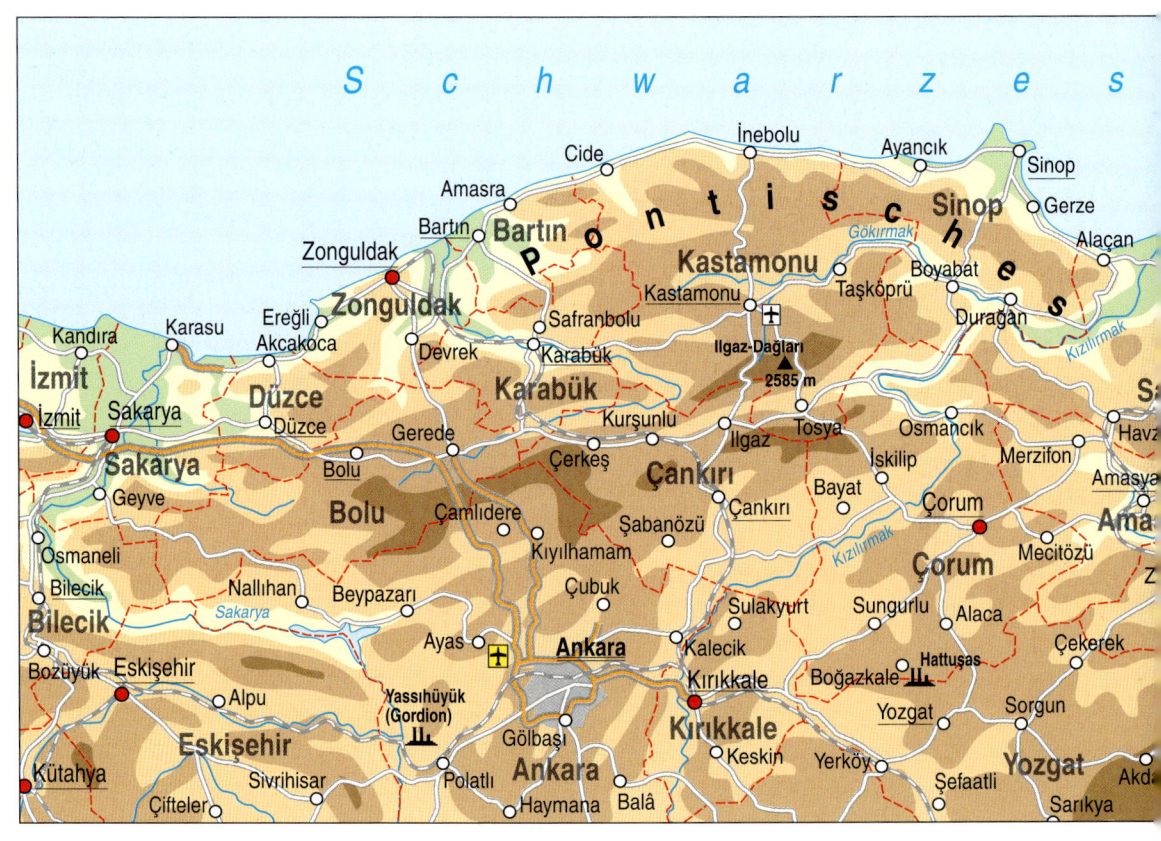

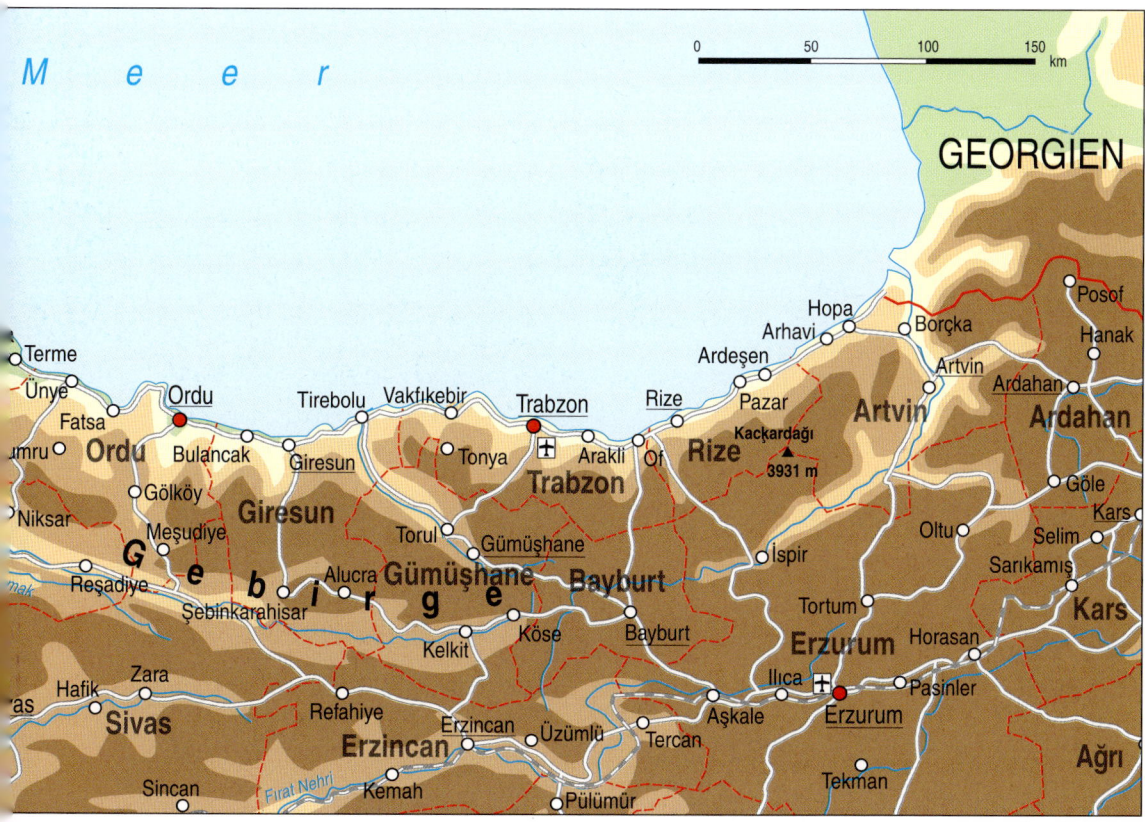

SCHWARZMEERKÜSTE UND NORDANATOLI- SCHES RANDGEBIRGE

GEOGRAFIE UND GEOLOGIE

Die Küste des Schwarzen Meeres wird von dem bis auf 4000 Meter ansteigenden Nordanatolischen Randgebirge oder Pontischen Gebirge überragt, dessen schroffe Gipfel nicht selten ganzjährig mit Schnee bedeckt sind.

Die von der Mündung des Sakarya im Westen und Georgien im Osten eingefasste Region Karadeniz, die sowohl die türkische Schwarzmeerküste als auch das gesamte Nordanatolische Randgebirge umfasst, erstreckt sich auf einer Fläche von knapp 141 000 km², was in etwa 18 Prozent des türkischen Staatsterritoriums entspricht. Verwaltungstechnisch beinhaltet sie die Provinzen Amasya, Artvin, Bartın, Bayburt, Bolu und Çorum, Düzce, Giresun, Gümüşhane, Kastamonu und Karabük, Ordu, Rize, Samsun, Sinop und Tokat sowie Trabzon und Zonguldak.

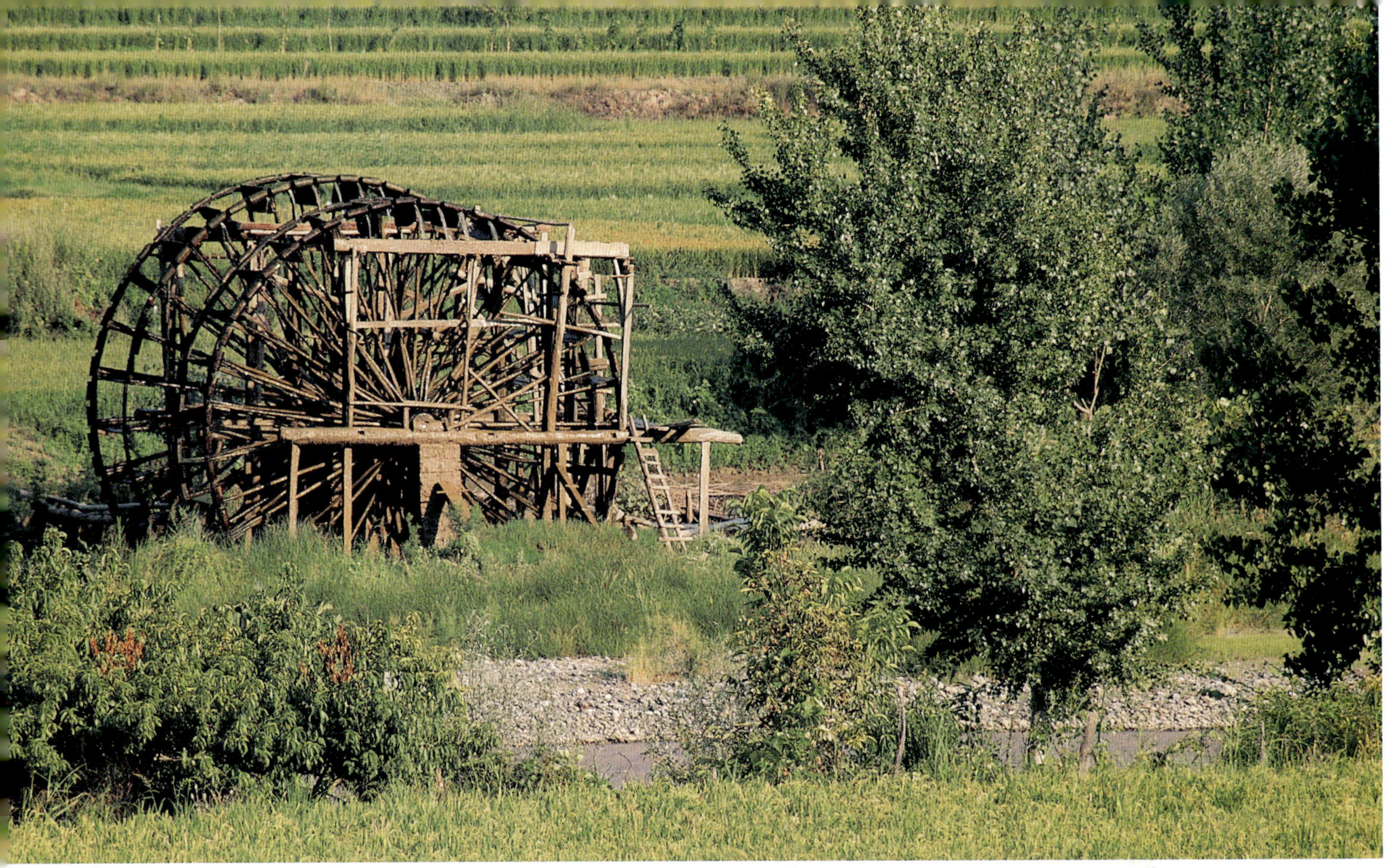

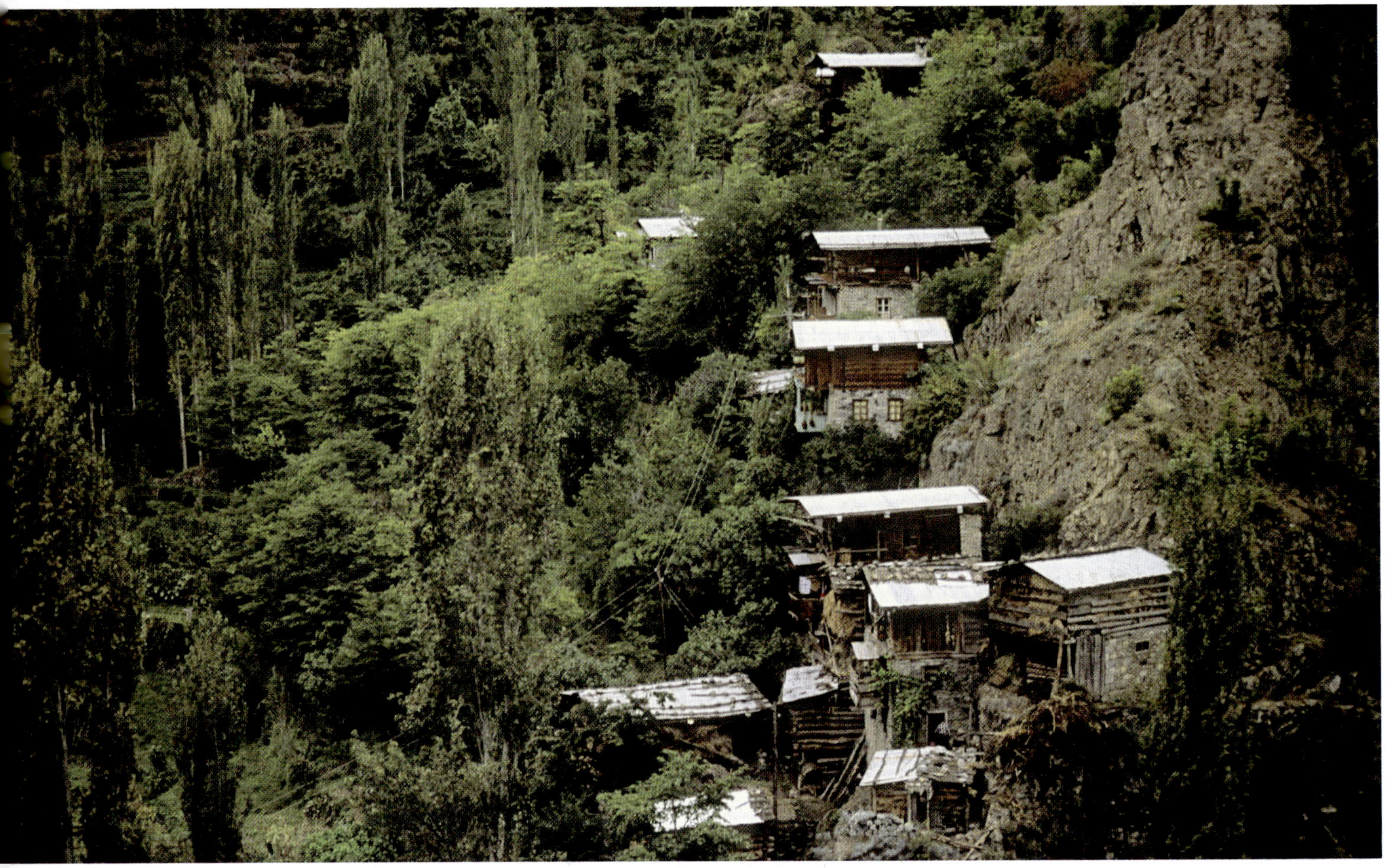

Das im Ganzen 1100 Kilometer lange und zwischen 150–200 Kilometer breite Nordanatolische Randgebirge bildet geologisch eine bedeutende Erdbebenlinie, an der bei starken tektonischen Erschütterungen bis zu 4,5 Meter weite Horizontal- und oft meterhohe Vertikalverschiebungen entstehen können. Es besteht aus einer Reihe vorwiegend parallel zur Küste des Schwarzen Meeres verlaufender Gebirgszüge mit verschiedenen eingesenkten Beckenlandschaften und großen Längstälern; seine Höhen bleiben jedoch eher mäßig und erreichen nur in den dicht bewaldeten Ilgaz Dağları 2565 Meter über dem Meeresspiegel und in der aus jungvulkanischem Gestein und Granit aufgebauten Karaçakette bis zu 3937 Meter.

Die Schroffheit seiner Gipfel geht in erster Linie auf eine starke eiszeitliche Vergletscherung zurück. Im Bereich der beckenartigen Aufweitung des Sakarya-Tales bei Adapazarı beginnt die für die Schwarzmeerregion überaus charakteristische Abfolge der von großen Bergen umrandeten Becken, in denen Ortschaften wie etwa Bolu, Düzce, Gerede, Kastamonu oder Reşadiye liegen.

LINKE SEITE OBEN:
Traditionelle Bewässerungsanlage für Reis-, Tee- und Tabakfelder.

LINKE SEITE UNTEN:
Die traditionelle Bauweise greift nahezu ausschließlich auf natürliche Baustoffe wie Holz, Stein und Lehm zurück; die Bauformen passen sich den Gegebenheiten an.

UNTEN:
Die immergrünen Berglandschaften der Schwarzmeerregion sind ideal für die Tierzucht. Der Staatsgründer Atatürk förderte bereits früh die Pferdezucht in der Türkei.

Kilometerlange Badestrände, belebte Hafenstädte und verträumte Fischersiedlungen – so kennt man die Schwarzmeerregion aus den Reisekatalogen. Doch ebenso charakteristisch ist das bergige Hinterland mit seinen dichten Laub- und Nadelwäldern oder hoch aufragenden, oft ganzjährig schneebedeckten Gebirgsketten.

Überaus bezeichnend für diesen Lagetyp ist eine Abstufung der Land- und Viehwirtschaft nach der Höhenlage, beginnend mit Tee-, Mais-, Tabak- und anderen Intensivkulturen in den tiefer gelegenen Regionen, über Weizen- und Gerstefelder in Mittellagen bis hin zum hochgelegenen Weideland.

In der sehr dicht besiedelten nördlichen Küstenregion Anatoliens werden heute infolge klimatisch günstiger Bedingungen hochwertige Kulturen gepflegt. Selbst frostempfindliche Gewächse wie etwa der Ölbaum treten hier auf. Der artenreiche Laubwald der Schwarzmeerküste mit seinem dichten, besonders aus Rhododendren bestehenden Unterholz, reicht bis etwa in 1000 Meter Meereshöhe, danach folgen hauptsächlich kälteresistente Kiefern- und Tannenwälder. Weiter in Richtung des Landesinneren treten dann vor allem Eichenbuschwälder und ausgedehnte Kiefernwaldungen an die Stelle der Feuchtwälder der Küste.

KLIMA

Im Unterschied zur türkischen Süd- und Westküste verfügt die Schwarzmeerregion Anatoliens über ein Klima, das insgesamt und vor allem während der Sommermonate feuchter ist und dessen Temperaturen deutlich ausgeglichener sind. Im Sommer schwanken die Lufttemperaturen zwischen 17 und 18 °C nachts und 25 und 26 °C am Tage, im Winter zwischen 2 und 3 °C in der Nacht und 9 und 10 °C tagsüber.

Die Wassertemperaturen des Schwarzen Meers betragen im März 9 °C, im Mai 14 °C, in der Zeit zwischen Juni bis August steigen sie auf rund 24 °C an, während sie im September wieder leicht, um etwa 2 °C, zu sinken beginnen. Im Oktober liegen sie dann bei ca. 19 °C. Die niedrigsten Werte werden vor allem in den Monaten Februar und März mit nur 8 °C gemessen.

Mit ausgiebigen Niederschlägen ist in der Region Karadeniz im Grunde das ganze Jahr über zu rechnen. Das Niederschlagsminimum liegt dabei in den Monaten Juli und August, am häufigsten regnet es im Herbst, meist infolge von stärkeren Tiefdruckwirbeln aus nordwestlicher Richtung.

Insgesamt empfängt der westliche Küstenbereich weit weniger Niederschlag als der östliche, da sich die Luftmassen auf dem Weg über das Schwarze Meer stärker erwärmen und zunehmend mit Feuchtigkeit anreichern.

In Zonguldak beispielsweise fallen jährlich insgesamt 1179 Millimeter verteilt über 110 Tage, in dem weiter östlich gelegenen Samsun 739 Millimeter an 92 Tagen und in Rize 2415 Millimeter. In dem unmittelbar an der Staatsgrenze zu Georgien gelegenen Ort Kemalpaşa fällt mit 2652 Millimeter pro Jahr insgesamt die größte Niederschlagsmenge in der Türkei.

Selbst in den entlegensten Tälern der Schwarzmeerregion finden sich zahlreiche historische Monumente, darunter auch einige orthodoxe Kapellen.

Das Sumela-Kloster aus
dem 5. Jahrhundert

FLORA UND FAUNA

Durch die hohe Feuchtigkeit und die günstigen klimatischen Voraussetzungen ist das Wachstum von Feuchtwäldern mit einer großen Artenvielfalt möglich. In den mehr oder weniger unberührten Gegenden kommen sommergrüne Eichen, Platanen, Ulmen, Linden, Eschen und Ahorn vor. Vereinzelt findet man auch die Buche neben der weit verbreiteten Hainbuche (die der Familie der Birkengewächse angehört und keine „Buche" ist).

Auch die Mittelmeersträucher wie Lorbeer, Kirschlorbeer, Stechpalme, Buchsbaum, Erdbeerbaum und Myrthe gedeihen hier aufgrund des milden Winters. In den höher gelegenen Regionen wachsen

Das ausgeglichenere und im Vergleich zu anderen türkischen Regionen etwas mildere Klima lässt auch ausgedehnte Wald zu.

Von der Schönheit der Nordküste erfahren im Vergleich zur Südküste nur wenige Touristen. Umso mehr ist sie für die Einheimischen der Umgebung beliebtes Ausflugsziel.

Tannen, kaukasische Fichten und Kiefern. Durch die hohe Luftfeuchtigkeit gedeihen überall in den Wäldern Bartflechten, die von den Bäumen herabhängen, und viele Farne.

Die hohe Niederschlagsmenge am pontischen Gebirge ermöglicht durch die immergrünen Wiesen die Haltung von Großvieh und die Bewirtschaftung von Hängen mit bis zu 30 Prozent Steigung. Angebaut werden in diesem Gebiet insbesondere Mais und Haselnüsse, wobei im klimatisch etwas günstigeren östlichen Bereich Zitrusfrüchte und als wichtiger Wirtschaftsfaktor Tee kultiviert werden.

BEVÖLKERUNG

Im Gegensatz zu allen anderen Regionen der Türkei leben im Bereich des Nordanatolischen Randgebirges und entlang der Schwarzmeerküste mehr Menschen in Dörfern als in Städten. Im Jahr 2000 lebten hier 60 Menschen pro Quadratkilometer und das jährliche Bevölkerungswachstum belief sich auf lediglich 0,36 Prozent und ist somit das niedrigste des ganzen Landes.

In der heutigen Region Karadeniz Bölgesi gingen die historischen Landschaften Bithynien, Paphlagonien und Pontus auf, darüber hinaus gab es im Osten verschiedene ionische Ansiedlungen. Während

Arbeiterin einer Teeplantage

Nicht nur im Sommer ist die Schwarzmeerregion mit großem Abstand der Landesteil mit dem feuchtesten Klima.

Die weithin grünen Uferland-
schaften der türkischen Schwarzmeerregion sind das Resultat einer ausgesprochenen Klimagunst.

der Antike wurde Paphlagonien von den Palaiern bewohnt und Bithynien von Thrakern. Östlich der Provinz Ordu, in der Landschaft Pontus, wurden bereits im 6. Jahrhundert v. Chr. griechische Kolonisten ansässig. Griechisch hat sich in diesem Raum als Alltagssprache sehr lange gehalten. Bis 1923 gab hier eine äußerst bedeutende griechische Minderheit, die im Laufe der Zeit mit dem „Pontischen" einen eigentümlichen Dialekt entwickelte.

Da ein Teil der in der Schwarzmeerregion lebenden Griechen muslimischen Glaubens ist und somit zumindest teilweise vom „Bevölkerungsaustausch" mit Griechenland ausgenommen war, wird diese Sprache noch bis heute in der Region gesprochen, allerdings mit unteschiedlichen Sprachwechseltendenzen hin zum Türkischen.

Kaukasische Völker, speziell Lasen und Georgier, sind vor allem in den Provinzen Artvin und Rize beheimatet. Ein großer Teil der Lasen ist muslimischen Glaubens, aber es gibt durchaus auch zahlreiche Christen unter den Lasen.

Die Georgier hingegen sind meist Christen und nur zu einem geringen Teil Muslime. Einen vergleichsweise geringeren Anteil an der Bevölkerung des nordtürkischen Raumes haben demgegenüber die Absachen in der Provinz Bolu und die Turkmenen im Großraum Tokat.

Ballettunterricht in Ordu

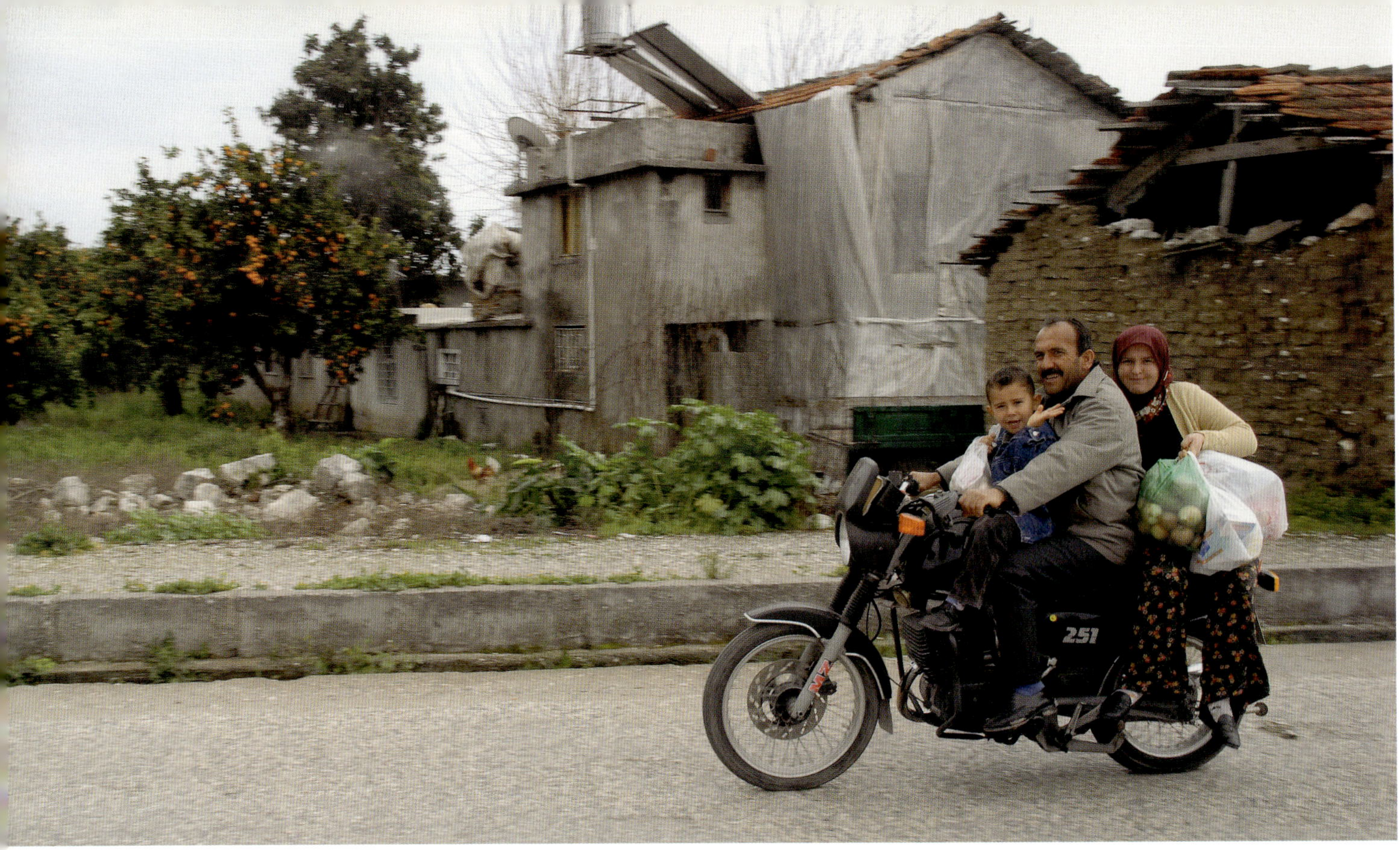
251

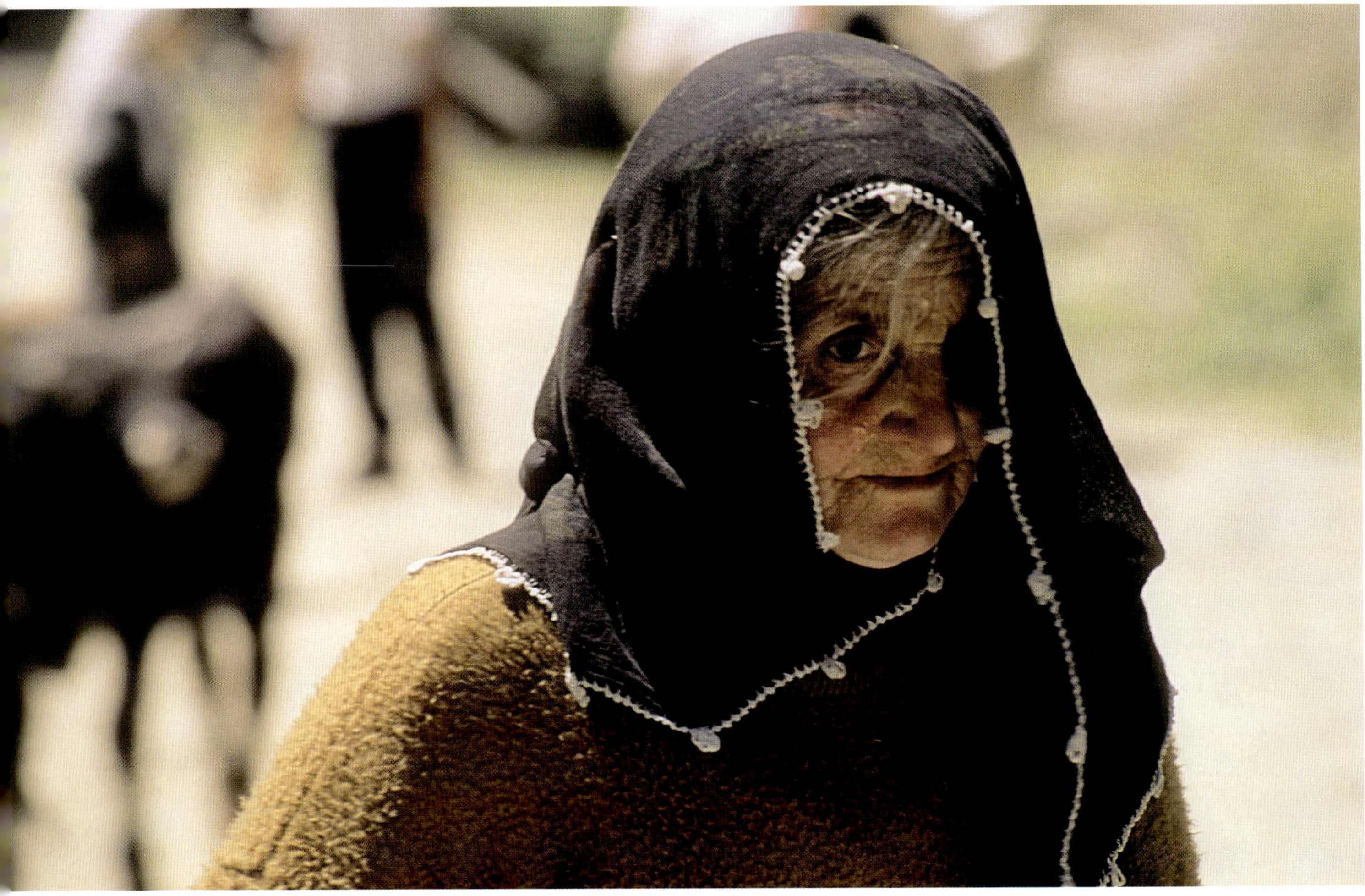

WIRTSCHAFT

In der immerfeuchten Schwarzmeerregion dominiert seit jeher eine stark landwirtschaftlich orientierte Bevölkerung. Durch dieses Klima im Bereich der weiten Küstenlandschaften ist hier keine zusätzliche Bewässerung des zur Verfügung stehenden Agrarlandes notwendig – anders als in allen anderen geographischen Räumen der Türkei.

Von Nachteil ist hingegen, dass infolge des bergigen Charakters der Region ein großer Teil der Nutzflächen im Bereich von Hängen liegt und nach wie vor von Hand bearbeitet werden muss, da hier moderne landwirtschaftliche Geräte nicht zum Einsatz kommen können. Nicht zuletzt auch aus diesem Grund wurde in den letzten Jahren der Anbau der heimischen Haselnuss, deren anspruchslose Sträucher problemlos selbst an steilen Böschungen gedeihen, erheblich intensiviert.

Bei der Ernte kommt in aller Regel die gesamte Familie einschließlich der Kinder zum Einsatz, was die Preise konstant niedrig hält und wodurch sich die Türkei seit längerem als Hauptexporteur auf dem internationalen Markt behaupten kann.

Im pontischen Waldland dominiert heutzutage die Maispflanze die Felder, Getreide hingegen wird bevorzugt in den südlicheren Tälern kultiviert. Die in der Schwarzmeerregion angebauten Kartoffeln sind primär für den Binnenmarkt bestimmt; die Anbaumenge genügt, um den einheimischen Konsum zu decken, einer erweiterten Nachfrage könnten die Landwirte allerdings nicht nachkommen.

Kinder auf dem Weg zur Schule

LINKE SEITE
OBEN:
Eine Familie nach dem Einkauf

UNTEN:
In den Dörfern des Hinterlandes der Schwarzmeerregion hat sich der Lebensstil der Dorfbewohner in den letzten hundert Jahren kaum verändert.

FOLGENDE DOPPELSEITE:
Entlang der anatolischen Schwarzmeerküste ist die Fischerei seit jeher ein bedeutender Wirtschaftsfaktor und bietet Arbeitsplätze für viele.

Im Sommer nimmt die Arbeit auf Feldern oft einen Großteil des Tagesablaufs der ländlichen Bevölkerung in Anspruch. Eines der wichtigsten agrarischen Produkte ist hierbei der berühmte Tee.

Seit der schwarze Tee von Mustafa Kemal Atatürk im Jahr 1938 – als Ersatz für den damals sehr teuren Importkaffee – zum Nationalgetränk proklamiert wurde, wird im gesamten Hinterland von Rize intensiv Tee angebaut. Über 60 Prozent der türkischen Tee-Ernte wird in diesem Gebiet erzielt, immerhin 6 Prozent der Welt-Teeproduktion.

Hierfür bieten die Wärme im Sommer und das milde Winterklima, die ergiebigen Niederschläge und die hohe Luftfeuchtigkeit sowie die Böden mit den für das Wachstum günstigen Säuren die besten Voraussetzungen. Alle weiteren landwirtschaftlichen Produkte sind demgegenüber von geringer wirtschaftlicher Bedeutung, wie etwa der Anbau von Kiwis und Tabak.

Die bedeutendsten Industrieanlagen der Schwarzmeerregion sind die Stahlfabriken in Ereğli und Karabük, das Wärmekraftwerk in Çatalağzı sowie die Großbetriebe zur Produktion von Kupfer in Murgul.

In der Region gibt es außerdem Fabriken zur Gewinnung und Weiterverarbeitung von Zucker, Papier, Schwefelsäure, pflanzlichem Speiseöl und Zigaretten.

Das Zentrum des Kohleabbaus ist das im Westen gelegene Zonguldak, wo im Grunde das gesamte wirtschaftliche Leben aus dem Bergbau besteht. Bis etwa 1850 war die heutige Großstadt noch deutlich dörflicher geprägt, entwickelte sich aber aufgrund ihrer bedeutenden Steinkohlegruben und der benachbarten Hüttenwerke in Ereğli und Karabük innerhalb kürzester Zeit zur zweitgrößten Stadt am Schwarzen Meer.

BEDEUTENDE ORTE UND SEHENSWÜRDIGKEITEN

Die Schwarzmeerregion führt ein gewissermaßen eigenständiges, mit dem Süden nicht vergleichbares Dasein – und das schon seit der Antike. Die großen kulturellen Entwicklungen des 3. und 2. Jahrtausends v. Chr. in der Mittelmeerregion und an der Ägäis hatten keine große Auswirkung auf den Norden.

Erst im 7. Jahrhundert v. Chr. sollte sich dies merklich ändern, als äolische, ionische und dorische Städte der Westküste begannen, Kolonien an der Schwarzmeerküste zu gründen; so soll Milet einen Großteil seiner 50 Tochterstädte in dieser Region besessen haben.

Es entwickelten sich wichtige Hafenstädte wie Sinope (Sinop), Tripolis (Tirebolu) oder Trapezunt (Trabzon), wovon der zuletzt genannten auch heute noch größere wirtschaftliche Bedeutung zukommt.

FOLGENDE DOPPELSEITE:
Die Küstenlandschaft um Amasra ist durch zahlreiche tiefe Buchten und weit ins Meer vorspringende Halbinseln geprägt.

Im Norden der Türkei ist die Viehzucht mit nachgestellten Großbetrieben zur Herstellung von Molkereiprodukten, wie etwa Käse und Joghurt, eine der wichtigsten Erwerbsquellen der Landbevölkerung im Hinterland.

Die Tourismusbranche spart diese Region großflächig aus, was sicherlich nicht an der durchaus als wild-romantisch zu bezeichnenden Landschaft liegt; vielmehr sind es wohl die geringe Anzahl antiker Sehenswürdigkeiten einerseits, als auch die vielen Regentage, die einerseits zwar eine üppige Vegetation begünstigen, andererseits jedoch den sonnenhungrigen Ausländer abschrecken.

Dennoch verbringen viele Türken hier ihren Urlaub oder auch das freie Wochenende, insbesondere Einwohner größerer Städte wie etwa Ankara. Die Häuser sind meist traditionell aus Holz errichtet und zahlreiche kleine Dörfer liegen versteckt in den üppigen Wäldern.

Die Provinzhauptstadt Samsun ist eine wichtige Industrie- und Handelsstadt mit einem ebenso bedeutenden Hafen. Zudem ist sie die größte Stadt an der türkischen Schwarzmeerküste. Sehenswürdigkeiten gibt es in hier zwar nicht, dennoch kann auch sie auf eine bewegte Geschichte zurückblicken.

Etwas außerhalb der heutigen Stadt entstand die griechische Kolonie Amisos und nach der Vertreibung der Perser bildete sich an dieser Stelle das Königreich Pontos. Im 12. Jahrhundert kamen dann die Seldschuken, später die Genuesen und 1470 eroberten die Osmanen die Stadt.

Frauen bei der Arbeit

Neben der wirtschaftlichen Bedeutung, kommt Samsun für die moderne Türkei auch symbolische Bedeutung zu, da Atatürk 1919 hier landete, nachdem er aus İstanbul geflohen war und erste Vorkehrungen zur Bildung der Republik und Vertreibung der Alliierten traf. Informationen unter anderem hierzu bietet das Atatürk-Museum.

Heute ist das Stadtbild von modernen Hafenanlagen und Häusern sowie einem Messegelände geprägt. Samsun ist das Zentrum der Tabakproduktion und zugleich Umschlagplatz für land- und forstwirtschaftliche Erzeugnisse.

Etwas östlich von Samsun befindet sich ein bedeutendes Tabakanbaugebiet im Delta des Yeşilırmak. Weiter in Richtung Osten formen die Ausläufer des Pontischen Gebirges die Küste mit schmalen Buchten und hohen Klippen. Hier, in der Provinz Ordu, liegt das Ferienstädtchen Ünye, das zwar keine besonderen Attraktionen vorweisen kann, aber schöne Sandstrände besitzt. In der Nähe lassen sich in den Höhlen der Fokfok Mağralar Seehunde beobachten.

Die Provinzhauptstadt Ordu liegt knapp 170 Kilometer östlich und wird vom Boztepe, der 550 m emporragt, beherrscht. Der Ort ist bekannt für seine Haselnussproduktion, die auch die wirtschaftliche Grundlage bildet. In der Erntezeit werden die Nüsse zum Trocknen auf den flachen Hausdächern sowie über Kilometer hinweg auf den Gehsteigen am Hafen ausgelegt.

Die traditionelle städtische Architektur der Schwarzmeerküste unterscheidet sich mit ihren oft mehrstöckigen Gebäuden, die einen hohen Anteil an Holzbauelementen aufweisen, deutlich von derjenigen der anderen Landesteile der Türkei.

Die Stadt liegt unmittelbar an einem felsigen Küstenabschnitt mit einem kleinen Hafen, wo der Legende nach die Argonauten gelandet sein sollen, um nach dem goldenen Vlies zu suchen. Historisch lässt sich die Stadt als eine jener Kolonien fassen, die von Milet an der Schwarzmeerküste gegründet wurden.

Zwischen Hafen und Zentrum findet man noch einige interessante Fachwerkhäuser aus vergangenen Tagen, und etwa zwei Kilometer östlich liegt der Güzelyalı Plajı: ein schmaler, langer Strand. Auf ei-

Am Hang oberhalb von Amasya befinden sich Kammergräber, die den ersten fünf Königen von Pontos zugerechnet werden.

Kleinere, vor allem landwirtschaftlich geprägte Hochalmen,
so genannte Yayla, bestimmen
den Charakter des ländlichen
Raums der Schwarzmeerregion.

RECHTE SEITE UNTEN:
Die über 300 000 Einwohner
zählende Provinzhauptstadt
Samsun ist die größte der
türkischen Nordküste sowie
wichtigster Hafen- und Handelsplatz. Zu dieser Entwicklung
haben nicht zuletzt auch die
günstigen Landverbindungen
per Eisenbahn und Fernstraße
mit dem zentralanatolischen
Hochland beigetragen.

ner kleinen Landzunge befindet sich das archäologische Schutzgebiet Yason Burnu. Hier stehen noch
die Ruinen einer Kirche und andere verfallene Mauerreste.

Die Relikte einer byzantinischen Burg und der Befestigung Giresun Kalesi liegen 45 Kilometer weiter östlich bei Giresun, einem heute bedeutenden Umschlaghafen für Haselnüsse, Tee und Walnüsse.

Über die frühe Geschichte von Trabzon ist fast nichts bekannt, außer dass die Stadt in der zweiten
Hälfte des 7. Jahrhunderts v. Chr. von Siedlern aus Sinop an einer älteren Handelsstation gegründet
wurde und dass Xenophon um 400 v. Chr. mit seinem Heer von Persien kommend hier vorbeizog.

Entscheidend für die Entwicklung der Stadt war, dass in byzantinischer Zeit aus Sicherheitsgründen
der Handel mehr und mehr auf den Seeweg verlagert wurde und Trabzon so zu einer bedeutenden
Hafenstadt aufstieg. Von 1204 bis 1461 war sie die Hauptstadt der Großkomnenen, der Herrscher im
Kaiserreich Trapezunt.

Erst in osmanischer Zeit verlor der Hafen an Bedeutung, da die Osmanen ihren Handel wieder über
den Landweg abwickelten, wodurch auch die Stadt über 300 Jahre lang nur noch ein bescheidenes Da-

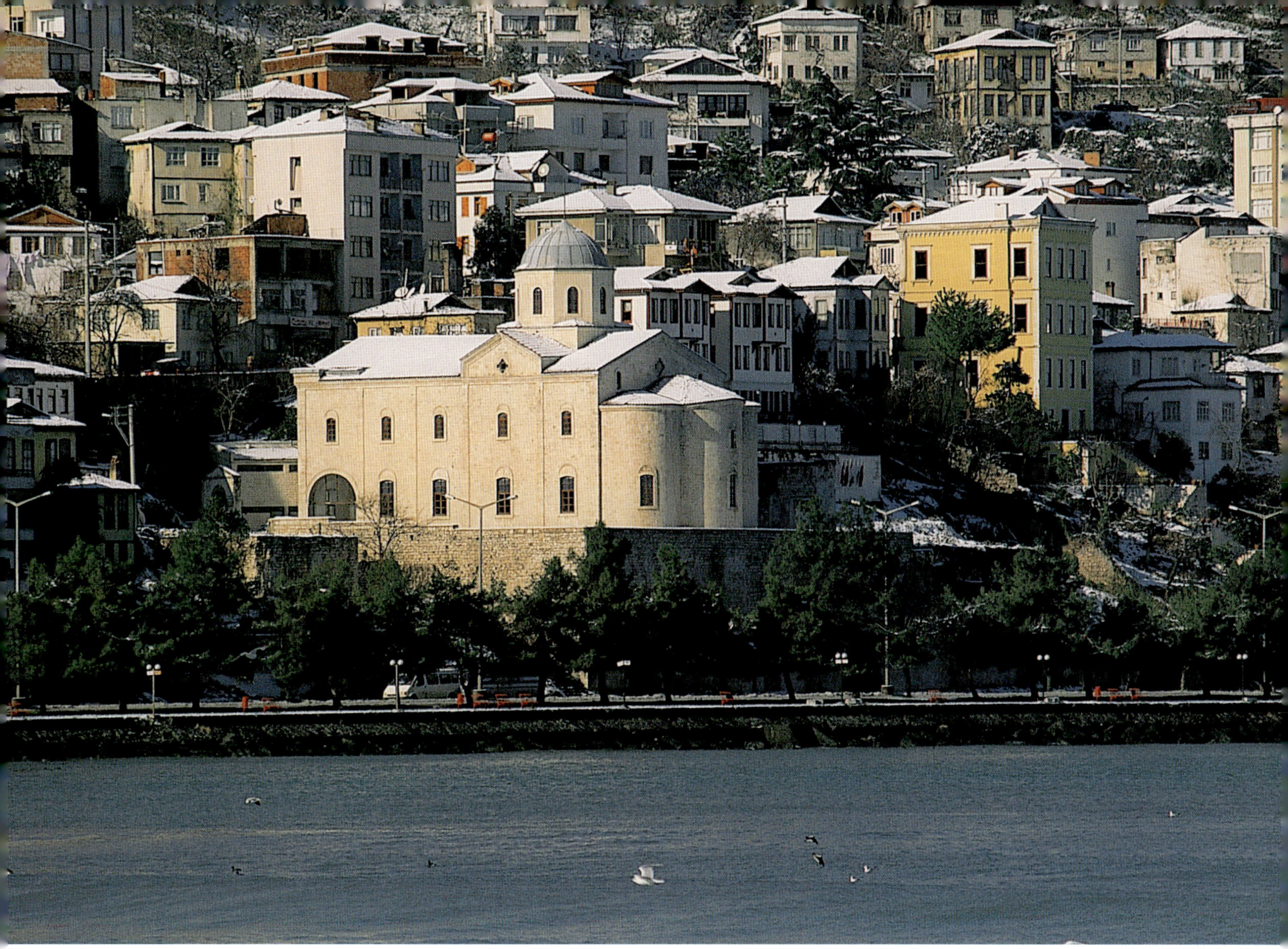

sein fristete. Dies änderte sich im 19. Jahrhundert, als der Schwarzmeerhandel mit Persien wieder aufgenommen wurde, und vor allem in neuerer Zeit durch den Ausbau des Hafens.

OBEN: In der Provinzhauptstadt Ordu leben zahlreiche orthodoxe Christen, von deren Glauben die typische Architektur der Gotteshäuser zeugt.

Die Altstadt ist durch tiefe Taleinschnitte begrenzt und liegt etwas abseits vom Hafen, wo die moderne Stadt sich um den Taksim Meydanı erstreckt. Im Ort befinden sich mehrere Kirchenbauten, die unter den Osmanen zu Moscheen umgebaut wurden oder auch teilweise heute noch als Lagerhallen genutzt werden.

Die Hagia Sophia wurde aufwendig restauriert und in ein Museum umgewandelt. Ungewöhnlich an diesem, auf einer Terrasse über dem Meer stehen-

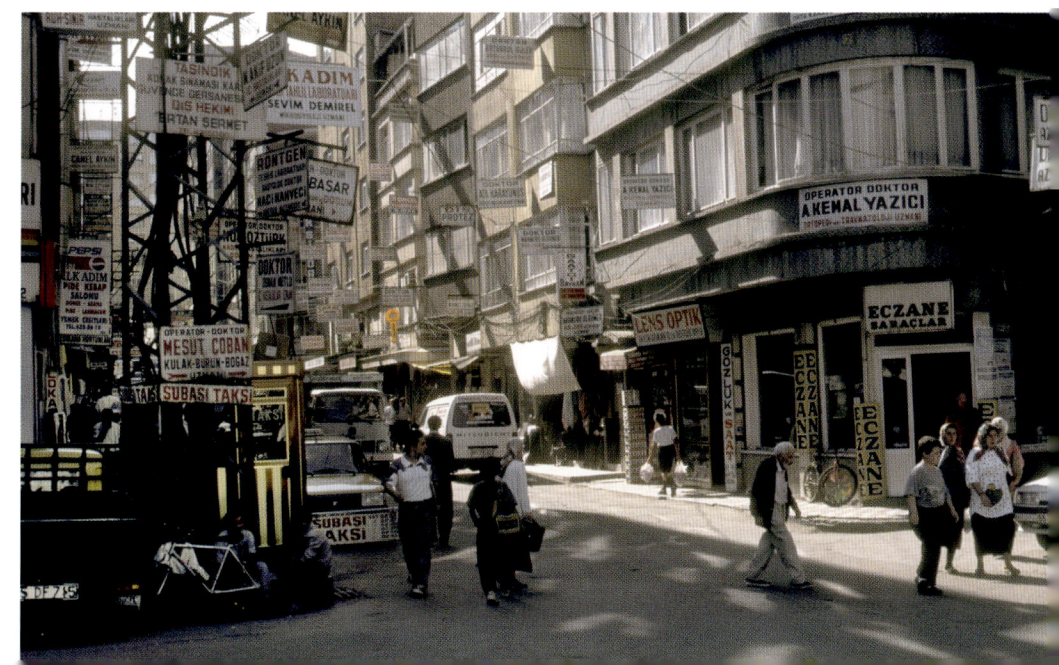

Ordu wurde im Altertum Kotyora
genannt und war als ionische
Kolonie entstanden. Hier soll sich
im Jahr 401 v. Chr. Xenophon
mit seinen zehntausend griechischen Kriegern nach Sinop einge-
schifft haben.

den Sakralbau, sind die Reliefs über den Südarkaden, die entgegen dem Charakter der byzantinischen Kunst nicht „körperlos" sind.

Südlich von Trabzon dehnt sich der Altındere-Nationalpark aus, in dem sich das Sumela Kloster in 270 Metern Höhe an einer Felswand befindet. Wie die anderen Klöster im Umkreis war auch dieses, das vermutlich im 6. Jahrhundert gegründet wurde, noch bis 1923 bewohnt. Es war über Jahrhunderte das Ziel von Pilgern, bevor die Mönche vertrieben und das Kloster niedergebrannt wurde.

Weiter in Richtung Osten erstreckt sich ein grünes Band entlang der Küstenstraße, in dem die Hafenstadt Rize liegt. 1938 wurde hier zum ersten Mal Tee angepflanzt und innerhalb von nur zehn Jahren entwickelte sich die ganze Region zum Teeanbaugebiet, so dass der Name Rize heute gewissermaßen als Synonym für Tee steht. Große terrassierte Teeplantagen durchziehen die Hänge der Kaçkar Dağları. Die Teeblätter werden nicht nur angebaut, sondern auch gleich vor Ort weiterverarbeitet.

Der in zahlreichen alten Liedern, Märchen und Erzählungen Westeuropas erwähnte „türkische Kaffee" spielt heutzutage im Alltag kaum noch eine nennenswerte Rolle. Längst hat ihm der in kleinen Gläschen getrunkene Çay, der Tee, den Rang abgelaufen und ist aus dem Leben der Türken nicht mehr wegzudenken. Rund 200 000 Menschen leben heute vom Teeanbau.

Wenige Kilometer von der Grenze nach Georgien entfernt findet man das östlichste Hafenstädtchen der türkischen Schwarzmeerküste – Hopa. Der Küstenstreifen wird hier sehr schmal und der Strand besteht aus Kieselsteinen. In dieser Gegend, in der die Wolken an den hohen Bergen hängen bleiben, regnet es oft, und häufig verschwinden die Hänge unter dem Nebel.

Über den Esenbel-Pass erreicht man bei Borçka das Çoruh-Tal und gelangt dann nach Artvin. Die Gegend um diesen Urlaubsort genießt einen besonders guten kulinarischen Ruf. Die Häuser des Ortes, der sich terrassenförmig den Hang hinauf erstreckt, sind im typisch türkischen Stil errichtet und in der Umgebung liegen zahlreiche Hochalmen. Jedes Jahr im Sommer findet das Kafkasör-Yayla-Fest statt, bei dem die Tiere auf die Almen getrieben werden.

Bekannt ist die Gegend aber vor allem auch wegen des reißenden Çoruh-Flusses mit seinen Schluchten, der Kanusportler und Raftingbegeisterte anzieht, so wie die Gebirgslandschaft das Ziel zahlreicher Wanderer und Bergsteiger ist.

Landschaftlich beeindruckend ist auch der Tortum-See. Im Mittelalter stand diese Region unter georgischer Herrschaft, weshalb hier heute zahlreiche Kirchenruinen zu finden sind.

Griechisch-orthodoxe Kirche bei Yasun Burnu

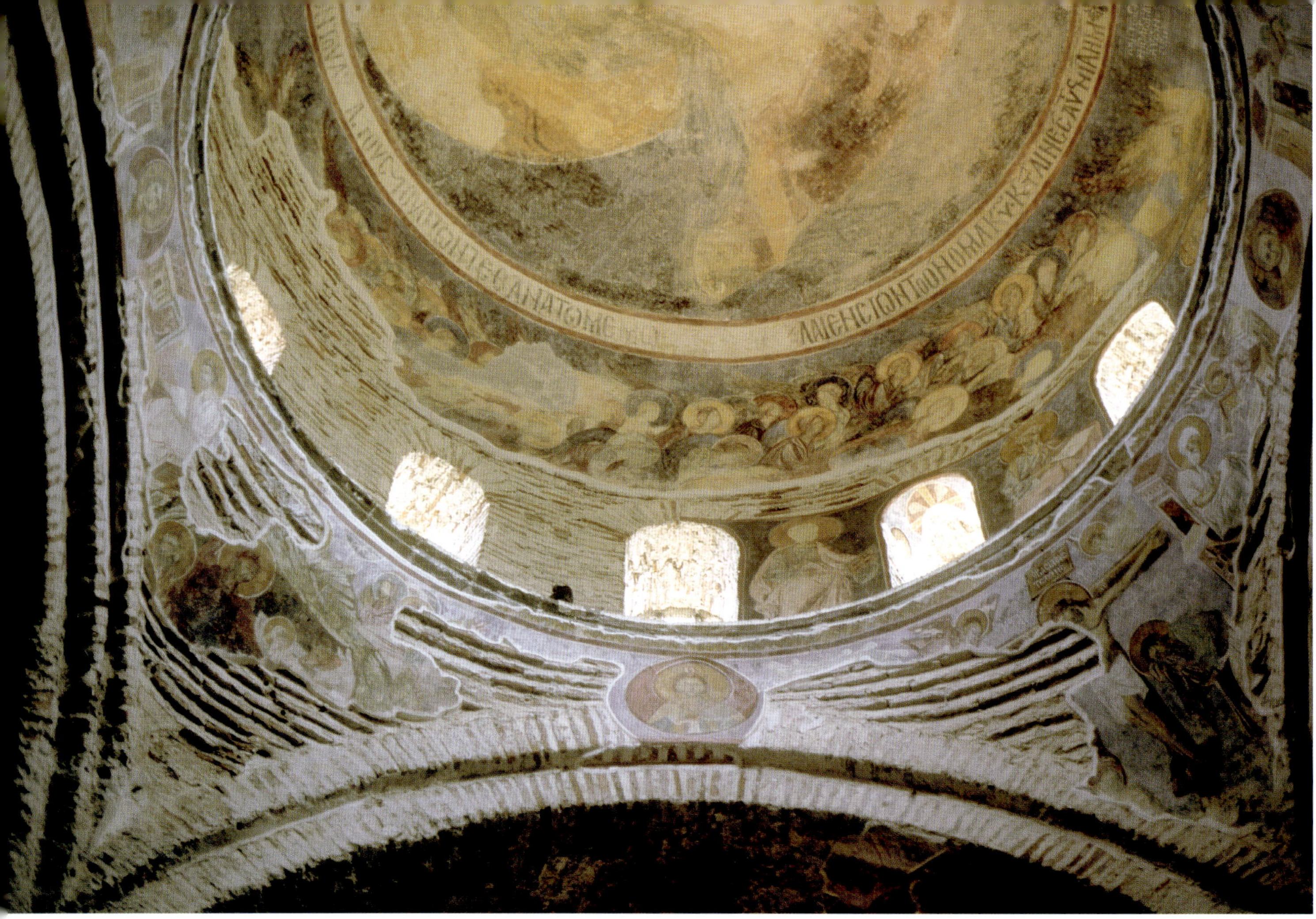

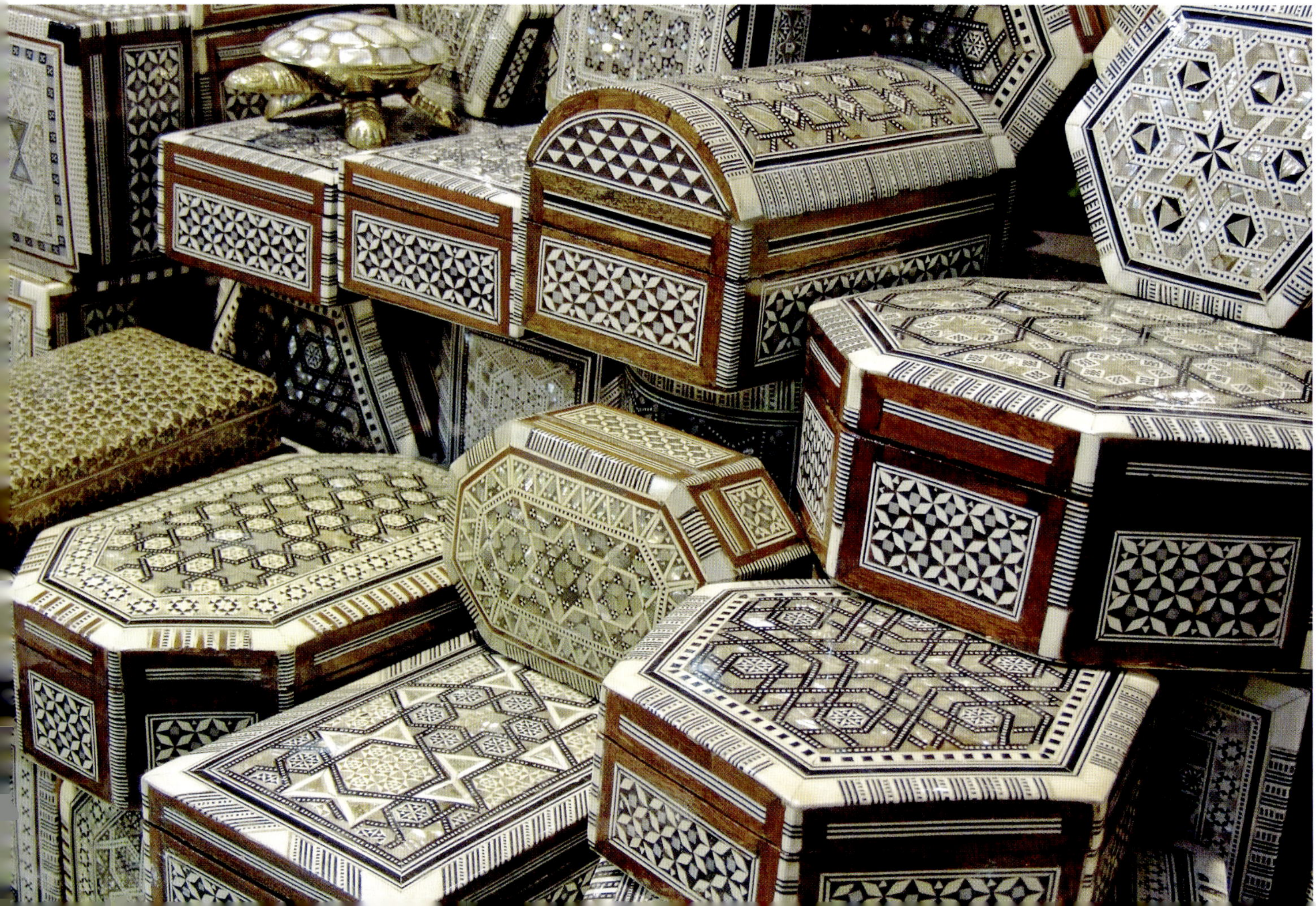

Bei İşhan steht inmitten von wildem Bewuchs der noch am besten erhaltene georgische Kirchenbau aus dem Jahre 1032, zu dessen Errichtung Teile eines noch älteren Vorgängergebäudes verwendet wurden. Gemäß einer Inschrift im Tympanon des vermauerten Südportals war ein Bischof namens Antonius der Bauherr. Im Inneren sind noch Reste von Fresken erhalten. Die einzige Burgruine der Region liegt östlich von Artvin hoch über dem Çoruh.

Das kleine Städtchen Bolu, Hauptstadt der gleichnamigen Provinz in der westlichen Schwarzmeerregion, ist von dicht bewaldeten Bergen umgeben. In nächster Nähe gibt es Seen und wasserreiche Flüsse, die Böden der Landschaft sind fruchtbar und so haben sich Ackerbau, Viehzucht und Forstwirtschaft gut entwickelt; darüber hinaus sind über die Hälfte der Pflanzenarten, die in der Türkei wachsen, in der Region heimisch.

Ca. 30 Kilometer südwestlich von Bolu liegt der Abant Gölü, einer der bekanntesten anatolischen Seen, an dem zahlreiche Hotels und Restaurants errichtet wurden. Hier ist die so genannte Abantgölü-Forelle beheimatet, die es sonst nirgendwo gibt. Die Landschaft mit ihren Wäldern und der Vielfalt an Wildpflanzen zieht im Sommer zehntausende Touristen an und ist im Winter ein beliebter Skiort.

VORHERGEHENDE DOPPEL-
SEITE LINKS OBEN:
*Kuppel einer verlassenen
armenischen Kirche in der
Nähe von Amasya*

LINKS UNTEN:
*Kunsthandwerk findet man auf
jedem Bazar.*

RECHTS OBEN:
*Ländliche Siedlung im bergigen
Hinterland von Ordu*

RECHTS UNTEN:
*Das İmerhevi-Tal bei Artvin wird
wegen der zahlreichen geor-
gischen Kloster- und Kirchenruinen auch als Georgisches
Sinai bezeichnet.*

Während die Küstenlandschaft
der Schwarzmeerregion ein fast
mitteleuropäisches Gepräge
aufweist, gedeihen in den über
1000 Meter gelegenen Höhenlagen der Kaçkar Dağları lediglich
die für hochalpine Lagen
typischen Pflanzen.

Nordwestlich von Bolu, an der Küste der Provinz Düzce, liegt der Fischerort Akçakoca, der seinen Namen nach dem osmanischen Kommandanten Akçakoca Bey, einem Verbündeten Osmans, erhalten haben soll. Die Geschichte der heute etwa 25 000 Einwohner zählenden Stadt reicht bis etwa 1200 v. Chr. zurück, wobei es auch archäologische Zeugnisse der thrakischen, phrygischen und kimmerischen Kulturen gibt. In römischer und byzantinischer Zeit war der Ort dicht besiedelt.

Die Stadt Bartın, das antike Parthenion, liegt in der kleinen gleichnamigen Provinz östlich von Bolu und wurde zwölf Kilometer im Landesinneren auf Hügeln errichtet. Sie ist für ihre alten, aus Holz gebauten Häuser und für ihre Landschaft bekannt.

An einem langen, felsigen Küstenabschnitt liegt der Kern der Stadt Ordu auf der Strecke zwischen Trabzon und Samsun.

Der Nationalpark Küre Dağları befindet sich zu 60 Prozent in der Provinz Bartın, 40 Prozent liegen in der Provinz Kastmonu; der Park bedeckt eine weitgehend unbebaute Fläche von etwa 115 000 Hektar.

Der Ort besitzt einige baugeschichtlich nicht allzu weit zurückreichende Moscheen wie z. B. die İbrahimpaşa Camii. Aus dem 14. Jahrhundert stammt die inzwischen restaurierte und als Kulturzentrum genutzte byzantinische Kirche Aya Nikolaos und aus der Mitte des 18. Jahrhunderts existiert noch das Şehir Hamamı, ein türkisches Bad. An der Küste hat die Region viele kaum besuchte Buchten, die den steilen, bewaldeten Felsen vorgelagert sind.

Im Landesinneren ersetzen Kiefernwälder und Eichenbuschwald die Feuchtwälder der Küste.

RECHTS:
Die Schwarzmeerregion ist
weitläufig mit kleinen oft
kilometerweit auseinander
liegenden Dörfern charakterisiert.

Die Provinzhauptstadt Kastamonu hält noch manche historische Sehenswürdigkeit bereit, von denen die byzantinische Burg südwestlich der Stadt wohl die prunkvollste ist. Die Zitadelle, in der sich Zisternen und Felsgräber sowie ein Mausoleum befindet, wurde im 12. Jahrhundert errichtet.

Im Hinterland der Schwarzmeerküste liegt die Provinz Amasya. Die gleichnamige Provinzhauptstadt im Pontischen Gebirge dehnt sich entlang des Yeşilırmak im engen Flusstal aus. Funde aus prähistorischer Zeit führen die Geschichte der Siedlung bis in die hethitische Zeit zurück, seine größte Bedeutung erlangte das antike Amaseia jedoch erst im Hellenismus. Etwa 120 Jahre lang war es die Hauptstadt des Königreiches Pontus bevor Sinope diese Funktion übernahm.

Seine eigentliche Blütezeit erreichte Amasya ab Ende des 14. Jahrhunderts als Prinzen-Residenz des osmanischen Herrscherhauses. In dieser Zeit existierten namhafte Ausbildungsstätten am Ort und er gehörte zu den fünf kulturellen Zentren Anatoliens.

Seit dem späten 19. Jahrhundert handelt es sich hingegen um eine mehr oder minder unbedeutende Provinzhauptstadt. Sie ist mehrfach durch Erdbeben zerstört worden, dennoch haben sich einige spätosmanische Häuser, Moscheen und Medresen aus dem 13. und 14. Jahrhundert erhalten.

Zahlreiche Gebirgsseen
liegen in den Höhen des
Kaçkar-Nationalparks.

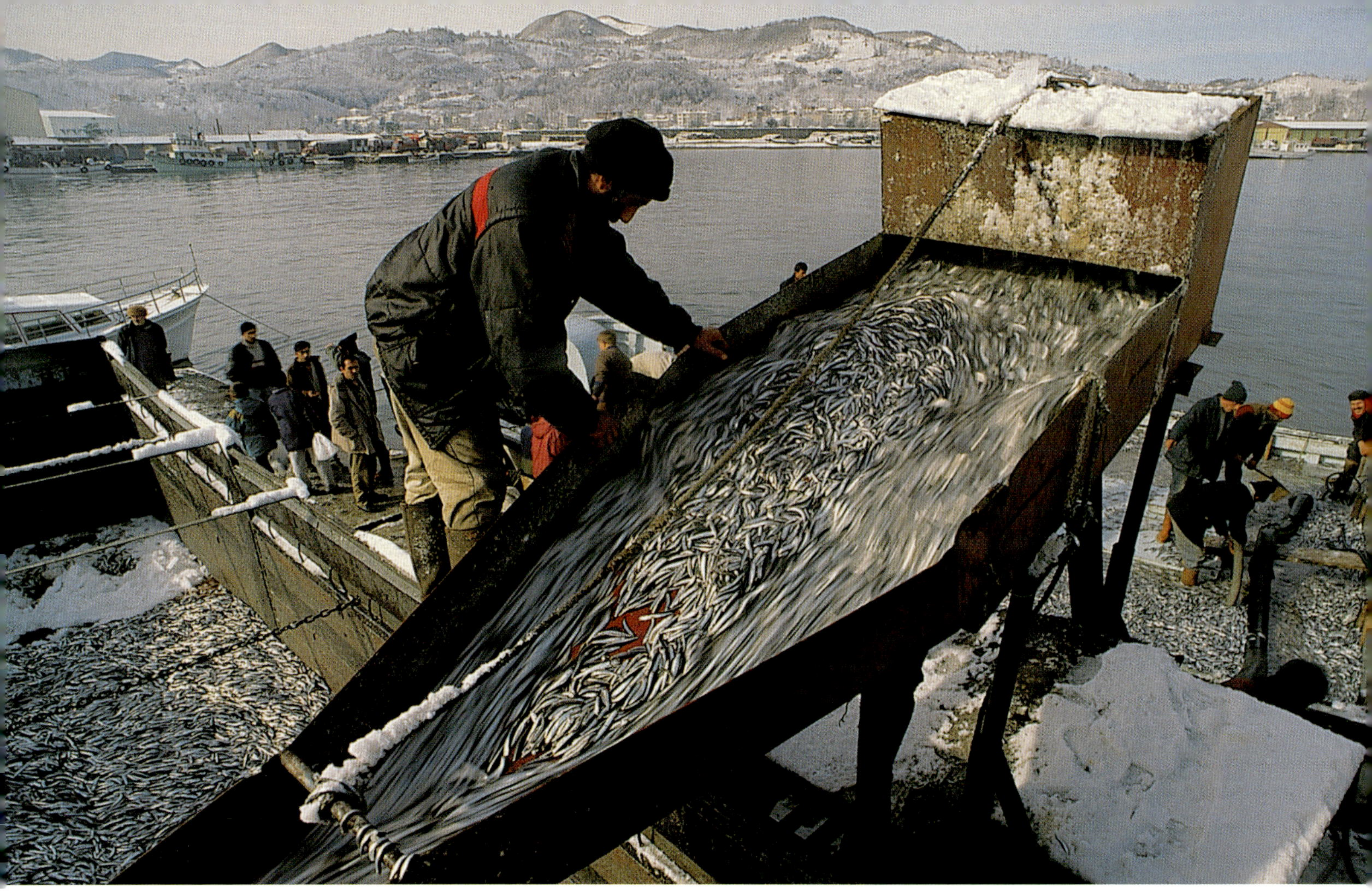

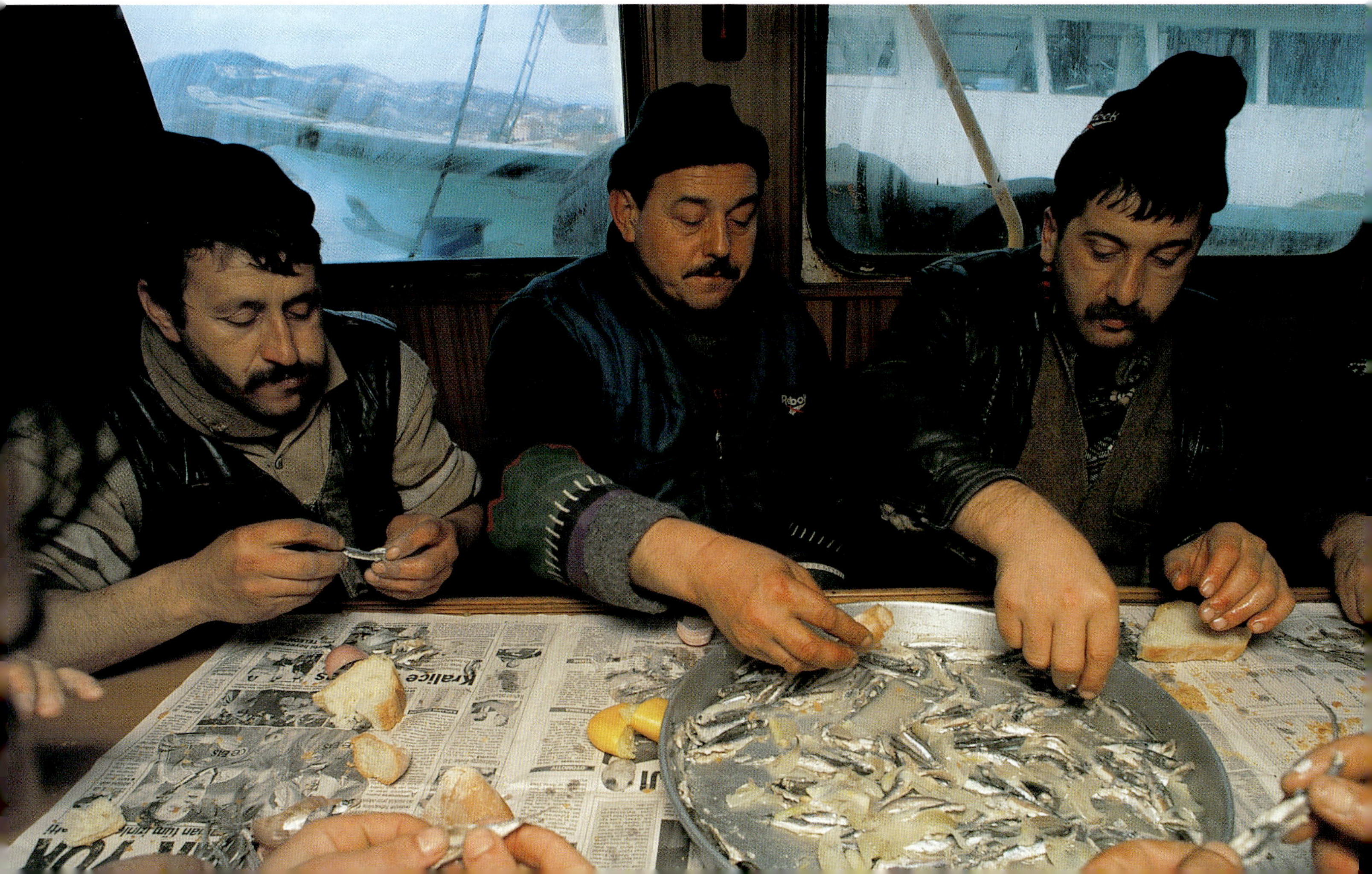
Kralice

Am 12. Juni 1919 kam Mustafa Kemal Atatürk in diesen Ort, wo die Pläne für den türkischen Befreiungskampf ausgearbeitet und die Einberufung der beiden Kongresse von Erzurum und Sivas beschlossen wurden. Im „Erlass von Amasya" wurde betont, dass das türkische Volk nur durch eigenen Willen und eigene Anstrengung seine Unabhängigkeit erringen könne.

Den nördlichsten Punkt der Türkei bildet İnceburun, ein Kap, nur wenige Kilometer nordwestlich von Sinop gelegen, auf dem als einziges Gebäude ein Leuchtturm steht. Das antike Sinope war einige Zeit der wichtigste Hafen der gesamten Schwarzmeerregion.

Strabo, der aus Amaseia stammende antike griechische Geschichtsschreiber, beschrieb Sinope mit den folgenden Worten: „Sie ist sowohl durch die Natur als durch weise Fürsorge trefflich ausgestattet, denn sie liegt auf einem Halse einer Halbinsel, und zu beiden Seiten der Landenge sind Häfen, Schiffstände und bewunderungswürdige Thunfischfänge."

Heute ist der Hauptfang der Fischer eine Sardellenart, die so genannten Hamsi. Begünstigt durch das milde Klima und die reichen Niederschläge existiert in der Gegend um Sinop eine Blumenvielfalt, und Forstwirtschaft bildet einen wichtigen Wirtschaftsfaktor. Im 4. Jahrhundert lebte der Philosoph Diogenes in der nach einer amazonischen Königin benannten Stadt.

Die klimatische Gunst der Küstenlandschaft Nordanatoliens kommt im Pflanzenkleid zum Ausdruck, in dessen tieferen Lagen frostempfindliche Gewächse auftreten, wie etwa der Ölbaum.

LINKE SEITE
OBEN:
Hamsi, eine besondere Sardellenart, zählen mit zu den wichtigsten Fischereiprodukten des Schwarzmeers.

UNTEN:
Schwarzmeerfischer bei der Arbeitspause

ÜBERSICHTSKARTE
OSTANATOLISCHES BERGLAND

VORHERGEHENDE DOPPELSEITE LINKS:
Der Eingang des ottoma-
nischen Schlosses in Kars

Der Aufstieg auf den Ararat ist
mit großer Anstrengung und
einem langen Marsch durch die
vereiste Landschaft verbunden.

OSTANATOLISCHES BERGLAND

GEOGRAFIE UND GEOLOGIE

Doğu Anadolu, Ostanatolien, stellt mit einer räumlichen Ausdehnung von 163 000 m² zwar 20,9 Prozent des türkischen Staatsterritoriums und ist somit das größte der sieben geografischen Gebiete der Türkei, mit nur 37,7 Einwohnern pro Quadratkilometer weist es jedoch bei weitem die geringste Bevölkerungsdichte auf.

Als offizielle Verwaltungseinheit wurde die Region 1941 auf dem »Ersten Geographie-Kongress«, dem »Birinci Coğrafya Kongresi«, in Ankara eingerichtet und in 16 Provinzen untergliedert: Ağrı, Ardahan, Bingöl, Biltis, Elazığ, Erzincan, Erzurum, Hakkari, Iğdır, Kars, Malatya, Muş, Siirt, Şırnak, Tunceli und Van.

Am Rande der im Flachland gelegenen Provinzhauptstadt Van erhebt sich ein markanter Felsrücken, auf dem im 9. Jahrhundert v. Chr. die Festungsanlage Tušpa, die Residenz der Urartäer, gegründet wurde.

Der in der Provinz Biltis gelegene Süphan Dağı ist mit einer Höhe von 4058 Metern insgesamt der vierthöchste Berg der Türkei.

Von den insgesamt 9850 Kilometern Landesgrenze der Republik Türkei teilt allein die Region Ostanatolien 252 Kilometer mit Georgien, 268 Kilometer mit Armenien, neun Kilometer mit Aserbaidschan/Nachitschevan, 499 Kilometer mit dem Iran, sowie 352 Kilometer mit dem Irak.

Mit einer durchschnittlichen Höhe von 2000 Metern über dem Meeresspiegel ist das Ostanatolische Bergland der am höchsten gelegene Landesteil der Türkei. Hier vereinen sich um das Großbecken des Van-Sees die Gebirgsbarrieren von Taurus und Pontus zu überaus markanten Gebirgslandschaften aus Laven und Tuff mit zahlreichen über 3000 Meter hohen Vulkanen und steppenartigen Basalthochflächen.

Neben der Reskospitze in den vergletscherten Cilobergen mit 4135 Metern und dem Süphan Dağı mit 4058 Metern über dem Meeresspiegel ist der nahe der Grenze zu Armenien und dem Iran gelegene Ağrı Dağı, der im Alten Testament erwähnte Berg Ararat, zweifellos die berühmteste Erhebung dieser Region. Der ruhende Vulkan, dessen kurdischer Name, Çiyayê Agirî, soviel wie »der feurige Berg« bedeutet, liegt am Kontaktpunkt mehrerer tektonischer Bruchlinien und ist mit einer Gesamthöhe von 5165 Metern der höchste Berg der Türkei.

Als Grenzberg war der Ararat vor allem im 19. Jahrhundert von großer Bedeutung. Russland erhielt ihn im Jahre 1828 vom damaligen Persischen Reich, woraufhin die Grenze zur Türkei für etwa 100 Jahre unmittelbar über den Scheitel des Berges hinweg verlief. Der durch einen 2600 Meter hohen Sattel von diesem getrennte Gipfel des 3896 Meter hohen Küçük Ağrı Dağı, des »Kleinen Ararats«, bildete dabei das Dreiländereck zwischen der damaligen Sowjetunion (heute Armenische Republik), dem einstigen Persien und der Türkei. Mit dem Frieden von Gümrü wurde der Ararat 1920 dem Osmanischen Reich zugesprochen.

Infolge der heißen Sommer, der äußerst geringen Niederschläge und der sehr kalten Winter ist Ostanatolien mit Abstand das kontinentalste Gebiet Anatoliens. Wälder fehlen sowohl in den Ebenen als auch auch in den Tälern daher nahezu vollständig. Die Landschaft wird in Richtung des südlichen Taurusvorlandes in erster Linie durch die Flüsse Euphrat, Tigris und Murat entwässert. Der 1072 Kilometer lange Aras fließt durch eine tektonische Senke, den Arasgraben, aus der Gegend des Hochbeckens von Erzurum zunächst rund 160 Kilometer weit nach Osten, ehe er in Richtung Südosten schwenkt. Dort bildet er die Grenze zu Armenien und dem Iran und strömt dann schließlich – durch iranisches Gebiet – weiter zum Kaspischen Meer.

FOLGENDE SEITE:
Der 3765 km² große und knapp 400 Meter tiefe Vansee wird im Süden, Osten und Norden von hoch aufragenden, teils vulkanischen Gebirgsketten eingerahmt.

Eine mächtige Festungsmauer mit Türmen bewehrt das einstige Siedlungsgebiet um die Burg Hoşap Kalesi.

KLIMA

Die klimatischen Verhältnisse im Ostanatolischen Bergland können je nach Höhenlage und Hauptwindrichtung selbst kleinräumig stark variieren. Während in Berglagen tendenziell feuchtere und kühlere Rahmenbedingungen vorherrschen, sind die Tal- und Beckenlandschaften in aller Regel trocken und warm.

Im gesamten Gebiet ist jährlich mit mehr als 130 Frosttagen zu rechnen; in Erzurum zum Beispiel liegen von Ende November bis Anfang März häufig sogar die Tageshöchsttemperaturen unter dem Gefrierpunkt.

In den Sommermonaten hingegen reichen die nächtlichen Tiefstwerte von 10 bis 13 °C, am Tage herrschen Temperaturen von 26 bis 28 °C vor, jedoch können diese im Einzelfall auch auf 44 °C und mehr ansteigen.

In den höheren Lagen Ostanatoliens gibt es im Verlauf eines Jahres meist ausreichend Niederschläge, um selbst größere Flüsse wie Euphrat und Tigris zu speisen: 600–1000 Millimeter im Inneren Taurus und 1000–2000 Millimeter im östlichen Taurusgebiet.

Auf nur 300–400 Millimeter pro Jahr beläuft sich dagegen die durchschnittliche Menge der Niederschläge in den ausgedehnten Tälern und Becken: in Sivas etwa kommen in 53 Tagen nur 422 Millimeter Niederschläge zusammen, in Van 395 Millimeter in 70 Tagen und in Erzurum lediglich 540 Millimeter in 89 Tagen.

Die größten Niederschlagsmengen fallen im Frühjahr zwischen April und Mai. Winterliche Schneefälle führen vor allem in Höhenlagen über 1500 Metern oft zu einer meterhohen geschlossenen Schneedecke, die in einigen Teilen der Region bis zu 60 Tage liegen bleiben und nicht selten den Verkehr über die Pässe hinweg entscheidend blockieren kann.

Über kleinere Stauseen und -becken, die als Wasserspeicher dienen, wird im ostanatolischen Raum ein Teil der Ackerflächen bewässert.

FLORA UND FAUNA

Die quer zum Niederschlag verlaufenden Täler Ostanatoliens bieten nur unzureichende Bedingungen für das Wachstum von Wäldern, das durch die ausgesprochen trockenen Sommer und die kalten Winter zusätzlich gehemmt wird und schließlich zu Krüppelwuchs führt. Um die Städte und Dörfer, um die eine künstliche Bewässerung erfolgen kann, wachsen Obstbäume und Pappeln zur Gewinnung von Bauholz.

Das Gebiet um Erzurum, Van und den Ararat ist heute nahezu völlig unbewaldet, westlich und südlich davon wachsen sommergrüne Eichen und Wachholder. Durch den Eingriff des Menschen sind die Bestände in den vergangenen Jahrtausenden allerdings drastisch gesunken. Im Wesentlichen bedecken Gräser und Kräuter, Kakteen und Disteln die Böden.

Als Kulturpflanze gedeiht in erster Linie der Weizen; Dauerkulturen sind allerdings aufgrund der Winterkälte nur in geringem Umfang vorhanden. Als eines der wichtigsten Agrarprodukte hat sich in den letzten Jahrzehnten die Zuckerrübe durchgesetzt, die in zahlreichen Becken mit künstlicher Bewässerung angebaut wird.

Da in den ostanatolischen Gebirgen und Plateaus lediglich etwa zehn Prozent der Fläche bebaubar ist, kommt der Haltung von Schafen und Ziegen auf den Bergweiden im Sommer eine verhältnismäßig große Bedeutung zu. Getreide- und Zuckerrübenkulturen, Obst- und Gemüseanbau ist im größeren Stil nur in den wenigen Beckenebenen an Flüssen oder Seen möglich. Künftig sollen mit Hilfe des gigantischen Staudammprojekts GAP die landwirtschaftlichen Möglichkeiten deutlich erweitert werden.

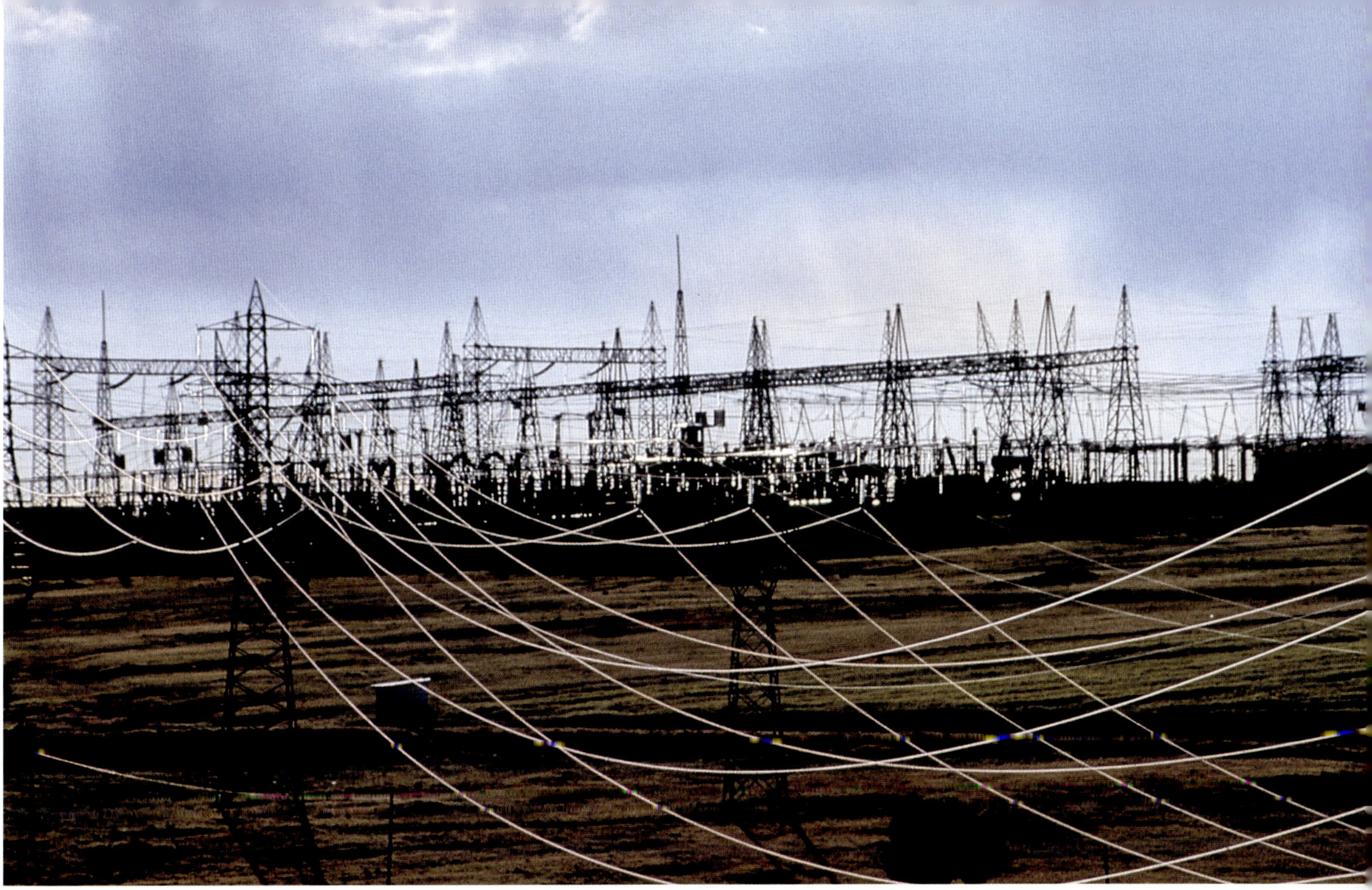

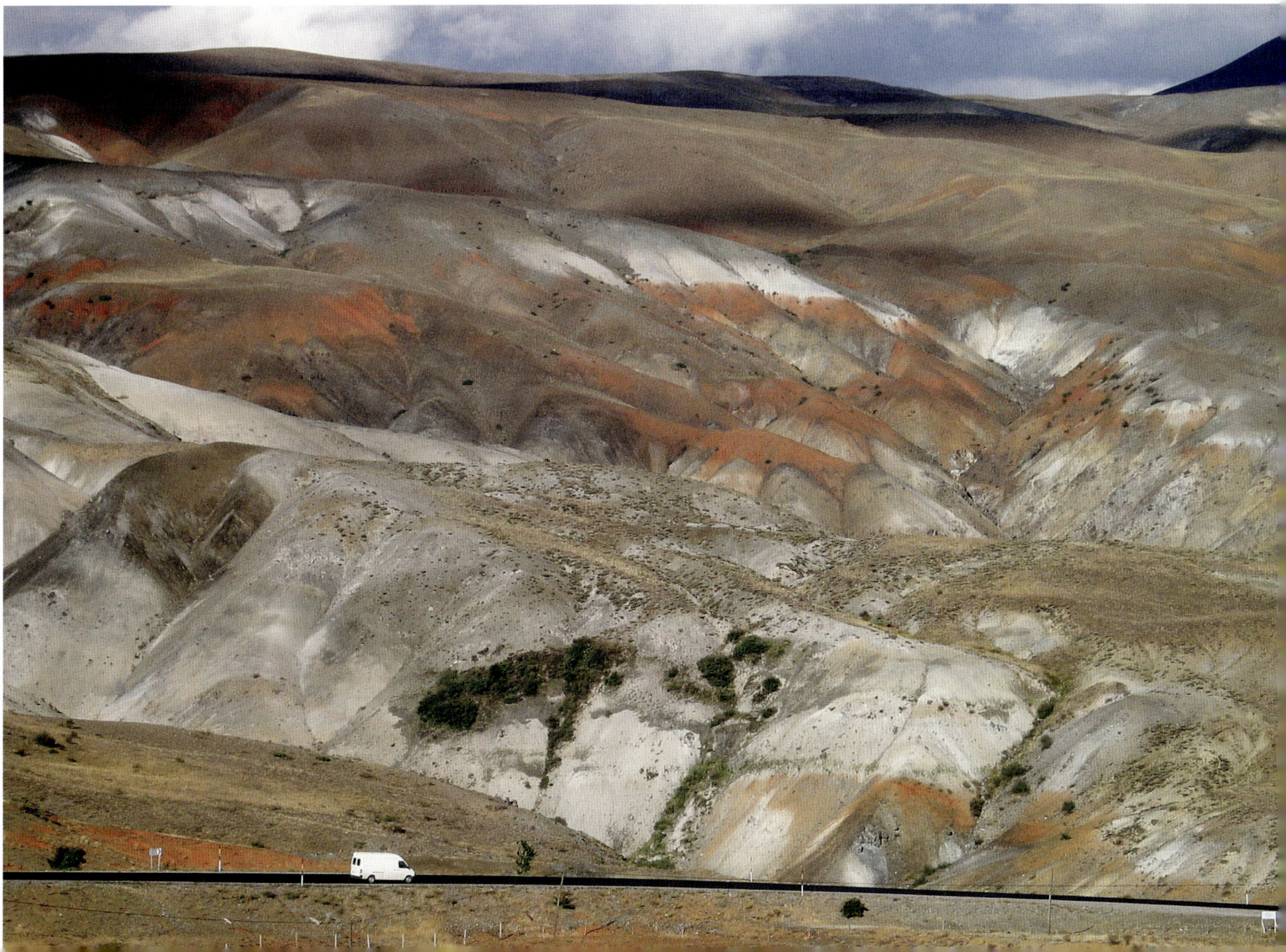

BEVÖLKERUNG

Den Ergebnissen der bevölkerungsstatistischen Erhebung des Jahres 2000 zufolge, beträgt die Einwohnerzahl Ostanatoliens rund 6,1 Millionen Personen. Davon leben 53 Prozent, d. h. etwa 3,2 Millionen Menschen, in Städten und ca. 2,9 Millionen in den Dörfern des ländlichen Raumes. Das Bevölkerungswachstum liegt bei etwa 1,4 Prozent.

Einen vergleichsweise hohen prozentualen Anteil an der Bevölkerung Ostanatoliens haben die Kurden. Sie stellen in den verschiedenen Provinzen der Region meist die Mehrheit der Bevölkerung, wie etwa in Hakkari mit einem Anteil von knapp 90 Prozent. In Biltis, Elazığ, Muş und Tunceli stellen sie

Die Bevölkerung Ostanatoliens ist stark von einer kurdischen Mehrheit geprägt. Über viele Jahrhunderte konnten sich hier wie in kaum einer anderen Region der Türkei lokale Traditionen und Bräuche bewahren.

noch annähernd die Hälfte der Einwohner, lediglich in Erzincan, Erzurum, Iğdır, Kars und Malatya bilden sie die Minderheit.

Im Westen des ostanatolischen Berglands spricht die Bevölkerung teilweise eine »Zaza« genannte Sprachform, ein mit dem Gorani verwandtes Idiom. Sunnitische Zaza leben vor allem zu beiden Seiten des Murat zwischen den Städten Genç, Lice, Palu und Solhan, während sich die alevitischen Zaza, in deren religiösem Mittelpunkt Ali, der vertraute Schwiegersohn des Propheten Mohammed, steht, insbesondere im Tunceli-Bergland konzentrieren.

Armenier waren bis zum Ersten Weltkrieg die größte nicht-muslimische Gruppe im Osten Anatoliens. Besonders nördlich der Provinz Hakkari waren sie zahlenmäßig sehr stark vertreten, wie etwa in der Provinz Biltis mit einem Einwohneranteil von 25 Prozent, teilweise bildeten sie eine zeitlang die Bevölkerungsmehrheit; heute leben nur noch wenige Armenier im Ostanatolischen Bergland.

Im äußersten Osten der Region, vor allem in den Provinzen Arğı, Iğdır und Kars, werden Dialekte gesprochen, die linguistisch bereits als aserbaidschanisch betrachtet werden können. Einen aserbaid-

Infolge der starken Landflucht wurden vor allem in den letzten drei Jahrzehnten viele ländliche Siedlungen, wie hier ein Dorf bei Elazığ, von seinen Einwohnern verlassen.

schanischen Dialekt sprechen ebenfalls die insbesondere in Muş ansässigen Karapapaken; in den Provinzen Kars und Erzurum gibt es darüber hinaus auch eine ossetische Minderheit.

Die in der Grenzregion zwischen Ostanatolien und Transkaukasien gelegene Provinz Ardahan trägt kulturell unverkennbar georgische Züge. Zwischen 1873 und 1921 stand dieses Gebiet zusammen mit Kars für kurze Zeit unter der Kontrolle Russlands bzw. der Sowjetunion und wurde erst mit dem Friedensvertrag von Brest-Litowsk wieder an die Türkei übergeben.

Ardahan wurde im Anschluss daran mit Kars zu einer größeren Verwaltungseinheit zusammengefasst und erst im Jahre 1992 als eigenständige Provinz wiederhergestellt.

Außer Türken und Aseris sind hier Karapapaken sowie verschiedene kaukasische Minderheiten ansässig, darunter vor allem Lasen. In jüngster Zeit leben hier auch viele Gastarbeiter aus Armenien und Georgien.

Im ländlichen Raum des Ostens erfolgt der Transport von Gütern häufig auf Eselkarren.

Die seldschukische Çobandede-Brücke auf der Straße von Erzurum nach Kars

Fährschiff auf dem Vansee

WIRTSCHAFT

Im äußersten Osten Anatoliens sind Ackerbau und Weidewirtschaft die traditionellen Haupter-werbszweige. Mit seinen ausgedehnten Hochweiden für großflächige extensive Viehzucht und seinen zahlreichen noch völlig unerschlossenen Lagerstätten nutzbarer Gesteine liegt hier, zumindest aus ökonomischer Sicht, noch immer der „Hinterhof" des Landes, zugleich führt die stark begrenzte agra-rische Nutzbarkeit der Region seit langem zu einer Abwanderung in Richtung Westen.

Verglichen mit den wirtschaftlich hoch entwickelten Küstenregionen im Norden und im Süden der Türkei nimmt das östliche Binnenland schon allein aufgrund seiner Urwüchsigkeit einen benachtei-ligten Platz ein. Hiervon sind bis zu einem gewissen Grad lediglich die Beckenebenen ausgenommen. In den anderen Gebieten sind die Anbaumöglichkeiten infolge der extremen klimatischen Rahmenbe-dingungen äußerst begrenzt.

In den westlichen Tälern Ostanatoliens wächst etwas Wein, ansonsten spielt die winterharte Apriko-se im Obstbau eine wichtige Rolle. Eine deutlich untergeordneten Rolle spielt hingegen das Getreide.

In den bewässerbaren Gegenden des Ostanatolischen Berglandes werden teilweise Pappeln zur Ge-winnung von Bauholz gezogen, und auf besseren Böden gedeihen Zuckerrüben. Davon abgesehen kommt der Aufzucht und Haltung von Kleintieren, allen voran von Schafen und Ziegen, seit jeher die größte wirtschaftliche Bedeutung zu.

Erzurum ist fraglos das wichtigste Wirtschaftszentrum des türkischen Ostens. Die bevölkerungsrei-che Provinzstadt an der alten Seidenstraße von Persien zur Küste des Schwarzen Meeres ist von bis zu 3000 Meter hohen Bergen umgeben. Hier entstand während der letzten Jahrzehnte eine sowohl für die Region wie auch für den gesamten türkischen Staat nicht zu unterschätzende Lebensmittelindustrie.

Bis zu 4000 Meter hoch aufragende Gebirgszüge charakterisieren das Hinterland der Provinzhauptstadt Van.

BEDEUTENDE ORTE UND SEHENSWÜRDIGKEITEN

Die schier unermesslichen landschaftlichen, archäologischen und historischen Reize Ostanatoliens erschließen sich dem Besucher auf zweierlei Wegen: Entweder man überquert den berühmten, in einer Höhe von 2400 Metern über dem Meeresspiegel gelegenen Ziganpass in Richtung Süden und gelangt nach Erzurum oder man folgt der Küste des Schwarzen Meeres nach Rize und Artvin, wendet sich nach Süden und begibt sich dann zum Fluss Çoruh im äußersten Nordosten der Türkei.

Durch das Tal des Çoruh, einer der beliebtesten Raftingstrecken der Welt, erreicht man eine Quelle, die an den Steilhängen eines 2600 Meter hoher Bergmassivs liegt. Dieses liegt an der Stelle, die die Wasserscheide zwischen dem Schwarzen Meer und dem Persischen Golf bildet. Von hier führt der Weg immer weiter bergauf bis zum Pass vom Kopdağı in 2390 Metern Höhe, der in früheren Zeiten stets gefürchtet war, weil hier immer wieder ganze Karawanenzüge eingeschneit sind und in der Eiseskälte umkamen.

Daran schließt sich das Tal des Karasu an, des nördlichsten Zuflusses des Euphrats. Dieses öffnet sich allmählich zur der weiten Hochebene von Erzurum, die im Süden von den Zügen der Palandöken

Dağları begrenzt wird, im Norden vom 3169 Meter hohen Dumludağ und im Nordosten vom Kargapazarı Dağları.

Die Lebensweise der Bevölkerung Ostanatoliens unterscheidet sich wesentlich von derjenigen der Menschen im Westen. Während der Sommermonate schlagen hier nomadisierende Stammesverbände der Kurden und Yürüken ihr Lager auf, während ein Teil der sesshaften Bevölkerung in einfachen Steinbauten lebt, deren Räume – um die Wärme besser zu halten – oft unterirdisch angelegt sind. Diese Eigenart fiel bereits dem griechischen Historiker Xenopohon auf, der die Gegend um 400 v. Chr. bereiste.

Erzurum, derzeit die größte und sowohl wirtschaftlich als auch kulturell bedeutendste Stadt im Osten der Türkei, liegt in einer Höhe von 1950 Metern über dem Meeresspiegel und kann, gemessen an der Vielzahl seiner historischen Bauwerke, als Glanzstück anatolischer Architekturgeschichte gelten. Besiedelt wurde der Ort erstmals gegen Ende des 4. Jahrhunderts n. Chr. als Teil Armeniens.

Im Laufe des 5. Jahrhunderts, nach ihrer Eingliederung in das Oströmische Reich, baute Theodosius II. die Stadt zur Grenzfestung und zum Bischofssitz aus. Bereits 502 n. Chr. geriet Erzurum in die Hände der Sassaniden und zwischen 655 und 751 herrschten hier Araber. Mit dem Einfall der Mongolen in der Mitte des 13. Jahrhunderts geriet die weitere Entwicklung der Stadt kurzzeitig ins Stocken bis sie 1522 in das Osmanische Reich aufgenommen wurde. 1919 trat hier erstmals der türkische Nationalkongress zusammen, bei dem sich Mustafa Kemal Atatürk an die Spitze der nationalen Unabhängigkeitsbewegung stellte.

Hoch über der Altstadt liegt die von Kaiser Theodosius angelegte Zitadelle von Erzurum. Sie wurde im Laufe ihres Bestehens mehrfach umgebaut, so etwa durch Süleyman den Prächtigen im Jahre 1555. Neben einer begehbaren Wehrmauer verfügt die Festungsanlage in ihrem Inneren über eine kleine

Urartäischer Keilschrifttext am so genannten Taş Kapı bei Van

Die Zitadelle von
Erzurum mit dem zum Uhrturm
umgebauten Tepsi Minare

Moschee aus dem 12. Jahrhundert mit separat gelegenem Minarett, das im 19. Jahrhundert eine neo-barocke Galerie und eine von der englischen Königin Victoria gestiftete Uhr erhielt.

Eines der wichtigsten architektonischen Werke in Erzurum ist die sogenannte Yakutiye Medresesi, die der Mongolenfürst Uljaitu um 1308 als Koranschule erbauen ließ. Sie zeichnet sich vor allem durch eine außergewöhnlich schöne Fassadenverzierung sowie durch äußerst aufwendige Steinmetzarbeiten in ihrem Eingangsbereich aus. 1179 entstand die älteste Moschee Erzurums, die aus großen Steinquadern errichtete Ulu Camii.

Als Stifter gilt Abu al Fath Muhammed, Enkel von Ali ibn Saltuk, Stammvater und Namensgeber der turkmenischen Saltukiden, der Erzurum eroberte und eine über hundert Jahre regierende Dynastie gründete.

Christliche Ornamentik am Eingangsportal eines armenischen Kirchenbaus

Unmittelbar hinter der Ulu Camii liegt die aus dunklem vulkanischem Tuffstein errichtete seldschukische Koranschule Çifte Minareli Medresesi, deren Namen auf die beiden kannelierten Minarette zurückgeht, die das Portal beidseitig flankieren. Rund 200 Meter hinter dieser, umgeben von einem kleinen Park, liegen drei

Mausoleen, die Üç Kümbet, aus dem 13. oder 14. Jahrhundert. Von diesen ist die achteckige Emir Sultan Türbesi mit ihrem runden Spitzdach, dem reichen Reliefdekor und einem überaus bemerkenswerten Stalaktitengesims mit Abstand die eindrucksvollste.

Unter den Bauwerken aus osmanischer Zeit gilt die Lala Mustafa Paşa Camii aus dem Jahr 1563 als eines der bedeutendsten. Für die Gestaltung und Ausführung des Baus war der berühmte Architekt Sinan zuständig, gestiftet wurde sie vom Großwesir Lala Mustafa Paşa, dem Eroberer Zyperns.

Knapp 200 Kilometer östlich von Erzurum liegt auf einer Anhöhe im Norden, an den Ufern des windungsreichen Kars Çayı und beherrscht von einer mittelalterlichen Festung, die Provinzhauptstadt Kars. Angelegt wurde sie im frühen 10. Jahrhundert von Abbas I., dem König der Bagratiden, der Kars nach und nach zur Hauptstadt Armeniens ausbaute. Später verlegten die Bagratiden ihre Hauptstadt zwar nach Ani, Kars konnte jedoch auch weiterhin seinen Status als bedeutende Stadt erhalten.

Im 11. Jahrhundert geriet sie in die Hände der Seldschuken und zu Beginn des 13. Jahrhundert übernahmen Georgier die Herrschaft über Kars, das in der darauffolgenden Zeit – wie im Grunde

In den ausgedehnten Hochebenen des ostanatolischen Berglands finden sich zahlreiche verlassene Bauten aus historischer, aber auch jüngerer Zeit, Zeugnisse der bewegten Geschichte der Region.

Die gut erhaltenen Reste der osmanischen Altstadt von Van stehen heute unter dem Schutz der UNESCO. Von der einst imposanten und eindrucksvoll dekorierten Ulu Camii erkennt man nur noch einzelne Mauerreste und einen Teil des hohen Minaretts.

RECHTE SEITE OBEN:
Im Ostanatolischen Bergland gehen Architektur und Topografie häufig eine Art Synthese ein.

RECHTE SEITE UNTEN:
Zum Schutz vor Tieren werden Früchte und bestimmte Gemüsesorten auf erhöhten Holzpritschen zum Trocknen ausgelegt.

ganz Ostanatolien – an die Osmanen fiel. 1878 übernahm das zaristische Russland die Herrschaft über den Ort und übte diese bis zur Februar-Revolution im Jahre 1917 aus. In dieser Zeit erlebte Kars bedeutende bauliche Veränderungen, weshalb seine Architektur heute an russische Städte erinnert.

Zu den sehenswerten Bauwerken der Stadt gehören die Zitadelle aus dem 16. Jahrhundert und die ehemalige Apostelkirche. Von König Abbas I. errichtet, war sie Metropoliten-Kirche bis zur osmanischen Eroberung und wurde dann in eine Moschee umgewandelt. Während der russischen Besetzung diente sie wieder als Kirche und wurde 1920 erneut zur Moschee; seit einigen Jahren wird sie als Museum genutzt.

Für zahllose Reisende dient Kars heute als Zwischenstation auf ihrem Weg zu den rund 45 km östlich gelegenen Ruinen der altarmenischen Stadt Ani. Diese liegt unmittelbar am Fluß Arpa Çayı in einer baumlosen, leicht gewellten Steppenlandschaft, direkt an der türkisch-armenischen Grenze. König Aschot III. aus dem armenischen Geschlecht der Bagratiden machte den Ort in der zweiten Hälfte des 10. Jahrhunderts zur Hauptstadt seines Reiches und baute ihn systematisch zu einem kulturellen und wirtschaftlichen Zentrum aus.

In dieser Zeit entstanden im Inneren des von einer doppelreihigen Festungsmauer umgebenen Stadtgebiets zahlreiche Sozial- und Sakralbauten, auch ließen sich hier viele Händler und Gewerbetreibende nieder. In ihrer Blütezeit soll Ani über 100 000 Einwohner gehabt und über nicht weniger als 1000

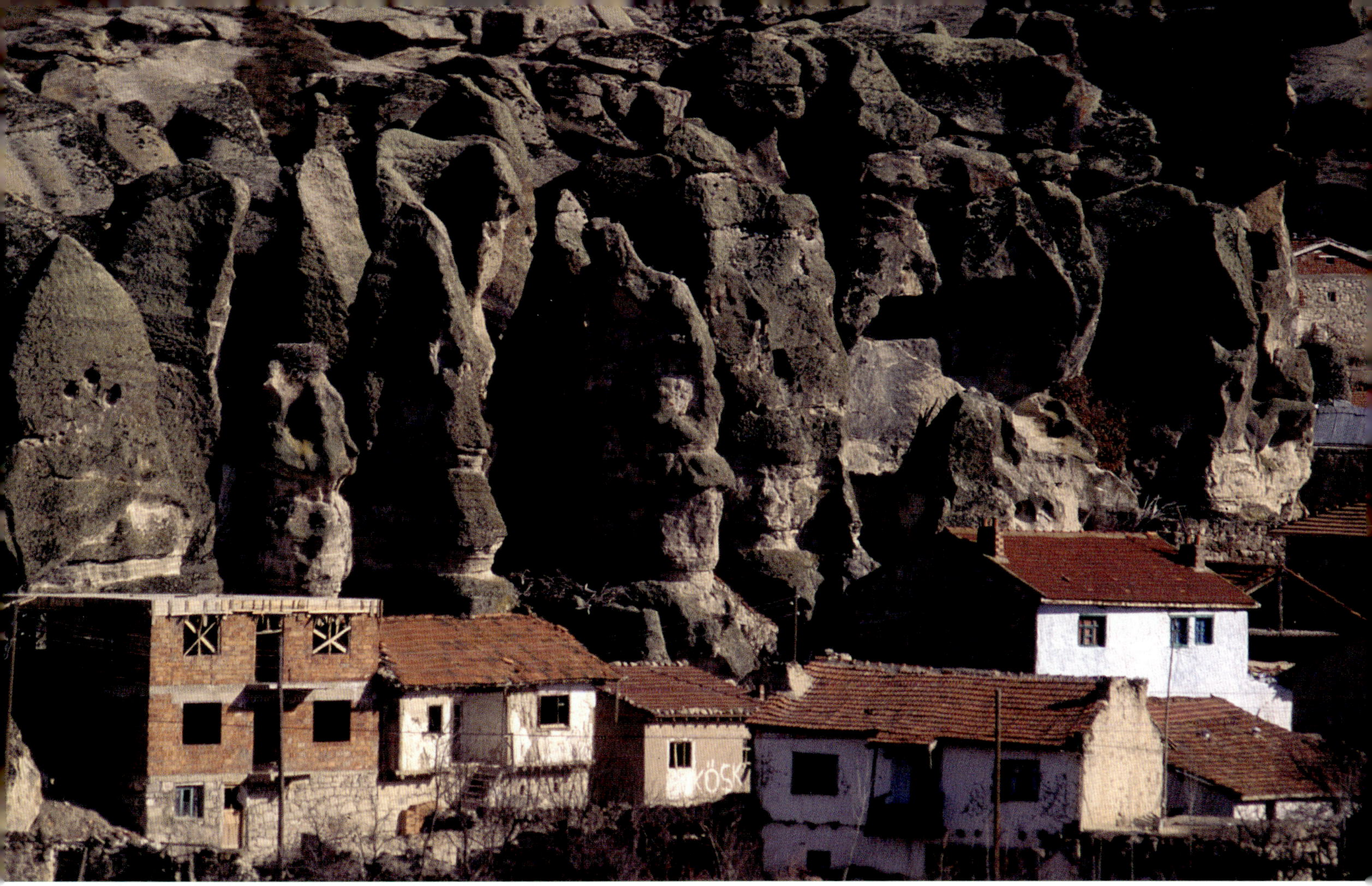
KÖSK

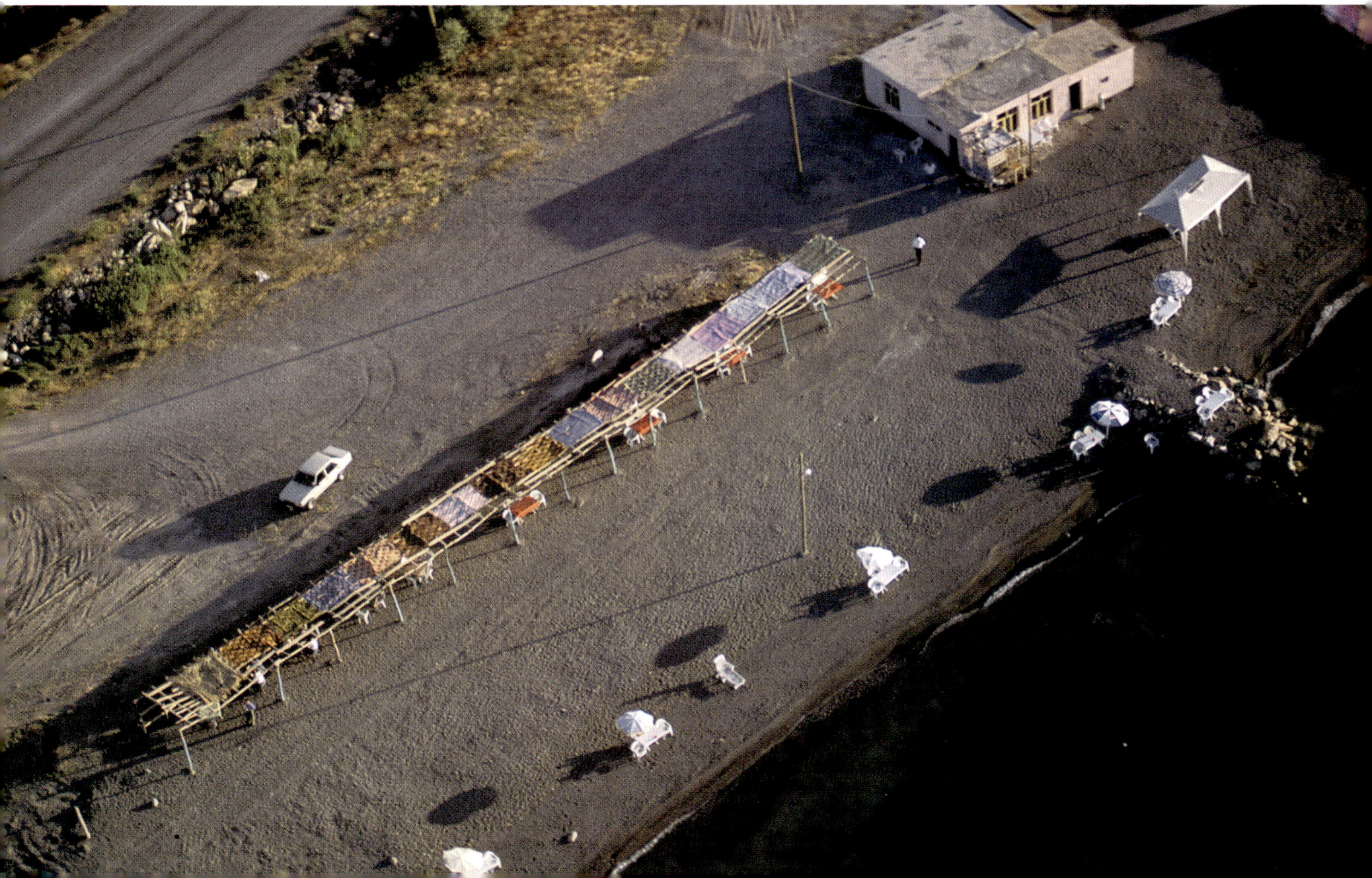

Kirchen verfügt haben. Acht Tore führten ins Zentrum der Stadt, von denen das im Norden gelegene Arslanlı Kapı, das Löwentor, heute am besten erhalten ist.

Zu den bedeutendsten Bauwerken, die heutzutage noch zu sehen sind, gehört allen voran die große Kathedrale aus dem frühen 11. Jahrhundert. Sie ist dreischiffig mit Kreuzplan konzipiert und mit mehreren Kuppeln überdacht. Ihre Fassade ist reich verziert, und die Steinmetzarbeiten sind von ausgesprochen hoher künstlerischer Qualität. Nach der Plünderung der Stadt durch die Seldschuken im Jahre 1064 wurde die Kirche in eine Moschee, die Fethiye Camii, umgewandelt.

Im Osten der Stadt, unmittelbar am Schluchtrand des Arpa Çayı, liegt die Kirche des heiligen Georg, auch Şirli Kilise genannt. Sie wurde im 13. Jahrhundert erbaut, hat einen zentralen Kreuzplan und ist mit einer konischen Kuppel bedeckt; auch diese Kirche ist außen wie innen mit Reliefs und Inschriften verziert.

Zum Ağrı Dağı, besser bekannt als Ararat, gelangt man von der Provinzhauptstadt Kars aus durch das Aras-Tal, das von zwei mächtigen

Bergstöcken flankiert wird, die zum Grenzgebirge zwischen Nordostanatolien und dem Transkaukasus gehören: Auf armenischem Boden erhebt sich gegen Norden der 4094 Meter hohe Alagöz Dağı, nach Süden der ewig schneebedeckte Ağrı Dağı mit seinen 5165 Metern.

Der biblischen Schöpfungsgeschichte zufolge soll hier Noah mit seiner Arche gelandet sein: „Da gedachte Gott an Noah und alle Tiere und an alles Vieh, das mit ihm in dem Kasten war, und ließ Wind auf Erden kommen, und die Wasser fielen; und die Brunnen der Tiefe werden verstopft samt den Fenstern des Himmels, und dem Regen vom Himmel ward gewehrt; und das Gewässer verlief sich von der Erde immer mehr und nahm ab nach hundertfünfzig Tagen. Am siebzehnten Tage des siebenten Monats ließ sich der Kasten nieder auf das Gebirge Ararat."

Doch schon vor der Entstehung des Christentums war die sagenumwobene Landung Noahs auf dem Ararat Teil der armenischen Überlieferungen, und nach der Christianisierung der Armenier wurde am Jakobsbrunnen, einem Heiligtum am Nordosthang des Ağrı Dağı, ein angeblich originales Bauteil der Arche der Öffentlichkeit präsentiert.

Eines der außergewöhnlichsten Bauwerke der Türkei, das İshak Paşa Sarayı, befindet sich knapp sechs Kilometer östlich von Doğubayazıt. Der Palast wurde im Jahre 1784 errichtet und erinnert an das Topkapı Sarayı in İstanbul und die Paläste in Edirne. Da es im vorgegebenen Gebiet keine ausreichend große ebene Fläche für das Bauwerk gab, ließ man 7600 Quadratmeter planieren. Der Palast wurde aus rotem Tuffstein erbaut und wegen des vergleichsweise hoch aufragenden Minaretts der Moschee in seinem Inneren kann man ihn schon von weitem sehen. Die alte Stadt Doğubayazıt, die das Schloss einst umgab, wurde bei einem Erdbeben vollkommen zerstört.

LINKE SEITE OBEN:
Spielende Kinder bei Van

LINKE SEITE UNTEN:
Unvermittelte Kälteeinbrüche fordern selbst in den tieferen Lagen des Ağrı Dağı nicht selten ihre Opfer …

Wie eine Oase liegt ein kleines Gehöft in der unendlichen Weite Ostanatoliens.

RECHTE SEITE OBEN:
Die karge Landschaft um Kackar

In den inneren Bereich des Bautenkomplexes gelangt man durch ein Haupttor, das in seiner Monumentalität an Eingangstore der Seldschuken erinnert. Im ersten, besonders gesicherten Hof befanden sich die Ställe und Depots des Palastes, in den zweiten gelangte man durch ein im gotischen Stil verziertes Tor. Rechts von diesem lag der Selamlık, ein ausschließlich den Männern vorbehaltener Teil des Hauses, sowie eine, in Relation zu den Gesamtmaßen des Palastes eher groß dimensionierte Moschee; die Steinmetzarbeiten dieses mit einer zentralen Kuppel und einem Minarett ausgestatteten Sakralbaus wurden in besonders guter Qualität ausgeführt.

In einem unmittelbar neben der Moschee gelegenen Mausoleum wurden die Mutter und der Vater des Emirs İshak Paşa, des Erbauers der Anlage, beigesetzt. Der geräumigste Teil des Schlosses ist der zweistöckige Harem. Hier befinden sich zahlreiche Zimmer, größere Säle und Badeeinrichtungen, zu denen vom Heizungsraum aus heißes Wasser durch Tonröhren, die in den Wänden verlegt waren, geleitet wurde.

Der weit im Osten, nahe dem Berg Ararat und in einer Höhe von 1719 Metern an der Grenze zu Armenien gelegene Vansee ist mit einer Fläche von 3765 m² der größte Binnensee der Türkei. Sein Was-

Vor allem gegen Ende des Winterhalbjahrs führen die Wildbäche im Osten der Türkei viel Wasser, einige davon bilden Wasserfälle wie die Muradiye Şelalesi.

ser bezieht der Salzsee hauptsächlich von den umliegenden, teilweise über 4000 Meter hohen vulkanischen Gebirgszügen. Die größte Tiefe des abflusslosen Van Gölü ist bislang noch nicht ausgelotet, jedoch misst man mancherorts bereits in Ufernähe mehr als 250 Meter.

Das Wasser ist außerordentlich reich an Soda und anderen Salzen, weshalb man außer einer besonderen Fischart, die sich bevorzugt in der Nähe von Flussmündungen im Brackwasser aufhält, nur spärliches Leben findet. Im nördlichen Abschnitt des Sees befinden sich vier kleinere Inseln – Akdamar Adası, Çarpanak Adası, Gadir Adası und Kuş Adası –, auf denen im Mittelalter weit über die Region hinaus bedeutende armenische Paläste, Klöster und Kirchenbauten entstanden.

Die sagenumwogene Hauptstadt des urartäischen Königreichs Tušpa, das heutige Van Kalesi, liegt etwa fünf Kilometer nördlich der Provinzstadt Van, unweit des Vanseeufers. Um 840 v. Chr. erbaute

Die Şeytan Köprüsü, die „Teufelsbrücke", spannt sich über eine extrem enge Stelle des Bendimah Çayı bei Muradiye. Der Fluss hat sich tief in das vulkanische Gestein eingegraben und führt im Sommer nach der Schneeschmelze sehr viel Wasser.

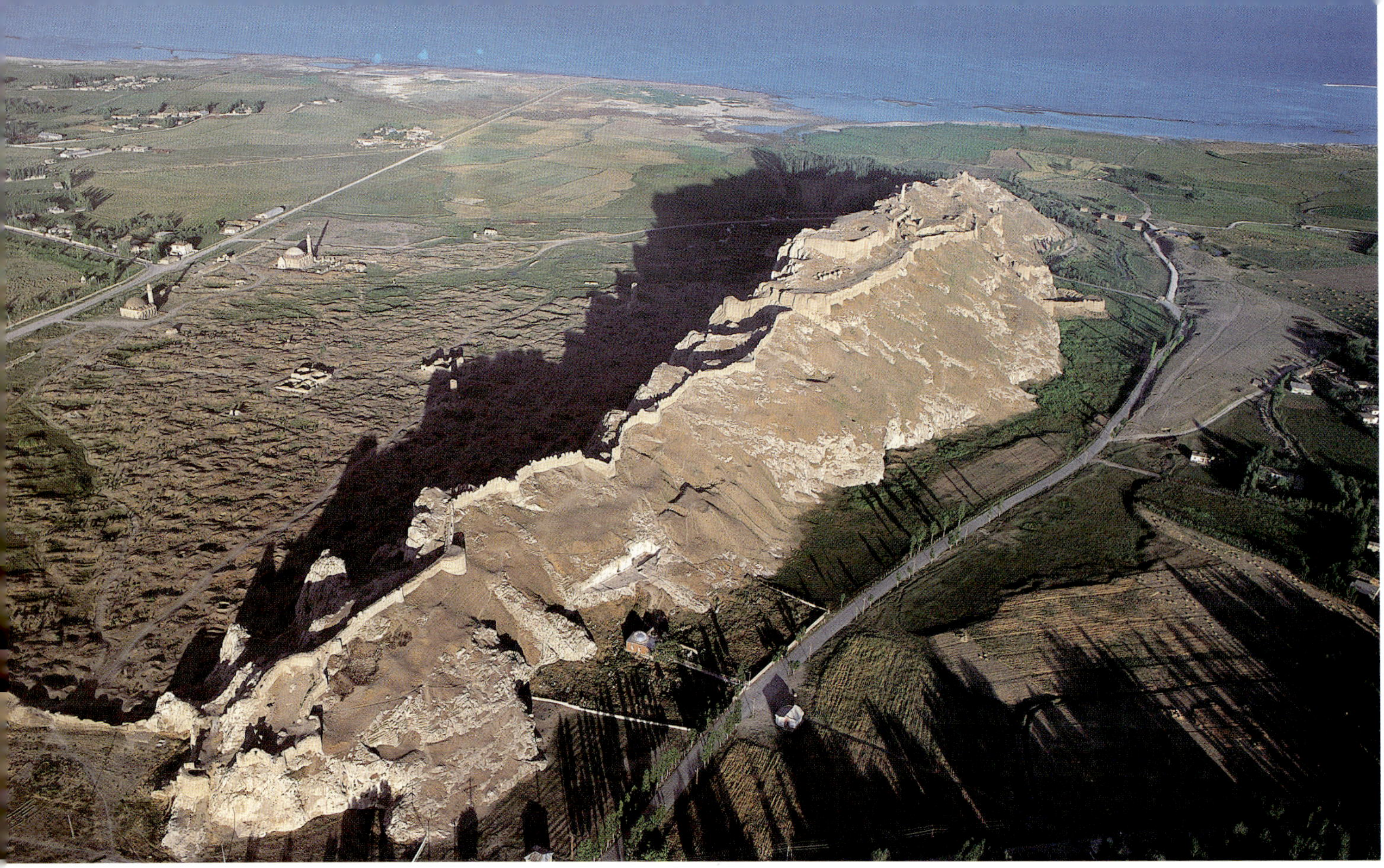

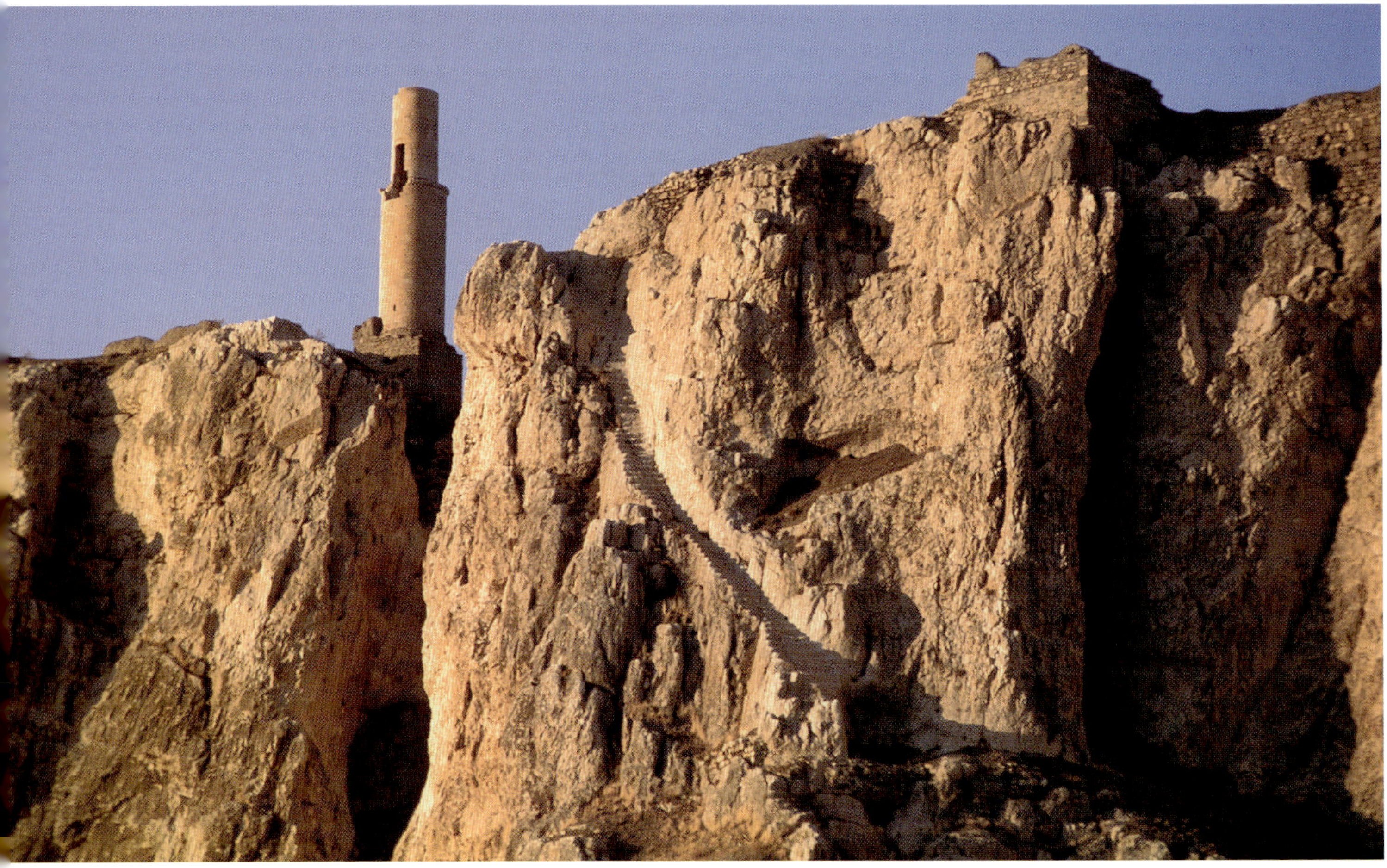

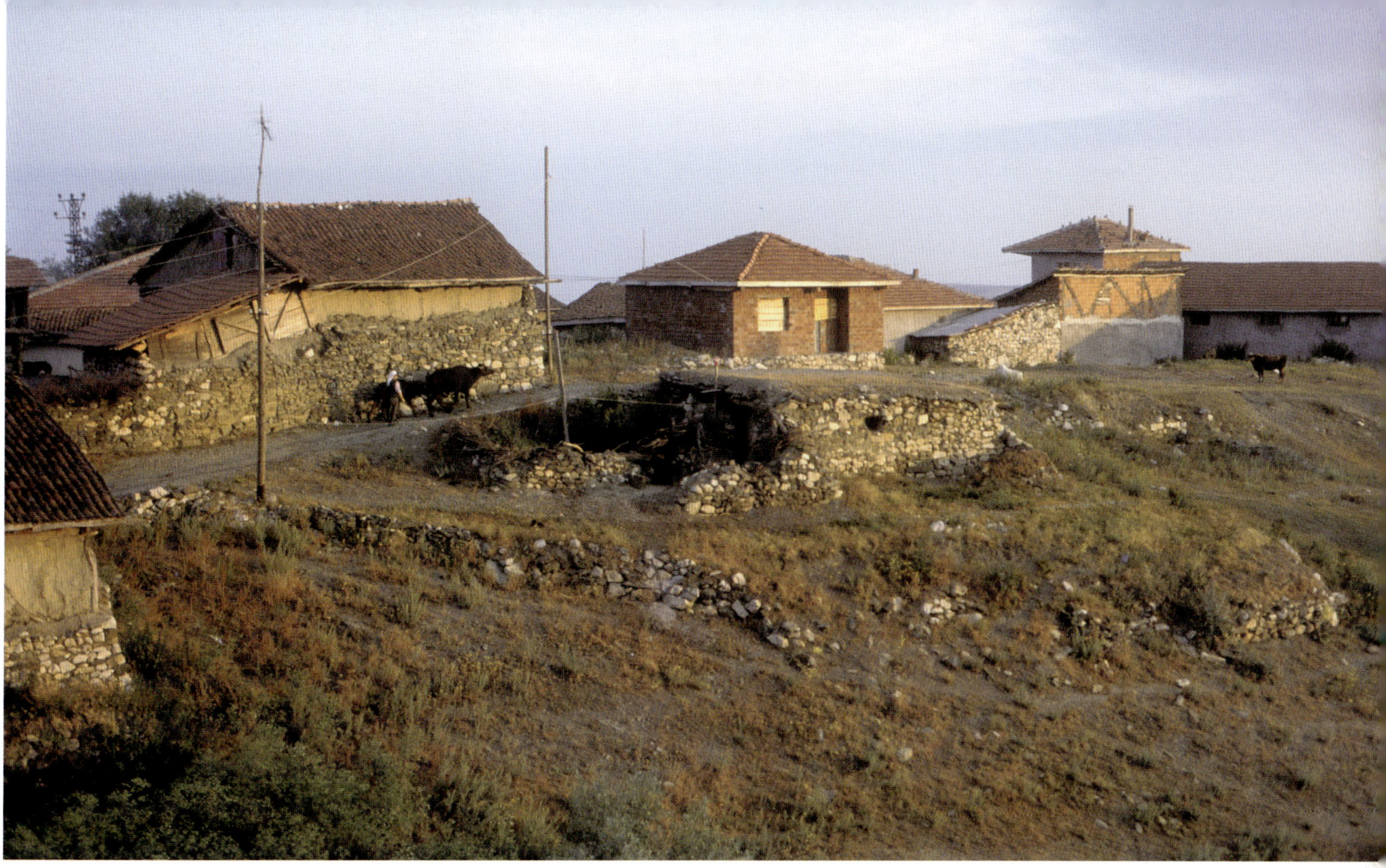

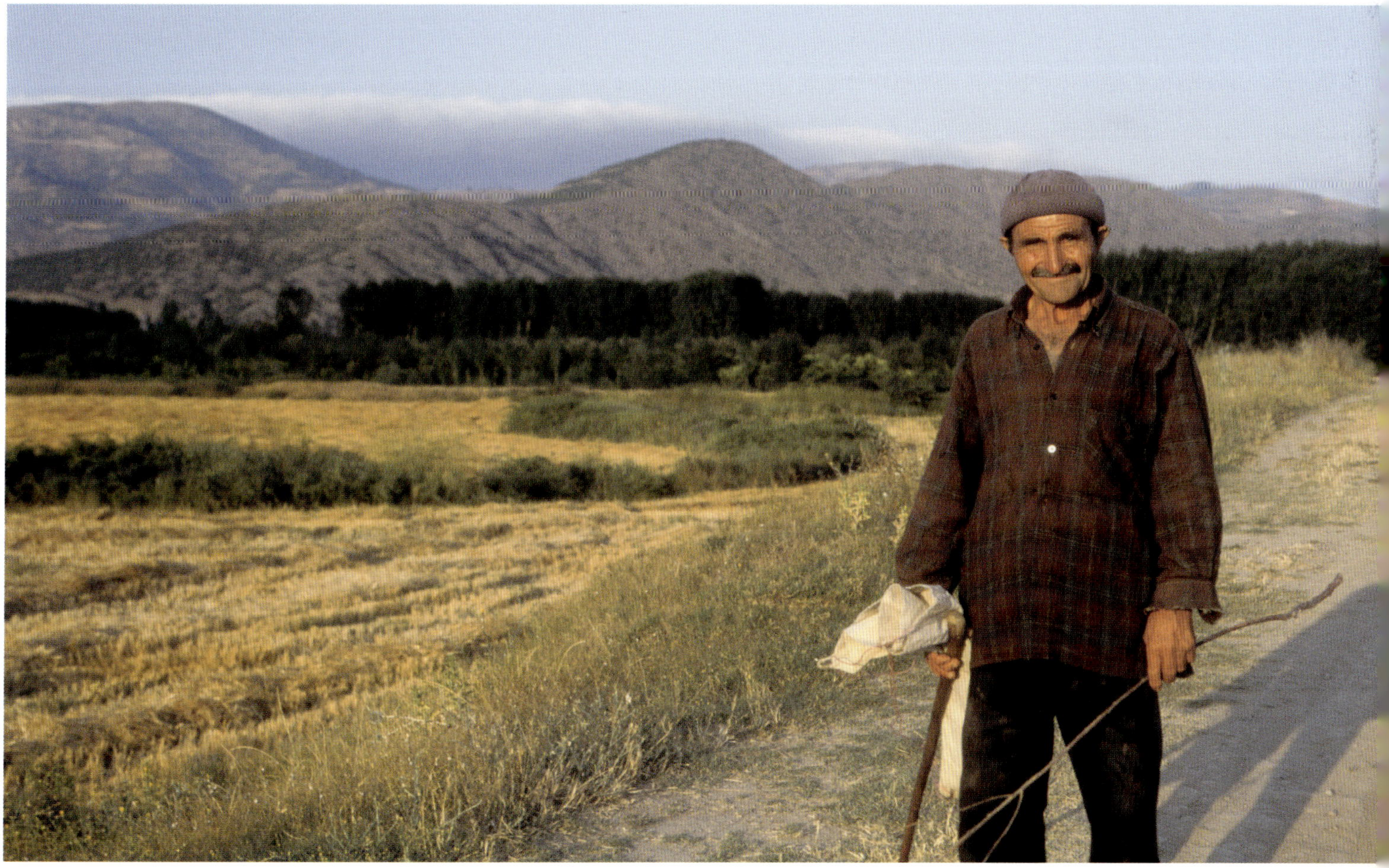

König Sarduri I. ließ die Burganlage Van Kalesi errichten. Diese ist
knapp 1800 m lang, 120 m breit
und befindet sich 90 m über dem
Wasserspiegel des Vansees.

LINKS UNTEN:
Eine insgesamt 1000-stufige
Felstreppe führt von der osmanischen Altstadt Vans auf die höher
gelegene Zitadelle.

RECHTS OBEN:
Auch im Ostanatolischen Bergland treten immer häufiger moderne Baustoffe wie Ziegel oder
Beton an die Stelle der traditionellen Materialien Lehm, Stein
und Holz.

RECHTS UNTEN:
Ein ostanatolischer Landwirt auf
dem Weg zu seinen Feldern

der urartäische Herrscher Sarduri I. nach jahrelangen kriegerischen Auseinandersetzungen mit den
verfeindeten Assyrern die mächtige Burganlage als Residenz seines Reiches. Diese wurde rasch zu einem eindrucksvollen Symbol des Herrschaftsanspruchs der Urartäer. Die Geschichte des heute Van
Kalesi genannten Ortes reicht jedoch bis weit vor diese Zeit zurück.

Der monumentale Festungsbau von Tušpa lag auf dem Rücken eines langgestreckten Höhenzuges, der
sich als weithin sichtbares Geländemerkmal in der ausgedehnten Ebene von Van erhebt. Das in ost-
westlicher Richtung orientierte Kalksteinmassiv erstreckt sich über eine Länge von annähernd
1,5 Kilometer, ist zwischen 70–80 Meter breit und bis zu 100 Meter hoch.

Im Süden wurde die Anlage durch einen nahezu senkrecht abfallenden Steilhang vor feindlichen
Übergriffen geschützt. Den flacheren Berghang im Norden sicherte man durch ein starkes Verteidi-
gungssystem, das strategisch geschickt dem natürlichen Verlauf des Geländes angepasst war. Es begann am Fuße des Bergrückens, wo sich mehrere Süßwasserquellen befinden und umschloss sowohl
den unteren als auch den oberen Burgbereich, der zusätzlich durch zwei tief in den natürlichen Fels-
grund eingemeißelte Gräben vom übrigen Gelände getrennt war.

Das älteste, in der Regierungszeit von Sarduri I. entstandene Bauwerk von Tušpa erhebt sich im Westen, unmittelbar unterhalb des langgestreckten Burgfelsens. Es verfügt über einen rechteckigen

Grundriss mit den Maßen 47 × 13 Meter und ist heute noch bis zu einer Höhe von vier Metern erhalten. Errichtet wurde der Bau aus sorgfältig bearbeiteten, zwischen acht und zehn Tonnen schweren Steinblöcken aus schwarzem Basalt, die man aus einem rund 17 Kilometer südlich gelegenen Steinbruch bei Gümüşdere hatte herbeibringen lassen. Auf einigen Steinen befindet sich ein in neuassyrischer Keilschrift verfasster Text, in dem Sarduri I. als „Herrscher der Welt" gepriesen wird.

Zu den eindrucksvollsten Bereichen der urartäischen Residenz zählte die an der höchsten Stelle des Höhenrückens gelegene „Innere Burg" der Festung von Tušpa. Deren über eine breite Rampe von Westen her zugängliches Gelände war von einer sieben bis acht Meter breiten Befestigungsmauer umgeben. Neben verschiedenen jüngeren Gebäuden aus der Zeit nach dem Untergang des urartäischen Reiches, wurde hier bei Ausgrabungen der älteste Tempel der Königsstadt entdeckt.

Vom Gipfelplateau aus erreichte man über einen heute »Bin Medivenler« (Tausend Treppen) oder „Şeytan Medivenleri" (Teufelstreppen) genannten Stufenaufgang die südlich unterhalb der Burgmitte gelegene Grabkammer des Königs Sarduri I. und das Felsgrab des Königs Menua.

Die wohl interessanteste Grabanlage von Tušpa war lediglich vom nordwestlichen Ende des Burgbergs aus zu erreichen. Sie verfügte über fünf separate, mit einer Vorhalle verbundene Kammern, an deren Wänden es 34 aus dem Fels herausgearbeitete Nischen gab, in denen man Urnen und Grabbei-

Außer monumentalen Wehranlagen aus Kalkstein umfasst die Zitadelle von Van verschiedene aus ungebrannten Lehmziegeln und Holz gefertigte Bauwerke.

LINKE SEITE:
Die massiven Befestigungswerke des Van Kalesi liegen strategisch günstig platziert auf verschiedenen Ebenen des langgestreckten Burgbergs.

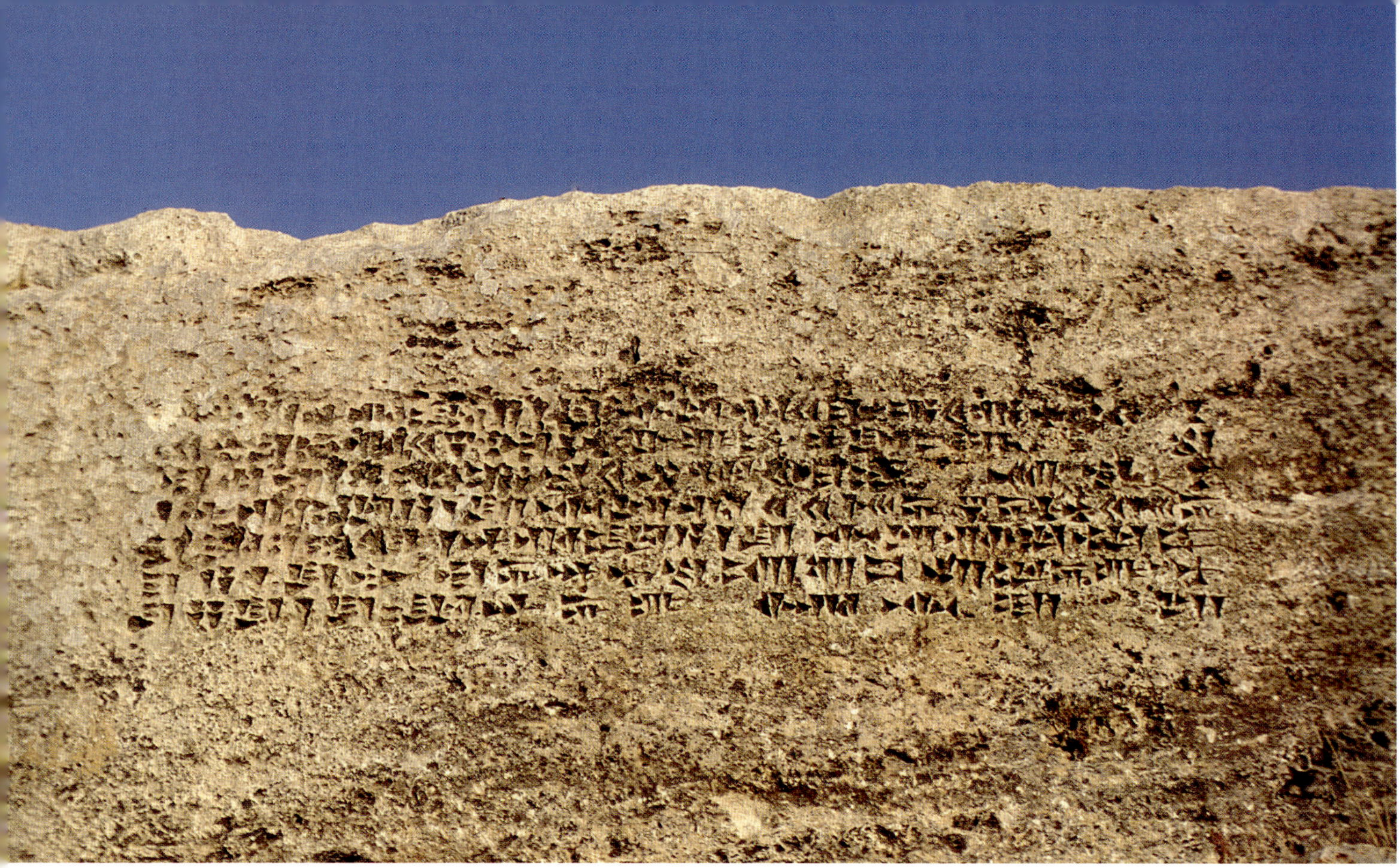

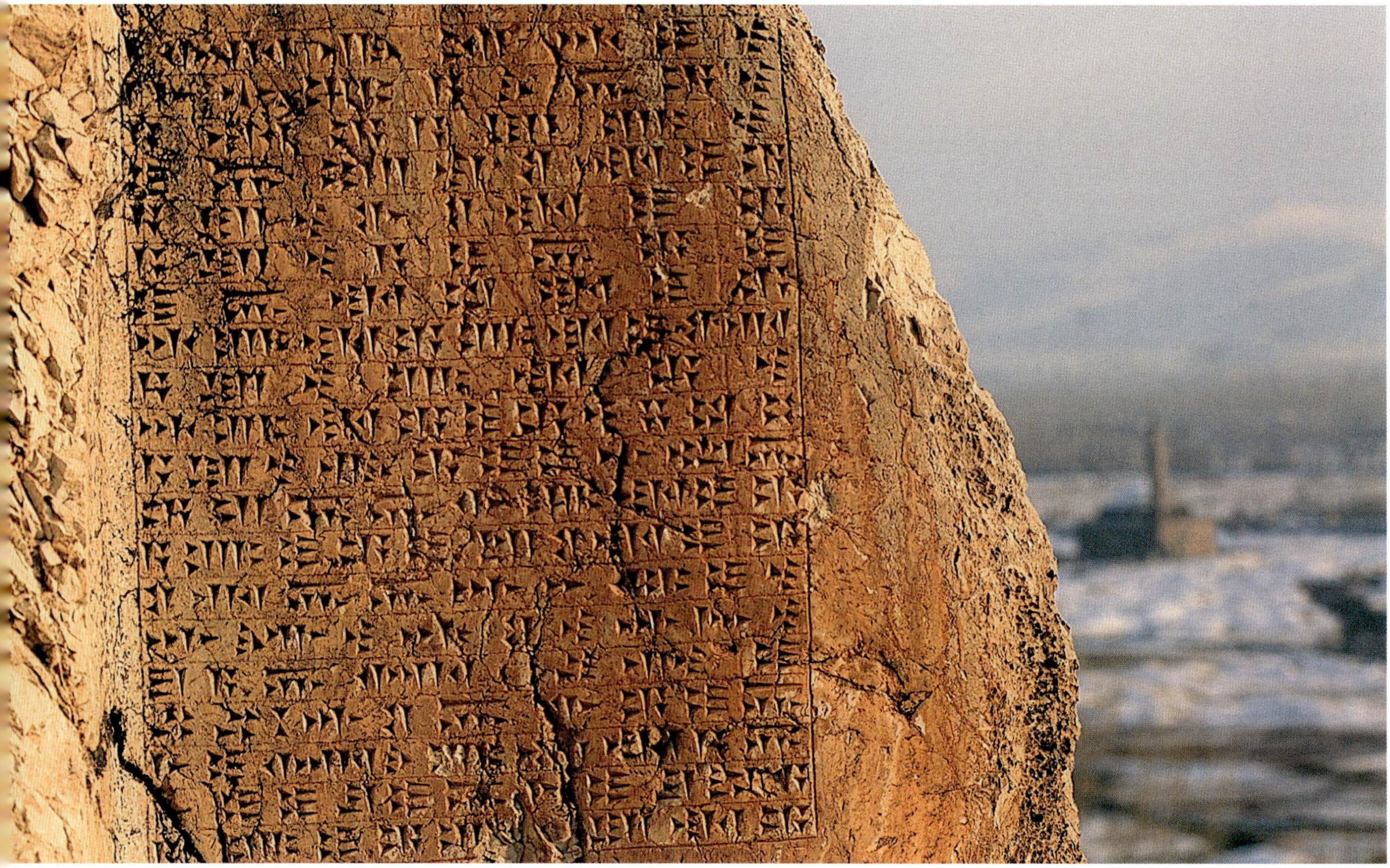

Armenische Kirche in Kars

LINKE SEITE OBEN:
Zahlreiche Keilschrifttexte aus urartäischer Zeit finden sich an Gebäuden und freiliegenden Felspassagen des Van Kalesi.

LINKE SEITE UNTEN:
Einige der Inschriften des Van Kalesi rühmen die Taten der urartäischen Könige.

Urartäisches Felsrelief mit der Darstellung eines geflügelten Gotts

gaben für die Reise der Toten ins Jenseits abstellen konnte. Die Felswände vor dem Eingang dieser Grabkammer sind auf der Südwestseite mit zwei langen Keilschrifttexten ausgestattet, die den Bestattungsplatz als Grab des im 8. Jahrhundert v. Chr. herrschenden Königs Argišti I. ausweisen und dessen Taten wortgewaltig rühmen.

Im alten, unmittelbar am Fuß des Burgberges gelegenen Stadtbereich von Van befinden sich heute noch einige bauliche Überreste aus armenischer, seldschukischer und osmanischer Zeit. Unter diesen sind die Ruinen der Ulu Camii und der Kızıl Camii aus dem 14. Jahrhundert sowie der Kaya Çelebi Camii und der weiter im Westen gelegenen Hüsrev Çamii, deren Medrese vor wenigen Jahren archäologisch untersucht wurde, besonders hervorzuheben. Neben den Moscheen aus osmanischer Zeit liegen hier auch zwei aus derselben Epoche stammende Türben und ein Friedhof.

Einer der bedeutendsten Orte des urartäischen Reiches, das Toprakkale, liegt knapp drei Kilometer nordöstlich des modernen Stadtzentrums auf einer 70 Meter hohen abgeflachten Erhebung. Bei genauer Betrachtung stellt man fest, dass der Ruinenhügel aus den Resten der massiven Lehmziegelmauern des Festungsgürtels und der darin zusammengefallenen Bauten besteht. Archäologische Ausgrabungen haben gezeigt, dass es sich bei der „Erdburg" um eine alten Festungsanlage handelt, mit deren Errichtung die Könige von Urartu zu Anfang des 7. Jahrhunderts v. Chr. begonnen hatten.

LINKE SEITE:
Polygonal angelegtes Mausoleum der Prinzessin Halimba in der Nähe von Gevaş. Das reichhaltig mit Ornamenten geschmückte Kuppelgrab mit Pyramidendach entstand im Jahr 1358 und bildet das Zentrum eines ausgedehnten osmanischen Friedhofs.

Armenische Klosteranlage auf der Akdamar Adası aus dem 10. Jahrhundert

Fischereibetrieb am Vansee

Bereits kurze Zeit nachdem der armenische Prinz Gagik I. Ardzrouni im Jahr 902 n. Chr. zum König des Herrschergeschlechts der Vaspuragen gekrönt worden war, nahm dieser ein für damalige Verhältnisse vergleichsweise großangelegtes Bauprogramm in Angriff. Vor allem Kirchen und Klöster sollten in seinem Namen errichtet werden und diejenigen des verfeindeten Königshauses der Bagradid an Größe und Prächtigkeit bei weitem übertreffen.

Von all den Monumenten des Gagik ist heute die rund 50 Kilometer westlich von Van, auf der größten Insel im Vansee, der Akdamar Adası, gelegene Heiligkreuzkirche mit Abstand das bekannteste. In seiner ursprünglichen Form war der Sakralbau in einen größeren Gebäudekomplex integriert. Dieser umfasste neben einem Kloster und verschiedenen aufwendig gestalteten Garten- und terrassierten Parkanlagen einen heute lediglich in spärlichen Ruinen erhaltenen Palast. Er verfügte über vergoldete Kuppeln und einen goldenen Thronsessel und diente einst als letzte Residenz der Herrscher der Vaspuragen.

Wie der armenische Historiker Thomas Ardzrouni berichtet, wurde die Kirche des Heiligen Kreuzes in den Jahren 915–921 durch den Architekten und Bischof Manuel erbaut. Dazu wurden ausschließlich Tuffsteine mit verschiedenen Rottönen verwendet, die eigens für den Bau aus der nördlich von Diyarbakır gelegenen Region um Ancak herbeitransportiert wurden.

Für den Grundriss des Kirchenbaus wurde die Form eines Kreuzes gewählt, wobei sich über dem Schnittpunkt der Achsen eine mächtige, über 20 Meter hohe Kuppel erhebt. Diese wurde seitlich mit vier halbkuppelförmigen Nischen versehen, welche die Funktion von Apsiden übernehmen.

Von Süden, Westen und Norden betrat man die Kirche durch zwei Meter hohe Türen. Der südliche Eingang führte direkt in die Königskammer, deren Innenwände einigen frühen Schriftquellen zufolge prunkvoll mit in den Stein gemeißelten Reliefs verziert gewesen sein sollen. Auf diesen waren zahlreiche, an den Ästen von Granatapfelbäumen hängende, Bullen-, Widder-, Ziegen- und Elefantenköpfe zu sehen.

Die Tür zu dem Raum selbst war mit massivem Silber beschlagen, mit kostbaren goldenen Einlagen, wertvollen Edelsteinen und Perlen besetzt. Am südöstlichen Ende des Kirchenbaus entstand 1293 eine dem Heiligen Stephanos geweihte Kapelle. Wenig später ließ Katholikos Zacharias I. im Nordosten des Gebäudes eine weitere Kapelle hinzufügen.

Die armenische Kirche auf der Akdamar Adası ist jedoch weniger aufgrund ihrer ausgefallenen und wohl durchdachten Architektur berühmt, als vielmehr wegen der überaus prachtvollen figürlichen

Zu den zahlreichen armenischen Sakraleinrichtungen im Umfeld des Vansees zählt auch die Klosteranlage St. Thomas.

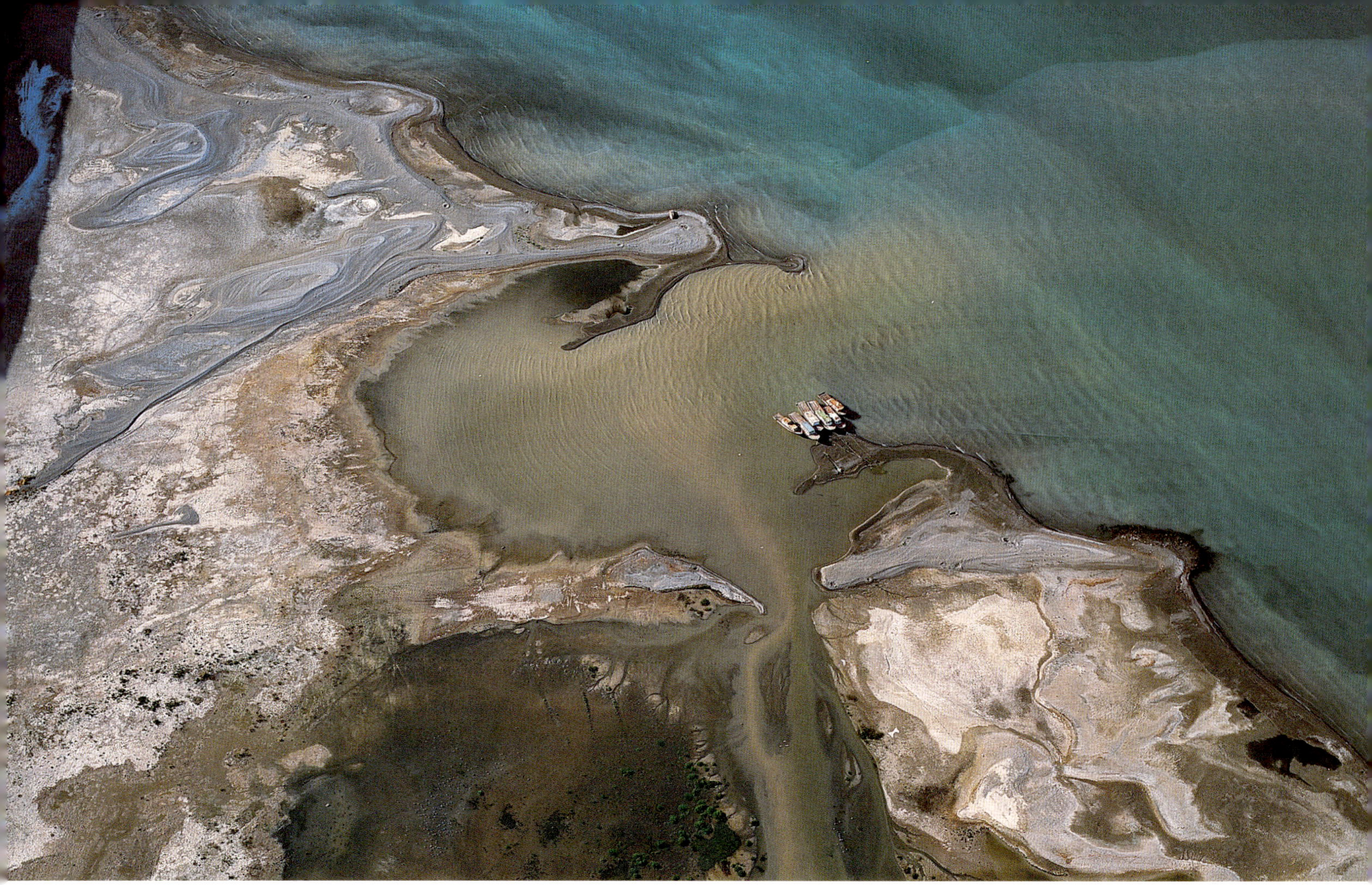

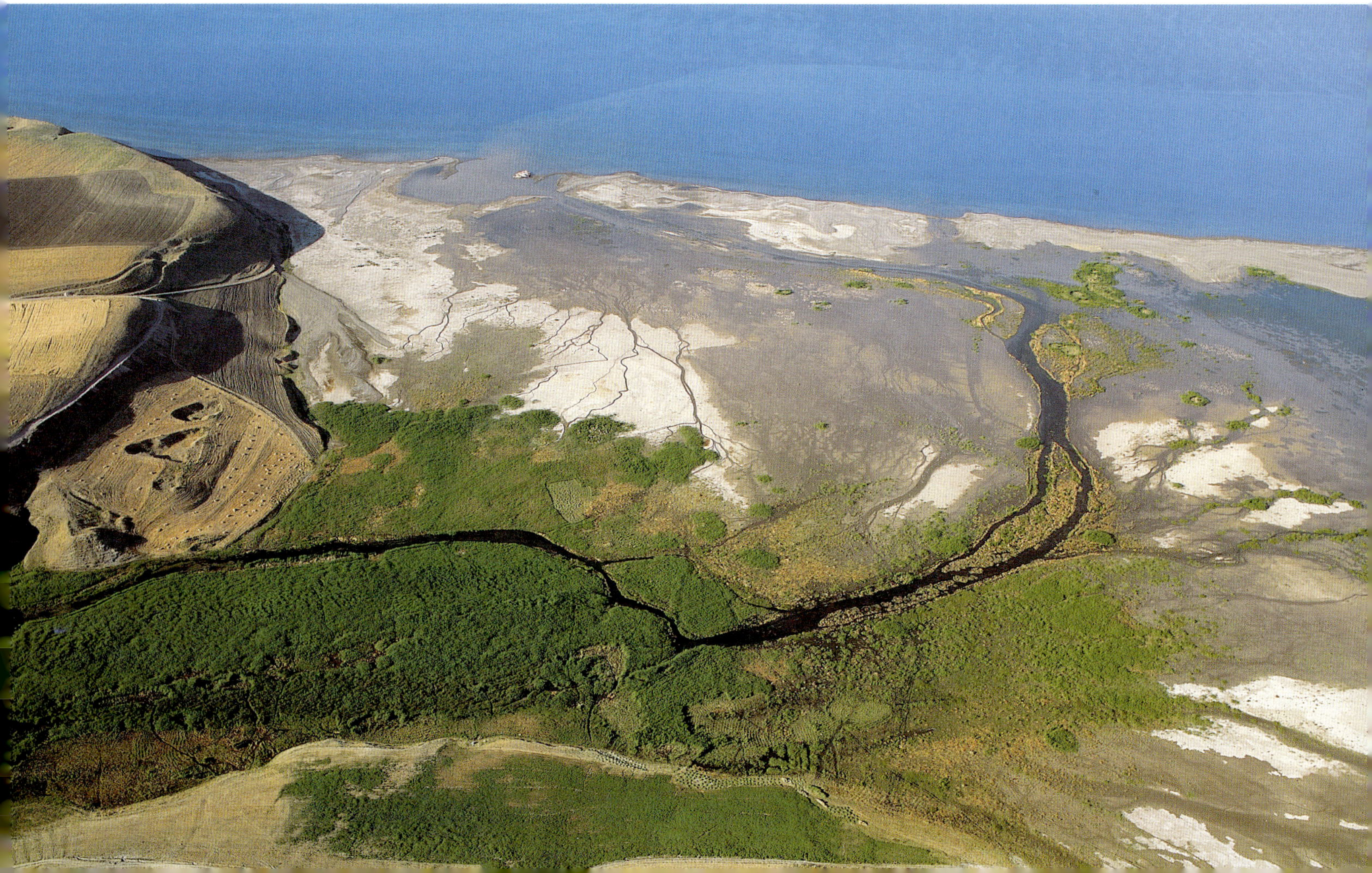

Reliefs. Diese umziehen die Außenseite des Bauwerks in Bändern und Bordüren ringsum gleichförmig und schmücken dessen untere Hälfte mit verschiedenen bis zu lebensgroßen Figuren. Nach älteren Berichten zu schließen, waren diese ursprünglich reich mit Gold und Edelsteinen verziert.

Neben naturalistischen oder stilisierten Ranken- und Tiermotiven sind dabei insbesondere biblische Szenen vorherrschend. Bildlich dargestellt finden sich unter anderem Adam und Eva, Abraham, David und Goliath und Jesus Christus. Daneben wurden jedoch auch immer wieder weltliche Themen aufgenommen, wie etwa das Leben im Palast oder Szenen der Jagd.

Auf der nordwestlich vor dem Kap von Çitören gelegenen Çarpanak Adası erheben sich die noch recht gut erhaltenen Ruinen einer Kirchenanlage aus armenischer Zeit. Deren Kern bildete ein wohl bereits im späten 10. Jahrhundert entstandener quadratischer Bau mit Zentralkuppel.

Als Konstruktionsmaterial wurde ausschließlich weißes und braunes Vulkangestein aus der Gegend um Ahlat verwendet, das in seiner Farbenvielfalt entscheidend zur optischen Auflockerung der ansonsten ungegliederten Außenfassaden des Gebäudes beitrug.

In späterer Zeit wurde der von einem weitläufigen Friedhof umgebene christliche Sakralbau durch einen ebenfalls quadratischen Anbau zu einer dreischiffigen Langhauskirche erweitert, deren an der Schmalseite gelegenes Hauptportal äußerst reich mit Stalaktiten- und Kreuzmustern dekoriert ist.

An den Ufern des Vansees liegen zahlreiche ländliche Siedlungen, wie etwa das Dorf İnköy. Neben der Landwirtschaft bildet die Fischerei traditionell einen wesentlichen Erwerbszweig der Bewohner.

LINKE SEITE OBEN:
Im stark sodahaltigen Vansee sind Fische vor allem im Bereich von Flußmündungen anzutreffen.

LINKE SEITE UNTEN:
Mit einer Länge von 80 km und einer Breite von 40 km ist der Vansee das größte Binnengewässer der Türkei.

Auf der Çarpanak Adası, knapp zwei Stunden Bootsfahrt entfernt von Van, liegt eine Klosteranlage aus armenischer Zeit.

FOLGENDE SEITE

OBEN:

Vorburg, Palastbauten und Tempelbereich der urartäischen Königsresidenz „Sardurihinili" auf dem Çavuştepe

UNTEN:

Das Dach des Ishak Paşa Saraı in Doğubayazıt

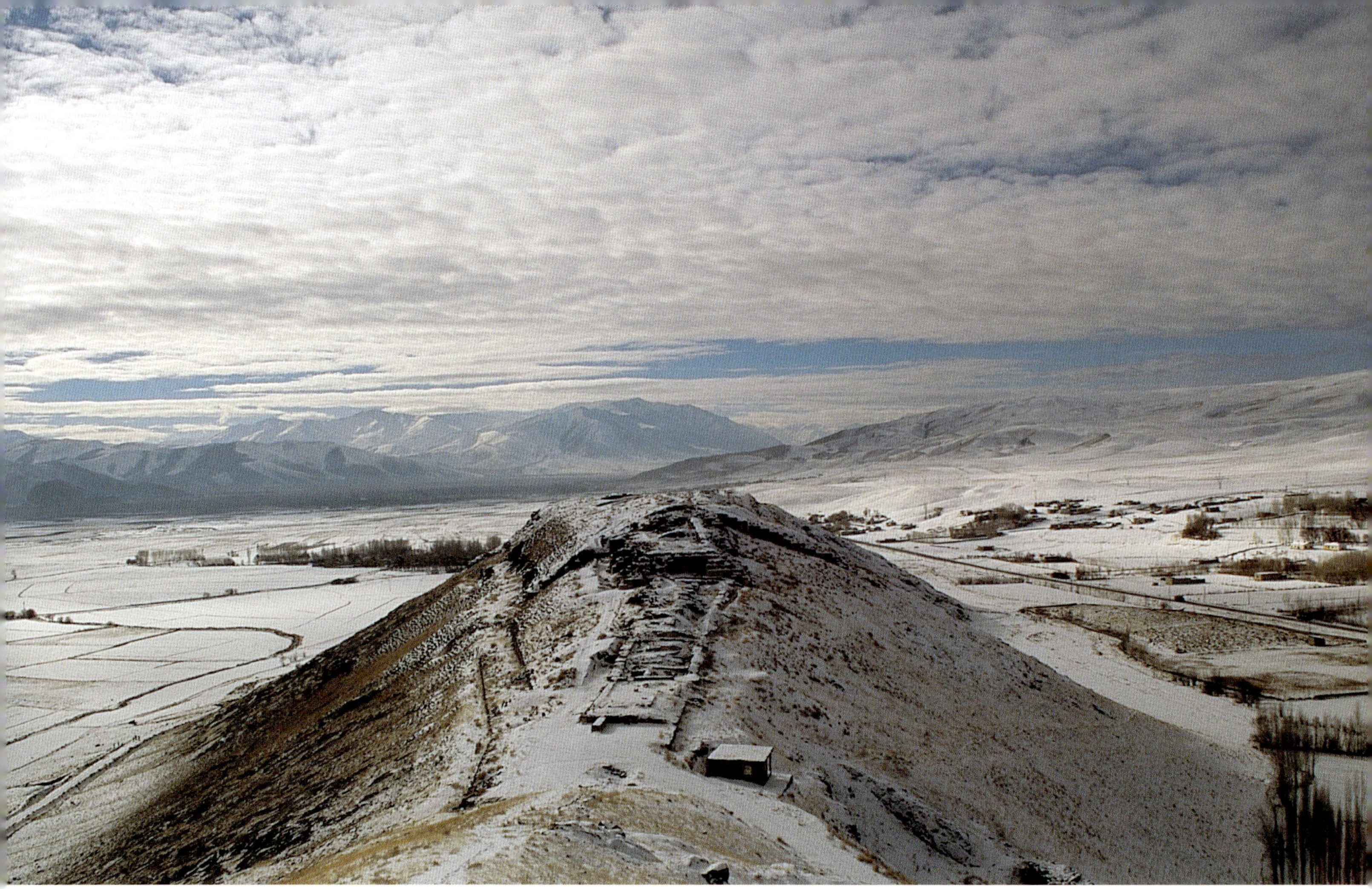

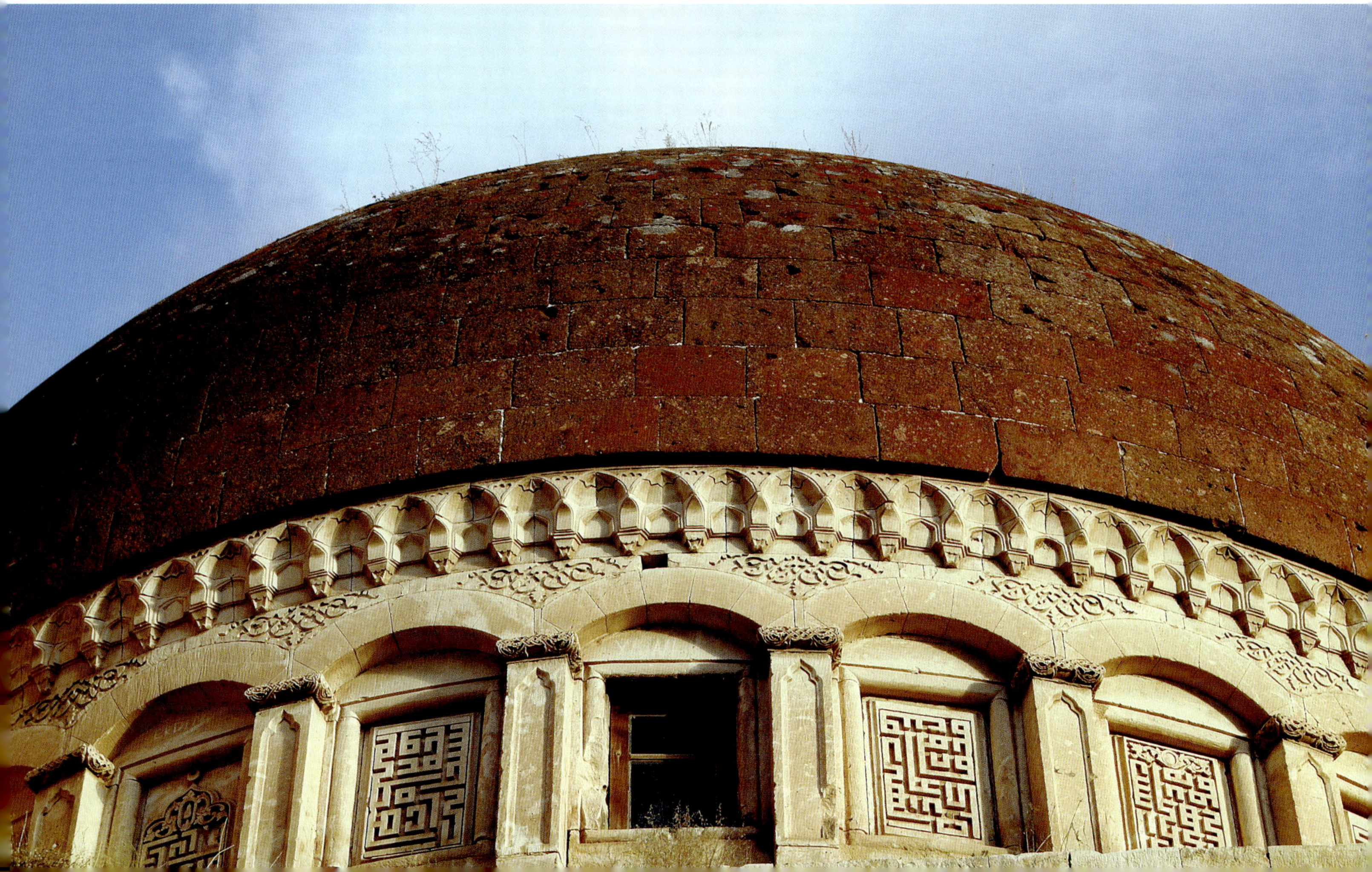

Die befestigte Höhensiedlung Çavuştepe liegt etwa 24 Kilomter südöstlich von Van und wurde in der Regierungszeit des urartäischen Herrschers Sarduri II. (ca. 764–733 v. Chr.) am Höhepunkt der Machtentfaltung des urartäischen Königreichs erbaut.

Bereits unmittelbar nach ihrer Fertigstellung galt die in der Sprache der Urartäer nach ihrem Gründer „Sardurihinili" benannte Burg als Meisterwerk der Verteidigungsarchitektur und entwickelte sich rasch zu einem wichtigen politischen, militärischen und religiösen Zentrum von überregionaler Bedeutung.

Im Inneren der durch eine fünf bis sechs Meter hohe Steinmauer geschützten Festungsanlage befanden sich neben mehreren Zisternen die Ruinen verschiedener Wohn- und Handwerkerbereiche, die Tempel zweier Götter sowie ein größerer Palastbereich, dessen qualitätvolle Ausführung unmittelbar an Bauten in der urartäischen Hauptstadt Tuşpa/Van Kalesi erinnert.

Auf dem Bergrücken des Çavuştepe wurden in zwei verschiedenen Höhenlagen Bauwerke errichtet, wobei der Bereich der sogenannten Oberburg mit demjenigen der Unterburg durch ein Tor in der Mitte verbunden war. Insgesamt betrachtet ist das durch einen ca. 14 Meter breiten und zwischen 25–30 Meter tief in den Kalkstein getriebenen Graben vom restlichen Bergrücken getrennte Gelände der Oberburg deutlich kleiner, als das des unterhalb angrenzenden Siedlungsbereichs.

Außer einem dem Gott Haldi geweihten Tempel und einem offenen Hof befand sich hier keine weitere Bebauung. Der geheiligte Raum verfügte über einen quadratischen Grundriss und gemauerte Wände aus schwarzem Basalt, die mit Keilschrifttexten versehen waren. Im Laufe des Mittelalters wurde der Bau, den man als Wohngebäude nutzte, stark in Mitleidenschaft gezogen. Ebenso erging es den urartäischen Opferaltaren im Hof.

Eine massive Festungsanlage aus sorgfältig bearbeiteten Basaltblöcken schützte die Bauten im Inneren der urartäischen Residenz vor feindlichen Übergriffen.

Das allgemein in Richtung Westen orientierte Plateau der Unterburg verfügt über eine Gesamtlänge von 460 Metern und liegt im Durchschnitt 90 Meter über der umgebenen Gürpınar Ebene. Westlich des zentralen Haupttores erstreckt sich ein Bereich, in dem sich verschiedene Ladengeschäfte sowie zahlreiche Werkstätten zur Verarbeitung von Leder und Wolle und eine größere Anzahl von Lager- und Vorratsräumen befanden.

Im Zentrum der Unterburg lag ein weiterer, dem urartäischen Gott Irmuşini geweihter Tempel. Ähnlich wie der in der Oberburg gelegene Haldi-Tempel war auch dieser Sakralbau in östlicher Richtung orientiert und verfügte über einen exakt quadratischen Grundriss.

Das Hoşap Kalesi bei
Güzelsu, knapp 60 Kilo-
meter südöstlich von Van

Der Palast von Sardurihinili erstreckte sich über eine Fläche von 81 × 33 m² und verfügte über zwei seitliche Korridore und einen großen zentralen Hallenbau. Zur Ausstattung des Palasts gehörten, neben verschiedenen im Erdgeschoss gelegenen Räumen für Bedienstete und Vorräte, mehrere Speisezimmer, Küchen, Bäder und Stehtoiletten.

Gegen Ende des 7. Jahrhunderts v. Chr. wurde die Unterburg bei einem bewaffneten Übergriff der Skythen, die damals in riesigen Heerscharen in die Landschaft einfielen, völlig zerstört. Zahlreiche skythische Pfeilspitzen, die unter den eingestürzten Wehrmauern der Festung begraben wurden, bezeugen anschaulich das Ausmaß der Katastrophe, von deren Folgen sich die Siedlung offensichtlich niemals wieder erholen konnte und schließlich aufgegeben wurde.

Die mittelalterliche Festung Hoşap Kalesi liegt im Landkreis Güzelsu, etwa 60 Kilometer südöstlich von Van, hoch auf einem steilen Felsen über dem Fluss Hoşap Suyu. Sie wurde im Jahr 1643 n. Chr. an Stelle eines seldschukischen Vorgängerbaus aus dem 14. Jahrhundert auf Geheiß des kurdischen Lokalfürsten Sarı Süleymân errichtet, einem Angehörigen des mit den Osmanen im Bunde stehenden Stammes der Mahmudi.

In der unwirtlichen Umgebung um Doğubayazıt versteckt sich ein kleiner Ort mit einer Moschee inmitten der Felslandschaft.

In strategisch günstiger Position herrschte die gewaltige Burganlage über mehre wichtige Verkehrs- und Fernhandelsrouten. Zu diesen gehörte auch die alte urartäische Heerstraße, die ihren Ausgang in der Hauptstadt des Reichs Tuşpa/Van Kalesi nahm und am nur 40 Kilometer entfernten Çavuştepe bis nach Nordpersien vorbeiführte.

Im Innenraum des weitläufigen Gebäudekomplexes befanden sich auf mehrere Etagen verteilt zahlreiche Wohn- und Wirtschaftsräume, drei Bäder, eine Medrese, mehrere Brunnen und Zisternen, zwei Moscheen sowie ein Gefängnis mit 360 Zellen.

Die unterschiedlichen Einrichtungen waren von einem zentralen Innenhof aus zu erreichen, den man durch ein beeindruckendes Eingangsportal mit einer persischen Bauinschrift und einem Löwenrelief hindurch betrat und von dem aus unzählige steile Treppen und Durchgänge zu den einzelnen Bereichen der Anlage führten.

Nur eine sehr begrenzte Fläche Ostanatoliens ist für den Ackerbau nutzbar.

Durch eine ebenso mächtige, mit vier zusätzlichen Türmen verstärkte Stadtmauer wurde die Zitadelle ergänzt und zugleich ein Teil des vorgelagerten Dorfes Hoşap umgeben. Burg und Siedlung waren mit der alten Militärstraße des Urartäerreiches, die hier durch einen schmalen Felsdurchlass führte, mittels einer über den Hoşap Suyu reichenden Brücke verbunden.

In der am Südufer des Vansees gelegenen Provinz Biltis liegen die Ruinen der einst bedeutenden armenischen Stadt Ahlat. Der Ort war wohl bereits um 900 v. Chr. von den Urartäern besiedelt, danach befand sich Ahlat in ständig wechselndem Besitz der Byzantiner, Araber, Seldschuken, Ayyubiden, Kharizmiden, Kurden, der Mongolen, Akkoyunlu und Karakoyunlu und zuletzt der Osmanen.

Unter Letzteren verlor der Ort zwar rasch an Bedeutung, allerdings stammen aus dieser Periode einige für die Geschichte der Region bedeutende Monumente. So etwa das Ahlat Kalesi, die einstige unmittelbar am Seeufer gelegene Burgsiedlung aus der Zeit Süleymanns II. In ihrem Inneren verfügt sie über einen kleineren burgähnlichen Bereich, das sogenannte İç Kale, sowie über eine größere stadtähnliche Befestigung. Auf die Reste eines alten Bades stößt man unterhalb der inneren Burg im heute noch bewohnten Teil der Altstadt.

Auf dem großen Friedhof von Ahlat am Vansee steht eine große Zahl an kunstvoll verzierten Grabsteinen. Typisch für diese Stelen, die seit dem 12. Jahrhundert entstanden, sind die Mihrabnischen und Stalaktitenfriese.

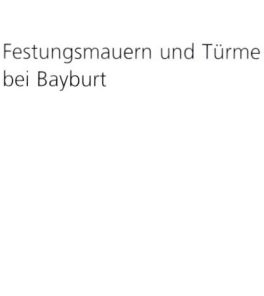

Festungsmauern und Türme
bei Bayburt

Ebenfalls befinden sich hier zwei Moscheen, von denen die etwas weiter im Süden gelegene İskender Paşa Camii 1564–1570 als Stiftung des gleichnamigen Statthalters entstand, während die Kadi Mahmut Camii 1597 errichtet wurde.

Knapp 30 Kilometer östlich von Ahlat, am Fuße des Süphan Dağı, liegt Adilcevaz, das altarmenische Ardzui. Nahe dem Westufer des Vansees stehen die Ruinen einer seldschukischen Festung. Die beim Bau der mittelalterlichen Zitadelle verwendeten Steine tragen zum Teil urartäische Inschriften und Darstellungen, was vermuten lässt, dass sich in nicht allzu großer Entfernung einst eine Burg aus frühgeschichtlicher Zeit befand. Deren Konstruktionselemente wurden wohl nach und nach abgetragen und bei der Errichtung neuer Bauten wiederverwendet.

Die Provinzhauptstadt Bitlis liegt malerisch eingebettet in das tiefe Tal des Bitlis Çayı, das Basor Deresi, und wird im Osten von der Gebirgsmasse der über 3000 Meter hohen Kavuşşahap Dağları und im Westen von den Muşgüney Dağları überragt. Über die Ursprünge des Ortes ist verhältnismäßig wenig bekannt, fest steht jedoch, dass er um 641 n. Chr. von Arabern, im 11. Jahrhundert von den Seldschuken und im 13. Jahrhundert von Mongolen erobert wurde. Selim I. gliederte Bitlis im Laufe des 16. Jahrhunderts in das Osmanische Reich ein, allerdings gelang es kurdischen Feudalherren immer wieder, die Stadt an sich zu ziehen und als Residenz zu nutzen.

Kleinviehzucht und der Anbau von Getreide, Obst und Gemüse bilden heute die Erwerbs- und Lebensgrundlage der überwiegend kurdischen Bevölkerung. Zu den örtlichen Besonderheiten zählen die Altstadt mit ihren zahlreichen aus Basalt errichteten Steinhäusern, ein traditionsreicher Bazar sowie schwefelhaltige Thermalquellen, die am östlichen Flussufer entspringen.

Unter den Baudenkmälern ist vor allem das sogenannte Alaman Külliyesi zu erwähnen, ein Stiftungskomplex mit Moschee, Bad, Medrese und einer Herberge aus der Zeit um 1500.

Die mit mehreren polygonalen Türmen und einer wuchtigen Mauer ausgestattete Festung der Stadt, das Bitlis Kalesi, geht in Teilen wohl auf byzantinische Zeit zurück und wurde unter den Osmanen mehrfach ausgebaut. In ihrem Inneren befanden sich zeitweise bis zu 300 Gebäude. Im Jahr 1528, unter Süleyman dem Prächtigen, entstand direkt am Fuße des Burgbergs ein Moscheenkomplex, das Şerefiye Külliyesi. Dieses beinhaltet neben verschiedenen sakralen Einrichtungen eine Koranschule, eine Armenküche sowie das Grabmal des Stifters.

Erzincan, die Hauptstadt der gleichnamigen Provinz, liegt in einer Höhe von 1200 Metern über dem Meeresspiegel und bildet das Zentrum für eine weitgehend ländlich geprägte Landschaft. Sie liegt am Nordufer des Flusses Karasu, der etwas weiter in den Euphrat mündet. Die Geschichte Erzincans reicht weit bis in das 2. Jahrtausend v. Chr. zurück, als die Region ein Teil des hethitischen Reiches war. Nach deren Niedergang herrschten hier ab 900 v. Chr. Urartäer, gegen 600 v. Chr. erlangten Meder die Herrschaft über Erzincan, die ihrerseits um 550 v. Chr. von den Persern vertrieben wurden.

Trotz gelegentlicher militärischer Feldzüge der Römer nach Ostanatolien ab 70 v. Chr. geriet Erzincan 68 v. Chr. an das Königreich Pontus. In den darauffolgenden Jahrhunderten gehörte der Ort zu dem Gebiet, das zwischen den iranischen Reichen der Parther und Sassaniden sowie dem Römischen

Imperium bzw. dem Byzantinischen Reich heftig umkämpft war; erst 629 n. Chr. gelang es den Byzantinern unter Kaiser Herakleios Erzincan einzunehmen.

Nach kurzer arabischer und seldschukischer Herrschaft wurde die Stadt im 13. Jahrhundert von mongolischen Heerscharen überrannt.

An die Osmanen ging Erzincan im Jahr 1473. Zu Beginn des 20. Jahrhunderts war die Stadt vorwiegend von Armeniern bewohnt, die um 1915 in einem grausamen Völkermord ermordet oder vertrieben wurden. Im Sommer des Jahres 1915 wurde Erzincan von russischen Truppen unter General Judenitsch eingenommen.

1939 zerstörte ein katastrophales Erdbeben die Stadt. Zur Garnisonsstadt wurde sie im Anschluss an den Zweiten Weltkrieg, ohne dass sich dadurch jedoch nennenswerte Industrie angesiedelt hätte.

Zu folgenschweren Erdbeben, bei denen mehrere Tausend Menschen ihr Leben verloren oder obdachlos wurden, kam es erneut 1983 und 1992. Berühmt ist Erzincan heute insbesondere wegen seiner zahlreichen Thermalquellen, aber auch die regionalen Skizentren sind weit über die Grenzen Anatoliens hinaus bekannt.

Neben den Stauseen Südostanatoliens sind die großangelegten Talsperren im ostanatolischen Raum Hauptenergielieferanten der Türkei.

ÜBERSICHTSKARTE SÜDOSTANATOLIEN

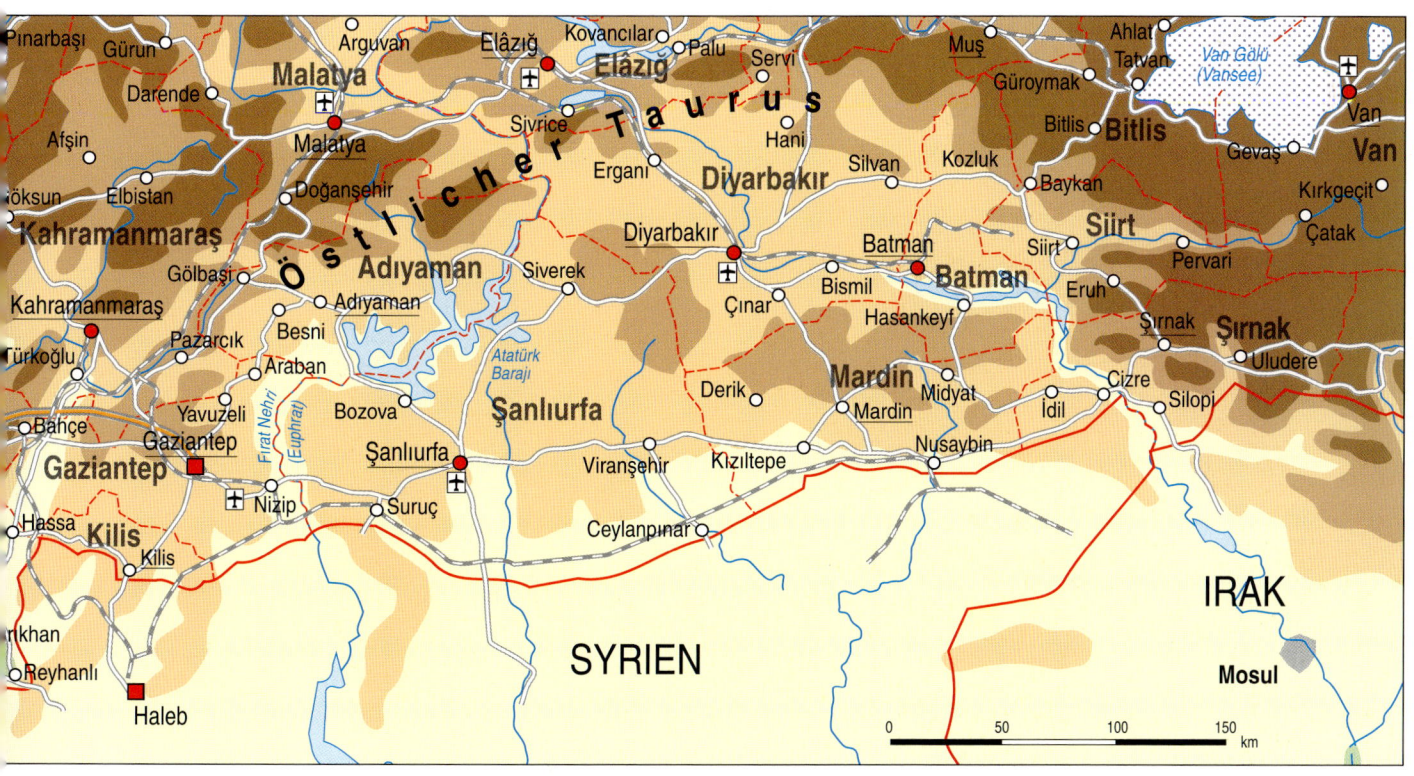

SÜDOSTANATOLIEN

GEOGRAFIE UND GEOLOGIE

Das zweitkleinste der sieben geografischen Gebiete der Türkei ist Südostanatolien, Güneydoğu Anadolu, mit einer Ausdehnung von 75 000 km². Die Region umfasst die Provinzen Adıyaman, Batman, Diyarbakır, Gaziantep, Kilis, Mardin, Şanlıurfa und grenzt im Süden sowohl an Syrien wie auch den Irak.

Die weit aufgefächerten Gebirgsketten Südostanatoliens erstrecken sich im Wesentlichen zwischen der großen Syrischen Grabensenke und dem Ararat-Hochland. Das äußerste binnenländische Kettensystem beginnt an der Ostseite des Golfes von İskenderun mit dem Nur- bzw. Amanosgebirge und zieht landeinwärts zu den Güneydoğu Toroslar, dem südöstlichen Taurus, zu dem unter anderem der 2961 Meter hohe Akdağ und der 2967 Meter hohe Malato Dağı zu zählen sind.

In ihrem weiteren Verlauf setzen sich die Gebirgszüge, in die ausgedehnte Becken, wie etwa das von Muş, eingebettet sind, bis in die weit im Osten gelegene Provinz Hakkari und zum gletscherbedeckten Cilo Dağı fort. Südlich davon, insbesondere in den Regionen Diyarbakır, Gaziantep, Urfa und Mardin, erstreckt sich auf einer Länge von 500 Kilometer und einer Breite von 100–150 Kilometer das südöstli-

LINKE SEITE:
Der harte Alltag im Südosten der Türkei verhilft nur wenigen zu einem gewissen Maße an Wohlstand.

VORHERGEHENDE DOPPEL-SEITE LINKS:
Das Zeynel-Bey-Mausoleum ist eines der bedeutendsten Denkmäler von Hasankeyf

Nach den Katarakten im Taurus und seinem bergigen Vorland wird der Euphrat nahe der Kreisstadt Birecik erstmals wieder schiffbar.

Gegenüber dem antiken Zeugma liegt das halbgeflutete Dorf Halfeti. Ursprünglich an den Ufern des Euphrats errichtet, sind heute nur noch einige Häuser vom Wasser des Stausees verschont.

che Taurusvorland, dessen Kreide- und Tertiärschichten meist von mächtigen Basaltdecken überlagert sind und bereits eine für die Syrische Tafel kennzeichnende flache Lagerung aufweisen; hier beginnen die ausgedehnten Steppen Syriens und Mesopotamiens. Das in einer Höhe von 500–700 Metern über dem Meeresspiegel gelegene südostanatolische Hochland wird von den Flüssen Euphrat und Tigris durchbrochen.

RECHTE SEITE OBEN:
Durch die neuen Wasserflächen verändert sich das lokale Klima. Sie haben Einfluss auf Temperatur, Feuchtigkeit und Niederschläge.

RECHTS UNTEN:
Vor der Stauung des Euphrats diente er noch als Quelle für das bescheidene Mahl.

KLIMA

Mit sommerlichen Temperaturen von bis zu 49 °C ist der Südosten der Türkei bei weitem die heißeste Region des Landes. 3214 Stunden scheint hier im Jahr die Sonne, allein davon 408 Stunden im Juli; selbst im Monat Dezember beläuft sich die Sonnenzeit auf 126 Stunden und im Januar immerhin noch auf 124. Höchstwerte erreichen die Temperaturen vor allem im Bereich der türkisch-syrischen Grenzregion: In Şanlıurfa übersteigen die Tageshöchstwerte der Monate Juli und August nicht selten 38 °C, während die nächtlichen Tiefstwerte nur vereinzelt unter 23 °C fallen.

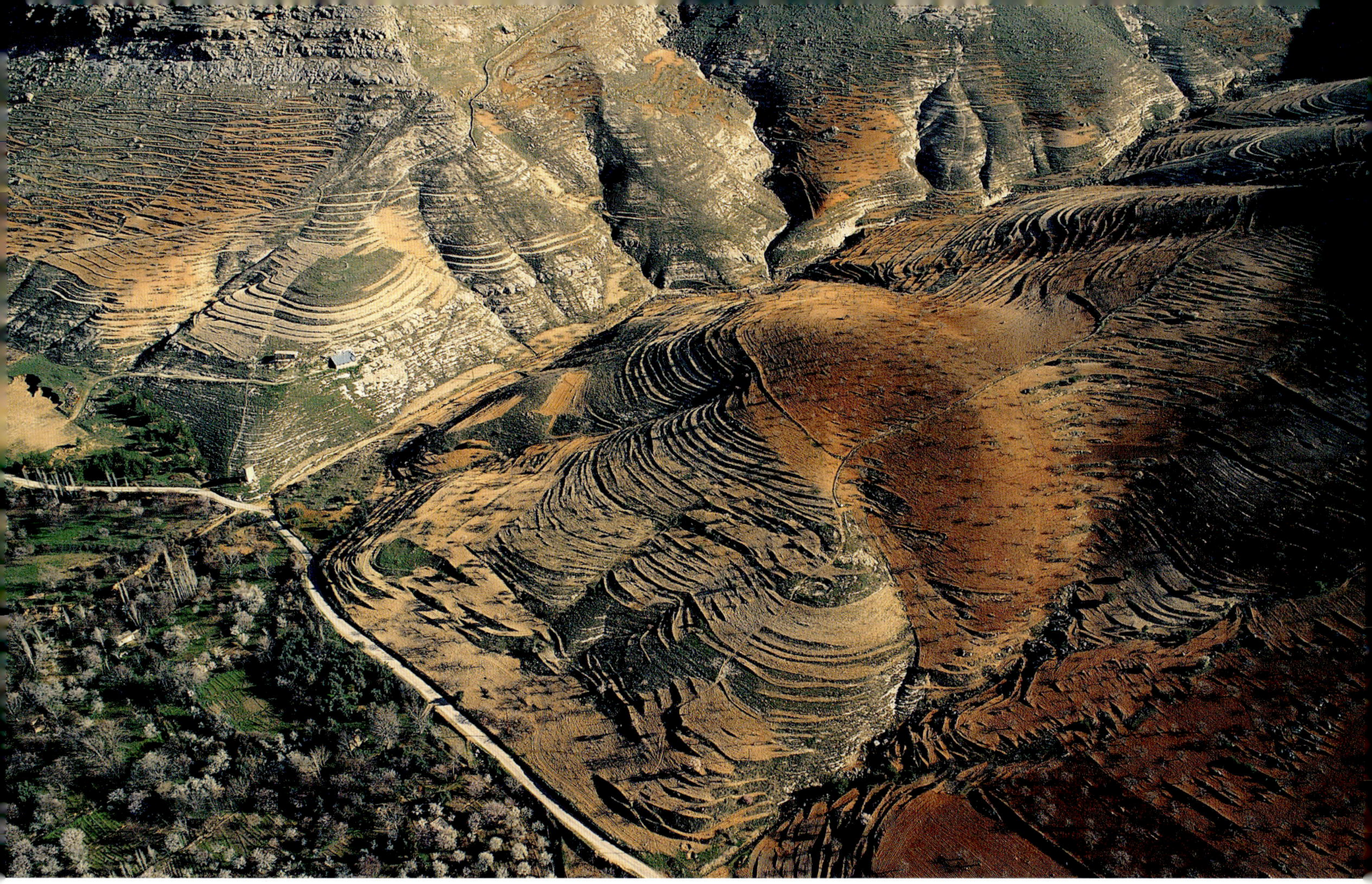

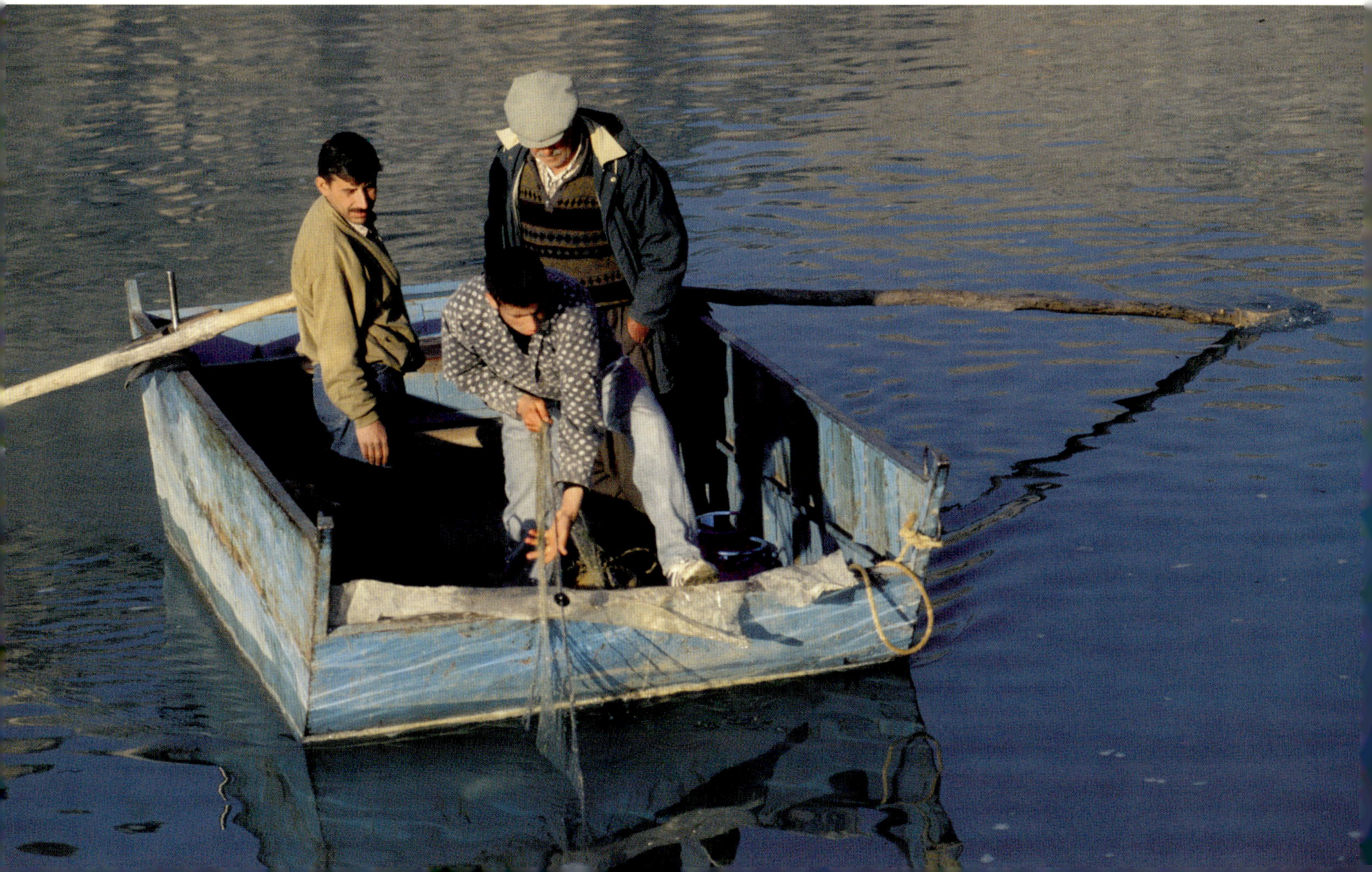

Selbst im Winter wird tagsüber lediglich in Ausnahmefällen eine Temperatur von weniger als 10 °C gemessen, und auch in den Nächten bewegen sich die Werte in aller Regel deutlich über dem Gefrierpunkt.

Anders als die Temperaturen nehmen die Niederschlagsmengen von den südlichen Taurusflanken zum tiefer gelegenen Flachland kontinuierlich ab und erreichen im äußersten Südosten die geringsten Werte der gesamten Türkei. In der Provinz Şanlıurfa zum Beispiel fallen im Zeitraum eines Jahres nur 460 Millimeter Niederschläge und etwas weiter südwestlich davon werden nicht selten Mengen von unter 300 Millimeter gemessen.

Da die potentielle Verdunstung hier zudem Werte von etwa 1100 mm im Jahr erreicht und somit zwei- bis dreimal über den regionalen Niederschlagsmengen liegt, ist in dieser Region der Bedarf an Wasser zur Bewässerung von Äckern und Feldern vergleichsweise groß. Schneefälle sind im südostanatolischen Raum äußerst selten. Im jährlichen Mittel ist nur an 2,7 Tagen mit einer dünnen Schneedecke zu rechnen, davon liegen 1,5 Tage im Januar.

Versalzung, Vernässung und Pestizideinsatz als Folgen der intensiven Bewässerungslandwirtschaft führen zu gesundheitlichen Risiken, mit denen die ländliche Bevölkerung konfrontiert ist.

FLORA UND FAUNA

Im Südosten der Türkei ist die natürliche Vegetation stark reduziert. Die Reste der einstigen Wälder weisen dennoch einen relativ großen Artenreichtum auf. Es wachsen Wolloneneichen, Walnuss, Ulme und Ahorn. Feigen, Oliven und Baumwolle bilden eine wirtschaftliche Einnahmequelle.

BEVÖLKERUNG

Die Bevölkerungszahl Südostanatoliens liegt gemäß den Volkszählungsergebnissen des Jahres 2000 bei knapp 6,6 Millionen. Die Einwohnerdichte beträgt – bei einem landesweiten Durchschnitt von 91 – 88 Einwohner pro Quadratkilometer. Rund 63 Prozent der Bewohner ist in den Städten der Region ansässig, 37 Prozent leben auf dem Land. Jährlich ist ein Bevölkerungsanstieg von ca. 2,5 Prozent zu verzeichnen.

Auch wenn der Südosten Anatoliens im Wesentlichen von Kurden bewohnt wird, verdrängt auch hier das zunächst ausschließlich als Amtssprache gebräuchliche Türkisch zunehmend die althergebrachten Dialekte und Umgangssprachen. In den Provinzen Gaziantep und Kilis etwa sprechen heute nur noch 20 Prozent der Einwohner Kurdisch; daneben gibt es hier eine kleinere türkische sowie eine beachtliche, insbesondere im Einzugsbereich der Städte angesiedelte arabischsprachige Minderheit.

RECHTE SEITE :
Durch die Stauseen verschwinden großflächig Flusstäler und Auen und damit verbunden Lebensräume für zahlreiche, teils seltene Pflanzen und Tieren.

In Şanlıurfa lebt eine usbekische und weiter im Osten eine aramäischsprachige Minorität, die – ähnlich wie die in den südostanatolischen Provinzen beheimateten Araber – im kurdischen Gebiet meist auch Kurdisch spricht und in der Mehrzahl christlichen Glaubens ist.

WIRTSCHAFT

Das Kraftwerk Birecik ist das erste, von Privatinvestoren finanzierte Großkraftwerk in der Türkei. Es entstand in der Zeit von 1996 bis 2001.

Auf Wald trifft man in dem durch extreme Sommerhitze und große Trockenheit gekennzeichneten Gebiet erst ab einer Höhe von etwa 800 Metern über dem Meeresspiegel. Eine Haupterwerbsquelle dieser Region ist neben der traditionellen Schafzucht der Anbau von Weizen, zudem gewinnt Südostanatolien in letzter Zeit nicht zuletzt auch infolge seiner Erdölvorkommen zunehmend an Bedeutung

für die Türkei. Neben Diyarbakır sind Gaziantep, Şanlıurfa und ganz im Westen Antakya die wichtigsten regionalen Wirtschaftszentren.

Das Güneydoğu Anadolu Projesi (GAP), das Südostanatolien-Projekt, ist das größte Landbewässerungs- und Energiegewinnungsprogramm des Staates. Es umfasst nicht weniger als 22 Staudämme, 19 Wasserkraftwerke sowie zahlreiche Bewässerungsanlagen entlang der Flüsse Euphrat und Tigris und soll rund 28 Prozent des gesamten Wasserpotentials der Türkei kontrollieren. In Angriff genommen wurde das GAP in den 1980er-Jahren und soll spätestens bis 2010 abgeschlossen sein.

Isolierte Dörfer und Einzelgehöfte kennzeichnen das Siedlungsbild im Hinterland Südostanatoliens.

Rinder, Ziegen und Schafe werden in den Weiten der südostanatolischen Steppenlandschaft gezüchtet. Aus ihrer Wolle entstehen u. a. die berühmten Kelims, handgefertigte Teppiche.

Zu den berühmtesten Wasserläufen weltweit gehört der Firat, der Euphrat, dem weiter östlich das so genannte Zweistromland seine Fruchtbarkeit verdankt.

Mit der Fertigstellung des Projekts sind grundsätzlich mehrere Ziele verbunden: Durch den systematischen Ausbau landwirtschaftlicher und urbaner Infrastruktur, durch nachhaltige Entwicklungen in den Sektoren Forstwirtschaft, Bildungs- und Gesundheitswesen sowie durch die Schaffung zahlreicher neuer Arbeitsplätze in allen Bereichen versucht man nicht nur das Einkommensniveau und den allgemeinen Lebensstandard der Bevölkerung deutlich anzuheben, auch soll durch das umfangreiche Entwicklungsprojekt die Binnenmigration und Landflucht von Ost nach West effizient eingedämmt werden.

Neben den sozialen Aspekten der Unternehmung steht jedoch in erster Linie die wirtschaftliche Entwicklung der über längere Zeit stark vernachlässigten Region Südostanatolien im Vordergrund des Interesses.

Mittels groß angelegter Anlagen zur Bewässerung von Äckern und Feldern soll zwischen den beiden Flüssen Euphrat und Tigris insgesamt eine Fläche von 1,7–1,8 Millionen Hektar, etwa neun Prozent des

Die Türkei hat bereits in den siebziger Jahren mit der Umsetzung des so genannten Südostanatolienprojekts begonnen. Es umfasst 21 Staudämme und 19 Wasserkraftwerke.

gesamten Staatsterritoriums der Türkei, zur landwirtschaftlichen Nutzung erschlossen werden. Mit einer Ausdehnung von rund 75 400 km² ist diese Fläche damit größer als die Bayerns.

Erwartet werden neben einer Intensivierung der Produktivität vor allem eine Differenzierung und Produktionssteigerung der landwirtschaftlichen Erzeugnisse sowie eine Erhöhung des Exports aus der Region durch eine exportorientierte Agrarproduktion.

Allein bei der Produktion von Baumwolle erwartet man eine Steigerung von momentan etwa 150 000 Tonnen auf wenigstens 400 000 Tonnen pro Jahr, womit die Region weltweit zu einer der vier wichtigsten Anbauflächen für Baumwolle avancieren würde.

Baumwolle als Rohstoff ist insofern von großer Bedeutung, als die Nachfrage im Inland derzeit weitaus größer ist als die Kapazität zur Deckung des Eigenbedarfs, denn neben China und anderen, vor allem ostasiatischen Ländern zählt die Türkei heute zu den Hauptproduzenten von Textilwaren. Daneben entstehen groß angelegte Geflügelfarmen sowie ausgedehnte Plantagen für Mandeln, Pistazien, Erdbeeren und Sojabohnen.

Heute werden unter hohem Zeitdruck von Archäologen in den durch das GAP gefährdeten Regionen Rettungsgrabungen gemacht, bevor die historischen und prähistorischen Schätze versinken.

Seit Inbetriebnahme der Staudämme und Bewässerungsanlagen konnten die Erträge von Baumwolle, Weizen und Gerste zwar annähernd um das Dreifache gesteigert werden, allerdings stiegen mit dem Grundwasserspiegel auch die im Boden enthaltenen Salze und machten einen Teil der Wirtschaftsflächen unbrauchbar. Betroffen ist hiervon beispielsweise auch die Ebene um Harran, wo heute bereits mehr als 20 Prozent des bewässerten Gebiets zu salzhaltig ist, um noch als Anbaugebiet nutzbar zu sein.

Die bereits fertig gestellten Wasserkraftwerke versorgen die Türkei jährlich mit rund 17 Milliarden Kilowattstunden Energie; nach Abschluss des Projekts soll die Region eine Gesamtenergiemenge von 27 Milliarden Kilowattstunden pro Jahr produzieren. Der nach Mustafa Kemal Atatürk benannte Atatürk Barajı ist mit einer Breite von 1,6 Kilometer der größte der 22 Staudämme des Südostanatolien-Projekts.

Die Talsperre ist seit 1992 in Betrieb und staut das Wasser des Euphrats auf einer Fläche, die rund anderthalbmal so groß ist wie die des Bodensees. Gemessen am Speicherraum steht der Atatürk-Staudamm weltweit an 22ster Stelle, hinsichtlich seines Schüttvolumens an neunter.

Über zwei Tunnel bei Şanlıurfa, die mit einer Länge von je 26,2 Kilometern und einem Innendurchmesser von 7,62 Metern längsten Bewässerungstunnel der Welt, wird von hier ein Teil des Wassers auf Agrarland geleitet, ansonsten dient das Stauwerk vorwiegend der Stromgewinnung; knapp ein Zehntel der elektrischen Energie der Türkei wird hier erzeugt.

Als überaus problematisch erwies sich, dass der Stausee als Folge unkontrollierter Erosionsprozesse nach und nach zu verschlammen drohte. Im Jahr 1998 beschloss die türkische Regierung daher eine Wiederaufforstung der Hänge rund um den Atatürk-Stausee – eine Fläche von der Größe des Saarlandes –, um ein Nachrutschen des Erdreichs der umliegenden Berge zu verhindern. Tausende freiwilliger Studenten bepflanzten bei der größten ökologischen Rettungsaktion in der Geschichte der Türkei das Seeufer mit kleinen Bäumen.

Der als Wasserkraftwerk geplante Ilısu-Staudamm soll den Tigris kurz vor der Grenze zu Syrien und Irak im überwiegend kurdisch bewohnten Südosten des Landes aufstauen. Nachdem ein erster Anlauf nach heftigem internationalen Protest im Jahr 2002 gescheitert war, wurde das Projekt in den Jahren 2005 bis 2007 erneut lanciert. Geplant ist ein Gebiet von knapp 313 km² zu überfluten, wofür ein Damm von 1820 Metern Länge und 135 Metern Höhe benötigt wird.

Von zahlreichen politischen und ökologischen Konsequenzen abgesehen stellt eines der Hauptprobleme des Güneydoğu Anadolu Projesi zweifelsohne die Umsiedlung von Dörfern und deren Bewohnern aus Gebieten dar, die durch die Stauung der Flüsse vollständig oder teilweise überschwemmt werden.

Betroffen sind hiervon nicht weniger als 4000 Dörfer und rund 5000 Weiler; allein für den Atatürk-Staudamm mussten zwischen 60 000–

65 000 Bewohner umgesiedelt werden, und bei einem Bau des Ilısu-Staudamms wird eine Verlegung der Kreisstadt Hasankeyf, von vier kleineren Städte, 95 Dörfern und 99 Weilern notwenig werden, in denen gegenwärtig rund 78 000 Menschen ihr Zuhause finden.

International negativ aufgenommen wurde nicht zuletzt auch die Überschwemmung von unzähligen archäologischen Fundorten und kulturhistorisch bedeutenden Kulturstätten, wie etwa den römischen Siedlungen Allianoi und Zeugma oder des mittelalterlichen Hasankeyf.

Farbenprächtige Früchte laden auch in getrockneter Form zum Probieren ein.

BEDEUTENDE ORTE UND SEHENSWÜRDIGKEITEN

Am Westrand einer verhältnismäßig flachen Senkenzone, deren südöstliche Begrenzung der Euphrat bildet, liegt die Provinzhauptstadt Adıyaman. Sie ist heute Zentrum eines großen Agrargebiets, in dem in erster Linie Pistazien, Aprikosen, Baumwolle und Weintrauben angebaut werden. Zu großer Bedeutung gelangte der wohl von einem Kommandanten der Omaijaden als Festung gegen Byzanz ausgebaute Ort im Jahr 758 n. Chr., als er die politische Nachfolge der nahe gelegenen Stadt Perrhe antrat.

Gegen 1516 wurde die Siedlung dann offiziell unter dem Namen Hisn Mansur, „Burg des Mansur", in das Osmanische Reich aufgenommen; 1926 wurde ihr Name in Adıyaman geändert.

Im Zentrum der heutigen Altstadt findet sich unter anderem die Ebu Zer Gaffar Türbesi, ein Mausoleum aus osmanischer Zeit sowie Teile der aus der frühen Omajadenzeit stammenden Festungsanlage

LINKS UNTEN:
Tätowierungen bei Frauen in Südostanatolien entstammen einer sehr alten Tradition und haben symbolische Bedeutungen.

Hisn Mansur, die vom Abasidenkalifen Harun al Rashid gegen Ende des 8. Jahrhunderts umfassend restauriert wurde.

Aus dem 14. Jahrhundert stammt die unmittelbar unterhalb der Burg gelegene Ulu Camii, eine vergleichsweise große Moschee mit einer Ummauerung und drei Toren.

Zu den Hauptattraktionen im Umland von Adıyaman zählt zweifelsohne die Grabstätte des kommagenischen Königs Antiochos I. auf dem Nemrut Dağı. In der Mitte des 1. Jahrhundert n. Chr. hatte der für seine Liebe zur Kunst berühmte Herrscher die Spitze des 2150 Meter hohen verkarsteten Kalkgebirgsstocks um rund 50 Meter zu einem Tumulus aufschütten lassen. Dieser wurde sowohl im Osten, Westen wie auch im Norden von drei heiligen Bezirken in Form von in Felsgestein gehauenen Terrassen umgeben.

Die rund 80 Meter lange Nordterrasse diente dabei als Aufmarsch- bzw. Sammlungsplatz bei Prozessionen und anderen rituellen Handlungen, während sich auf der östlichen Terrasse, gegenüber einem Hauptaltar, kolossale aus Stein gehauene Skulpturen von Apollon, dem Gott der Künste, von Tyche

Viele historisch gewachsene Dörfer sind nach den Flutungen der Flusslandschaften verschwunden und die umgesiedelten Menschen gewöhnen sich nur schwer an die neuen Lebensbedingungen in den neu geschaffenen Umsiedlungsstädten. Einige finden Arbeit auf den Baumwollfeldern und den neu errichteten Textilfabriken, die meisten bleiben aber entwurzelt.

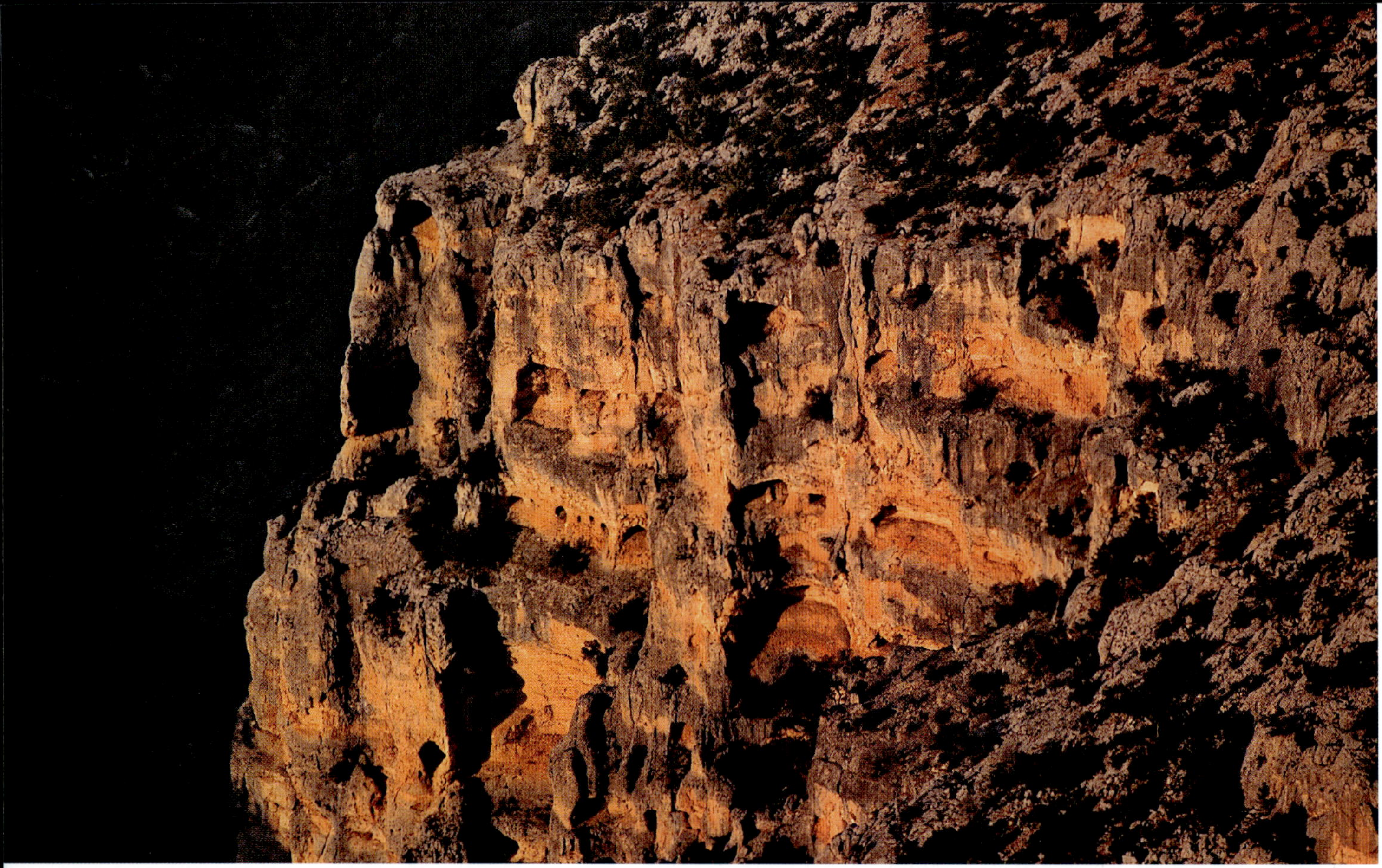

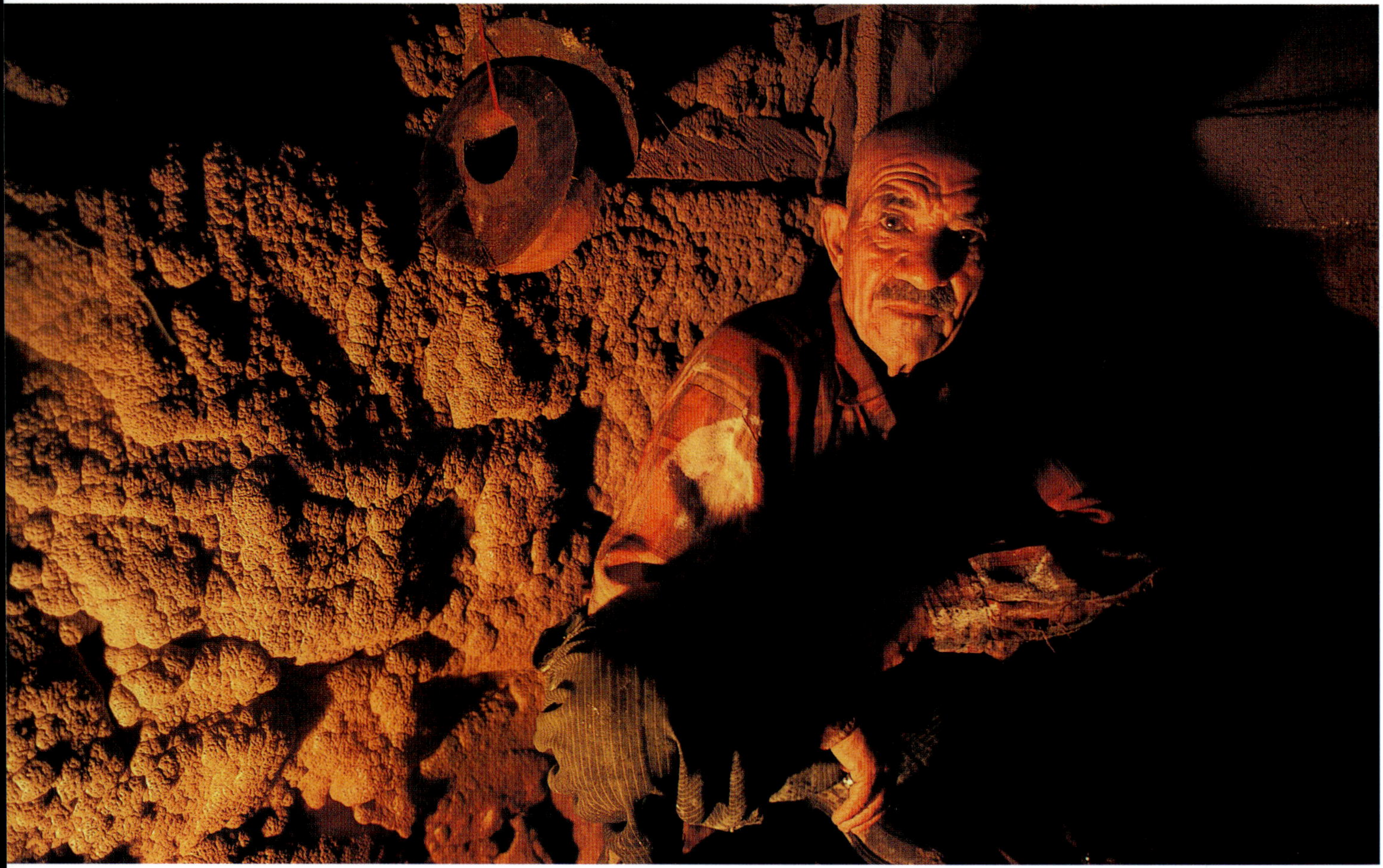

(Fortuna), der Göttin der Fruchtbarkeit, Zeus, dem Blitz- und Donnergott, Herkules, dem Gott der Kraft, von König Antiochos sowie Adler- und Löwenstatuen finden. Auf der etwa zehn Meter tiefer gelegenen Westterrasse wiederholt sich dieses Bild, allerdings sind hier die vorhandenen Köpfe der Kolossalstatuen etwas zahlreicher und deutlich besser erhalten.

Die Cendere Köprüsü, eine einbogige Steinbrücke aus römischer Zeit mit einer Spannweite von 34,2 Metern, überspannt den Fluss Cendere bei dessen Austritt an einem schmalen, überaus eindrucksvollen Engpass in das breite Tal des Kahta Çayı. Erbaut wurde sie zwischen 198 und 200 n. Chr. von der in Samosata, dem späteren Samsat, stationierten römischen Heeresabteilung „Legio XVI Flavia Firma"; finanziert wurde das aufwendige Projekt von vier kommagenischen Städten.

LINKE SEITE:
Seit urartäischer Zeit war die Gegend von Sason Schauplatz von Kriegen. Daher wurden die Siedlungen häufig in felsigem Gelände errichtet (oben). Ein Wirtschaftszweig in der Gegend von Sason ist die Imkerei. Natürliche Höhlen dienen als Arbeits- und Lagerräume (unten).

Antiochos I. errichtete sich ein monumentales Grabmal auf dem 2000 Meter hohen Nemrut Dağı.

VORHERGEHENDE
DOPPERLSEITE
LINKS UND RECHTS:
*Diese beeindruckenden Stein-
figuren auf dem Nemrut Dağı
gehören zum Grabmal des
Antiochos I.*

Die zahlreichen notwendigen
Rettungsgrabungen schaffen
zumindest kurzfristige saisonale
Arbeitsplätze für die ländliche
Bevölkerung. Hier eine sogenannte Scherbenwäscherin
bei der Arbeit.

Von den ursprünglich vier, dem Septimius Severus, seiner Gattin Iulia Domna und ihren beiden Söhnen Geta und Caracalla geweihten Säulen wurde diejenige des Geta bereits im Jahr 212 n. Chr. wieder entfernt, um möglichst jede Erinnerung daran zu tilgen, dass Caracalla seinen eigenen Bruder und Mitregenten gewaltsam hatte beseitigen lassen.

Die Festung Gerger Kalsei mit ihrem künstlichen Grabensystem sowie Unter- und Oberstadt erhebt sich über dem gestauten Euphrat knapp 65 Kilometer nordöstlich von Adıyam. Laut Inschriften wurde der Ort im 3. Jahrhundert v. Chr. vom kommagenischen König Arsames gegründet und der Göttin Argandene geweiht. Zu den Sehenswürdigkeiten des Ortes gehört ein 2,7 × 4 Meter großes Herrscherrelief aus der Zeit Samos II. an der Westspitze des Burgberges.

Hoch über einer Brücke aus seldschukischer Zeit, die die Schlucht des Kahta Çayı überspannt, erhebt sich die Mameluckenburg Yeni Kale auf einem schmalen Felssporn. Dieser gegenüber liegt eine weitere Festung, die auf Geheiß von Kara Sonkar, Gouverneur von Aleppo, im Jahre 1286 wohl an-

Die traditionellen Lehmhäuser sind einfach, jedoch an die Klimabedingungen bestens angepasst.

Aufgrund ihrer Schutzfunktion wurden die Höhlen in der Gegend von Sason in der Vergangenheit oft als Zufluchtsort und Wohnstätte benutzt.

Der traditionellen Architektur stehen wenige „herrschaftliche" Gebäudekomplexe gegenüber.

stelle eines älteren Baus errichtet wurde. Die heute noch zu sehenden Ruinen sind größtenteils mittelalterlich. Im Inneren der Festung befinden sich die recht gut erhaltenen Reste einer Moschee, zweier Zisternen, eines Bades sowie eines Palastes mit verschiedenen Räumen und einer Halle mit Kreuzgewölben.

Mit Wasser versorgt wurde der hoch gelegene Bau über einen Treppengang, der unmittelbar zum Kahta Çayı führte. Verschiedene Umbauten und Erweiterungen aus dem späten 13. und 14. Jahrhundert vervollständigten die Befestigungswerke.

Als wichtigster Übergang über den Göksu, einen Nebenfluss des Euphrat, galt bis in das Mittelalter die Göksu Köprüsü unweit von Dikilitaş. Die einst dreibogige Brücke stellte bereits in römischer Zeit eine Verbindung zwischen der kommagenischen Hauptstadt Samsat und dem knapp 60 Kilometer südwestlich von Adıyam gelegenen Zeugma her.

Bei dem sechs Meter hohen Tumulus von Dikilitaş im Südwesten von Adıyam handelt es sich aller Wahrscheinlichkeit nach um die Grabstätte des Mithridates II. von Kommagene und seiner Gattin. Der Durchmesser des Grabhügels aus dem späten 1. Jahrhundert v. Chr. belief sich einst auf stattliche 35 Meter, zudem war er mit drei, über Architrave miteinander verbundenen Säulenpaaren geschmückt.

FOLGENDENDE SEITE
OBEN:
Die Felsformationen von Sason wurden bereits in prähistorischer Zeit genutzt.

UNTEN:
Die Gegend von Sason war einst dicht bewaldet. Seit 20 bis 30 Jahren fand hier jedoch ein übermäßiges Abholzen statt, was deutliche Spuren hinterlassen hat.

Einheimische Grabungsarbeiter unterstützen die Archäologen bei der Rettung geschichtlicher Relikte.

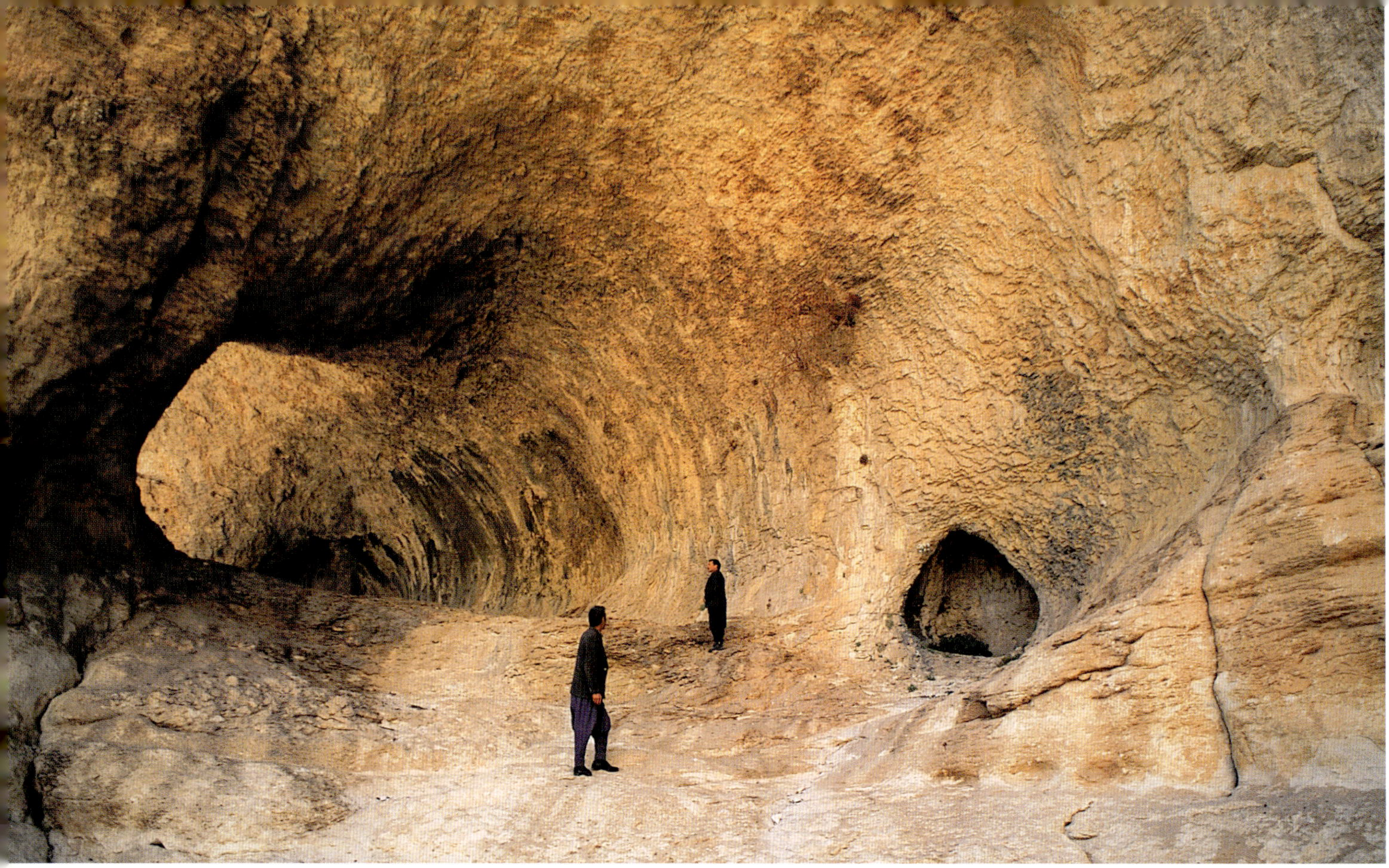

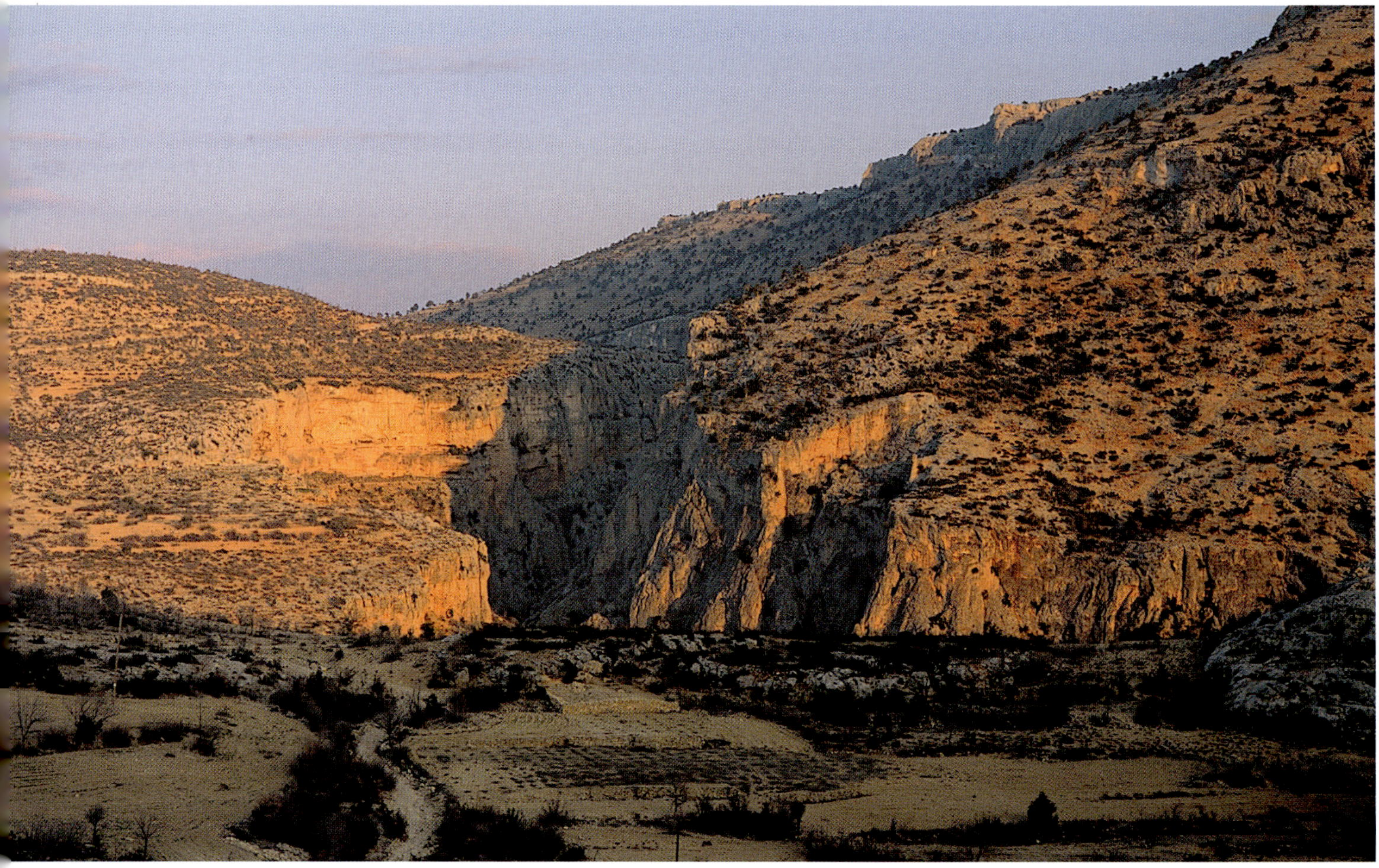

Ein weiterer kommagenischer Tumulus, der Karakuş Tepesi, wurde von Mithridates II. rund 47 Kilometer nordöstlich der heutigen Provinzhauptstadt für seine Schwester Laodike, seine Nichte Aka und seine Mutter Isias angelegt. Auch diesen zierten ursprünglich drei paarweise, im Abstand von 130 Metern zueinander aufgestellte dorische Säulengruppen, von denen heute nur noch vier Einzelsäulen erhalten sind. Auf den Marmorarchitraven, die die knapp sieben Meter hohen Säulen einst überspannten, standen bis zu 2,5 Meter hohe steinerne Tierplastiken, darunter ein Adler, ein Stier und ein Löwe.

Die Ruinen von Samsat liegen heute größtenteils unter den Wassermassen der Atatürk Barajı. Um 160 v. Chr. wurde der Ort, damals „Samosata" genannt, zur Hauptstadt des hellenistischen Königreiches Kommagene, bis es schließlich Ende des 1. Jahrhunderts v. Chr. vom Römischen Reich erobert und vertraglich gebunden wurde.

Bereits kurze Zeit nach dem Tode von Antiochos III. im Jahre 17 n. Chr. wurde Kommage zur römischen Provinz. Kaiser Caligula restaurierte im Jahre 38 n. Chr. das kommagenische Königshaus, indem er Antiochos IV. als Regenten einsetzte, jedoch wurde er bereits 72 n. Chr. durch Vespasian entmachtet, der das Reich endgültig der römischen Provinz Syrien unterstellte.

Kaiser Julian Apostata ließ in Samsat Schiffe für seine Flotte im Feldzug gegen den sassanidischen König Schapur II. bauen, und im Laufe des 7. Jahrhunderts, während des Krieges zwischen Kaiser Herakleios und Chosrau II., wurde der Ort zum Schauplatz erbitterter Kampfhandlungen.

1085 fiel Samsat an den damaligen Emir von Harran, zu Beginn des Jahres 1098 schlug hier Balduin von Edessa die Armee des Emirs Balduch vernichtend. Die Stadt wurde im Jahre 1114 zum Hauptquartier des muslimischen Heeresverbandes im Kampf gegen den Grafen von Edessa, der Samsat zwar zunächst eroberte, aber bereits um 1149 wieder verlor.

Şuayıb Şehri dürfte in der Zeit zwischen Spätantike und frühem Mittelalter als Karawanen-Station entstanden sein.

Die nach dem gleichnamigen Fluss benannte Provinz Batman liegt nördlich des Tigris, verfügt über eine Fläche von rund 4700 km² und hatte nach der Volkszählung im Jahre 2005 knapp 510 000 Einwohner. Vor allem Kurden und aus dem Westen hinzugewanderte Türken leben hier. Daneben gibt es noch einige turkmenische Alevitendörfer.

Erdöl bildet derzeit den größten unterirdischen Reichtum der Region. Ein Teil des in der Umgebung von Garzan, Kahta und Raman geförderten Rohöls wird in den 1955 gegründeten Raffinerien der gleichnamigen Provinzhauptstadt Batman, dem Zentrum der türkischen Erdölindustrie, weiterverarbeitet; über eine 494 Kilometer lange Pipeline ist Batman mit İskenderun am Mittelmeer verbunden.

Bis in die 1950er Jahre war der Ort noch stark dörflich geprägt, und erst durch die systematische Ansiedlung von Großbetrieben der ölverarbeitenden Industrie stiegen die Einwohnerzahlen. Im Jahr 2003 belief sich die städtische Bevölkerung bereits auf ca. 266 100 Personen, allerdings ist die jährliche Zuwachsrate vergleichsweise hoch.

Eine Bahnstrecke verbindet Batman mit İstanbul, zudem verfügt die Stadt über einen internationalen Flughafen. Zu den Sehenswürdigkeiten in der Umgebung Batmans gehören das İmam Abdullah-Kloster, die Brücken von Camiü´r Rızk sowie Hasankeyf, Hauptstadt der Artukoğulları im 12. Jahrhundert.

In Sason fand man Relikte der Skythen (635-584 v. Chr). Der Ort wurde erst ab 639 n. Chr. von der arabischen Armee kontrolliert.

LINKE SEITE:
Das verfallene Schloss in Kahta

Im Osten der Provinz Batman liegt der Verwaltungsbezirk Sason mit kleinen Dörfern in fruchtbaren Tälern. Die beiden größten Flüsse Sason und Kayzer fließen in den Batman-Stausee. Aufgrund unkontrollierten Abholzens ist die einst dicht bewaldete Gegend heute nur noch spärlich mit Eichen, Walnuss und Pappeln bewachsen.

Die Haupteinnahmen werden aus dem Tabakanbau erzielt, doch auch Obst gewinnt allmählich an Bedeutung. In dieser bergigen Region findet man noch Spuren der Urartäer und Skythen.

Hasankeyf ist eine kleine Kreisstadt in der Provinz Batman, die in einer Höhe von 635 Metern über dem Meeresspiegel am rechten Ufer des Tigris liegt. Die Entfernung zur syrischen Grenze beträgt etwa 50, die zur irakischen rund 80 Kilometer. Flussabwärts ist bei Cizre der Neubau eines großen Tigris-Staudamms, der Ilısu Barajı, geplant. Die dann aufgestauten Wasser drohen die Unterstadt von Hasankeyf mit ihrer großen Fülle historischer Bauten versinken zu lassen.

Gegründet wurde der Ort als römischer Grenzposten Cephe. Mit dem Bau einer Brücke über den Tigris garantierte man Passanten einen sicheren Weg über den Fluss und dem Staat sichere Einträge aus dem erhobenen Brückenzoll sowie den Umschlag- und Lagergebühren für Handelswaren. Da man mit dem Bau dieser Brücke gleichsam eine Pforte zu den weiter im Osten gelegenen politischen Machtzentren schuf, ging mit dieser Öffnung die Sicherung der östlichen Grenze des römischen Reiches und der Ausbau Hasankeyfs zu einer Festung einher. Genutzt wurde hierfür ein an drei Seiten von Tälern umgebener, mehr als 100 Meter über den Tigris aufragender Felsen.

In der byzantinischen Epoche entstand in Hasankeyf ein bedeutender Bischofssitz, jedoch wurden die geschichtlichen Ereignisse der Stadt und ihres Umlands im Wesentlichen durch fortwährende Grenzkonflikte mit den Sassaniden bestimmt.

Das wichtigste Produkt in der schroffen Landschaft von Sason ist der Tabak.

RECHTE SEITE:
Eine dreibogige Brücke beherrscht das Panorama von Hasankeyf. Reste einer mittelalterlichen Brücke stehen noch heute an dieser markanten Engstelle.

Gegen Mitte des 4. Jahrhunderts n. Chr. entstand auf den Felsen oberhalb des Tigris eine mächtige Festungsanlage, die die Bewohner vor weiteren Übergriffen schützen sollte. Seine Blütezeit erlebte der Ort unter den Artukiden zu Beginn des 12. Jahrhunderts, die ihn „Hısn Keyfa" nannten.

Zwischen 1116 und 1117 wurde an einer markanten Engstelle des Tigris, an der die felsigen Steilufer des Flusses von einer Seite auf die andere wechseln, eine gewaltige Brücke errichtet, mit der die Handelsströme von Mesopotamien nach Anatolien entlang der alten Seidenstraße über einen neuen und sicheren Flussübergang verfügten.

In der darauffolgenden Zeit wurde die ehemalige Residenzstadt der Artukiden von einem unmittelbar benachbarten Hochplateau, das mit seiner isolierten Lage auf einem rundum steil abfallenden Felsmassiv ideale Verteidigungsmöglichkeiten geboten hatte, bis an das Flussufer in der Umgebung des südlichen Brückenkopfes erweitert.

Eine neue Befestigungsmauer schützte das große Stadterweiterungsareal und eine Reihe prachtvoller öffentlicher Bauten demonstrierte das Selbstbewusstsein der ayyubidischen Herrscher, die Hasankeyf im Jahr 1234 übernahmen.

Von den Auswirkungen der beiden Mongolenstürme, die

in der Mitte des 13. und zu Beginn des 15. Jahrhunderts über die Landschaft hinwegfegten, konnte sich Hasankeyf niemals wieder vollständig erholen; in wochenlangen Feuersbrünsten waren die Vegetation und die Kulturlandschaft vollends vernichtet worden.

Hoch über dem Ufer des Tigris thront die Oberstadt von Hasankeyf mit den Ruinen eines Palasts aus dem 12. Jahrhundert.

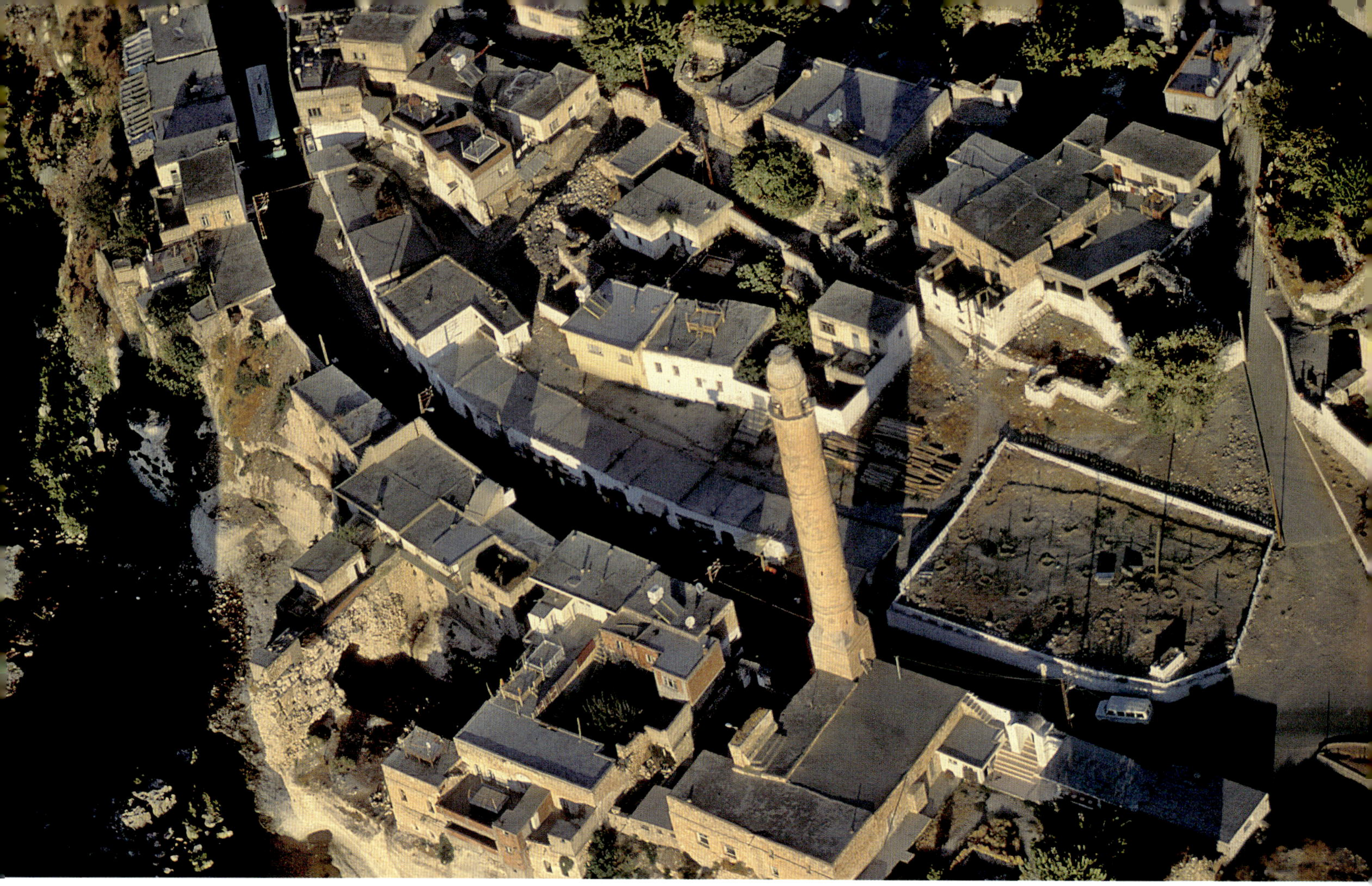

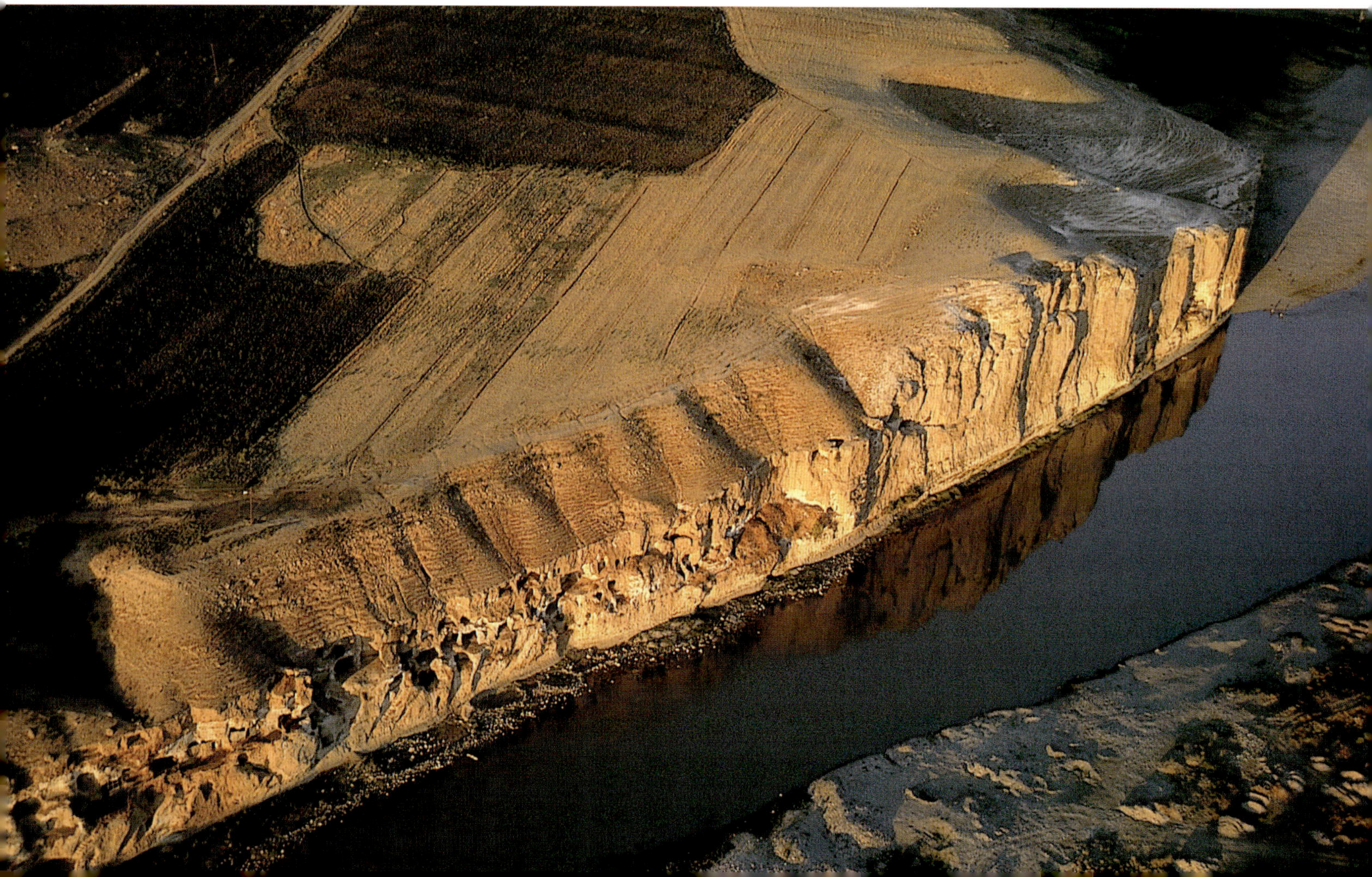

Zwar konnten auch weiterhin zufrieden stellende Ernteerträge erzielt werden, doch entstand auf den Böden keine natürliche Pflanzendecke mehr, die die fortschreitende Erosion hätten eindämmen können.

Nachdem die lokale Dynastie der Ayyubiden ihre Macht an die ab dem beginnenden 16. Jahrhundert im zirka 100 Kilometer entfernten Mardin residierenden Verwalter der Osmanen verloren hatten, siedelte sich der überwiegende Teil der Bevölkerung in den Höhlen und Häusern auf dem Burgberg an.

Neben der mittelalterlichen Tigrisbrücke, von der heute noch vier Bögen stehen, zählt die im Jahr 1409 auf einem steilen Felsblock unmittelbar am Flussufer, am Weg von der Ober- zur Unterstadt, erbaute Rızk Moschee zweifellos zu den beeindruckendsten historischen Monumenten Hasankeyfs. Mit seinem hohen, schlanken Minarett konnten Besucher des Ortes und Handelsreisende diesen dominierenden Bau schon von Weitem wahrnehmen; auch heute noch prägt er trotz seines mittlerweile ruinösen Zustands ganz wesentlich das Bild der modernen Stadt.

Als einer der malerischsten Städte der Türkei gilt die am Westufer des oberen Tigris gelegene Provinzhauptstadt Diyarbakır, darüber hinaus zählt die Großstadt mit ihren knapp 670 000 Einwohnern derzeit zu den wichtigsten Industriestandorten der Türkei.

Obwohl das groß angelegte Güneydoğu Anadolu Projesi (GAP), das Südostanatolien-Projekt, der Landwirtschaft im Umland zu neuem Aufschwung verhalf, ist Diyarbakır heute Anziehungspunkt für zahllose Binnenmigranten und verzeichnet stetig zunehmende Einwohnerzahlen.

Nach assyrischer und achämenidischer Herrschaft gelangte der Ort in römische Abhängigkeit und wurde zur Hauptstadt der Provinz Mesopotamia. Im Jahr 115 n. Chr. gelang hier Kaiser Trajan ein

Turmbastion der Stadtmauer
in Diyarbakır

entscheidender militärischer Schlag gegen die Parther, und vom 4. bis zum beginnenden 7. Jahrhundert n. Chr. diente Diyarbakır, damals „Amida" genannt, den Byzantinern als Festung gegen die fortwährenden Vorstöße der Sassaniden; unter Constantius II. wurde die Stadt stark befestigt und beherbergte zeitweise bis zu sieben Legionen.

Steinerne Brücke in der
bergigen Landschaft

Amida wurde im Jahre 636 von den Arabern erobert, die den Ort dem Stamm Beni Bakr überließen; diese verliehen der Stadt dann auch ihren neuen Namen „Diyar Bakr", zu Deutsch „Land der Bakr". 1085 wurde die Stätte von Seldschuken verwüstet und dann im 14. Jahrhundert zur Hauptstadt der turkmenischen Akkoyunlu. Unter persische Herrschaft geriet Diyarbakır gegen 1507 n. Chr., und 1515 gelangte sie unter Selim I. schließlich in den Besitz der Osmanen.

Diyarbakır besitzt eine der größten und besterhaltenen Befestigungsanlagen des Vorderen Orients. Errichtet wurde sie

aus großen Blöcken des in der näheren Umgebung vorkommenden dunklen Basalts, weshalb die Stadt bisweilen den Beinamen *Kara Amid*, das „schwarze Amida", erhielt.

Die 394 n. Chr. erbaute und knapp 200 Jahre später, unter Kaiser Justinian, in Teilen erweiterte Mauer ist rund 5,5 Kilometer lang, hat eine Höhe von zehn bis zwölf Metern und weist eine Stärke von drei bis fünf Metern auf. Sie verfügt über 78 Türme und vier Tore, die nach den vier Himmelsrichtungen ausgerichtet sind.

Im Inneren der Anlage, nordöstlich der Altstadt auf einem 40 Meter hohen künstlichen Hügel, liegt die Zitadelle, das İç Kale, von Diyarbakır. Deren nicht weniger massive Umfassungsmauern wurden mit mehr als 16 Türmen ausgestattet, zudem befinden sich auch hier vier Tore, von denen sich zwei, das Saray Kapısı und das Küpeli Kapısı, zur Stadt und die anderen zwei, das Fetih Kapısı und das Oğrun Kapısı, nach außen hin öffnen.

Eine um 1160 erbaute Moschee, die İç Kale Camii, mit angeschlossener Türbe, einem Mausoleum, liegt im westlichen Bereich der Oberburg; der massige Sockel des Minaretts geht in seiner Entstehung wohl auf seldschukische Zeit zurück. Etwas nördlich davon finden sich die verfallenen Reste der ehemaligen Georgskirche aus dem 4. Jahrhundert n. Chr. Der armenische Sakralbau verfügte in seinem

FOLGENDE DOPPELSEITE:
Die Entdeckung eines monumentalen Heiligtums im Göbekli Tepe (bei Urfa) hat uns gezeigt, dass bereits vor fast 12 000 Jahren ein ausgesprochen hohes Kunstverständnis vorhanden war. Auf einem der Pfeiler ist ein Fuchs dargestellt.

In traditionellen Kebabcı werden auf einem riesigen Holzkohlegrill Fleisch-, Paprika- und Tomatenspieße gegrillt.

ursprünglichen Zustand über eine Kreuzkuppel und eine große, von einem Holzdach geschützte Säulenhalle.

Die Behram Paşa Camii mit ihrer überaus reich verzierten Gebetsnische ist mit Abstand die größte Moschee Diyarbakırs. Erbaut wurde das im südwestlichen Altstadtviertel gelegene Gebäude 1572 unter strenger Einhaltung der für entsprechende Sakralbauten geltenden Baustilregeln.

Etwas jünger ist die im Süden der Altstadt zu findende Hüsrev Paşa Camii aus der Zeit um 1521–1528. Gestiftet wurde der als Medrese konzipierte Bau vom damaligen Statthalter Hüsrev Paşa. Eine Besonderheit der Moschee bestand unter anderem darin, dass sich die Gebets- und Unterrichtszimmer

Gebratene Leber mit Zwiebeln, Petersilie und Fladenbrot gehört in Diyarbakır zu einem typischen Frühstück, ebenso wie Ayran, ein Getränk aus Joghurt und Wasser.

LINKE SEITE:
Örgü Peyniri, eine der zahlreichen Käsespezialitäten der Region Diyarbakır

in ein und denselben Räumlichkeiten befanden. Hervorzuheben sind ebenfalls die mit Fayencen geschmückten Innenwände sowie die auffallend reich dekorierte Kanzel und Gebetsnische.

Beherrscht wird die Altstadt Diyarbakırs jedoch von der im Zentrum gelegenen Ulu Camii. Diese ent-
stand im Laufe des 11. und 12. Jahrhunderts – angeblich am Ort einer älteren christlichen Kirche – im
Baustil der Omajadenmoschee von Damaskus. In späterer Zeit, vor allem nach dem Großbrand des
Jahres 1115, wurde das Gebäude mehrfach restauriert und umgebaut.

Bei der Gestaltung des dreischiffigen Innenraums mit zentraler Vierung und doppelter Arkadenhalle
kamen zahlreiche antike Bauteile, darunter Säulen und Kapitelle, zum Einsatz. Etwas Abseits der Moschee befindet sich das Minarett, das in Anlehnung an syrische Vorbilder mit quadratischem Grundriss errichtet wurde.

Die Masudiye Medresesi, eine für Sultan Sökmen II. entworfene Unterrichtsstätte für Medizin und
Theologie, befindet sich unmittelbar östlich der Ulu Camii. Das mit Arkaden geschmückte Gebäude
wurde von einem syrischen Architekten entworfen und zwischen 1198 und 1123 errichtet. Ebenfalls
östlich der Ulu Camii befindet sich eine vierbündige Karawanserei aus dem späten 16. Jahrhundert,
das Hasan Paşa Hanı; in den Räumlichkeiten der doppelgeschossigen Anlage befinden sich heute verschiedene Aufenthaltsräume und zahlreiche Ladengeschäfte.

Im Südwesten der Großen Moschee liegt die im 12. Jahrhundert erbaute Koranschule Zincirli Medresesi. Deren quadratisch angelegter Innenhof ist auf drei Seiten von den Zellen der Schüler umgeben
und im Osten befindet sich eine Bogenhalle.

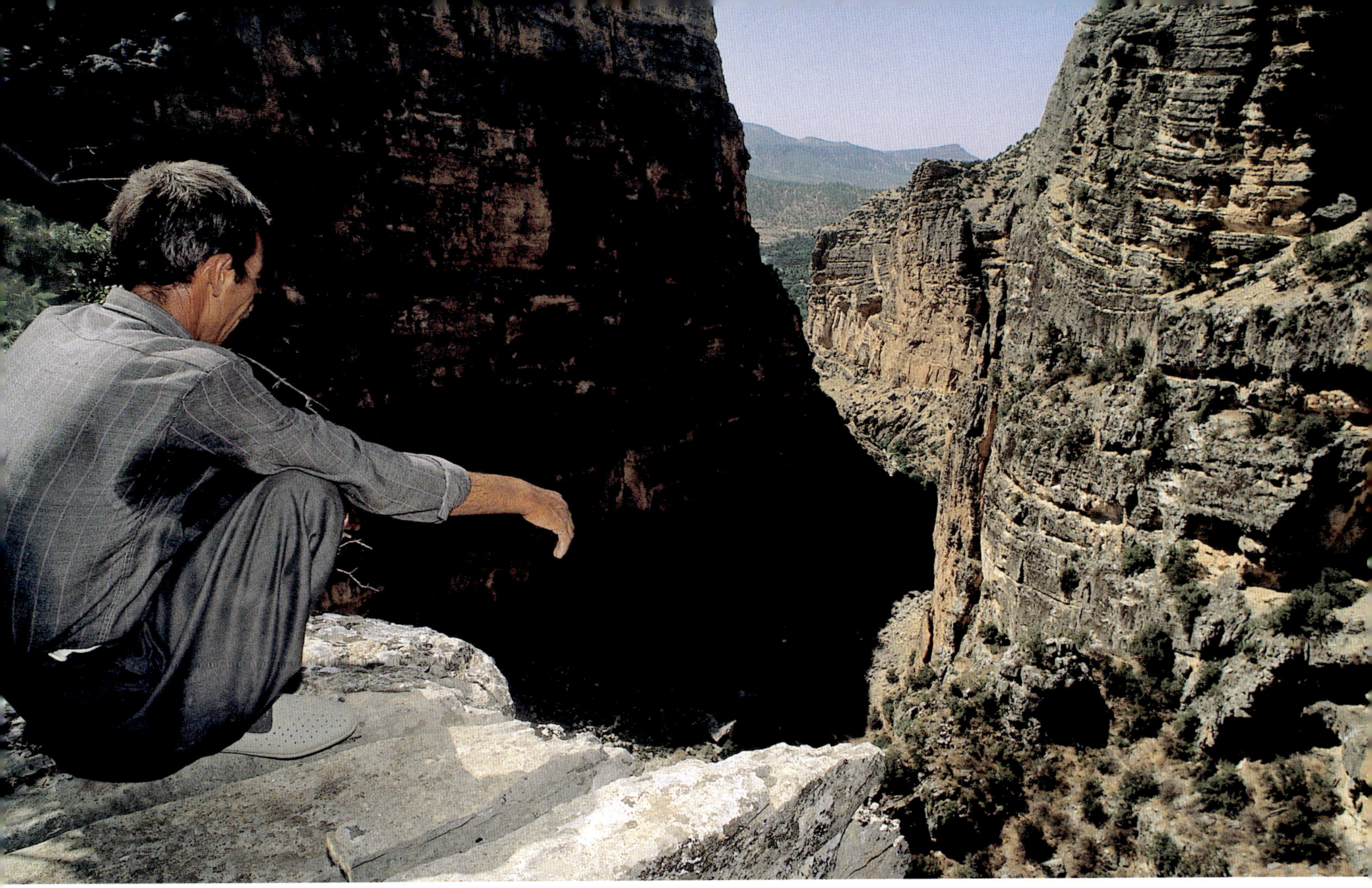

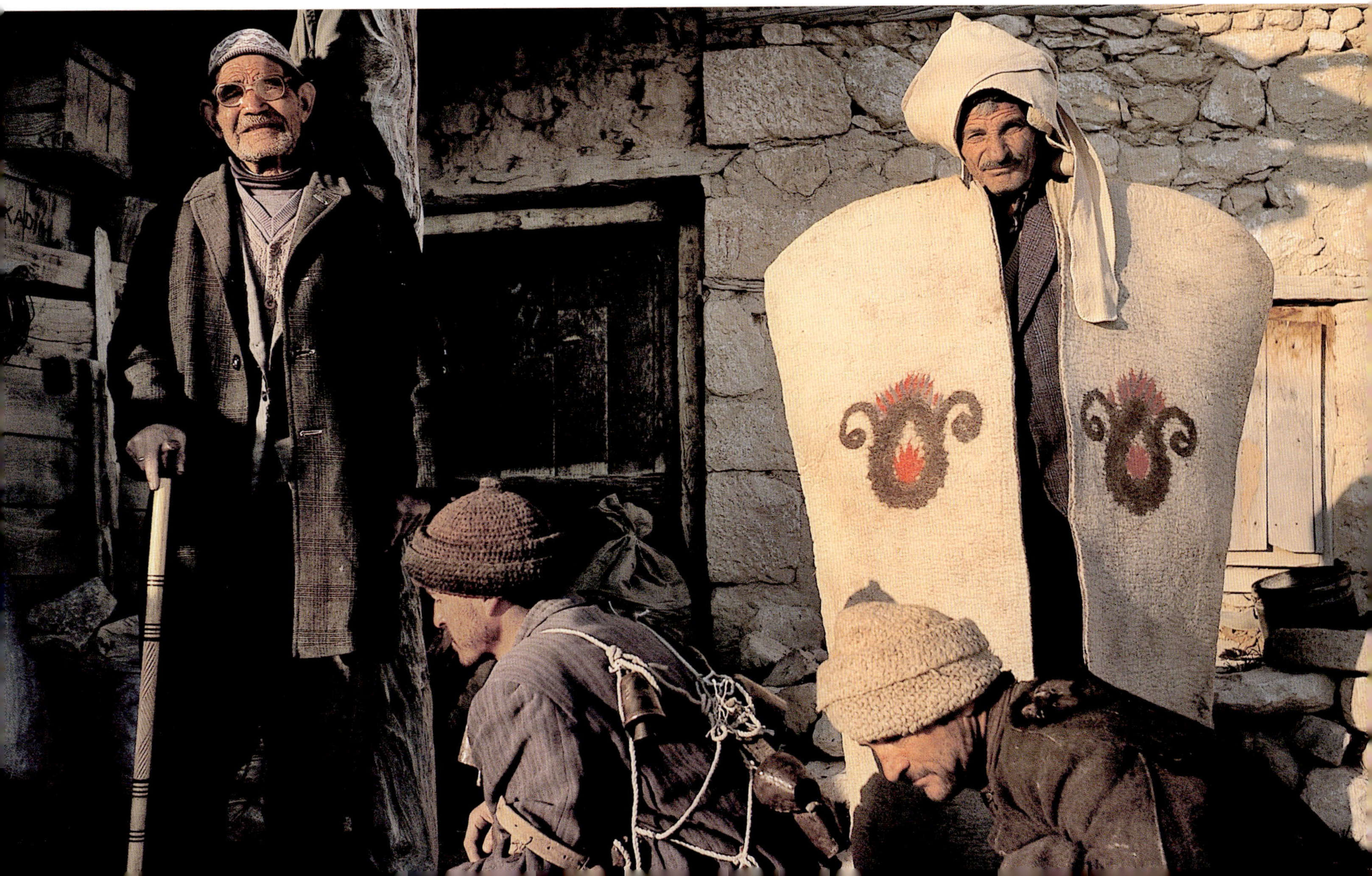

Zu den kulturellen Highlights der Stadt Diyarbakır zählt zweifelsohne das alljährlich stattfindende „Wassermelonenfestival". Bei diesem werden besonders große und schwere Exemplare einer für die Region typischen schwarz-grün gestreiften Wassermelonensorte prämiert, die bisweilen ein Gewicht von bis zu 75 Kilogramm erreichen können.

Drei Kilometer südlich der Stadt führt die sogenannte Roman Köprüsü, eine Steinbrücke mit zehn Bögen, über den Tigris. Bereits um 512 n. Chr., zur Zeit von Anastasios I., existierte hier ein Übergang über den Fluss, die heutige Baugestalt geht allerdings auf das Jahr 1065 zurück.

Eine beeindruckende Festungsanlage aus dem 1. Jahrtausend v. Chr. erhebt sich auf einem steilen Felsen, hoch über dem tiefen Tal des oberen Tigris, südöstlich von Eğil. Assyrische Reliefs aus der Zeit um 720 v. Chr. sind am Burgfelsen zu sehen, von dem aus schmale Felsgänge zum Flussufer hinabführen.

Knapp 23 Kilometer nordwestlich der kleinen Kreisstadt Lice, die ebenfalls von einer aus dem Mittelalter stammenden Zitadelle überragt wird, liegt der sogenannte Tigristunnel. An dieser Stelle durchfließt der Fluss eine knapp 750 Meter lange Höhle und tritt in einem etwas weiter im Westen gelegenen Quelltopf erneut zutage.

Zwei oberhalb dieses Ortes gelegene Höhlen erreicht man über eine künstlich angelegte Freitreppe, die in ihrer Entstehung vielleicht sogar auf urartäische Zeit zurückgeht. Verschiedene Felsreliefs und Keilschrifttexte aus der Zeit von König Salmanassar III. (858–824 v. Chr.) befinden sich am Eingang zur größeren der beiden Höhlen.

Zu den weiteren Sehenswürdigkeiten im Raum Diyarbakır zählen unter anderem die Thermalquellen von Kaplıcarı, der mittelalterliche Festungsbau von Çermik, der wegen seinen Kupfervorkommen und der hoch entwickelten Schmiedekunst berühmt gewordene Ort Ergani und die rund 100 Kilometer östlich der Provinzhauptstadt gelegene Stadt Silvan mit ihrer unter Sultan Saladin errichteten Moschee Şelaheddin-i Ayyubi Camii aus dem Jahr 1185.

Die kunstfertigen Arbeiten der Kupferschmiede von Şanlıurfa sind im ganzen Land bekannt und schauen auf eine jahrhundertealte Tradition zurück.

Der gewaltige Atatürk-Stausee, der nahezu die Ausmaße des Bodensees besitzt, hat viele Siedlungen und historische Orte von der Landkarte wegradiert.

Von alters her zählt die Provinz Gaziantep zu den wichtigsten Handelszentren des Vorderen Orients und ist heute – mit Wachstumsraten die weit über dem landesweiten Durchschnitt liegen – eine der bedeutendsten Industrielandschaften der Türkei. In mehreren Bereichen des Chemie-, Lebensmittel- und Textilsektors ist Gaziantep derzeit führend.

In den Städten der Region haben sich neben zahlreichen handwerklichen Kleinbetrieben zur Herstellung von Seife aus Olivenöl, Lederbekleidung, Zeltstoffen aus Ziegenhaar und Süßigkeiten aus Weintrauben insbesondere Baumwoll- und Seidenwebereien, Zementfabriken sowie metall- und holzverarbeitende Betriebe angesiedelt.

Weithin bekannt ist die Region zudem für ihre überaus reiche Esskultur; an kaum einem anderen Ort der Türkei gibt es so viele kulinarische Spezialitäten wie hier. So gelten etwa Antep Lahmacun (ein mit besonders zubereitetem Hackfleisch belegter dünner Teigfladen), Antep Baklava (mit Mandeln und Pistazien gefüllte Blätterteigschichten, die mit Zuckersirup übergossen werden) und die Antep Fıstığı (eine besondere Art von Pistazien) als die weltweit besten; ebenso erfreuen sich Çiğ Köfte (Klößchen aus rohem Hackfleisch), İçli Köfte (mit Hackfleisch gefüllte Weizenklößchen), Ciğer Kavurma (gebratene Leber), Kelle Paça (Haxensuppe) und Kuşbaşı Kebab (gewürfelte Fleischstücke), Yoğurt Kebabı (Fleischspieß mit Joghurt), Karnı Yarık (gefüllte Auberginen), Patlıcan Kebap (Auberginen-Spieß) oder Fıstık Ezmesi (ein Püree aus Pistazien) überregionaler Beliebtheit.

Im Laufe seiner wechselhaften Geschichte stand die Region zunächst unter dem Einfluss der Hethiter, danach wurde sie von Assyrern beherrscht, später dann von Persern, Römern und Byzantinern sowie von Abbasiden und Seldschuken. Während der Kreuzzüge erlebte sie zahlreiche Schlachten und Kämpfe, auch errang hier Saladin im Jahr 1183 n. Chr. einen seiner entscheidenden Siege gegen das Heer der Kreuzfahrer.

Ihre Glanzzeit erlebte die Gegend im Osmanischen Reich; aus dieser Zeit stammen unzählige, teils überaus prächtig ausgestattete Badehäuser, Moscheen und Medressen. Nach dem Zusammenbruch der osmanischen Herrschaft stand die Provinz zwischen 1918 und 1921 unter englischer, später französischer Militärverwaltung. Auch wenn während des Türkischen Befreiungskrieges ein Großteil der Bevölkerung gegen die Besatzungsmacht mobilisiert werden konnte, scheiterte der Widerstand an den französischen Truppen.

Im Jahr 1921 wurde von der Großen Türkischen Nationalversammlung eine Umbenennung der Stadt beschlossen: Das Wort Gazi, eigentlich eine spezielle Bezeichnung für ehemalige Frontkämpfer der osmanischen Armee, die jedoch auch als Ehrentitel für außerordentliche Verdienste in einer Schlacht vergeben wurde, sollte zukünftig dem ursprünglichen Namen Ayntap vorangestellt werden.

FOLGENDE DOPPELSEITE:
Frühsteinzeitliche Pfeileranlage auf dem Göbekli Tepe. Im Zentrum des Rundbaus stehen zwei große T-Pfeiler.

Die Provinzhauptstadt Gaziantep zählt heute mit zu den modernsten Industriestädten der Türkei, war im Laufe seiner wechselvollen Geschichte – bedingt durch seine Lage im Grenzgebiet zwischen Syrien und Kleinasien – jedoch vielfach umkämpft. Zeugnis davon legt die gut erhaltene, am nördlichen Rand der Altstadt gelegene Zitadelle aus seldschukischer Zeit ab. Sie ersetzte einen Vorgängerbau aus dem 6. Jahrhundert, der unter Justinian errichtet worden war.

Im Jahr 2000 zählte Gaziantep rund 850 000 Einwohner und stand damit unter den türkischen Großstädten an sechster Stelle. Das Zentrum der Stadt beherbergt zahlreiche Glanzstücke osmanischer Architektur und das so genannte Şehitler Abidesi, ein Denkmal zu Ehren der Gefallenen im Befreiungskrieg, ist heute ein touristischer Anziehungspunkt.

Der rätselhalfte Ort Şuayıb Şehri (tote Stadt – heute Özkent) östlich von Harran, dessen antiker Name nicht bekannt ist. Nach islamischer Ortslegende lebte hier der im Koran des Öfteren genannte Prophet Shoaib, ein Nachkomme Abrahams.

Zu den bedeutendsten Sehenswürdigkeiten im Umfeld Gazianteps zählt vor allem die rund zehn Kilometer nordwestlich, beim Dorf Dülük gelegene Vorgängersiedlung Doliche. Bis 637 n. Chr. befand sich hier das eigentliche Zentrum der Region, die damals noch unter dem Namen Teluch bekannt war. In der Frühphase der Besiedlung verfügte der Ort zunächst über einen Tempel des Jupiter Dolichenus, später wurde die Stadt dann zum Sitz des Bischofs.

Unter dem Abasidenkalifen Harun al Rashid, der Doliche gegen Ende des 8. Jahrhunderts kampflos übernahm, entstand zwar noch eine kleinere Festung zur Sicherung der Grenze, allerdings hatte der Ort bereits schon damals seine Vormachtsstellung an das unweit gelegene Ayntap weitestgehend verloren.

Auf einem großen Siedlungshügel rund 30 Kilometer südöstlich von Gaziantep, beim Ort Til Bahram, liegt die mittelalterliche Festung Turbessel bzw. Tellbasar Kalesi. Von der einstmals groß angelegten Burg sind heute noch Teile der massiven Wehrmauern, der zugehörigen Befestigungswerke sowie das Tor erhalten.

Knapp drei Kilometer westlich des türkischen Grenzorts Barak, der heute Karkamış genannt wird, liegt die Ruinenstätte der im Altertum überaus bedeutenden Handelsstadt Karkamisch. Diese beherrschte eine der wichtigsten Furten durch den Euphrat, eben an der Stelle, an der der Fluss die Türkei verlässt und nach Syrien fließt.

Auch in Mezraa Teleilat haben Archäologen wegen einiger Staudammprojekte Rettungsgrabungen unternommen, um historisches Kulturgut zu erhalten.

Archäologischen Untersuchungen zufolge war der Ort bereits während des Neolithikums und der frühen Bronzezeit besiedelt. Im Laufe des 3. Jahrtausends v. Chr. wird Karkamisch erstmals schriftlich in den Archiven von Ebla erwähnt und um 1720 v. Chr. soll es dort laut einer babylonischen Urkunde bereits ein fest etabliertes Königsgeschlecht gegeben haben.

Unter Pharao Thutmosis III. gehörte Karkamisch zum Großreich der Ägypter, im späten 15. Jahrhundert v. Chr. geriet es unter die Oberhoheit der Mitanni, bis es unter König Šuppiluliumaš I. im 14. Jahrhundert v. Chr. zur Residenzstadt hethitischer Vizekönige wurde. Diese bauten die hervorragende Stellung Karkamischs systematisch aus, dessen Selbständigkeit erst mit der Eroberung durch die Assyrer unter Sargon II. gegen Ende des 8. Jahrhunderts v. Chr. endete.

Im Sommer 605 v. Chr. wurde Karkamisch zum Schauplatz einer Schlacht zwischen der babylonischen Armee unter Nebukadnezar II. und dem ägyptischen Heer unter Necho II; durch einen unerwarteten Angriff der Babylonier wurde das Truppenaufgebot der Ägypter besiegt und diese mussten Syrien später vollständig aufgeben.

In der griechischen und römischen Antike führte bei Karkamisch eine strategisch wichtige Heerstraße über den Euphrat, allerdings verlor diese mit dem Niedergang Roms zunehmend an Bedeutung und geriet zusammen mit der alten Grenzstadt nach und nach in Vergessenheit.

Zu den bedeutendsten archäologischen Relikten des Ortes, die zeitweise auch von T. E. Lawrence, besser bekannt als „Lawrence von Arabien", untersucht wurden, zählen unter anderem die massiven Stadtbefestigungen aus späthethitischer Zeit, deren Toranlagen mit reliefierten Steinplatten ausgestattet worden waren, sowie der Palast und andere Großbauten im Inneren der Zitadelle.

An den Rändern des Birecik-Staudamms sind noch Reste des antiken Ortes Zeugma zu sehen. Die ehemals prächtigen Villen, an den fruchtbaren Ufern des Euphrat gelegen, sind bereits den Fluten zum Opfer gefallen. Die kostbaren Mosaiken und Fresken befinden sich teilweise im Museum in Antep. Darunter auch diese Abbildung, die vermutlich Gaia, die Erdgöttin, darstellen soll.

In einem kleinen Tal südlich des Dorfes Yesemek, etwa 35 Kilometer südöstlich der überaus lebendigen und heute prosperierenden Kreisstadt İslahiye, liegen ein Bildhaueratelier und ein Steinbruch aus

Der Nemrut Gölü ist der größte Kratersee Anatoliens und hat seinen Namen vom König Nemrut.

hethitischer Zeit. In dem weitläufigen Gelände befinden sich zahlreiche steinerne Großplastiken in unterschiedlichen Stadien der Bearbeitung. Die Werkstätte belieferte während des ausgehenden 2. und beginnenden 1. Jahrtausends v. Chr. die großen hethitischen Zentren mit Reliefplatten, Löwenskulpturen, Sphingen und Berggöttern.

Beim Dorf Zincirli, nicht mehr als zehn Kilometer nördlich von İslahiye, liegt die Ruinenstätte der späthethitischen Fürstenresidenz Sam'al. Gegründet wurde der Ort bereits im 14. Jahrhundert v. Chr. und war spätestens im 9. Jahrhundert v. Chr. zu einer stattlichen Festung mit zahlreichen palastartigen Bauten im Inneren ausgebaut worden. Das Zentrum umgab ein doppelter, kreisförmig angelegter Mauerring, der mit über 100 Wehrtürmen und mehreren Toren ausgestattet wurde und einen Durchmesser von nicht weniger als 720 Metern aufwies.

Im späten 8. Jahrhundert v. Chr., unter Sargon II., wurde der Ort von den Assyrern erobert, und beim Versuch seine Autonomie wiederzuerlangen, wurde Sam'al im Jahre 650 v. Chr. völlig vernichtet; meterhohe Brandschuttschichten zeugen heute vom gewaltigen Ausmaß der Zerstörung.

An einem Flussbogen des Euphrat, etwa zehn Kilometer östlich von Gaziantep entfernt, liegt das vor allem im hellenistisch-römischen Altertum bedeutende Zeugma. Zusammen mit der am gegenüberliegenden Flussufer gelegenen Stadt Apameia wurde es 300 v. Chr. von dem Diadochen Seleukos I., einem General Alexanders des Großen, gegründet.

Wie viele andere Stadtgründungen dieser Zeit, sollte auch der „Seleukia" genannte Ort insbesondere eine direkte Verbindung zwischen dem Kernland des seleukidischen Reiches, das sich von seiner im Westen gelegenen Hauptstadt Antiochia bis weit nach Indien erstreckte, zu den eher peripher gelegenen Gebieten schaffen. Hier kontrollierte man zudem einen der wichtigsten Euphrat-Übergänge und durch die Zolleinnahmen, die den zahllosen Reisenden auf ihrem Weg vom Mittelmeer zu den im Osten gelegenen Orten abverlangt wurden, konnten die Staatsfinanzen erheblich aufgebessert werden.

In der zweiten Hälfte des 2. Jahrhunderts v. Chr. geriet die Siedlung zunehmend unter den Einfluss Roms und wurde zu einem wichtigen militärischen Stützpunkt ausgebaut, an dem eine der insgesamt vier an der Ostfront eingesetzten Legionen stationiert wurde.

Vom Ufer des Euphrats bis zur kurz unterhalb der in einer Höhe von etwa 300 Metern gelegenen Akropolis dehnte sich im Westen Zeugmas ein größeres römisches Wohngebiet mit zahlreichen, teilweise mit prächtigen Mosaiken ausgestatteten Villenanlagen aus. Im Bereich der südlichen und westlichen Flanke des Hügels Belkis Tepesi lagen die Nekropolen der Stadt mit ihren zahlreichen Felsengräbern, im Osten und Nordosten richtete man hingegen Handwerkerquartiere ein.

Ganz im Norden des Ortes lagen das administrative und gesellschaftliche Zentrum der Stadt sowie die zahlreichen Versorgungseinrichtungen der hier stationierten Legion, und ein der Stadtgöttin Tyche geweihter Tempel erhob sich in der Mitte der Akropolis. Große Teile des antiken Stadtgebiets sind

Im Stadtgebiet von Şuayıb Şehri findet man zahlreiche antike Inschriften und große antike Felshäuser, die man meist durch einen Dromos betritt.

FOLGENDE DOPPELSEITE:
LINKS:
In Urfa gibt es faszinierende Verbindungen von arabischen und kurdischen Kulturen, was sich bei den Menschen im Alltag deutlich zeigt.

RECHTS:
Renoviert und mit kunstvollem spätantikem Dekor verziert, ist die Muttergotteskirche Hah in Anıtlı Teil eines Klosters.

Das Stadtgebiet Mardins schmiegt sich dicht an ein von der mittelalterlichen Festung eingenommenes Felsplateau und überblickt die Ebene von Mesopotamien. Der Ort verbindet über ein Straßen- und Schienennetz die Türkei mit Syrien und dem Irak.

heute unter bis zu 5 Meter dicken Erdschichten begraben und nur wenige Baustrukturen und architektonische Elemente sind an der Oberfläche zwischen Nussbäumen zu erkennen.

Von der am Abhang eines steil abfallenden Felsplateaus gelegenen Kreisstadt Mardin bietet sich ein überaus beeindruckender Blick über die weiten Ebenen des nördlichen Mesopotamiens. Im Laufe seiner mehrere Jahrtausende umfassenden Geschichte wurde der Ort von Hurritern, Hethitern, Babyloniern und Persern, Römern, Aramäern, Arabern und Seldschuken beherrscht.

Gegen 1100 übernahm eine kurdische Dynastie die Macht über Mardin, allerdings musste diese ihre mühsam errungene Position bereits acht Jahre später an die turkmenischen Ortokiden abgeben, die sich ohne Unterbrechung bis 1260 halten konnten; 1516 geriet Mardin schließlich unter osmanische Kontrolle.

Die heutige Stadtbevölkerung setzt sich im Wesentlichen aus Aramäern, Kurden und Türken sowie Arabern zusammen. Im Jahr 1950 belief sich die Einwohnerzahl Mardins auf knapp 50 000, im Jahr 2000 zählte der Ort etwas über 65 000 Personen. Die lokale Wirtschaft ist nach wie vor stark von der Landwirtschaft geprägt, und erst in jüngerer Zeit erhöhte sich der Anteil an handwerklichen Kleinbetrieben.

Freitagsgebet in der Hali Rahman Camii in Şanlıurfa

Die mittelalterliche Festung von Mardin, das Telhan Kalesi, erhebt sich rund 500 Meter über die Hochebene und beherrscht eindrucksvoll die Altstadt. In ihren Ursprüngen geht die Anlage auf römische Zeit zurück, wurde im Laufe ihres Bestehens jedoch immer wieder umgebaut und erweitert. Von der Burg führt ein steiler Pfad zur tiefer gelegenen İsa Bey Medresesi, einem Koranschulenkomplex aus dem späten 14. Jahrhundert. Diese gilt als eines der am besten erhaltenen historischen Bauwerke der Stadt und verfügt neben einem Mausoleum und zwei Innenhöfen über eine Moschee mit mehreren gestreiften Kuppeln.

Aus dem 15. Jahrhundert stammt die im Westen der Stadt gelegene Kasım Bey Medresesi; sie umfasst neben den Räumlichkeiten der theologischen Hochschule selbst eine Moschee sowie verschiedene Unterkünfte.

Als eines der bedeutendsten architektonischen Monumente Mardins gilt gemeinhin die Ulu Camii, eine verhältnismäßig große Moschee im Zentrum der Stadt. Erbaut wurde sie im Laufe des 11. Jahrhunderts von den Ortokiden, wurde aber bereits kurze Zeit später, im Jahre 1176, durch einen großzügiger gestalteten Neubau ersetzt. 1832 erlitt das Gebäude während eines Aufstandes der kurdischen Bevölkerung schwere Schäden, wurde aber wieder entsprechend restauriert.

Bemerkenswert sind die prismenförmige Steinkuppel, die den dreischiffigen, durch Säulen geteilten Gebetsaal überspannt, und die drei relativ schlicht gestalteten Portale am Eingang, die noch vom ersten Bau stammen.

Das Jakobitenkloster Deir az Zafran liegt etwa sieben Kilometer östlich von Mardin. In der von hohen Mauern umgeben Anlage residieren seit Mitte des 12. Jahrhunderts, als die syrisch-orthodoxen Christen aus Antiochia vertrieben wurden, die Patriarchen der Jakobiten. Der Gebäudekomplex umfasst neben einem Arkadenhof und einer Krypta eine Marienkirche aus dem 6. Jahrhundert sowie eine von Anastasios I. gestiftete Kirche des Ananias aus der Zeit um 491–518.

Das ausgedehnte Ruinengelände der antiken Siedlung Dara liegt in der Nähe des Dorfes İstilil, knapp 17 Kilometer nordöstlich von Nusaybin, einer am Fluss Çaçak Çayı gelegenen Grenzstadt nach Syrien. Über die Frühgeschichte Daras ist vergleichsweise wenig bekannt, allerdings kann als gesichert angesehen werden, dass es unter Justinian im 6. Jahrhundert wesentlich erweitert wurde; nur wenig später, nach ihrer Eroberung durch die Araber im 7. Jahrhundert, erlebte die Ortschaft ihren Niedergang.

Zu den Besonderheiten der Stadt gehören unter anderem die eindrucksvollen Reste der ehemaligen Stadtmauer sowie diejenigen eines alten Schleusensystems.

Römisches Felskammergrab mit Reliefdekor in Şuayb Şehri

Als Zentrum syrischer Jakobiten galt im Mittelalter die im Osten von Mardin gelegene Stadt Midyat mit vier Bistümern und mehr als 80 Klöstern in ihrer näheren Umgebung. Einige der Anlagen gingen in ihrem Ursprung bis auf das 4. nachchristliche Jahrhundert zurück, allerdings wurde bereits im 11. Jahrhundert mit dem Einfall der Kreuzritter, die ihre verheerenden Raub- und Plünderzüge bis zu den reichen Dörfern dieser Region ausdehnten, schließlich der Niedergang der Klosterkultur besiegelt.

Nach dem Ersten Weltkrieg, insbesondere nach dem Abzug der Besatzungsmacht Frankreich aus Südostanatolien, wurde dann ein Großteil der lokalen christlichen Minderheit vertrieben.

Zu dem ehemals dichten System sakraler Einrichtungen um Midyat gehörte etwa die beim Dorf Anıtlı gelegene Marienkirche El Hadra mit ihrer hohen Kuppel und ihren auffällig dekorierten Außenwänden aus der Zeit um 700, ebenso wie die Klosterkirche Mar Azaziel unweit des Dorfes Ke-

Der nahe der Grenze zwischen Syrien und der Türkei gelegene Siedlungshügel Şavi Höyük gehört wie zahlreiche andere in der Ebene des Euphrats gelegene Fundplätze zum Einzugsgebiet des Karkamış-Staudamms und soll in absehbarer Zeit komplett überflutet werden.

Der Euphrat entspringt im Ostanatolischen Bergland, durchfließt Südostanatolien und einige Stauseen und verlässt die Türkei dann über die Grenze im Süden nach Syrien.

ferzi. Das Kloster Mar Kyriakos findet sich in der Nähe von Arnas und verfügt über einen Chor aus dem 8. oder 9. Jahrhundert. Knapp 25 Kilometer südwestlich von Midyat, beim Dorf Yayvantepe, wurde im 5. Jahrhundert das Kloster Mar Gabriel gegründet. Dieses umfasst mehrere Kirchen, darunter eine Gabriels- und eine Marienkirche, verschiedene Mausoleen sowie einen im Inneren achteckigen Kuppelbau, den angeblich Kaiserin Theodora gestiftet haben soll.

Nach dem Tod des makedonischen Königs Alexander des Großen im Jahr 323 v. Chr. gründete der Diadoche Seleukos I. am Ort der heutigen Provinzhauptstadt Şanlıurfa die Siedlung Orhai als Zentrum seines osthellenistischen Reiches und siedelte in verschiedenen Städten und Dörfern der Region makedonische Kriegsveteranen an. Von diesen erhielt die Stadt auch ihren späteren Namen „Edessa".

Das erst jüngst entdeckte römische Amazonenmosaik in Halepli Bahçe, Provinz Şanlıurfa.

In der darauffolgenden römischen Epoche zählte das Gebiet um Edessa zum Kleinkönigreich Osrhoene, das einen Teil des großen parthischen Imperiums bildete und erst 195 n. Chr. unter Kaiser Septimius Severus erobert werden konnte.

Nach dem Übertritt des römischen Provinzregenten Abgar des Großen zum christlichen Glauben – angeblich nach einer Wunderheilung seiner Hautkrankheit durch das Schweißtuch Christi – wurde Edessa zum Mittelpunkt des frühen Christentums in Südostanatolien. Bald nach ihrem Sieg über die Byzantiner am Yarmuk im Jahr 636 eroberten Araber die Stadt.

1087 ging Edessa an die Seldschuken, wurde jedoch bereits 1098 durch die Kreuzfahrer unter Balduin I. von Boulogne eingenommen und für knapp 50 Jahre zur Hauptstadt der blühenden christlichen Grafschaft Edessa.

Mit der Einnahme des Ortes durch die Araber 1144 wurden große Teile der Bevölkerung deportiert, versklavt oder getötet, und die Stadt selbst vollkommen zerstört. 1234 fielen Region und Stadt an den seldschukischen Sultan Ala ad Din Kaykubad I. und 1260 an den Führer der Mongolen Hulagu Khan, einen Enkelsohn von Dschingis Khan. Auf diese Weise blieb die Region vom übrigen Teil der christlichen Welt abgeschnitten und verschwand so gut wie vollständig aus der Geschichte, bis Reisende aus dem Westen die Region im 19. Jahrhundert wiederentdeckten.

1983 wurde der Provinz wie auch der Stadt, die beide bis dahin nur Urfa hießen, der Ehrentitel Şanlı, zu deutsch etwa „ruhmreich", verliehen; mit dem Namenszusatz soll – ähnlich wie im Falle von Gaziantep – an den Widerstand der Bevölkerung gegen die französische Besatzungsmacht im Türkischen Befreiungskrieg erinnert werden.

In Şanlıurfa verschmelzen heute zahlreiche Elemente der türkischen, kurdischen und arabischen Kultur. Besonders in den weitläufigen Bazar- und Altstadtvierteln der Stadt sind die vielfältigen orientalischen Einflüsse stark ausgeprägt.

Ansonsten kennzeichnet den Ort – neben ausgesprochen hohen sommerlichen Temperaturen von bis zu 45 °C – eine hektische Betriebsamkeit.

Der am östlichen Ufer des Euphrats gelegene Zeytinli Bahçe Höyük war zwischen dem 4. und 2. Jahrtausend v. Chr. eine der größten und bedeutendsten Siedlungen der Region.

Historisches Hamam, ein türkisches Dampfbad, in Şanlıurfa

RECHTE SEITE:
Durch das Auffüllen der Stauseen und die exzessive Nutzung von Flusswasser zur Bewässerung wird die Wasserführung von Euphrat und Tigris stark reduziert und die Nutzbarkeit für die Nachbarstaaten massiv eingeschränkt, was zu Spannungen führt.

Unterhalb der großen mittelalterlichen Zitadelle, die das Stadtbild auch heute noch mit ihrer rund 300 Meter langen und bis zu 80 Meter breiten Befestigungsanlage mit wenigsten 25 Wehrtürmen entscheidend prägt, befindet sich eine auch als Yeşil Kilise bezeichnete Moschee mit einer daran angeschlossenen Koranschule aus dem frühen 13. Jahrhundert. Der Sakralbau trat an die Stelle der älteren Marienkirche, die sich einst an diesem Platz befand.

Unmittelbar vor diesem Komplex erstreckt sich ein Birket İbrahim oder Hali Rahman Gölü genanntes Wasserbecken, das heute zu den wichtigsten kulturhistorischen und touristischen Orten der Provinz Şanlıurfa zählt.

Der religiösen Überlieferung nach wollte an dieser Stelle der grausame König Nimrud den Propheten Abraham seines monotheistischen Glaubens wegen auf dem Scheiterhaufen hinrichten. Dieser sei allerdings nach dem Entfachen des Feuers durch einen von Gott gesandten Sturm hinweggefegt worden – in einen eigens dafür geschaffenen Teich. Dieser sei zum heutigen See geworden, und die Holzscheite des Scheiterhaufenfeuers sollen sich in hunderte von heiligen Karpfen verwandelt haben.

Auf die Moschee Hasan Paşa Camii stößt man unmittelbar östlich des Hali Rahman Gölü, auf die langgestreckte Anlage der Abdürrahman Medresesi, eine höhere Lehranstalt für Theologie und islamisches Recht aus dem 17. Jahrhundert, an der Nordseite des Fischbeckens. Hier befindet sich ebenfalls die dreikuppelige Zülmiye Camii mit ihrem ausgesprochen schlanken Minarett, die eventuell an die Stelle der ehemaligen Thomaskirche trat.

Wo sich einst die Stephanskirche von Şanlıurfa befand, erhebt sich heute die Ulu Camii, ein ausgesprochen großer Moscheebau aus dem späten 12. Jahrhundert. Ihr achteckiges, der Westseite des Baus vorgelagertes Minarett geht zumindest in Teilen wohl auf die unter Kaiser Justinian errichtete Kirche zurück.

Ruinenfeld des antiken Harran, knapp 50 Kilometer südlich von Şanlıurfa; nach dem Mongolensturm im 13. Jahrhundert wurde die einst befestigte Stadt nicht wieder aufgebaut.

Über der Mihrab, der Gebetsnische im Inneren des Gebäudes, erhebt sich eine kleine, verhältnismäßig schlicht gestaltete Kuppel, während die Betsäle als prächtiges Kreuzgewölbe ausgelegt sind. Als Bauherr der Moschee gilt Nur ed Din, ein Sohn und Nachfolger des einstigen seldschukischen Statthalters von Mossul, Imad ed Din Zengi.

Die byzantinische Erlöserkirche unmittelbar unterhalb der Zitadelle auf dem Top Dağı wurde in osmanischer Zeit durch eine Dergah Camii genannte Moschee ersetzt. Diese birgt in ihrem Inneren die Eremitage des Propheten Abraham und dessen Heilquelle. Hier versammeln sich einmal jährlich unzählige Pilger auf ihrem Weg nach Mekka, um Segen für die Wallfahrt zu erbitten.

Zu den Besonderheiten Şanlıurfas ist ebenfalls der alte Bazar, der Kapalı Çarşı, südöstlich der Ulu Camii zu rechnen. Im Inneren des teilweise überdachten Geschäftsviertels befindet sich eine Karawanserei aus osmanischer Zeit, deren Innenhof heute als Çayhane, als Teehaus, verwendet wird.

Der antike Ort Harran liegt unweit der türkisch-syrischen Grenze, rund 47 Kilometer südöstlich von der Provinzstadt Şanlıurfa entfernt. Seit dem 3. Jahrtausend v. Chr. bis in mittelalterliche Zeit galt Harran als einer der bedeutendsten Handelsplätze im nördlichen Mesopotamien, was auch daran gelegen haben mag, dass hier mehrere wichtige, von der Küste des Mittelmeeres in das assyrische Kernland führende Fernhandelsrouten zusammenliefen. So leitet sich der Name der Stadt auch nicht zufällig von dem akkadischen Wort für Straße bzw. Wegegabelung „Harrânu" ab.

Im Alten Testament wird Harran als langjähriger Aufenthaltsort Abrahams und seiner Sippe auf seinem Weg von Ur nach Kanaan erwähnt, auch tragen diverse benachbarte Orte bisweilen Namen von Abrahams Verwandten, wie aus dem 18. Jahrhundert v. Chr. stammende Tontafeln belegen: Nahor, Peleg, Serug, Terach.

In der darauffolgenden Zeit gehörte Harran unter anderem zum Reich der Mitanni und Assyrer, seine größte Bedeutung erlangte Harran jedoch gegen Ende des 7. Jahrhunderts v. Chr., nachdem der babylonische König Nabopolassar am 25. Juli des Jahres 616 v. Chr. die Streitmacht der Assyrer am Ufer des Euphrats in einer Entscheidungsschlacht vernichtete. Alexander der Große integrierte Harran gegen 331 v. Chr. in sein Reich, im 2. Jahrhundert n. Chr. übernahmen es dann zeitweise die Römer.

Bis zum Jahr 639 zählte Harran zum byzantinisch-römischen Reich, danach wurde es von muslimischen Armeen eingenommen. Von 744–750 machte der aus dem Hause der Omaijaden stammende Kalif Marwan II. Harran zu seiner Residenz. In seine Regierungszeit fällt aller Wahrscheinlichkeit nach auch der Bau der Großen Moschee Ulu Camii mit der ältesten islamischen Universität. Das vorläufige Ende kam für Harran 1260 mit dem Einfall der Mongolen; bis zur Übernahme durch die Osmanen im Jahr 1516 hatte sich die Stadt noch nicht wieder von diesem erholt und entwickelte sich auch danach nie mehr zu einem städtischen Zentrum.

FOLGENDE SEITE
OBEN:
Besonders in wasserarmen Gegenden entstanden Siedlungen nicht selten in der Nähe von Dolinen.

UNTEN:
Ruinen des Harran Kalsei, der mittelalterlichen Festung von Harran

Eingangsportal und Minarett der Ulu Camii von Harran, einer großen Hallenmoschee aus dem 8. Jahrhundert

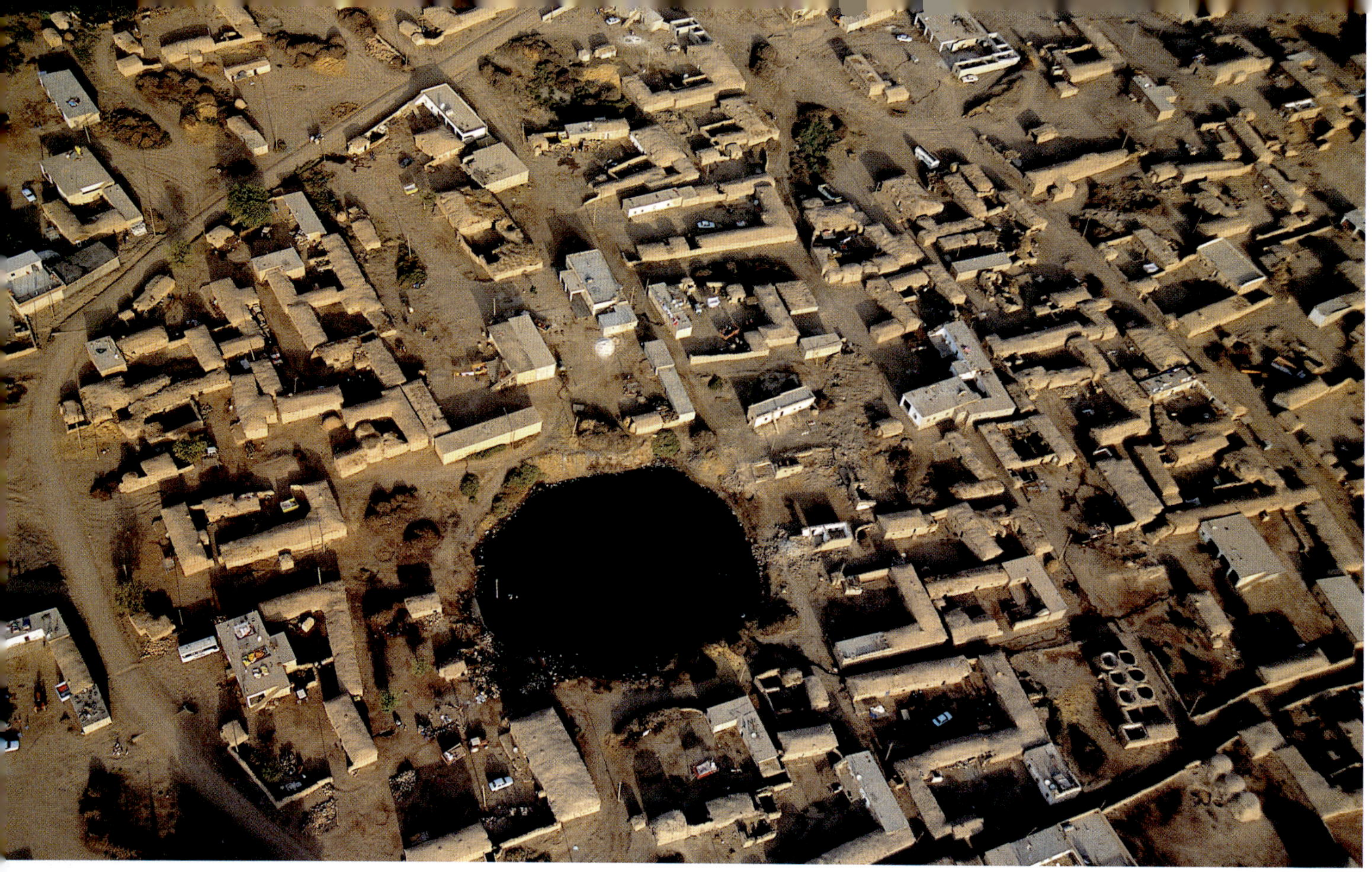

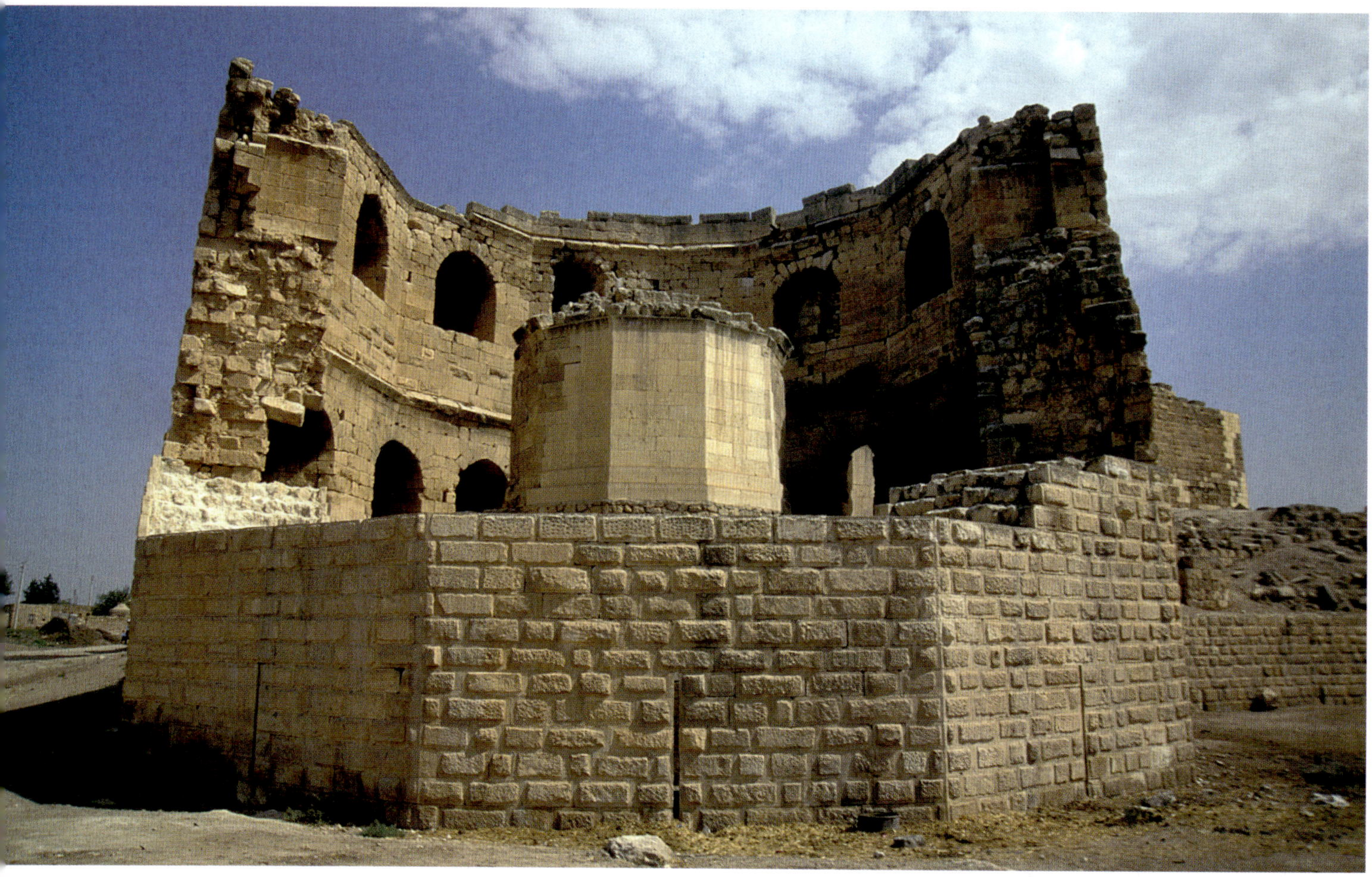

Das Ruinengelände Harrans wird in erster Linie durch einen zentral gelegenen Siedlungshügel geprägt, der sich als weithin sichtbares Geländemerkmal aus der umgebenden Ebene erhebt. Bislang konnte die Geschichte des Ortes durch archäologische Ausgrabungen bis in das 3. Jahrtausend v. Chr. zurückverfolgt werden, jedoch ist davon auszugehen, dass der Hügel an tiefer gelegenen Stellen noch älteres Siedlungsmaterial birgt.

Der Verlauf der antiken Stadtmauer ist auch heute noch recht gut nachzuvollziehen, auch wenn sie an manchen Stellen bereits stark zerstört ist. Sie umfasst auf einer Länge von annähernd vier Kilometern den größten Teil des alten Stadtgebiets und ist im Durchschnitt drei Meter breit.

Der in byzantinischer und justinianischer Zeit teilweise ausgebesserte Mauerring wurde von mindestens 187 Türmen gesichert und von sieben Stadttoren unterbrochen: Im Süden lag das Raqqator, im Osten das Mosultor, im Norden das Löwentor und im Westen das im Jahr 1192 von Saladin restaurierte Aleppotor; dazwischen lagen das sogenannte Römertor, das anatolische Tor sowie das Bagdadtor.

Im Nordosten der Stadtanlage erheben sich die imposanten Mauerreste der Ulu Camii. Bei dieser handelte es sich um eine Hallenmoschee mit quadratischem Grundriss und einem ebenfalls quadratischen Minarett. Erbaut wurde die Anlage von den Omaijaden gegen Mitte des 8. Jahrhunderts, im Jahre 830 wurde sie teilweise erweitert und zwischen 1171 und 1184 wurde sie unter

Saladin aufwendig restauriert. Die beeindruckenden Relikte der einst dreigeschossigen Zitadelle finden sich im Südosten der Stadt. Der unter den Fatimiden um 1032 teilerneuerte Bau verfügte über mehrere polygonale Festungstürme und wurde unmittelbar auf den Überresten des alten Sintempels errichtet, der in der Vergangenheit Harrans stets eine herausragende Stellung eingenommen hatte.

Die Zitadelle von Hasankeyf konnte vom rund 100 Meter tiefer gelegenen Flussufer des Tigris nur über einen schmalen Fußpfad erreicht werden, den monumentale Tore schützten.

Bienenkorbartige Trulli-Häuser mit ihren charakteristischen Kuppeln aus Stein oder Lehm kennzeichnen das Ortsbild von Harran. Dieser Gebäudetyp kommt den klimatischen Gegebenheiten der Region weit besser entgegen als moderne Betonbauten.

Im Laufe des späten Mittelalters wurde am Fuße des Siedlungshügels das kleine Dorf Altınbaş gegründet, dessen Erscheinungsbild heute im Wesentlichen durch die markanten – schon in der römischen Antike am Ort bekannten – bienenkorbartigen Trulli-Häuser mit ihren spitzen Kuppeln aus Stampflehm geprägt wird.

Rund 45 Kilometer von Harran, nahe der heutigen türkisch-syrischen Grenze, liegt das weitläufige Ruinenfeld der Siedlung Şuayb Şehri. Die größtenteils aus der römischen Epoche stammenden Ruinen erstrecken sich über eine größere Fläche und werden von einer teilweise noch gut erhaltenen Festungsmauer umschlossen.

Archäologische Untersuchungen oder weiterführende Studien zur Geschichte des Ortes gibt es bislang keine. Unter den Bewohnern der umliegenden Dörfer herrscht allgemein der Glaube, dass vor

Archäologen haben sich in Diyarbakır in einem alten Gebäude eingerichtet, um über weitere Rettungsmaßnahmen zu entscheiden.

langer Zeit der Prophet Şuayb hier gewohnt habe. Eine in der Siedlung gelegene Höhle soll ihm dabei als Wirkungsstätte gedient haben.

Die in der Provinz Şanlıurfa gelegene Kreisstadt Birecik liegt über dem linken Ufer des Euphrats, an einem von alters her überaus bedeutenden Flussübergang. Der ursprüngliche Name der einst fest ummauerten Stadt ist vom arabischen »bira« bzw. dem armenischen Wort für Burg »birtha« abgeleitet. In römischer Zeit war die Stadt auch entsprechend genannt worden, erst die Kreuzfahrer bezeichneten sie dann als Bile.

Im Jahr 1089 wurde das heutige Birecik von Balduin von Bouillon, Graf des ehemaligen Kreuzfahrerstaates Edessa, eingenommen, 1150 verkaufte man die Stadt zusammen mit fünf anderen Festungen an Byzanz; in den darauffolgenden Jahrhunderten wechselte sie mehrfach ihren Besitzer.

Inmitten der Stadt thront auf einem vom Umland isolierten Kalksteinmassiv die Ruine der Zitadelle, die spätestens seit römischer Zeit den Euphratübergang sicher beherrschte und gemeinhin als uneinnehmbar galt. Renoviert wurde die von den Osmanen Schloss Beda genannte Burg an der Wende vom 12. zum 13. Jahrhundert. Weitere Umbauten folgten im 14. und 15. Jahrhundert. In der nachfolgenden Zeit wurde die Burg durch mehrere Erdbeben schwer beschädigt.

Ende des 19. Jahrhunderts verfügte die Anlage noch über drei der insgesamt vier Stockwerke der Außenbefestigung mit kolossalen Gewölben und Schießscharten. Die von mehreren mächtigen Tür-

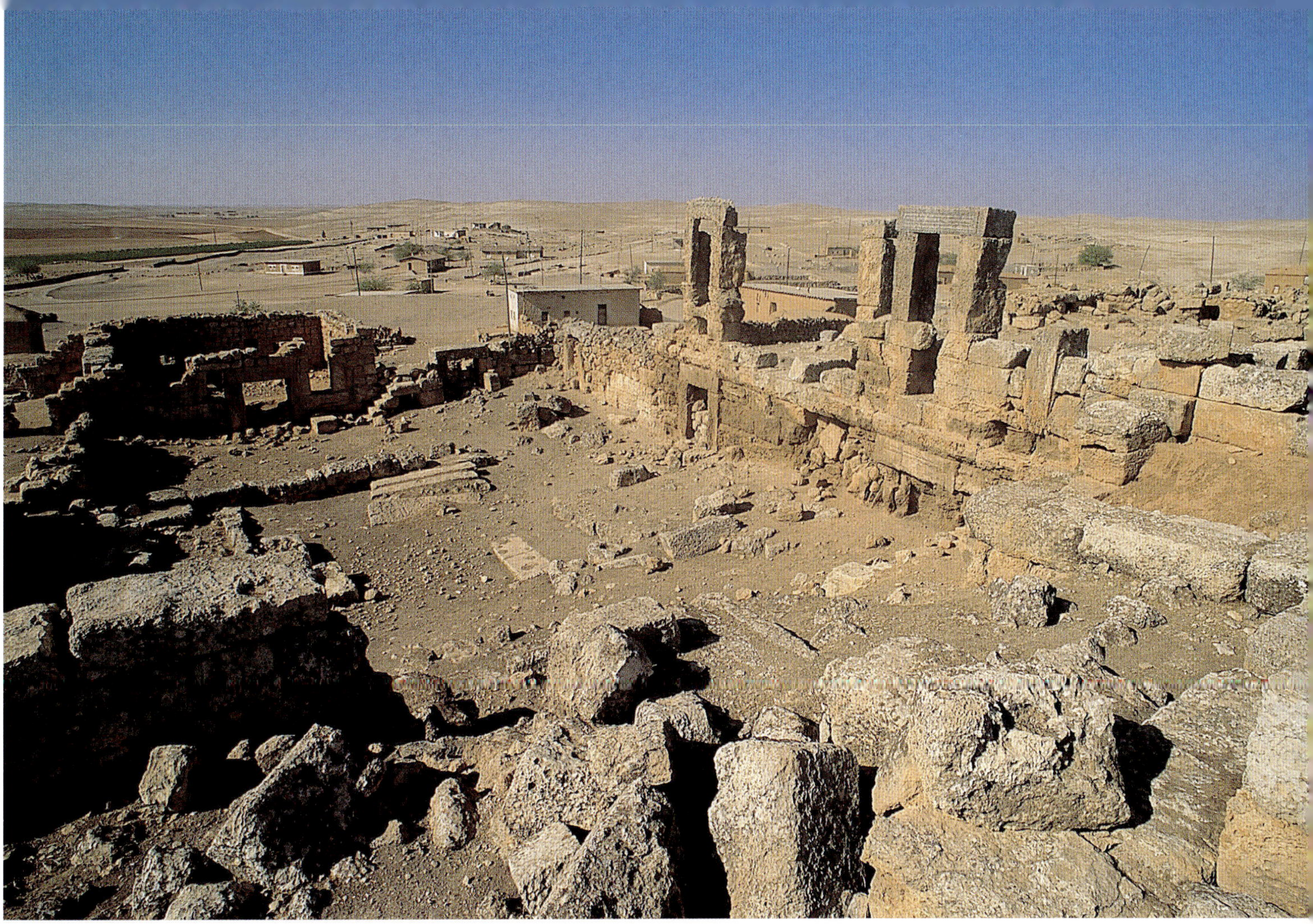

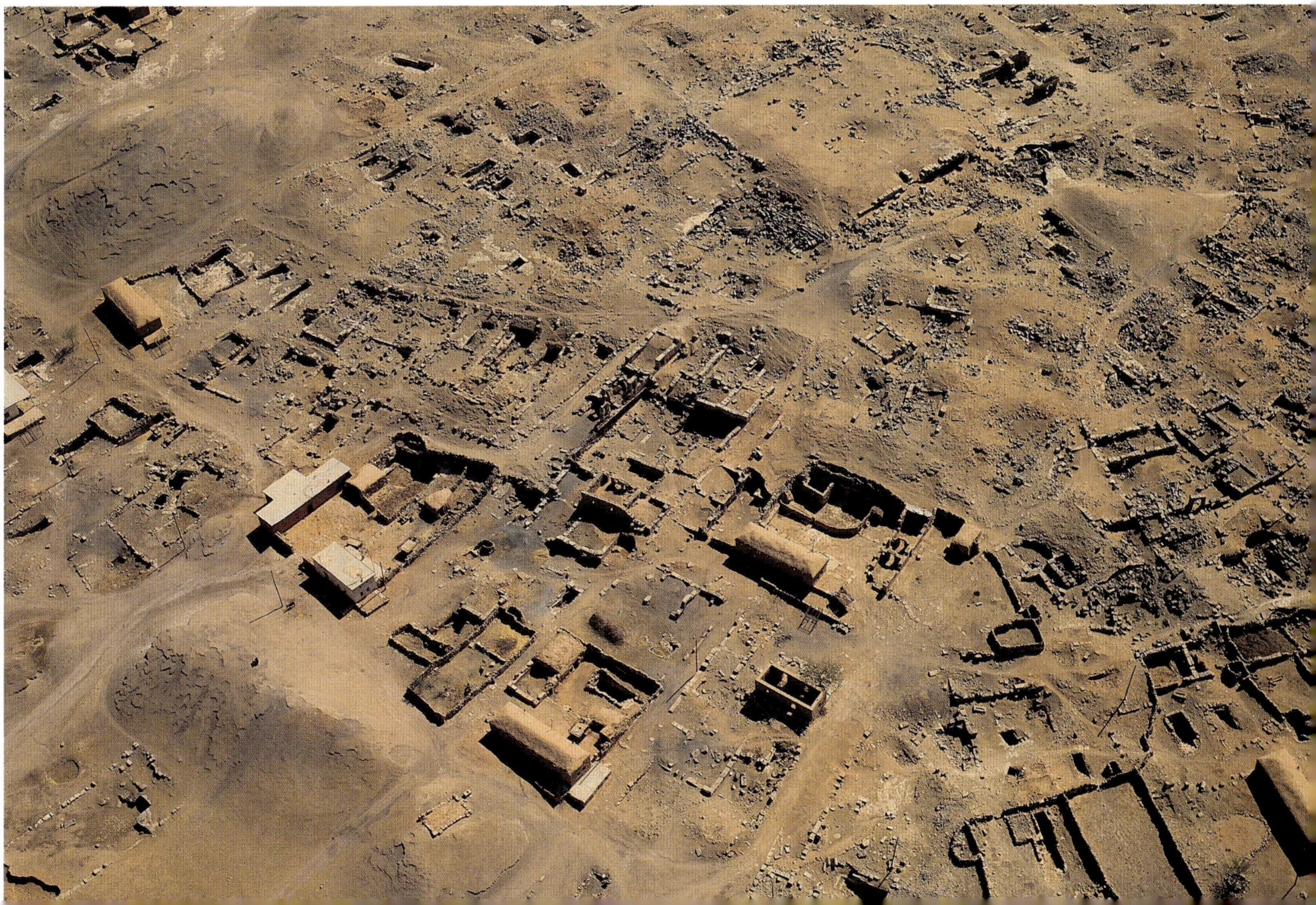

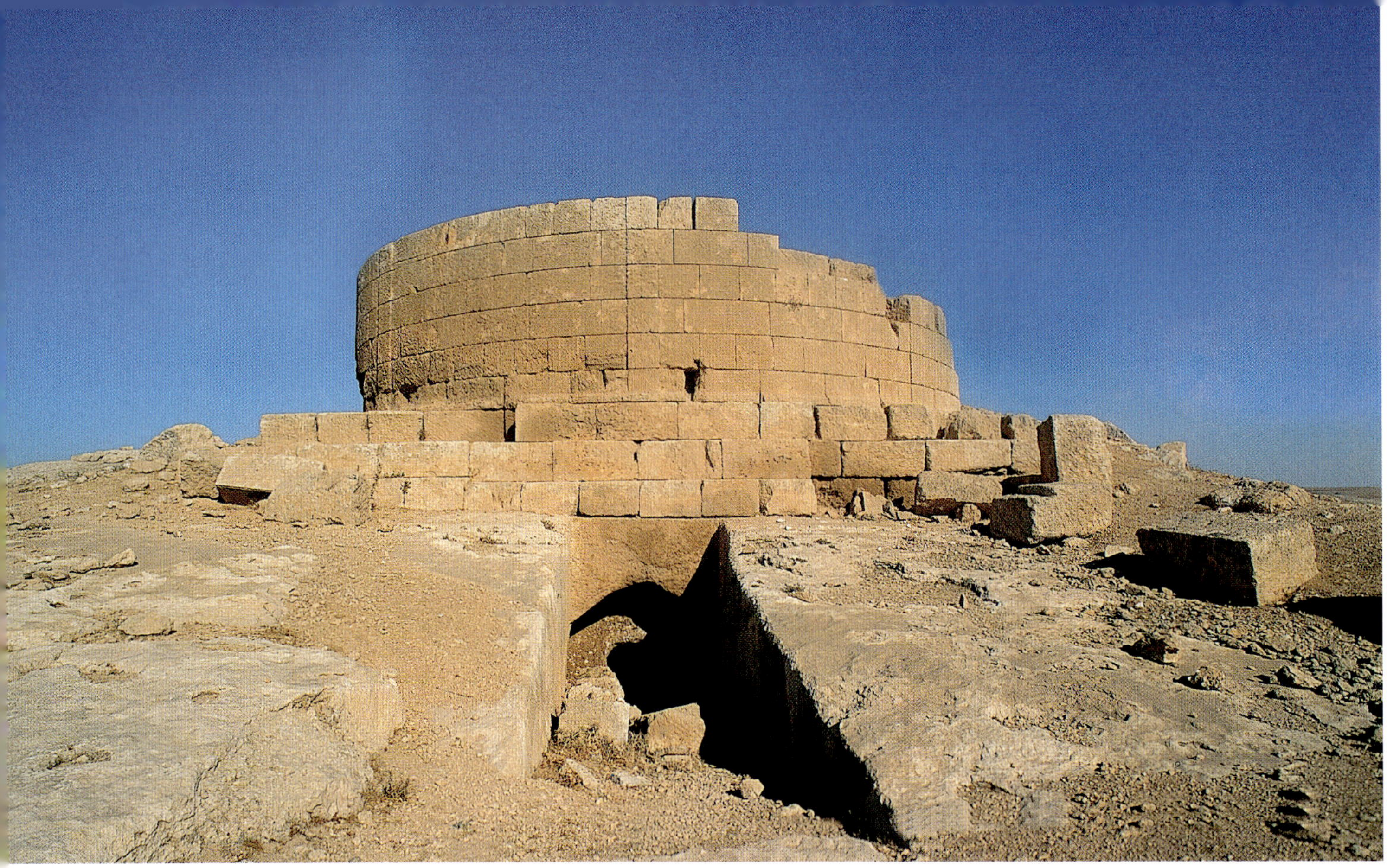

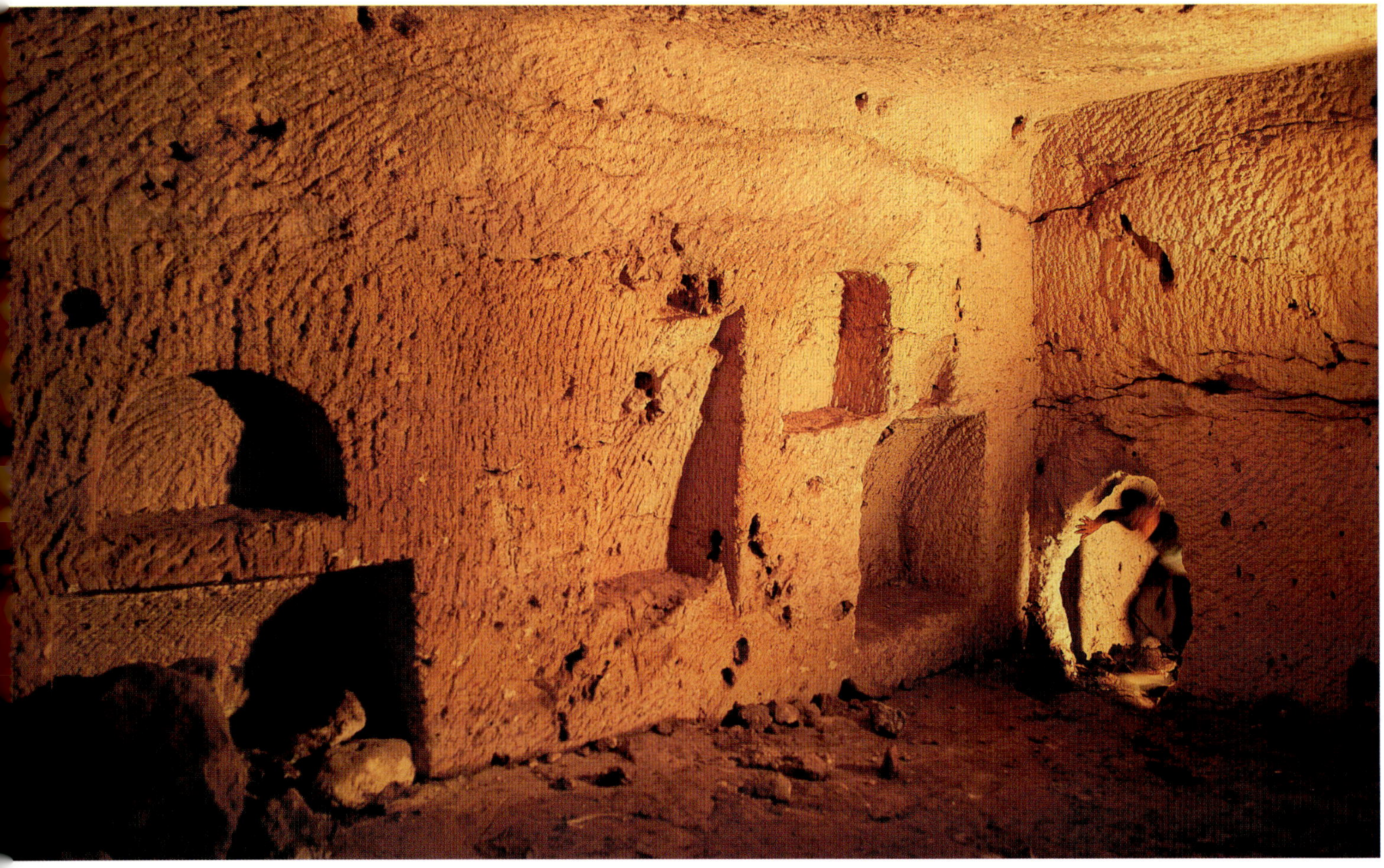

men flankierten Burgmauern trugen eine gepflasterte Böschung und hinter der bis zu fünf Meter starken Außenmauer befanden sich die verschiedenen Wehrgänge.

Vom Inneren der Burganlage, unter der sich riesige labyrinthartige Gewölbe befinden, führt ein etwa 30 Grad geneigter Gang zum Grundwasser des Euphrat hinab, um die Wasserversorgung der Bewohner selbst im Falle einer längeren Belagerung beständig zu gewährleisten.

Rund 120 Kilometer westlich der Provinzhauptstadt Şanlıurfa liegt der Bezirk Halfeti mit rund 33 500 Einwohnern. Im Jahr 2000 lebten davon knapp 2600 Personen in der unmittelbar am Ufer des Euphrats gelegene Kreisstadt Eski Halfeti, der Rest – in der Mehrzahl Kurden – verteilte sich auf die zahlreichen Dörfer in deren Umland.

LINKE SEITE OBEN:
Von den in römischer Zeit entstandenen Prachtbauten zeugen in Şuayıb Şehri heute nurmehr wenige Ruinen.

UNTEN:
In den Fels gehauenes Kammergrab mit Nischen in Şuayıb Şehri

Die auf einem Felssporn gelegene Festung von Birecik diente zur Kontrolle eines Übergangs über den Euphrat.

Seit der Umsetzung des Südostanatolien-Projekts mit seinen zahlreichen Staudämmen, sind viele der in Flussnähe errichteten Dörfer vollkommen oder zumindest teilweise von den Wassermassen bedeckt. Auch Eski Halfeti wurde gegen Ende des Jahres 1999 zu etwa zwei Dritteln geflutet und verfügt heute über eine osmanische Moschee, deren einstige Gebetshallen knöcheltief unter Wasser stehen.

Zahlreiche der ursprünglichen Stadtbewohner sind in die umliegenden Gebiete abgewandert oder in das sieben Kilometer östlich gelegene Yeni Halfeti, das „Neue Halfeti", umgezogen, das auf Veranlassung der türkischen Regierung unweit des kurdischen Dorfes Karaotlak Köyü neu gegründet wurde. Seither verschmilzt der Ort mit den benachbarten Gehöften und Dörfern in zunehmendem Maße zu einer größeren, verhältnismäßig modernen Stadt.

Rund 36 Kilometer nördlich von Birecik, im Norden der Kreisstadt Eski Halfeti, liegt auf einem langgestreckten, an drei Seiten steil abfallenden Felssporn über dem Euphrat, die „Römerburg" genannte Festung Rumkale. Die Stätte, die einst den östlichsten Punkt des Römischen Reiches markierte, ist strategisch günstig am Zusammenfluss von Euphrat und Merzumen, dem antiken Fluss Marsyas, gelegen und kontrollierte eine diagonal über den Euphrat führende Furt.

Über die frühe Geschichte des Ortes ist im Grunde nur wenig bekannt, zumal hier bislang weder archäologische Ausgrabungen noch systematische Oberflächenuntersuchungen durchgeführt wurden. Vermutet

Die Bewohner der alten Stadt Eski Halfeti wurden umgesiedelt. Heute ist der Ort bereits zum großen Teil im angestauten Euphrat versunken.

wird etwa, dass eine erste Siedlung um 840 v. Chr., in späthethitischer Zeit, auf dem Plateau entstanden sein könnte, oder dass es sich bei Rumkale möglicherweise um die im Jahr 855 v. Chr. von dem assyrischen König Salmanassar III. eingenommene Stadt Shitamrat handeln könnte und eine nördlich des modernen Dorfes Belkis gelegene Fundstelle entsprechend mit Urum/Hörüm zu identifizieren sei.

Aus römisch-byzantinischer Zeit stammen unter anderem eine aufwendig konstruierte Brücke, die eine Weite von insgesamt 22 Metern überspannt, ein noch heute benutztes Aquädukt, das die beiderseits des Merzumen gelegenen Berge durch ein System aus Tunneln passiert, eine nur anhand geringer Reste fassbare dörfliche Ansiedlung sowie das Grabmal eines römischen Soldaten.

Während der Kreuzzüge war die Festung von Rumkale ein bedeutendes Bindeglied einer Reihe von Burgen beiderseits der Ufer des Euphrats, die sich vom syrischen Crablus im Süden bis nach Samsun im Norden erstreckte. Ein Großteil der heute sichtbaren Monumente stammt aus der Zeit um 1150, als der Graf des ehemaligen Kreuzfahrerstaates Edessa (Urfa/Şanlıurfa) eine armenische Christengemeinde einlud, sich hier, in dem nun Hromkla genannten Ort, niederzulassen. Neben massiven Befestigungsmauern im Osten, Norden und Westen des Felssporns wurden mehrere große Gebäude errichtet und eine tiefe Brunnenanlage geschaffen, deren steile Stiege bis hinab zum Wasserspiegel des Euphrats führt.

Unmittelbar am Ufer des Euphrats, rund 15 Kilometer südlich der Stadt Birecik erhebt sich der prähistorische Hügel Gre Virike. Da der Fundort binnen weniger Jahre vollständig in den Fluten des Kar-

Der romantisch anmutende Blick auf Halfeti trügt und erinnert an bessere Zeiten. Längst ist der Ort verlassen und dem Wasser des Stausees preisgegeben.

kamış-Stausees versinken soll, wurden hier in den Jahren 1999–2001 Rettungsgrabungen durchgeführt. Seine größte Bedeutung erlebte Gre Virike im 3. Jahrtausend v. Chr., als hier, auf einer vorwiegend aus Kieselsteinen bestehenden Niederterrasse des Flusses gelegen, ein frühbronzezeitliches Kultzentrum mit einem mächtigen Stufenbau aus ungebrannten Lehmziegeln entstand.

Nördlich der Terrasse wurden zu Beginn der Frühbronzezeit mehrere tiefe Wasserbecken angelegt, zur gleichen Zeit entstand ein aus Basaltstein gefertigter Kanal, um den herum man verschiedene runde mit ebenfalls aus Basalt bestehenden Platten abgedeckte „Opfergruben" anlegte. In diesen fanden sich größere Mengen an Asche, zahlreiche Tierknochen und Getreide.

Während der fortgeschrittenen Frühbronzezeit erhoben sich auf dem Hügel in Reihen angeordnete Räumlichkeiten, von denen einige als „Grabzimmer" zu deuten sind. Die reichen Grabbeigaben in den aus größeren Kalksteinplatten errichteten Anlagen legen nahe, dass es sich bei den hier Bestatteten um keine gewöhnlichen Personen handelte, sondern um wohlhabende Persönlichkeiten.

Auch der rund 31 Meter hohe, sich auf einer Ebene westlich des Euphrats erhebende Siedlungshügel Zeytinli Bahçe Höyük ist von der Überflutung durch den Karkamış-Staudamm betroffen. Im Rahmen mehrerer Rettungsgrabungen konnte eine Besiedlung des Ortes von der Mitte des 4. Jahrtausends v. Chr. bis in das Mittelalter hinein festgestellt werden.

Die mamelukische Festung Rumkale wurde zu Beginn des 16. Jahrhunderts osmanisch.

In der Schichtenabfolge des Hügels zeichnen sich mehrere Unterbrechungen der Siedlungssequenz ab, die anhand des Fundmaterials in zwei Hauptphasen unterteilt werden kann.

Der erste Abschnitt der Wohnaktivitäten auf dem Zeytinli Bahçe Höyük beginnt im 4. Jahrtausend v. Chr. mit dem späten Chalkolithikum, der Kupferzeit, und setzt sich bis in das 2. Jahrtausend v. Chr., in die mittlere Bronzezeit hinein, fort. In dieser Zeit wurden Gebäude vorwiegend im Bereich des westlichen Abhangs des Hügels errichtet, die heute allerdings als Folge der Erosion weitgehend zerstört sind.

In der zweiten Phase, die von der römischen bis in die byzantinische Zeit reicht, bevorzugte man insbesondere die Nord- und Ostflanke der Erhebung als Siedlungsgebiet. Einige wenige Funde aus der vorhergehenden Eisenzeit belegen indessen, dass dieser Abschnitt bereits auch früher genutzt wurde.

Die etwa fünf Kilometer südlich der Kreisstadt Birecik gelegene Fundstelle Mezraa Teleilat wurde erst im Jahr 1989 entdeckt. Der Siedlungshügel sowie die ihn umgebende Landschaft sollen bereits in wenigen Jahren vollständig überflutet werden. In seiner gegenwärtigen Form ist der in der weiten Ebene des Euphrats gelegene Siedlungshügel annähernd sechs Meter hoch und verfügt über einen Durchmesser von gut 300 Metern.

Gre Virike, ein prähistorischer Siedlungshügel, dem das gleiche Schicksal wie zahlreichen anderen archäologischen Stätten widerfahren wird.

Zwischen dem Neolithikum und der Eisenzeit war Mezraa Teleilat für eine Zeit von etwa 4000 Jahren nicht besiedelt. Auf dem höchsten Punkt des Hügels finden sich heute in das 7. Jahrhundert v. Chr. zu datierende Palast- und Tempelanlagen, die darauf hindeuten, dass sich hier – wohl unter dem Einfluss des Neuassyrischen Reiches – ein lokales Fürstentum herausbilden konnte.

Als bislang erste und einzige Anlage dieser Art in Anatolien, kommt Mezraa Teleilat eine besondere Bedeutung im politischen Netzwerk des Vorderen Orients zu. Der Reichtum des Herrschers beruhte aller Wahrscheinlichkeit nach auf dem überregionalen Handel mit Getreide. Entsprechend der ver-

kehrsgeografisch überaus günstigen Lage der Siedlung, konnte das Handelsgut ohne größere logistische Schwierigkeiten über den Euphrat weiter nach Süden transportiert werden.

Einen weiteren Hinweis auf umfangreiche Handelsaktivitäten gibt ein in der Mitte des Hügels gelegenes etwa 40 Meter breites Gebäude, dessen zentraler Innenhof auf allen Seiten neben kleineren Wohnbereichen vor allem von größeren Lager- und Vorratsräumen umgeben war. Dieser Bau wurde in späterer Zeit von den aus Persien in die Landschaft einfallenden Achämeniden vollständig zerstört und durch einen neuen Gebäudekomplex überbaut.

Die Anfänge der Besiedlung in Mezraa Teleilat reichen jedoch bis weit in das Neolithikum, der Jungsteinzeit, zurück. Vom 8. Jahrtausend v. Chr. bis in die Zeit um 5500 v. Chr. war der Platz kontinuierlich bewohnt, was die moderne archäologische Forschung in die glückliche Lage versetzt, an nur einem Ort das räumliche und kulturelle Verhältnis verschiedener, zeitlich aufeinanderfolgender Siedlungsphasen zueinander beobachten zu können.

Unweit der Fundstelle Mezraa Teleilat erhebt sich in der ausgedehnten Flussebene des Euphrats der 13 Meter hohe und rund 180 × 140 Meter große Siedlungshügel Mezraa Höyük. Die bisher erbrachten Ausgrabungsergebnisse belegen eine kontinuierliche Nutzung des Ortes vom Anfang des 4. Jahrtausends bis in das 2. Jahrtausend v. Chr. Zu Beginn des 3. Jahrtausends v. Chr. erreichte die prähis-

Grabungsarbeiter
in Mezraa Teleilat

torische Besiedlung am Mezraa Höyük ihre größte Ausdehnung. Im 2. und 1. Jahrtausend v. Chr. ging die Siedlungsdichte stark zurück und erreichte erst im Mittelalter wieder ihre früheren Ausmaße.

Ein im Zentrum der Erhebung angelegtes Ausgrabungsareal erbrachte Fundmaterial der späten Uruk-Kultur. Wenn sich auch über die Art und Struktur der damaligen Bebauung nur wenig Konkretes aussagen lässt, so kann man dennoch fest davon ausgehen, dass der Ort Bestandteil eines Systems von Kolonien bildete, das von der im Süden des Irak gelegenen Stadt Uruk, einem der einflussreichsten politischen und wirtschaftlichen Zentren der sumerischen Kultur, aus unterhalten wurde.

An der südöstlichen Hügelseite konnten vorwiegend architektonische Elemente der frühen Bronzezeit erkannt werden. Zwar hatten sich von den Gebäuden meist nur die unteren Lagen der Fundamente erhalten, dennoch zeichnete sich in dem Häuserensemble deutlich ein strukturiertes Siedlungsschema ab.

In den mittelbronzezeitlichen Siedlungsschichten am östlichen Hang des Hügels konnten etliche gleichmäßig in Richtung Nordost–Südwest orientierte Gebäude aufgedeckt werden, deren Innenräume bisweilen mit Öfen ausgestattet waren. Zudem fanden sich einige einfache Erdbestattungen, die ebenfalls diesem Zeithorizont zuzuweisen sind. In den mittelalterlichen Schichten fanden sich zahlreiche bis zu zwei Meter tief in den Untergrund getriebene Getreidesilos, die Mezraa Höyük als agrarisch geprägte Ansiedlung ausweisen.

RECHTE SEITE:
Nach getaner Arbeit treffen sich
die Männer im so genannten
kahvehane, dem Kaffehaus.

Bildnachweis

Umschlagabbildungen: U 1 alle: istockphoto.com;
U 4 oben rechts: Öge, Hakan;
U 4 oben links, unten links, unten rechts: istockphoto.com;

123RF.com: S. 572, 576/577

Aslan, Rüstem: S. 181, 250, 252

Bigstockphoto.com: S. 322, 328/329, 364 unten, 366, 377, 388/389, 390, 452, 453, 455 oben, 470/471, 476 unten, 486, 497, 500/501, 506/507, 520, 523, 532 unten, 540/541, 544, 558/559, 606/607

Blum, Stephan W. E.: S. 36, 63, 97, 143 oben, 159, 264, 270, 274, 275, 278, 279, 292, 343

fotolia.de: AnVer S. 116/117; artegos S. 565; Balonici S. 226 oben, 228 oben, 229 unten; benjamin LEMOINE S. 88 unten; Bernd Kröger S. 86 unten, 135 unten; cachou34 S. 177, Can Balcioglu S. 29; Dmitriy Lesnyak S. 94/95; Enver Sengul S. 161; Ilhan Balta S. 134 unten, 188 oben, 197; Klaus Eppele S. 86 oben; Kobby Dagan S. 226 unten, 227 oben; LearningToFly S. 119; Murat Baysan S. 114; Patrice Sarzi S. 98; remonaldo S. 202; Sadik Ucok S. 338/339; skyphoto 129 oben; Venz S. 150; Vova Pomortzeff S. 229 oben

istockphoto.com: S. 14, 15, 30, 34, 37, 41, 42, 46/47, 48/49, 50/51, 52, 55, 56, 57, 58/59, 64/65, 67, 68/69, 71, 72 oben, 72 unten, 74/75, 76/77, 78, 80 unten, 81, 83, 84, 89 unten, 99, 102, 103, 104, 105, 106, 106/107, 109 oben, 109 unten, 110/111, 111, 112, 113, 122, 123, 124 oben, 124 unten, 125 oben, 125 unten, 126, 127, 130 unten, 131, 132, 133, 134 oben, 135 oben, 138, 139, 142 oben, 142 unten, 148, 151, 153, 154/155, 155, 156, 157 links, 157 rechts, 158, 160, 164, 165, 167, 168, 169, 170, 171, 172, 176, 179 oben, 179 unten, 183, 185, 187, 189, 192/193, 199, 200/201, 203, 204, 205 oben, 205 unten, 206, 207 oben, 207 unten, 208, 210 oben, 210 unten, 211, 212 oben, 212 unten, 213, 215, 216 oben, 216 unten, 217 oben, 217 unten, 218/219, 220, 220/221, 221, 223, 225, 227 unten, 228 unten, 230, 232/233, 233, 234, 241 oben, 241 unten, 242, 245, 246, 253, 255 unten, 257, 259, 260/261 oben, 260/261 unten, 271, 272/273, 283, 288, 289, 290/291, 295, 296/297, 298, 299, 302, 303, 305, 307, 308/309, 310, 312 oben, 315, 316, 317, 318/319, 320/321, 351 unten, 359, 371, 378, 379, 382 oben, 399, 402, 403, 404, 405, 406/407, 415, 418, 432 oben, 435, 437, 441, 495 unten, 564, 596/597

Öge, Hakan: S. 8, 9, 10/11, 13, 16/17, 18, 19, 20, 21 oben, 21 unten, 22 oben, 22 unten, 23, 24 oben, 24 unten, 25, 26, 27, 28 oben, 28 unten, 31, 32 oben, 32 unten, 33, 35 oben, 35 unten, 38, 43, 60, 61, 66, 80 oben, 82, 90, 91, 92 oben, 92 unten, 101, 115, 120, 121 oben, 121 unten, 128, 130 oben, 132, 136, 137, 140, 141, 144, 145 oben, 145 unten, 146/147, 149, 152, 162 oben, 162 unten, 166, 174, 182, 184, 188 unten, 194, 195, 196, 209, 214, 222, 224 oben, 235, 236, 237, 242/243, 243, 244, 247, 248, 249, 255 oben, 256, 262, 263, 265, 266, 267, 268, 269, 276, 280, 281 oben, 281 unten, 282, 284, 285, 286, 287, 293, 294, 304, 306, 311, 314, 324, 326, 330, 334, 335, 336, 350, 351 oben, 356, 357, 358 oben, 358 unten, 362 unten, 363, 364 oben, 365, 367, 369 oben, 369 unten, 370, 374, 375, 376 oben, 381, 382 unten, 383, 386, 392, 393 oben, 395, 396 oben, 397, 398 oben, 401, 412, 413, 414, 416, 419, 422 unten, 424/425, 426/427, 428 oben, 428 unten, 430, 431, 432 unten, 433, 434 oben, 436 oben, 436 unten, 437 unten, 438 oben, 438 unten, 440 oben, 440 unten, 442, 443, 446, 448 oben, 448 unten, 449, 450, 451, 455 unten, 458, 459, 460 unten, 462/463, 465, 469, 472, 473 oben, 474, 475, 477 oben, 477 unten, 480, 484 oben, 484 unten, 488, 489, 490, 491, 492, 493, 494, 495 oben, 496, 498, 499, 502, 503, 504, 505, 508, 509, 510, 511 oben, 511 unten, 512 oben, 512 unten, 513, 516, 517 unten, 518 oben, 518 unten, 520, 521, 522 oben, 522 unten, 524, 525, 526 oben, 526 unten, 527, 528 oben, 528 unten, 529, 530/531, 532 oben, 533, 534, 535, 539, 543, 546, 547, 548, 549 oben, 549 unten, 550, 551, 552, 553 oben, 553